文献信息检索教程（第2版）

■ 主　编 蔡丽萍
副主编 段　莹

北京邮电大学出版社
www.buptpress.com

内容简介

《文献信息检索教程(第2版)》从培养学生的全面信息素质出发,深入浅出地介绍了文献信息检索的基本知识和最新方法,并将信息法规、信息道德内容与信息利用融为一体。本书共有9章,包括信息检索基础知识、参考工具书简介、网络搜索引擎及其应用、国内主要文献资源检索系统及其利用、国外主要文献资源检索系统及其利用、特种文献及其检索、信息检索综合利用、网络免费信息资源导航、信息法规与学术规范。

本书不仅可作为高等院校文献检索课程的教材,也可作为广大读者提高自身信息素质的指南。

图书在版编目(CIP)数据

文献信息检索教程 / 蔡丽萍主编. --2版. --北京 :北京邮电大学出版社,2017.7(2021.7重印)
ISBN 978-7-5635-5101-9

Ⅰ. ①文… Ⅱ. ①蔡… Ⅲ. ①信息检索—高等学校—教材 Ⅳ. ①G254.9

中国版本图书馆CIP数据核字(2017)第113189号

书　　名:文献信息检索教程(第2版)
著作责任者:蔡丽萍　主编
责 任 编 辑:张珊珊
出 版 发 行:北京邮电大学出版社
社　　址:北京市海淀区西土城路10号(邮编:100876)
发 行 部:电话:010-62282185　传真:010-62283578
E-mail:publish@bupt.edu.cn
经　　销:各地新华书店
印　　刷:保定市中画美凯印刷有限公司
开　　本:787 mm×1 092 mm　1/16
印　　张:18.25
字　　数:474千字
版　　次:2013年1月第1版　2017年7月第2版　2021年7月第8次印刷

ISBN 978-7-5635-5101-9　　定　价:39.00元

· 如有印装质量问题,请与北京邮电大学出版社发行部联系 ·

前　言

《文献信息检索教程(第2版)》在第1版的基础上进行了系统地修订,为进一步加强对大学生信息意识和获取信息能力的培养,融入了文献信息检索的最新知识和最新方法,并将信息法规、信息道德内容与信息利用融为一体。该书不仅可作为高等院校文献检索课程的教材,而且也可作为广大读者提高自身信息素质的指南。本书共分为9章,包括信息检索基础知识、参考工具书简介、网络搜索引擎及其应用、国内主要文献资源检索系统及其利用、国外主要文献资源检索系统及其利用、特种文献及其检索、信息检索综合利用、网络免费信息资源导航、信息法规与学术规范。

本书全部由郑州轻工业学院的教师编著,蔡丽萍制订编写大纲和编写体例,各编委分头撰写,最后由蔡丽萍统稿。其中第1章由蔡丽萍编写,第2章由余晓华编写,第3章由郭晓瑞编写,第4章由段莹编写,第5章由刘岩编写,第6章由兰晓霞编写,第7章由郑书娟编写,第8章由孟祥凤编写,第9章由赵明霞编写。

本书在编写过程中,借鉴和吸收了许多专家、学者的真知灼见,在此表示衷心感谢。书中错漏之处,敬请各位专家和读者批评指正。

编　者

目　录

第 1 章　信息检索基础知识 …… 1

1.1　信息、知识、文献 …… 1

1.1.1　信息 …… 1

1.1.2　知识 …… 2

1.1.3　文献 …… 3

1.1.4　信息、知识和文献的相互关系 …… 4

1.2　信息资源类型 …… 4

1.2.1　按信息加工层次划分 …… 4

1.2.2　按表述方式划分 …… 5

1.2.3　按载体类型划分 …… 5

1.2.4　按出版类型划分 …… 6

1.3　信息检索工具 …… 7

1.3.1　信息检索工具概念 …… 8

1.3.2　检索工具的类型 …… 8

1.4　信息检索语言 …… 12

1.4.1　信息检索语言的概念及作用 …… 12

1.4.2　检索语言的类型 …… 13

1.5　信息检索途径、方法与技术 …… 17

1.5.1　文献信息检索的途径 …… 17

1.5.2　信息检索方法 …… 18

1.5.3　计算机检索的基本技术 …… 19

1.6　信息检索的流程与评价 …… 22

1.6.1　信息检索的基本流程 …… 22

1.6.2　文献检索效果评价 …… 24

思考题 …… 26

第 2 章　参考工具书简介 …… 27

2.1　参考工具书概述 …… 27

2.1.1 参考工具书概念与特点 …… 27
2.1.2 参考工具书结构与排检方法 …… 28
2.2 参考工具书类型与应用 …… 30
2.2.1 参考工具书类型 …… 30
2.2.2 参考工具书应用 …… 45
2.3 中国大百科全书数据库及其利用 …… 48
2.3.1 中国大百科全书浏览功能和检索功能 …… 48
2.3.2 中国大百科全书丰富的附加资源 …… 51
2.3.3 中国大百科全书辅助的查阅功能 …… 52
思考题 …… 54

第3章 网络搜索引擎及其应用 …… 55

3.1 搜索引擎概述 …… 55
3.1.1 搜索引擎的概念 …… 55
3.1.2 搜索引擎的原理 …… 55
3.1.3 搜索引擎的类型 …… 57
3.1.4 搜索引擎的基本检索技术 …… 58
3.1.5 搜索引擎的发展历程 …… 59
3.2 常用搜索引擎 …… 61
3.2.1 百度 …… 61
3.2.2 必应 …… 66
3.2.3 搜狗搜索 …… 70
3.2.4 360搜索 …… 71
3.2.5 中国搜索 …… 73
3.3 外文搜索引擎的使用 …… 75
3.3.1 Google …… 75
3.3.2 Yahoo! …… 81
3.3.3 Excite …… 84
3.3.4 Lycos …… 85
3.3.5 Ask …… 86
3.3.6 Dogpile …… 87
3.4 搜索引擎的未来趋势 …… 89
3.4.1 搜索引擎需求市场分析 …… 89
3.4.2 用户对搜索引擎发展的要求 …… 89
3.4.3 搜索引擎发展特点和趋势 …… 90
思考题 …… 92

第4章 国内主要文献资源检索系统及其利用 …… 93

4.1 学术搜索与全文递送系统 …… 93

4.1.1 学术搜索与全文递送系统简介 …… 93
4.1.2 学术搜索与全文递送系统检索方法 …… 94
4.2 中国知网 …… 96
4.2.1 中国知网资源简介 …… 96
4.2.2 中国知网检索方法 …… 99
4.2.3 中国知网检索结果处理 …… 107
4.3 超星数字资源 …… 109
4.3.1 超星电子图书及其检索 …… 109
4.3.2 超星名师讲坛及其检索 …… 111
4.4 多媒体学习资源 …… 112
4.4.1 新东方多媒体学习库 …… 112
4.4.2 名人名家网上报告厅 …… 112
4.4.3 就业数字图书馆 …… 113
思考题 …… 114

第5章 国外主要文献资源检索系统及其利用 …… 115

5.1 WOS数据库 …… 115
5.1.1 WOS概述 …… 115
5.1.2 WOS检索方法、技术与结果处理 …… 116
5.1.3 WOS检索实例 …… 123
5.2 EI数据库 …… 125
5.2.1 EI概述 …… 125
5.2.2 EI检索方法、技术与结果处理 …… 125
5.2.3 EI检索实例 …… 128
5.3 SciFinder数据库 …… 129
5.3.1 SciFinder概述 …… 129
5.3.2 SciFinder检索方法、技术与结果处理 …… 129
5.3.3 SciFinder检索实例 …… 135
5.4 Elsevier SDOL数据库 …… 136
5.4.1 Elsevier SDOL概述 …… 136
5.4.2 Elsevier SDOL检索方法、技术与结果处理 …… 136
5.4.3 Elsevier SDOL检索实例 …… 140
思考题 …… 142

第6章 特种文献及其检索 …… 143

6.1 科技报告 …… 143
6.1.1 科技报告概述 …… 143
6.1.2 科技报告的特点及类型 …… 143

6.1.3 国外科技报告检索 …… 144
6.1.4 国内科技报告检索 …… 147
6.2 专利文献 …… 148
6.2.1 专利概述 …… 148
6.2.2 专利文献概述 …… 149
6.2.3 国外专利文献检索 …… 150
6.2.4 国内专利文献检索 …… 155
6.3 标准文献 …… 156
6.3.1 标准文献概述 …… 156
6.3.2 国内标准文献检索 …… 158
6.3.3 国际标准文献检索 …… 160
6.4 会议文献 …… 162
6.4.1 会议文献概述 …… 162
6.4.2 国内会议文献检索 …… 163
6.4.3 国外会议文献检索 …… 164
6.5 学位论文 …… 166
6.5.1 学位论文概述 …… 166
6.5.2 国内学位论文检索 …… 166
6.5.3 国外学位论文检索 …… 168
思考题 …… 170

第七章 信息检索综合利用 …… 172

7.1 科技查新 …… 172
7.1.1 科技查新的概述 …… 172
7.1.2 查新工作程序 …… 176
7.1.3 科技查新案例 …… 178
7.2 文献信息管理工具应用 …… 180
7.2.1 NoteExpress …… 181
7.2.2 EndNote …… 188
7.3 科技论文撰写与投稿 …… 199
7.3.1 科技论文的基础知识 …… 200
7.3.2 科技论文的撰写 …… 204
7.3.3 科技论文投稿指南 …… 218
7.4 学位论文的写作与规范 …… 220
7.4.1 概述 …… 220
7.4.2 学位论文的选题 …… 222
7.4.3 学位论文的撰写 …… 225
7.4.4 学位论文的答辩 …… 229

思考题……………………………………………………………………………………………… 230

第 8 章　网络免费信息资源导航 ……………………………………………………………… 231

8.1　工学网络资源 ……………………………………………………………………………… 231
8.1.1　机械类资源 ……………………………………………………………………………… 231
8.1.2　电气信息类资源 ………………………………………………………………………… 232
8.1.3　能源动力类资源 ………………………………………………………………………… 234
8.1.4　仪器仪表类资源 ………………………………………………………………………… 235
8.1.5　生物工程类资源 ………………………………………………………………………… 235
8.1.6　化学工程类资源 ………………………………………………………………………… 236
8.1.7　材料工程类资源 ………………………………………………………………………… 236
8.1.8　食品工程类资源 ………………………………………………………………………… 237
8.1.9　环境工程类资源 ………………………………………………………………………… 238
8.2　理学网络资源 ……………………………………………………………………………… 239
8.2.1　化学类资源 ……………………………………………………………………………… 239
8.2.2　材料物理类资源 ………………………………………………………………………… 239
8.2.3　数学类资源 ……………………………………………………………………………… 240
8.3　社会学网络资源 …………………………………………………………………………… 241
8.3.1　经济学类资源 …………………………………………………………………………… 241
8.3.2　法学类资源 ……………………………………………………………………………… 242
8.3.3　社会学类资源 …………………………………………………………………………… 243
8.3.4　体育类资源 ……………………………………………………………………………… 244
8.4　管理学网络资源 …………………………………………………………………………… 244
8.4.1　管理科学与工程类资源 ………………………………………………………………… 244
8.4.2　工商管理类资源 ………………………………………………………………………… 245
8.4.3　公共管理类资源 ………………………………………………………………………… 246
8.5　人文科学网络资源 ………………………………………………………………………… 246
8.5.1　中国语言学类资源 ……………………………………………………………………… 246
8.5.2　外国语言学网络资源 …………………………………………………………………… 247
8.5.3　艺术类网络资源 ………………………………………………………………………… 248
8.6　考研、就业网络资源……………………………………………………………………… 249
8.6.1　研究生考试网络资源 …………………………………………………………………… 249
8.6.2　就业信息网络资源 ……………………………………………………………………… 250
思考题……………………………………………………………………………………………… 251

第 9 章　信息法规与学术规范 ………………………………………………………………… 252

9.1　信息法规 …………………………………………………………………………………… 252
9.1.1　信息法规概述 …………………………………………………………………………… 252

9.1.2 信息法规的发展 …… 254
9.1.3 信息利用相关法规 …… 257
9.2 信息道德 …… 261
9.2.1 信息道德概述 …… 261
9.2.2 信息道德建设 …… 263
9.2.3 学术道德危机与学术道德建设 …… 264
9.2.4 网络道德危机与网络道德建设 …… 266
9.3 信息利用规范 …… 267
9.3.1 论文写作信息利用规范 …… 267
9.3.2 数据库信息利用规范 …… 269
9.3.3 网络信息利用规范 …… 271
9.3.4 共建信息利用规范 …… 274
思考题 …… 277

参考文献 …… 278

第1章　信息检索基础知识

现代社会被誉为信息社会，信息与材料、能源一起被视为社会经济发展的三大支柱。及时获取必要、准确的信息是个人、社会存在与发展的前提条件。信息检索是关于获得所需信息的知识，它不仅是一种技能，而且已发展成一个专业学科领域。

1.1　信息、知识、文献

1.1.1　信息

1. 信息的含义

自20世纪40年代美国科学家克劳德和维纳分别提出信息论和控制论以来，"信息"的概念被广泛地应用。关于信息的定义有多种版本，如《辞海》对信息的定义为"信息是对消息接收者来说预先不知道的报道"；美国《韦氏字典》把信息解释为："用来通信的事实，在观察中得到的数据知识"；英国《牛津字典》把信息解释为"信息是谈论的事情、新闻和知识"。综合各种对信息概念的描述，信息是世界上一切事物的状态和特征的反映，是用文字、数据或信号等形式，通过一定的传递和处理来表现各种相互联系的客观事物在运动变化中所具有特征内容的总称。信息已成为促进社会经济发展的重要战略资源。

2. 信息的特征

从信息的识别、加工处理、存储、传播等环节观察，信息具有以下特征：

(1) 可识别性

信息可以通过人的感官感知和识别，也可以通过各种人造的探测仪器和信息工具识别。由于人的认识能力和制造仪器、工具的技术在特定的时期和阶段是有限的，所以，信息的可识别性并不会一一对应于现实中我们所遇到的每一种情形。但是，有许多信息处于未被认识的状态时，我们只将这看作暂时现象。因为，从辩证唯物主义的认识论出发，人的认识能力是不断发展提高的，今天无法识别的信息，随着时间的推移，都将被我们所认识。

(2) 可揭示性

在此，揭示具有显示和表达两种含义。就显示而言，指一切客观事物在运动发展过程中，都会产生与之相伴的信息，因此，其发展运动过程就是信息显示的过程。整个世界就是一个巨大的无穷无尽的信息场，正因为信息可以显示出来，我们才可能认识它们。就表达而言，主要指人的活动。人类为了将自己认识的信息进行传播，就要借助声音、体态、神情、文字、图形乃至一件具体的实物表达信息。无论是显示还是表达，都是可揭示性的具体体现。

(3) 可记存性

它体现在信息可以采用各种方式记录存储。信息的记录存储要以各种载体为媒介。人的大脑是记存信息的第一载体。信息的记存只有载体是不够的，还需要符号、记录工具或技术设备。例如，笔作为书写工具，我们便可以将信息记录于纸上；印刷术的发明，使记录在纸上的信息可以大量复制、传播；爱迪生发明了留声机，使唱片上可以记存声音信息；还有摄影技术、磁记录技术、磁盘硬盘等，都是记存信息所不可缺少的。总之，由于人的创造发明，使记存信息的方式、方法出现多样化的局面，大大拓宽了人脑的信息记存功能。

(4) 可转换性

信息的可转换性可以从两个方面体现出来。一是信息的表达形式和记存形式具有可转换性。例如，用口头语言表达的信息，可以用文字记录下来转换成书面表达形式，这是表达形式之间的转换。就记存形式而言，同一信息内容可以记存在我们的大脑中，可以记录于纸上，也可以拍成胶卷或者记录于计算机磁盘上。二是信息可以转化为物质财富和精神财富。例如，在社会各个领域的活动中，充分利用信息，可以减少盲目性，实现人、财、物的合理配置，提高劳动生产率。

(5) 可传播性

信息可以通过各种载体或媒介进行传播。社会信息的传播，可以采用人际间的直接传播方式，例如，口耳相传，也可以采用有组织的间接传播方式，如广播、电报、电视、电影、手机、网络贴吧、博客、微博、微信等。正是由于信息的可传播性，人类才可以相互联系和沟通，社会才能不断向前发展。

(6) 共享性

这一特性主要体现在信息可以同时被许多人利用，而且信息总量不会因利用者的增加而减少。相反，信息的共享程度越高，信息所发挥的作用就越大。现代计算机信息网络上传递的信息，无论有多少终端用户使用，都不会因此减少每一个用户所获得的信息量。同理，无论有多少观众同时观看一场电影，也不会影响单个观众所获得的信息量。这与物质的分享形成了鲜明的对照。

1.1.2 知识

知识是人类对自然界、人类社会以及思维方式与运动规律的认识，是人的大脑通过思维重新组合的系统化的信息的集合。因此人类不仅通过信息感知、认识和改造世界，而且要根据所获得的信息组成丰富多样的知识。可见，知识是信息的一部分，而信息是构成知识的原料。人们不仅能通过信息感知世界、认识世界和改造世界，而且能将获得的信息转变成知识，作为认识和改造世界的武器。把信息转化为知识，再把知识转化为智慧，是一种动态过程也是一种开拓过程。反过来，智慧又会转化为新知识，新知识又会转化为新信息，人们通过一定的手段和社会传递过程，借助媒体传给使用者。

1. 知识的属性

知识的属性主要有以下几个方面：

(1) 意识性

知识是一种观念形态的东西，只有通过人类的大脑才能认识它、产生它、利用它。

(2) 信息性

信息是生产知识的原料，知识是经人类认识、理解并经思维重新整合后的系统化信息，知识是信息中的一部分。

(3) 实践性

实践是产生知识的基础，也是检验知识的标准，知识又对实践具有重大的指导作用。

(4) 规律性

人们在实践中对事物的认识，是一个无限的过程，人们在这种无限过程中所获得的知识从一定的层面上揭示了事物及其运动过程的规律性。

(5) 继承性

每一次新知识的产生，既是原有知识的继承利用、深化与发展，又是下一次知识更新的基础和前提。

(6) 渗透性

随着人类认识世界的不断深化，各种门类的知识可以相互渗透，构成知识的网状结构。

2. 知识的类型

根据国际经合组织的定义，人类现有的知识可分为四大类。

(1) Know what(知道是什么)——关于事实方面的知识。

(2) Know why(知道为什么)——关于自然原理和规律方面的知识。

(3) Know how(知道怎么做)——关于技能或能力方面的知识。

(4) Know who(知道谁有知识)——关于到哪里寻求知识的知识。

1.1.3 文献

文献是记录知识的一切载体的统称，即用文字、图像、符号、音频、视频等手段记录人类知识的各种载体(如纸张、胶片、磁带、磁盘、光盘等)。不仅古代的甲骨文、碑刻、竹简、帛书是文献；图书、报纸、期刊是文献；现今的机读资料、缩微制品、电子出版物等也是文献。可见，凡是记录有信息或知识的一切载体均为文献，它是信息、知识存在的基本形式。

1. 文献的构成要素

构成文献的四个最基本要素是：

(1) 构成文献内核的知识信息。

(2) 负载知识信息的物质载体。如甲骨、竹简、绢帛、纸张、胶卷、磁盘、光盘等，它是文献的外在形式。

(3) 记录知识信息的符号。如文字、图表、声音、图像等。

(4) 记录知识信息的手段。如刀刻、书写、印刷、录音、录像等。

由此可知，文献要有一定的知识内容，没有记录任何知识内容的纸张、录音带等不能称为文献。另外，文献要有用以记录知识的物质载体。从这个意义上讲，存在人们头脑中的知识不能称为文献，只有将知识用文字、图像、数码等各种符号，采用书写、印刷或其他诸如光学、电磁学等方法记录在一定物质载体上，才叫文献。

2. 文献的基本属性

文献是人类进行思想交流、文化交流的一种最重要的信息。其基本属性有以下 3 种：

(1) 知识性

知识性是文献的本质，离开知识信息，文献便不复存在。

(2) 传递性

文献能帮助人们克服时间与空间上的障碍,在时空中传递人类已有的知识,使人类的知识得以流传和发展。

(3) 动态性

文献并非处于静止状态,其蕴含的知识信息随着人类社会和科技的发展在不断地、有规律地运动着。

3. 文献的功能

(1) 存储知识的功能

自古以来,人类认识世界、改造世界所取得的各种知识,主要是靠文献来存储的。虽然文献不能把人类知识的全部都存储起来,但是它却能记录保存人类知识的精华。因此,文献一直是人类了解过去、认识现在和预测未来的重要工具。正因为如此,文献早已成为存储人类知识的最重要的形式。

(2) 传递和交流信息的功能

文献能记录人类一切精神文明、物质文明的历史和现状,是传递人类社会知识的最佳工具。如果说,古代文献以"藏"为主,那么,当代文献则是以交流为主,因此,传递和交流文献信息是当前图书馆的一项重要使命。

(3) 保存知识的功能

在漫长的历史长河中,人类积累了大量的文化知识,这是人类的宝贵财富。随着社会的发展,科学的进步,这笔财富正在不断地剧增。怎样保存它,虽然不能全部借助文献,但是长期的实践证明历史上许许多多珍贵的文化遗产,大多数是依赖文献才保存流传至今的。因此,文献具有保存文化遗产的功能。

1.1.4 信息、知识和文献的相互关系

世界是物质的,物质的运动产生了信息;信息是知识的原料,知识是加工了的信息,各种信息经过人们进行系统化的加工处理,便转化为知识。在通常情况下,知识是静态的各种信息;信息和知识被记录下来就成为文献,文献是记载知识的载体,它是信息、知识赖以存在的外壳。信息与知识之间的逻辑关系为包含与被包含的关系,知识是信息的一部分。文献是信息、知识的具体体现,它不仅是信息、知识的主要物质形式,也是读者吸收利用信息、知识的主要途径。

1.2 信息资源类型

信息资源的种类繁多,根据不同的分类标准,可将文献信息资源划分为不同的类型。

1.2.1 按信息加工层次划分

按加工程度的不同,可以将信息资源分为零次信息、一次信息、二次信息、三次信息。

(1) 零次信息

零次信息是指未经出版发行的或未以公开形式进入社会交流的最原始的信息。它的文献形式是零次文献。如私人笔记、底稿、手稿、考察记录、实验记录、会议记录、内部档案、论文草稿、设计草稿、原始统计数字、技术档案以及现代的 E-mail 通信、BBS 文章等。零次文献具有

信息内容新颖，但不成熟、不定型的特点，由于不公开交流，收集起来有一定困难，获得较难。

（2）一次信息

一次信息是信息生产者为记述本人的观察、发现及研究成果而第一次报道、第一次书写或第一次出版的那些信息。它的文献形式是一次文献。图书、报刊、（部分）科技报告、会议论文、学位论文、专利说明书以及一些不公开发表的实验记录、技术档案等都属于一次文献。一次信息是人类经验积累、知识发展的标志，具有新颖性、创造性、系统性等特点。

（3）二次信息

二次信息是人们对一次信息进行加工、提炼和浓缩之后得到的产物。它将大量分散、无序的信息加工为有序的、便于管理利用的、查找一次信息的工具。二次信息的文献形式是二次文献。它的主要用途是报道、检索、管理、控制一次信息。二次信息分为目录、题录、索引等。在现代社会信息量激增的形势下，人们为了快速而经济地传递信息、收集和利用信息，更加关心重视使用网络数据库资源，因为它具有浓缩性、汇集性、有序性的特点。

（4）三次信息

三次信息是指根据特定的需求，对一次信息和二次信息进行汇集、加工、分析、改编、评述、综合概括生成的信息。它的文献形式称三次文献。它主要有两大类型：一是系统阐述某个领域的内容、意义、历史、现状和发展趋势的综述报告、述评报告、研究报告等；二是把大量的定理、原理、数据、公式、方法等知识进行浓缩和概括，编写成便于查阅的参考工具书，如百科全书、手册、年鉴、指南等。三次信息内容更集中，针对性更强，系统性好，并有一定的检索功能，参考价值较大。

1.2.2 按表述方式划分

根据表述方式的不同，现实的信息资源又可分为以下几种类型：

（1）口语信息资源

口语信息资源是人类以口头语言所表达出来的而未被记录下来的信息资源。其优点是传递迅速、互动性强，但有容易传失、久传易出差异等缺点。

（2）体语信息资源

体语信息资源是指人类以手势、表情和姿态等方式表达出来的信息资源。这类信息直观性强、生动丰富、极富感染力。

（3）实物信息资源

实物信息资源是人类通过创造性的劳动以实物形式表达出来的信息资源。许多技术信息是通过实物本身来传递和保存的，在技术引进、技术研发和产品开发中发挥重要作用。还有的信息本身就是用实物来表现的，如绘画和雕塑等艺术作品。这类信息资源的特点是直观性强、感觉真切。

（4）文献信息资源

文献信息资源是以语言、文字、数据、图像、音频和视频等方式记录在特定载体上的信息资源。

1.2.3 按载体类型划分

按载体类型分，文献信息资源主要分为四种。

（1）印刷型（书写型）

以纸张为载体，以手写、石印、油印、铅印、胶印、影印等为手段来记录信息、知识，这是传统文献的基本形式，包括各种图书资料、连续出版物（期刊、报纸等）、学术论文、专刊、标准、会议文献、政府出版物以及复印品等。古典文献的载体形式主要有甲骨、青铜、石头、竹木、缣帛等几种形式。

（2）缩微型

是指以感光材料为载体、以缩微胶片为记录手段的文献，实际上是纸质印刷型的变体，也是缩微复制品。

（3）音像型

音像文献指以感性材料或感光材料为载体，直接记录声音和图像，可以闻其声，见其行，给人以直观的感觉的文献。包括照片、影片、唱片、录音带、录像带等文献。

（4）电子型（机读型）

电子文献（机读文献）系指以数字代码方式将图、文、声、像等信息存储在磁光电介质上，通过计算机、手机或具有类似功能的设备阅读使用，用以表达思想、普及知识和传播文化，并可复制发行的大众传播媒体。

1.2.4 按出版类型划分

按出版类型分，文献信息资源主要分为十种。

（1）图书

图书大多是对已发表的科技成果、生产技术知识和经验通过选择、比较、核对、组织而成的。该类型文献内容成熟、定型，论述系统、全面、可靠。但图书出版周期较长，知识的新颖性不够。图书一般包括下面几种类型：专著、丛书、教科书、词典、手册、百科全书等。

（2）报刊

报刊是指具有固定题名，定期或不定期出版的连续出版物，包括报纸与期刊。报纸的出版周期短，一般分日报、晨报、晚报、午报、周报等，刊载大量及时信息。期刊上刊载的论文大多数是原始文献，包含有许多新成果、新观点、新动向，其特点是出版周期短，报道文献速度快，内容新颖，发行及影响面广。

（3）科技报告

科技报告是科技人员围绕某一专题从事研究取得成果以后撰写的正式报告，或者是在研究过程中每个阶段的进展情况的实际记录。其特点是内容详尽专深，有具体的篇名、机构名称和统一的连续编号（报告号），一般单独成册。科技报告的种类有：技术报告、札记、论文、备忘录、通报等。科技报告是第二次世界大战期间及战后迅速发展起来的，目前全世界每年都有大量的科技报告产生，其中以美国政府研究报告为主。

（4）政府出版物

政府出版物是由政府机构，包括：国际组织（例如：联合国、欧盟、世贸组织等）和各国中央政府及省（或州）、市、乡等级地方政府组织，以及它们所拥有的官方和半官方机构及其所属的专门机构所发表、出版的各种文献资料。其内容可分为行政性文件（如政治法律文件、政府决策报告等）和科技文献（如统计资料、科技报告、科普资料等）两大类，其中科技文献占 30%以上。

（5）会议文献

会议文献指国内外重要学术会议上发表的论文和报告，也包括一些非学术性会议的报告。学术会议通常带有研讨争鸣的性质，要求论文具有独到的见解，这有助于了解有关领域的新发现、新动向和新成就。会议文献的特点是:文献针对性强、内容专深、信息传递速度快。一些重要的研究成果或新的发现,通常首先通过会议文献向社会公布,能反映具有代表性的各种观点。

(6) 专利文献

专利文献指由专利局公布出版或归档的所有与专利申请有关的文件和资料。专利文献的类型有一次专利信息(各种形式的专利说明书)、二次专利信息(主要指专利公报及专利索引)和专利分类资料(专利分类表及分类表索引等)。

(7) 学位论文

学位论文是高等学校、科研机构的本科生、研究生为获得学位所撰写的论文。学位论文探讨的问题往往比较专深,一般具有一定的创新性。根据学位的不同分为学士、硕士和博士三种学位论文。

(8) 技术标准

依据国际标准化组织(ISO)在其指南 2-1991《标准化和有关领域的通用术语及其定义》的规定,标准是指"为在一定的范围内获得最佳秩序,对活动和其结果规定共同的和重复使用的规则、指导原则或特性文件。该文件经协商一致制定并经一个公认的机构的批准。(注:标准应该以科学、社会效益为目的。)"而技术标准是对标准化领域中,需要协调统一的技术事项所制定的标准,是根据生产技术活动的经验和总结,作为技术上共同遵守的规则而制定的各项标准。技术标准是一种规范性的技术文件。按使用范围可分为国际标准、区域性标准、国家标准、行业标准和企业标准。

(9) 科技档案

科技档案是指单位在技术活动中所形成的技术文件、图纸、图片、原始技术记录等资料,包括任务书、协议书、技术指标、审批文件、研究计划、方案、大纲、技术措施、调研报告等,它是生产建设和科研活动中用以积累经验,吸取教训和提高质量的重要文献。

(10) 产品资料

产品资料是国内外生产厂家或经销商为向客户介绍、宣传和推销其产品而印发的企业出版物。产品资料包括产品样本、产品目录、产品说明书、厂商介绍、厂刊、技术座谈资料等。

一般情况下,可以笼统地将图书、报刊以外的文献信息如科技报告、学位论文等称为特种文献信息,它们是科技人员进行科研时经常要用到的文献信息,在检索中,它们占有很大的比例。

1.3 信息检索工具

为了从海量信息中及时获得所需要的信息,解决庞大的信息量与人们特定信息需求之间的矛盾,检索工具应运而生。随着现代信息技术的发展及其与信息检索理论的结合应用,检索工具的功能不断完善,应用领域不断拓展。从文献书目型检索工具到参考工具书,从手工检索工具到计算机检索工具,联机检索、光盘检索、网络数据库等计算机检索系统的出现,检索工具为人们查检信息日益带来便捷。

1.3.1 信息检索工具概念

检索工具指用以报道、存储和查找文献信息线索的工具。检索工具的古代形态可以追溯到我国汉代刘歆编撰的《七略》,现代意义的检索工具是伴随世界信息量的增加和科学技术的发展,于 19 世纪逐步兴起的,以期刊式文摘和索引为主,包括各种工具书和计算机检索系统。

检索工具有广义和狭义之分。广义的检索工具是指用来报道、存储和查询文献信息的一切工具与设备。广义检索工具与检索系统的含义是一致的,彼此并没有严格地区分界定,只是在手检中习惯称检索工具,在机检中多数称为检索系统或数据库。狭义的检索工具则主要指手工检索工具,也称印刷型检索工具或书本式检索工具。我们这里所提到的检索工具是广义的检索工具,任何具有信息存储和检索功能的工具或设施均可称为检索系统或检索工具。在手工检索的时候,多使用检索工具一词,而在计算机检索时则更多使用检索系统一词。

一般来说,检索工具应具备以下五个条件:一是有明确的收录范围;二是有完整明了的文献特征标识;三是每条文献条目中必须包含多个有检索意义的文献特征标识,并标明供检索用的标识;四是全部条目必须科学地、按照一定规则组织成为一个有机整体;五是提供多种必要的检索途径。

随着网络技术的进一步发展,网络信息检索工具更加完善,检索工具都在朝多元化、智能化、综合化与专业化方向发展,为用户提供全方位的服务。

1.3.2 检索工具的类型

检索工具种类繁多,不同的检索工具各有特点,可以满足不同的信息检索需求。检索工具有不同的分类方法,常见的有以下几种:

1. 按著录内容划分

(1) 目录

目录(Catalogue)又称为书目,是著录一批相关文献,并按照一定次序编排而成的一种揭示与报道文献的工具。目录通常以一个完整的出版或收藏单位(如文献的种或册)为基本的著录对象,著录项目包括书名或刊名、作者、出版者、出版年、价格、页码等,揭示文献的外表特征,用以提供书刊的出版信息和收藏信息。

目录在我国具有悠久的历史,汉代刘歆编撰的《七略》就是我国第一部目录,以后各朝代检索工具都编有《艺文志》或《经籍志》著录该朝代的主要文献典籍,清代纪昀等人编纂的《四库全书总目》最具代表性,是我国古典目录的典范。

目录的种类繁多,根据目录编制的目的、收录范围和内容的不同,分为国家书目、馆藏目录、联合目录、专题书目。其中,馆藏目录、联合目录反映的是一个或多个图书馆文献的收藏情况。除传统的印刷本的目录工具外,还有光盘版和网络版的目录数据库。

(2) 题录

题录(Title)是以单篇文献为基本的著录单位,描述文献的外表特征,快速报道文献信息的检索工具,著录项目包括篇名、作者、出处等。它是在目录基础上发展起来的一种检索工具。题录与目录的主要区别在于著录的对象不同,目录著录的对象是一个完整的出版物,即一种或一册文献,题录著录的对象则是整册书中的一个独立知识单元即单篇文献。从名称上看,题录型检索工具无统一的名称,有的叫作"题录",有的叫作"目次",有的叫作"索引"。特点是报道速度快、覆盖面较大,多用于查找最新文献。常作为文摘性检索工具的先导和补充。在揭示文献内容的深度方面，比目录做得深入些，但又比文摘款目浅。如《中国社会科学文献题录》、美国的《化学题录》都是典型的题录型检索工具。

（3）索引

索引(Index)是根据一定的需要，将特定范围内的某些文献中的有关知识单元或款目，如书报刊中的篇名、著者、地名、人名、字词句等，按照一定的方法编排，并指明出处，为用户提供文献线索的一种检索工具。索引不仅是一种独立的检索工具，还能作为其他检索工具的辅助部分，附在这种检索工具的后面，提供多种检索途径，使其检索功能得到增强。

与目录相比，索引所著录的是某一出版物中的知识单元，如篇名、著者、字词句等，揭示的内容更为深入、具体，目录是以一个完整的出版物为著录对象；与题录相比，索引在揭示信息的广度和深度上要比题录专、深、具体，索引的功能主要是用来检索，常从属于某种出版物或文档，独立性差，题录则以报道为主，检索为辅，独立性强。

索引的类型是多种多样的，根据文献信息外表特征编制的索引有篇名索引、著者索引、号码索引、引文索引(如美国的《科学引文索引 SCI》《社会科学引文索引 SSCI》)等，根据文献信息内容特征编制的索引有分类索引、主题索引、关键词索引。

（4）文摘

文摘(Abstract)是以精练的语言把文献信息的主要内容、学术观点、数据及结构准确地摘录下来，并按一定的方式编排起来供用户使用的一种检索工具。文摘是二次信息的核心，是索引的延伸。它以单篇文献为报道单元，全面反映文献的外表特征和内容特征。文摘在我国通常称为文摘、摘要、内容提要，在国外常用 abstract、digest、summary、quotation 等词表示。

根据对文献内容揭示的深度、报道的详细程度以及用途等角度，文摘分为指示性文摘、报道性文摘和评论性文摘三种。

指示性文摘(Indicative Abstract)，也称为简介性文摘，主要揭示文献的研究对象、范围、方法等，一般不包含具体的数据、结论等内容。它简明扼要，概括性强，字数一般控制在 100 字左右。

报道性文摘(Informative Abstract)，也称为详细性文摘，主要报道原文的主题范围、基本观点、结论，记录原文中的研究方法、实验数据、实验结果等核心内容。报道性文摘是对原文内容的浓缩，读者不需要阅读原文便可了解文献信息的主要内容。报道性文摘反映的内容具体、客观，不加以评论，字数一般 300～500 个，有时更多。

评论性文摘(Critical Abstract)中包括文摘员的分析与见解。

实际上，有许多文摘性检索工具，并不仅采用一种著录方式，而是几种兼用。凡内容比较重要、新颖的资料，采用报道性文摘的方式；凡内容次要的，采用简介的方式；凡是从篇名便可了解基本内容的，便采用题录的方式。

文摘是在题录的基础上发展起来的。因此文摘除具有与题录内容相同的著录项目外，还有揭示文献内容的著录项目：文摘正文与文摘员、检索标识(主题词、关键词等)。

文摘的用途有通报最新的科学文献，深入揭示文献内容，引导读者阅读原文；节约阅读时间，一般不需查看原文即可了解文献的内容轮廓；确定原文内容与查找课题的相关程度，帮助读者选择文献，决定取舍；帮助科研人员克服语言障碍；作撰写述评文章的重要素材。

文摘的特点在于它是以简练的形式，将某一学科或某一专业的原始文献的主题范围、目的、方法等作简略、准确的摘录。科研工作者能经常翻阅文摘性刊物，用不多的时间，就能保持与新情况、新动向的联系。例如，EI(Engineering Information《工程索引》)、DAI(Dissertation

Abstracts International《国际学位论文文摘》)等。

2. 按收录范围划分

按收录范围可划分为综合性检索工具、专业性检索工具和单一性检索工具。

(1) 综合性检索工具

其收录范围是多学科领域的文献,如美国的《科学引文索引》(SCI)、《科学文摘》(SA)、《工程索引》(EI),《科技会议录索引》(Conference Proceedings Citation Index,CPCI,原名 ISTP) 1978 年创刊,是美国科学信息研究所(Institute for Scientific Information,ISI)编辑出版,专门报道会后出版物——会议论文集的信息检索工具。我国的《全国报刊索引》也是属于综合性的检索工具,收录学科专业范围十分广泛。

(2) 专业性检索工具

收录范围仅限于某一学科、某一专业领域,如美国的《数学评论》《生物文摘》《化学文摘》等。

(3) 单一性检索工具

收录文献只限于某一特定类型的文献,如《中国专利年度索引》《中华人民共和国国家标准目录》等都是单一性检索工具。

3. 按检索手段划分

检索工具按不同的检索手段,可分为手工检索工具、机械检索工具和计算机检索工具。

(1) 手工检索工具

手工检索工具也称传统检索工具,是指无须借助任何辅助设施即可处理和查询的检索工具,多指那些传统的印刷型检索工具。例如,我国的《全国总书目》《全国新书目》《中国工具书大辞典》(福建人民出版社,1991 年版),国外的《国际在版书目》(International Books in Print)、《美国工具书年鉴》(American Reference Books Annual)等。手工检索工具主要通过"手翻、眼看、大脑判断"方式进行浏览、检索,因此检准率高,但检索速度慢、效率低。

(2) 机械检索工具

机械检索工具是指利用某种机械装置查找情报的机械化系统,如卡片检索机、缩微胶卷快速检索机、微型胶片检索系统等。该种检索工具的使用,开始于 20 世纪四五十年代,其主要有机电信息检索系统和光电信息检索系统两种形式,前者主要是使用诸如打孔机、验孔机、分类机等机电设备记录二次文献,用电刷作为检索元件的信息检索系统;后者是指使用缩微照相记录二次文献,以胶卷或胶片边缘部分若干黑白小方块的不同组合作检索标志,利用光电检索元件查找文献的检索的系统。机械检索工具是手工检索工具阶段向计算机检索工具阶段的过渡。

(3) 计算机检索工具

计算机检索工具就是计算机检索系统。计算机检索系统主要由计算机检索设备(联机检索设备、光盘检索设备、网络数据库等)、检索语言和文献库等构成。计算机检索系统具有检索效率高、响应速度快、引用便捷等优点,但是成本和检索费用也较高。

随着计算机技术的发展和该技术在信息检索领域的逐步应用,具体的检索形式发展到今天,概括起来主要有联机检索、光盘检索和网络检索三种。

① 联机检索

所谓联机检索,就是指用户使用终端设备(用通信线路与计算机连接的、可发送和接收信息的装置,包括显示终端、调制解调器和打印机),直接查询检索系统数据库的过程。用户可以与数据库及负载该数据库的计算机直接通信即“联机”。计算机以实时方式响应用户的检索询问和指令，自动输出检索结果即为“检索”。联机检索可有两种检索方式：一种是用户远离检索中心，用户的终端通过远程通信线路与检索中心连接，向中心提问并取得检索结果。国内用户采用此种方法查找国外机读数据库系统中的信息被称为国际联机检索。另一种是在检索中心所在地通过终端（不经远程通信线路）当场检索。

联机检索首先出现在美国。1962年，美国麻省理工学院的M. M. 凯塞利用IBM709电子计算机和IBM2741多通道控制台进行了世界首次联机检索试验。数据库包括3.5万篇物理学方面的论文。1965年，美国系统发展公司（System Development Company，SDC）为美国空军研制用于检索国外技术的文献检索系统，即举世闻名的ORBIT/SDC系统。

1964年，美国洛克希德公司研制了Converse联机检索系统，对内部图书馆馆藏文献进行联机检索试验，随后进一步研制了为NASA全系统提供正规服务的联机检索系统，即RECON系统，这一系统以后为欧洲航天局和美国能源部采用。在这些系统的基础上，洛克希德公司又创建了DIALOG联机检索系统。

1972年，DIALOG系统开始投入商业运营，并发展为世界上最大的综合性商业联机检索系统。它原为美国洛克希德公司所有，1986年转归Knight-Ridder公司所有。DIALOG集成了900多个数据库，提供14亿条以上的检索记录信息。涵盖了全球大多数学术和商用数据库资源，是专业化信息查询工具。目前提供Web访问，其地址为http://www.dialogweb.com。

除此之外，世界上比较著名的联机检索系统还有欧洲科技信息联机检索网络EURONET、欧洲空间组织的ESA/IRS系统、美国医学图书馆的MEDLINE系统、日本科技信息中心的JICST系统等。

② 光盘检索

光盘检索是采用计算机作为手段，以光盘作为信息存储载体和检索对象进行的信息检索系统。

20世纪80年代以来，随着计算机技术和数字化计算机的发展，光盘开始应用于文献信息领域。由于光盘技术具有易用、存储容量大等独特的特点，因而受到了人们的普遍欢迎，并很快发展成为一种新的检索系统——光盘检索系统。20世纪90年代初期，光盘数据库检索系统以它存储数据量大、操作简单、检索效率高、成本低廉、运行环境要求简单等特性，在文献情报中心得到了广泛的应用，并与网络技术结合，逐渐发展为光盘网络检索系统，达到了它的顶峰时期。

随着网络技术和硬盘存储技术的进一步发展，网络检索更加方便和快捷，成本也越来越低，逐步占据了信息检索的主导地位，光盘检索也越来越少。

③ 网络检索

进入20世纪90年代，因特网（Internet）的应用从单纯的科学计算与数据传输向社会应用的各个方面扩展，图书馆、信息服务机构和科研机构以及一些大的专业数据库生产商纷纷加入到因特网上，构建基于Web的信息服务系统，为信息需求者提供极其丰富的网络信息资源服务。

该种信息检索形式同联机检索系统的主机和用户终端的主从关系不同，网络检索是基于客户机/服务器的网络支撑环境的，客户机和服务器是同等关系，只要遵守共同协议，一个服务器可被多个客户访问，一个客户也可以访问多个服务器。因特网便是该系统的典型。

网络信息检索是基于因特网的分布式特点开发和应用的，用户只要通过网络接口软件，即可在任一终端机上查询世界各地上网的信息资源。随着信息技术的发展,网络将成为信息源传递的主要渠道。并且,最初的联机检索方式,其服务方式和通信线路目前也多已移入因特网。网络化的信息检索方式为我们获取文献信息提供了前所未有的方便,它彻底打破了信息检索的区域性和局限性,用户足不出户就可以获取所需要的文献信息,而且信息形式图文并茂,有声有景。因特网的迅速发展和广泛应用,改变了计算机信息检索的方式和方法,将信息检索拓展到一个更广阔的领域。

1.4 信息检索语言

1.4.1 信息检索语言的概念及作用

1. 信息检索语言的概念

为了存储有序、查找方便,世界各国都在创造各自的检索语言。这种人工语言就是从自然语言中精选出来并加以规范化的一套词汇符号,是概括文献信息内容或外在特征及其相互关系的概念标识体系,是沟通文献信息存储和检索两个过程中信息标引人员和信息检索人员双方思路的桥梁,又是编制检索工具的各种索引的依据,也是计算机化的信息存储系统用以表达文献信息主题概念和检索课题概念的人工语言。从某种意义上来说,它是一种文献信息识别的符号体系。

2. 文献信息检索语言的基本要求

检索语言是情报检索专用的人工创造的书面语言,而不是人们普遍使用的普通语言,因此,它除了具备普通语言的特点外,还有一些基本要求:

(1) 检索语言应当接近于自然语言,应当由利于检索者理解和掌握的词汇、词法和句法组成。虽然检索语言是专供检索者查找文献而用的,但检索者不可能都是经过专门训练的,这就要求检索语言来自自然语言。

(2) 检索语言应当便于计算机识别和处理。一般地说,计算机只能读出和比较各种代码,告诉检索者比较的结果是否匹配,而不可能找出检索语言中的语义含混和逻辑错误。这就要求检索语言比自然语言更严格。

(3) 检索语言应当能够适应计算机程序分析能力。现在越来越多的索引是由计算机编制的,机编索引程序的分析能力有限,虽然能够从文本中抽取合适的语词或句子,形成检索词和摘要,却不能创造和修改句子。因此,设计检索语言要与计算机程序分析能力联系起来加以考虑。

(4) 检索语言应当充分考虑索引的经济效益。网罗性和专指性是检索语言的重要特性,但是,过分强调网罗性和专指性,就可能降低检索速度和提高编制成本,就要以牺牲检索速度和编制成本为代价,因此,要在这两个方面进行权衡。

(5) 检索语言应当能够及时更新。科学技术在不断发展,文献用语和提问用语也是动态变化的,与之相适应,检索语言也要跟上时代的步伐,及时吸收新概念、新词汇,淘汰过时的概念和词汇。

(6) 检索语言中的语词应当有相应的文献和提问作保障。检索语言是供标引和检索使用的,它必须满足标引和检索的实际需求,因此,检索语言中的语词必须是来自文献和提问的,有相应的文献和提问存在。如果检索语言中的语词既不是文献使用的，也不是提问使用的，那么就不适合检索语言。这恰恰是检索语言与各学科领域中的概念的区别所在，也是不同于自然语言的重要一点。

3. 信息检索语言的作用

检索语言的作用是沟通信息标引者和检索者，使标引人员和检索者在不同时候和不同情况下在描述同一信息特征时保持一致。由于信息检索的匹配过程是通过检索语言的匹配过程来实现的，检索语言的质量好坏以及对它的使用正确与否，就直接影响检索率的高低。检索语言所起到的作用是：

(1) 它保证不同的信息标引人员描述信息特征的一致性。信息标引人员出于自身的学历、专业、经历、理解、思维方式的不同，在对同一事物进行描述时，会产生不一致性、专用的检索语言力求在最大限度地避免这种不一致性的产生。

(2) 它保证检索提问词与信息标引的一致性。检索者和标引人员对同一事物的理解是不一致的，检索语言在检索者和标引人员之间架起桥梁，保证检索提问词和标引词的一致性。

(3) 它保证检索者按不同的信息需求来检索信息时能够获得较高的查全率和查准率。检索者的信息需求类型是多种多样的，获得信息的途径也是多方面的，检索语言应力求将信息检索中的漏检现象和误检现象控制到最低限度。

1.4.2 检索语言的类型

信息检索语言是适应信息检索的需要，并为信息检索特设的专门语言。信息检索语言也称标引语言、索引语言等，是人与检索系统对话的基础，它使文献的标引者和检索者取得共同理解，从而实现检索。检索语言的使用是检索技能的一个重要方面。

检索语言可划分为不同的类型：按文献的有关特征可划分为内容特征语言和外表特征语言；按构成原理可划分为分类语言和主题语言；按适用范围可划分为综合性语言、专业性语言和多学科语言；按标识形式可分为先组式语言和后组式语言等几种类型。其中分类语言和主题语言是最常用的检索语言。

1. 分类语言

分类语言是按学科范畴和知识之间的相互关系列出类目，并用数字、英文字母对类目进行标识的一种检索语言，它集中反映学科之间的系统性及学科与学科之间的相关、从属、派生关系。

这种检索语言体系是从大类到小类，从总体到局部，层层展开形成分类体系的。它由类目号码及名称构成分类类目表，在情报检索中作为检索语言。分类语言可分为等级体系分类语言和组配分类语言，目前最普通使用的是等级体系分类语言。

我国目前常用的分类语言主要有《中国图书馆图书分类法》(简称《中图法》)、《中国科学院图书馆图书分类法》(简称《科图法》)、《中国人民大学图书馆分类法》(简称《人大法》)等，国外常用的分类语言有《杜威十进分类法》《国际十进分类法》和《美国国会图书馆分类法》等。

①《中国图书馆图书分类法》简称《中图法》，是由政府部门编制的一部大型综合性图书分类法，1973 年完成初稿，1975 年由科学技术文献出版社正式出版，此后不断修订，1999 年 3 月第四版正式出版，《中图法》是目前我国图书馆和情报单位普遍使用的一部综合性分类法。《中图法》分有 5 个部类和 22 个大类。

基本部类	基本大类
马克思主义、列宁主义、毛泽东思想	A 马克思主义、列宁主义、毛泽东思想、邓小平理论
哲学	B 哲学、宗教
社会科学	C 社会科学总论
	D 政治、法律
	E 军事
	F 经济
	G 文化、科学、教育、体育
	H 语言
	I 文学
	J 艺术
	K 历史、地理
自然科学	N 自然科学总论
	O 数理科学和化学
	P 天文学、地球科学
	Q 生物科学
	R 医药、卫生
	S 农业科学
	T 工业技术
	U 交通运输
	Y 航空、航天
	X 环境科学、安全科学
综合性图书	Z 综合性图书

《中图法》的标记符号采用拉丁字母与阿拉伯数字相结合的混合号码制。其中拉丁字母表示大类，其他各级类目用阿拉伯数字表示。"T 工业技术"类的二级类目太多，也采用字母表示。

例：TD9，T 代表一级类目——工业技术，D 代表二级类目——一般工业技术，9 代表三级类目——计量学。《中图法》基本采用层累制作为编号制度。

例：

[大类]F 经济

[二级类]F0 政治经济学

F1 世界各国经济概况、经济史、经济地理

F2 经济计划与管理

[三级类]F20 国民经济管理

F21 经济计划

[四级类]F239 审计

F24 劳动经济

F25 物质经济

F27 企业经济

F28 基本建设经济

F29 城市与市政经济

②《中国科学院图书馆图书分类法》简称《科图法》，是中国科学院图书馆1954年编制的，到1994年已对版本修订了三次，《科图法》分为5大部类，下分25个大类，还有6个附表、1个索引，所有大类号均用两位数表示。《科图法》影响很大，其编制既适合大型综合性图书馆，又能适应专业性图书馆使用，其自然科学部分类目较为详细，系统性强，具有较强的科学性。

《中国科学院图书馆图书分类法》(主表示例)

00 马克思列宁主义、毛泽东思想

10 哲学

20 社会科学

50 自然科学(总论)

71 工程技术

90 综合性图书

③《中国人民大学图书馆图书分类法》简称《人大法》，1953年第一版，到1996年已经出版第六版，《人大法》是新中国成立后第一部科学性、实用性较强的图书分类法，当时以社会科学见长。分类法由四大部分、17个大类、9个复分表和2个附表组成。类目标识完全采用阿拉伯数字，一个数字代表一个类号，用1～17的数码表示17个基本大类；对两位一类的数码标识在号码数字后加小圆点；对全部类目等级列举次第展开，反映类目之间的种属和并列关系。

《中国人民大学图书馆图书分类法》(第六版主表示例)

1 马克思列宁主义　毛泽东著作

2 哲学

3 社会科学、政治

4 经济

5 军事

6 法律

7 文化、教育、科学、体育

8 艺术

9 语言、文字

10 文学

11 历史

12 地理

13 自然科学

14 医药、卫生

15 工程技术

16 农业科学技术

17 综合性科学、综合性图书

④ 国外主要分类法以《杜威十进分类法》和《美国国会图书馆图书分类法》最为著名。《杜威十进分类法》，简称《杜威法》或《DC法》，是目前国外使用较为广泛、较有影响的图书分类法，由美国图书馆学家麦威尔·杜威于1876年创制，目前已被翻译成30多种语言，并有130

多个国家使用这一分类体系。杜威法是根据培根关于知识分类体系的倒排，采用十进制的等级分类体系，即把所有学科分成九大类，分别标 100～900 的数字，九大类表示 9 个专门的主题范畴。各类中的类目均按照从一般到特殊，从总论到具体的组织原则，以下逐次分类，形成一个层层展开的等级体系。《杜威十进分类法》发表后，先后有许多国家的学者以此为根据编制了多种分类法，其中以《国际十进分类法》影响最大。

《杜威十进制分类法》主要类目

000　总论

100　哲学

200　宗教

300　社会科学

400　语言学

500　纯粹科学

600　技术科学

700　美术

800　文学

900　地理与历史

《美国国会图书馆图书分类法》简称《国会法》或《LC 分类法》，是目前美国大多数图书馆采用的分类方法。《国会法》是世界上最大型的列举式分类法，其类目设置与次序并无严格的科学系统，未细致照顾学科之间的亲疏远近、并列从属等关系，而是以本馆藏书实际情况为依据，由各门类有关专家就自己领域逐类列类，众多不同类被安排为便于使用的次序。《国会法》分为 21 个大类，分别由 A 到 Z 的 21 个字母构成，采用拉丁字母与阿拉伯数字组成的混合号码为标记，字母表示基本大类和二级类，多为传统学科和知识门类。子目用数字为标记，范围为 1～9 999，类目标记具有弹性，可无限延展，至小数点以后，各大类均有详细索引及专用的复分表。

《美国国会图书馆图书分类法》主要类目

A　总类：著作集

B　哲学、宗教

C　历史相关科学

D　历史：世界史

E～F　历史：美洲史

G　地理、人类学

H　社会科学

J　政治

K　法律

L　教育

M　音乐

N　美术

P　语言

Q　科学

R　医学

S　农业及其他
T　工业技术
U　军事科学
V　海军兵学
Z　目录学及图书馆科学

2. 主题语言

主题语言是直接以代表文献内容主题概念的标识作为检索标识，并按其字顺组织起来的一种检索语言。它打破了按学科分类的方法，使分散在各个学科领域里的有关课题的信息按字顺集中于同一主题，使用时就如同查字典一样按字顺找到所需的主题词，在该词下，列出反映该主题内容的有关信息。根据词语的选词原则、组配方式、规范方法，主题语言可分为标题词语言、关键词语言、单元词语言和叙词语言。

标题词语言是以标题词（规范的事物名称、名词术语）作为文献内容标识和检索依据的一种主题词语言，是最早出现的一种按标题来标引和检索文献的传统检索语言。标题词语言是来自自然语言中比较定型的事物的名称，并经过规范化处理的能表达文献主题内容的词、词组或短语。标题词按字顺排列，词间语义关系用参照系统显示，以标题词表的形式体现。如美国工程信息公司编制的《工程主题词表》。

关键词语言是直接从原文的标题、摘要或全文中抽选出来，具有实质意义的、未经规范处理的自然语言词汇，是作为信息存储和检索依据的一种检索语言。关键词不受词表限制，表达事物概念直接、准确，能及时反映新事物、新概念，目前关键词语言已被广泛地运用于手工检索和计算机检索系统中。如美国《化学文摘》（CA）的关键词索引。

单元词语言。单元词是一种最基本的、不能再分的单元词语，亦称元词，它也是从文献内容中抽出，并经过规范化处理，代表一个独立的概念。单元词具有灵活的组配功能，在检索时可以将某些单元词组配起来代表某一特定概念，因此这种语言属于后组式主题语言。

叙词语言是主题语言的最高级形式，其基本成分是叙词。叙词是从文献内容中抽选出来的、从概念上不可再分的词汇。检索时利用这些叙词进行组配，以表达一个复杂的概念。叙词语言适用于计算机检索和手工检索，是目前应用较广的一种语言。如英国《科学文摘》（简称SA）、《EI》（1993年后）等均采用叙词语言。叙词语言是一种规范化、后组式的主题语言。

1.5　信息检索途径、方法与技术

1.5.1　文献信息检索的途径

查找文献，可根据文献的不同特征从不同的角度来进行，文献检索有多种途径。

1. 按内容特征检索

（1）主题途径：主题途径是按文献内容的主题来查找文献的途径。以确定的主题词作为检索入口，按主题字顺进行查找。一般利用主题目录和文献检索工具中的主题索引。主题词选词的参照体系是《主题词表》。用主题途径检索文献的优点是不用考虑文献的学科体系，比较直观，适合特征检索。

（2）分类途径：分类途径是按照文献所属的学科类别来检索文献的途径。以分类号（或类目)作为检索入口,按照分类号(或类目)的顺序进行查找。一般利用分类目录和文献检索工具中的分类目次表,依据的是一个可参照的分类体系。比如分类法、分类目次等。用分类途径检索的优点是能把同一学科的文献集中在一起查出来,缺点是新兴学科、交叉学科、边缘学科在分类时往往难以处理,查找不便。另外,从分类途径检索必须了解学科分类体系,特别是概念变换为分类号的过程时常易发生差错,造成漏检。

2. 按外表特征检索

(1) 著者途径:根据著者的名称查找文献,以已知著者(个人著者、团体著者或公司、机构)的名称作为检索入口,通过著者目录、个人著者、团体著者索引来查找所需文献的途径。

(2) 题名途径:根据篇名或书刊名称进行检索,根据文献题名(包括书名、刊名、篇名)来查找文献的途径。它以题名作为检索入口,检索者只要知道文献的题名,就可以通过文献的题名索引(目录)查找到所需文献。

(3) 序号途径:根据文献的顺序编号进行检索,以文献出版时所编的序号(专利号、标准号、报告号、合同号、文献登记号或入藏号等)作为检索入口,利用序号索引来查找文献的途径。序号索引排列时,分两种情况:序号单纯为数字的,按数字大小排列;序号为字母与数字混合,即数字前冠有字母的,先依字母顺序、后按数字大小排列。若已知文献号码,使用这种检索途径,不仅简单,且不易造成错检或漏检。

(4) 引文途径:通过文献结尾所附参考引用文献或引文检索工具查找引用文献。

1.5.2 信息检索方法

信息检索是根据特定的课题要求,从检索系统中按照一定的方法和步骤把符合需要的信息文献挑选出来的过程。检索方法是指我们为准确、快速、有效、省时地检索出所需文献,依据一定的方法而制定的相关检索策略。常用的方法有以下几种:

1. 追溯法

又称扩展法、追踪法。是一种传统的文献检索方法,即利用参考文献进行深入查找相关文献的方法。追溯法包括两种方法,一是根据原始文献所附的参考文献进行追溯。另一种是利用引文索引检索工具进行追溯。

利用文献后所附的参考文献进行逐一追查被引用文献,然后再从被引用文献所附的参考文献目录逐一扩大检索范围,依据文献引用与被引用之间的关系获得内容相关的文献,这是一种扩大信息来源的最简捷的方法。通过追溯法获得的文献,有助于对论文的主题背景和理论依据等有更深的理解,在检索工具短缺的情况下,采用此方法可获取一定数量的相关文献。但是由于原文作者记录参考文献存在着不全面与不准确的情况,所以有时很难达到理想的结果。

2. 工具法

又称常规法。它是以主题、分类、著者等检索点,通过检索工具获得文献信息的一种方法,是一种常用的科学检索方法。根据检索要求的不同,工具法又分为顺查法、逆查法和抽查法。

(1) 顺查法。依照时间顺序,按照检索课题所涉及的起始年代由远及近、从过去到现在逐年、逐卷地查找信息的一种方法。此方法多用于检索内容复杂、时间较长、范围较广的理论性或学术性课题。优点是查全率、查准率较高,漏检率低,但这种方法费时费力,检索工作量大,效率低。

(2) 逆查法。与顺查法相反,按照检索课题的时间范围,利用一定的检索工具由近到远、从现在到过去回溯查找文献信息的一种方法。这种方法多用于检索新课题或有新内容的老课题，及对某课题研究已有一定的基础，需要了解其最新研究动态的检索课题。优点是省时省力，灵活性大，效率高，且检出的都是最新文献，新颖性高，可对某学科或研究课题的最新动态及发展水平一目了然；但容易产生漏查，查全率、查准率低。

（3）抽查法。它是针对某学科发展特点和发展阶段，抓住该学科发展较快、文献信息发表较多的年代，抽出这段时间进行检索的一种方法。它是根据学科发展的特点而采用的一种有效的检索方式。优点是能获得一批具有代表性、反映学科发展水平的文献，检索效果和效率较高，但使用这种方法必须了解和熟悉学科发展的特点及历史背景，方可得到满意的检索结果。

3. 循环法

又称交替法、综合法。它是指分期、分段交替使用追溯法和逆查法这两种检索方法以达到优势互补，获得理想结果的一种检索方法。具体步骤是：先利用检索工具查得一批相关文献，然后再利用这批文献所附的参考资料进行追溯查找，从而得到更多的相关文献，如此交替使用，直至满足检索需求为止。这种方法具有两种检索方法的优势，但前提是原始文献必须收藏丰富，否则会造成漏查。

1.5.3 计算机检索的基本技术

1. 布尔逻辑检索

布尔逻辑检索，是指采用布尔逻辑表达式来表达用户检索要求，并通过一定的算法和实现手段进行检索的过程。

利用布尔逻辑运算符进行检索词或代码的逻辑组配，是现代信息检索系统中最常用一种方法。常用的布尔逻辑运算符有三种，分别是逻辑或“OR”、逻辑与“AND”、逻辑非“NOT”。用这些逻辑运算符将检索词组配构成检索提问式，计算机将根据提问与系统中的记录进行匹配，当两者相符时则命中，并自动输出该文献记录。

（1）逻辑与“AND”运算符：逻辑与是用于组配不同的概念的检索词，是一种概念相交和限定关系的组配。

检索提问式：A　AND　B

其含义是：检出的信息中必须同时含有“A”和“B”两个检索词。其基本作用是对检索范围加以限定，逐步缩小检索范围，提高检索结果的查准率。

例如，检索式：计算机 AND 文献检索

检索结果：文献内容中既含有“计算机”又含有“文献检索”词的文献为命中记录。

（2）逻辑或“OR”运算符：逻辑或是用于组配具有同义或同族概念的检索词。

检索提问式：A　OR　B

其含义是数据库记录中任何一条记录，只要含有“A”或“B”中任何一个检索词即命中的文献。其基本作用是扩大检索范围，增加命中文献量，提高文献的查全率。

例如，检索式：计算机 OR 文献检索

计算结果：文献内容中含有“计算机”或含有“文献检索”以及两词都包含的文献为命中记录。

（3）逻辑非“NOT”运算符：“NOT”运算符是排除含有某些词的记录。

检索提问式：A NOT B

其含义是检出的记录中只能含有“NOT”算符前的检索词 A，但不能同时含有“NOT”后的检索词 B。其基本作用是缩小检索范围，但并不一定能提高文献命中的准确性，一般只起到减少文献输出量的作用。

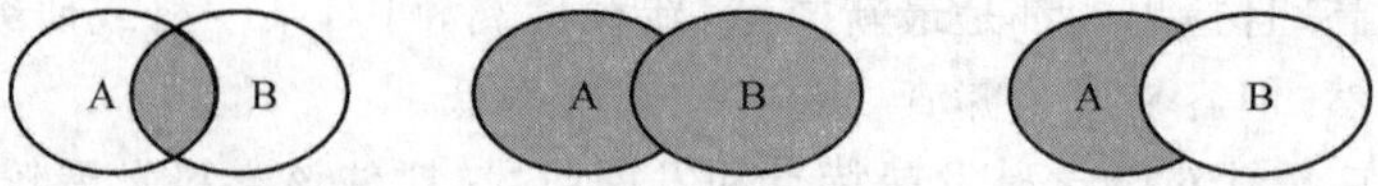

A AND B逻辑与　　A OR B逻辑或　　A NOT B逻辑非

例如，检索式：计算机 NOT 文献检索

检索结果：文献内容中含有“计算机”而不含有“文献检索”的文献为命中记录。应注意，“NOT”运算符有排除掉相关文献的可能，因此，在实际检索中应慎重使用。

检索中逻辑运算符使用是最频繁的，对逻辑运算符使用的技巧决定检索结果的满意程度。用布尔逻辑表达检索要求，除要掌握检索课题的相关因素外，还应在布尔逻辑运算符对检索结果的影响方面引起注意。另外，对同一个布尔逻辑提问式来说，不同的运算次序会有不同的检索结果。

(4) 布尔逻辑算符的运算次序

用布尔逻辑算符组配检索词构成的检索提问式，逻辑算符 AND、OR、NOT 的运算次序，在不同的检索系统中有不同的规定。在有括号的情况下，括号内的逻辑运算先执行。在无括号的情况下，有下列几种处理顺序：

①NOT 最先执行，AND 其次执行，OR 最后执行。

②AND 最先执行，NOT 其次执行，OR 最后执行。

③OR 最先执行，AND 其次执行，NOT 最后执行。

④按自然顺序，AND、OR、NOT 谁在先就先执行谁。

作为检索人员，需要事先了解检索系统的规定，避免逻辑运算次序处理不当而造成错误的检索结果。因为，对同一个布尔逻辑提问式，不同的运算次序会有不同的检索结果。

2. 词位检索

词位检索是以数据库原始记录中的检索词之间的特定位置关系为对象的运算，又称全文检索。词位检索是一种可以不依赖叙词表而直接使用自由词进行检索的一种技术。这种检索技术增强了选词的灵活性，采用具有限定检索词之间位置关系功能的位置逻辑符进行组配运算，可弥补布尔检索技术只是定性规定参加运算的检索词在检索中的出现规律满足检索逻辑即为命中结果，不考虑检索词词间关系是否符合需求，而易造成误检的不足。在不同的检索系统中，位置逻辑算符的种类和表达形式不完全相同，使用词位检索技术时，注意所利用系统的使用规则。这里以著名的 Dialog 系统常用的位置逻辑符为例，说明其检索技术。

(1) 邻位检索

邻位检索技术中，常用的位置逻辑算符有(W)与(nW)、(N)与(nN)。

① (W)与(nW)算符

两词之间使用“W”，表示其相邻关系，即词与词之间不允许有其他词或字母插入，但允许有一空格或标点符号，且词序不能颠倒。即使用(W)算符连接的检索词，已构成一个固定的词组，显然(W)算符具有较强的严密性。例如，GAS(W)CHROMATOGRAPH 表示检索结果为 GAS CHROMATOGRAPH 和 GAS-CHROMATOGRAPH 形式的才为命中。(nW)是由(W)衍生而来。如在两词之间使用“nW”，表示两词之间可插入 n(n=1,2,3,…)个词，但词序不能颠倒。它与(W)的唯一区别是，允许在两词之间插入 n 个词，因而，严密性略逊于(W)。例如，LASER(1W)PRINTER 表示检索结果中具有“LASER PRINTER”“LASER COLOUR

PRINTER”和“LASER AND PRINTER”形式的均为命中记录。

② (N)与(nN)算符

两词之间使用(N)也表示其相邻关系，两词之间不能插入任何词，但两词词序可以颠倒。例如，“WASTEWATER (N) TREATMENT”表示检索结果中具有“WASTEWATER TREATMENT”和“TREATMENT WASTEWATER”形式的均为命中记录。(nN)除具备(N)算符的功能外，不同之处是允许两词之间可插入 n 个词。

(2) 子字段和同字段检索

使用邻位检索显然能使检索结果更为准确，但由于人们使用语言词汇的角度有差异，同一概念的表达可能会出现不同的形式，为提高查全率，可采用子字段检索技术。子字段包括文摘字段中的一个句子或标题字段的副标题等。子字段检索使用的位置逻辑算符是“S”。在两词之间使用“S”，表示两词必须同时出现在记录的同一子字段中，不限制它们在此子段中的相对次序，中间插入词的数量也不限。例如，“HIGH(W)STRENGTH(S)STEEL”表示只要在同一个句子中检索出含有“HIGH STRENGTH 和 STEEL”形式的均为命中记录。对子字段的检索结果进一步扩大，可采用同字段检索技术。同字段检索中使用的位置逻辑算符是“F”。在两词之间使用“F”，表示两词必须同时出现在同一个字段中，词序可以变化。例如，“AIR (W)POLLUTION(F)CONTROL”，表示只要在同一字段中检索出含有“AIR POLLUTION 和 CONTROL”形式的均为命中记录。

以上位置逻辑算符在检索提问式中可连用，使用顺序为(W)→(S)→(F)，查准率高的顺序为 W>S>F。

3. 截词检索

截词检索是预防漏检提高查全率的一种常用检索技术，大多数系统都提供截词检索的功能。截词是指在检索词的合适位置进行截断，然后使用截词符进行处理，可节省输入的字符，又可达到较高的查全率。尤其在西文检索系统中，使用截词符处理自由词，对提高查全率的效果非常显著。在截词检索技术中，较常用的是后截词和中截词。按所截断的字符数分，有无限截词和有限截词两种。截词算符在不同的系统中有不同的表达形式，这里仍以 Dialog 系统使用的符号为例，说明其截词技术。

(1) 后截词

后截词，从检索性质上，是满足前方一致的检索。

① 有限后截词

主要用于词的单、复数，动词的词尾变化等。如 book 用 book? 处理，表示截一个词，可检索出含有 book 和 books 的记录；acid?? 表示截两个词，可检索出含有 acid，acidic 和 acids 的记录。由此可知，“?”为截词符，截几个词就在词根后加几个“?”。

② 无限后截词

主要用于同根词。如 solubilit 用 solub? 处理，可检索出含有 solubilize，solubilization，soluble 等同根词的记录。由此可知，在词根后加一个“?”，表示无限截词符号。

(2) 中截词

中截词也称屏蔽词。一般来说，中截词仅允许有限截词，主要用于英、美拼写不同的词和单复数拼写不同的词。如 organi?ation 可检索出含有 organisation 和 organization 的记录。由此可知，中截词使用的符号为“?”，即用“?”代替那个不同拼写的字符。

从以上各例可知，使用截词检索具有隐含的布尔逻辑或(OR)运算的功能，可简化检索过程。

4. 字段限制检索

使用截词检索,简化了布尔检索中的逻辑或功能,并没有改善布尔检索的性质。使用位置检索,只能限制检索词之间的相对位置,不能完全确定检索词在数据库记录中出现的字段位置,特别在使用自由词进行全文检索时,需要用字段限制查找的范围,提高检索速度和命中率。常用的字段代码有标题(TI)、文摘(AB)、叙词或受控词(DE 或 CT)、标识词或自由词(ID 或 UT)、作者(AU)、语种(LA)、刊名(JN)、文献类型(DT)、年代(PY)等。这些限制符在不同的系统中有不同的表达形式和使用规则,在进行字段限制检索时,应参阅系统及有关数据库的使用说明,避免产生检索误差。

5. 二次检索

二次检索是在当前检索结果范围内,再次提出检索条件进行查询,缩小检索范围。二次检索可以进行多次,使检索结果逐渐接近精确检索的目标。

1.6 信息检索的流程与评价

1.6.1 信息检索的基本流程

在信息社会,互联网的普及为用户采用现代化的技术手段查寻文献提供了便利,同时还要运用手工检索方法。不论是手工检索还是计算机技术,其检索程序相同,都是根据研究课题的要求,使用一定的检索工具,按照可行的步骤、方法、途径、查寻文献检索或事实、数据,获取文献信息的过程。一般来说,文献信息检索的全过程可分为下列几个步骤:

1. 确定课题的检索范围

当一个具体的研究课题要求检索所需要的信息时,要明确课题学科性质、专业范围等,弄清信息需求,明确检索目的。这种需求是人们索取情报信息的出发点,也是联机信息检索时选择数据库、确定检索策略以及评价检索效果的依据。不同类型的课题,其信息需求的范围和程度也不尽相同。例如,申请发明、申报成果奖励、鉴定及立项类的查新课题,往往需要全面地收集某一主题范围的文献信息,这类课题具有普查、追溯的特点,应着眼于查全;而对于科研、生产中为解决某一特定问题的攻关课题,往往只要求检出的信息对自己的研究有所帮助,而查找的文献范围不需要很广,因此,这类课题则要求查准。

其中必须弄清的问题主要有:

(1) 课题内容范围,课题涉及哪些专业,与该专业相邻的学科有哪些。

(2) 所需信息类型,是文献还是具体的数据或事实,是文摘、题录、综述还是原始文献。

(3) 信息专业水平,是一般性信息还是较专深的信息。

(4) 文献数量,是需要全部文献还是其中的一部分。

(5) 文献的语言和类型。

(6) 检索角度,确定要检索的文献信息是侧重理论方面,还是应用方面。

(7) 时间范围,一般科技文献中的技术 10～20 年就要过时,所以,一般研究课题的检索时间范围应在 10～20 年以下。

由此检索,对有关文献的时间分布、地理分布和语种分布进行分析和预测,进而确定一个比较合理的检索范围。

2. 选择检索工具

文献信息检索主要有手工检索和计算机检索两种。手工检索时要选择检索工具中的参考工具书。检索工具和参考工具书在手工检索中起着不同的作用,前者主要用于检索文献线索,后者主要用于检索事实和数据的信息。检索工具的选择依据是课题内容范围及其要求,还有各种检索工具的性质、内容和特点。可利用各种检索工具指南、学科文献指南来帮助进行全面的选择。另外,对选出的有关检索工具,要区分重点和一般,把主要精力放在重点工具的查找上,适当兼顾其他检索工具。

(1) 选择检索工具一般要依据以下几个原则:

① 检索工具中新收录的文献必须包含所要检索的主要内容;

② 质量较高,即收录文献数量大、报道及时、索引齐全、使用方便;

③ 文种熟悉,尽量使用本国常用的检索工具。

(2) 在满足了以上几个原则的基础上再考虑以下因素:

① 如果是研究某一理论在实践中的应用或研究某种产品的设计、试制、生产工艺、质量等方面的问题,一般要求查全、查准国内外信息,此时应该使用综合性、专业性、特种文献的检索工具;

② 如果要借鉴新技术或引进新产品、新设备,应选择专利检索工具或产品目录及样本;

③ 如果要求检索的文献专业性强且专深,一般选择专业性的或特种文献的工具;

④ 如果采用计算机检索,应选好相应的数据库。

无论是选择手工检索或是计算机检索,都应当选择那些存储和报道你需要的文献可能最多的检索工具。反之,切忌到那些没有你需要的文献的地方去查找,否则手工检索可能要浪费你的时间,而机检则可能让你花上一笔费用而毫无所得。

3. 选择检索途径

检索文献信息时,是以文献的某种特征作为出发点,按一定的途径进行查找的。检索途径的选择取决于两个方面:一是待查课题的已知条件和课题检索深度的要求,二是所使用的检索工具本身能够提供的检索途径。

选择检索途径一般遵循以下原则:

(1) 如果是系统收集资料,一般对查全率要求高,最好选择分类途径;

(2) 如果是解决一个技术问题或仅知课题主题概念,应选择主题途径;

(3) 如果已知同行学者姓名,应选择著者途径;

(4) 如已知文献的专利号、标准号、科技报道号等,应选择序号途径。

4. 选择检索方法

选择检索方法是指选择实现检索计划的具体方法和手段。文献信息检索的各种方法,均有其优缺点,究竟在检索时使用哪种方法,应根据检索条件、检索要求、检索背景等一些具体情况而定,不能一概而论。实际检索过程中选用哪一种方法,要根据课题研究的需要以及所能利用的检索工具和检索手段。

(1) 如果检索工具缺乏或根本没有,研究课题涉及面又不大,对查全率不作较高要求,可采用由近及远追溯法。追溯的起点最好是所附参考文献较多的文献,还有一些信息研究成果,如评论、综述等。

(2) 如果检索工具较齐备,研究课题涉及的范围大,可采用常用法或交替法。

(3) 如果研究课题属新兴学科或知识更新快的学科，可采用倒查法。

(4) 如果研究课题对查全率有特别要求，一般采用顺查法。

(5) 如果已掌握了课题发展规律、特点，一般可采用抽查法。

5. 查阅检索工具，记录检索结果

在正式检索之前，应对检索途径、方法作认真的检验和修订，以保证其合理性和有效性。首先利用文献指南或其他工具查一查有无相关的专题书目，以免重复他人做过的文献收集工作，其次要灵活运用各种检索方法和途径，尽量利用各种累积索引。此外，要注意其他情报源或书目进行辅助检索，以保证检索结果的完整性。当发现查出新文献的机会渐少时，检索工作基本上可以结束了。

6. 整理检索结果

对于检索后获得的检索结果，认真阅读其著录格式，辨认文献类型、文种、国别、责任者、题名、内容、出处等非常重要，检索工具为了节省篇幅，有关文献出处的名称几乎全部采用缩写，如果要索取原文就必须将其恢复成全称。对于西文期刊，可使用该检索工具的"引用期刊一览表"之类的索引对照转换。注意其往往不是每期都有，但可以用该检索工具的年刊或期刊的"引用期刊一览表"。

7. 获取文献原文

在确定了哪些文献需要阅读原文时，就要与收藏文献信息机构联系，索取原文。索取原文时，必须利用检索工具中的缩略语、全称对照表将缩写刊名变成全称，然后通过馆藏途径和其他途径获取原文。

(1) 期刊文献的原文获取方法。期刊文献是使用最多的参考文献。国内外期刊在国内主要图书馆中都普遍收藏，其中国内出版的期刊在北京图书馆、中国科技情报研究所重庆分所以及上海图书馆中收藏得较为完整。

(2) 会议文献的原文获取方法。国内外会议文献在国内图书情报机构收藏得比较多的有：中国科技信息研究所、北京图书馆、中国科学院文献信息中心、电子科技信息研究所，以及各省、各直辖市情报所以及重点大学的图书馆等。

1.6.2 文献检索效果评价

1. 检索效果的评价指标

一个理想的文献检索系统应当能够以方便的形式提供检索者所需要的全部文献。对检索效果进行评价的目的就是找出影响检索系统性能的各种因素，以便有效地满足检索者的需要。为此，可采用两种方式来改善系统的性能，首先只提供检索者所需要的文献，其次是抑制检索者所不需要的文献。这里需要解决查全率和查准率的问题，并以此作为评价的标准。查全率与查准率是衡量检索效率的标准，尽管是针对计算机检索系统的，但对手工检索同样具有一定的指导意义。目前，确定查全率和查准率的方法很多。

查全率和查准率是判定检索效果的主要标准，两者结合起来，描述了系统的检索成功率。

(1) 查全率

查全率是指系统在进行某一检索时，检出的相关文献量与系统文献库中相关文献总量的比率，它反映该系统文献库中实有的相关文献量在多大程度上被检索出来。

查全率＝[检出相关文献量/文献库内相关文献总量]×100％

例如，要利用某个检索系统查某课题，假设在该系统文献库中共有相关文献为 40 篇，而只检索出 30 篇，那么查全率就等于 75%。

(2) 查准率

查准率是指系统在进行某一检索时，检出的相关文献量与检出文献总量的比率，反映每次从该系统文献库中实际检出的全部文献中有多少是相关的。

查准率=[检出相关文献量/检出文献总量]×100%

如果检出的文献总篇数为 50 篇，经审查确定其中与项目相关的只有 40 篇，另外 10 篇与该课题无关，那么，这次检索的查准率就等于 80%。显然，查准率是用来描述系统拒绝不相关文献的能力，有人也称查准率为"相关率"。

2. 影响检索效果的因素

查全率与查准率是评价检索效果的两项重要指标。查全率和查准率与文献的存储与信息检索两个方面是直接相关的，也就是说，与系统的收录范围、索引语言、标引工作和检索工作等有着非常密切的关系。

(1) 影响查全率的因素：检索时检索策略过于简单；选词和进行逻辑组配不当；检索途径和方法太少；检索人员业务不熟练和缺乏耐心；检索系统不具备截词功能和反馈功能，检索时不能全面地描述检索要求等。

(2) 影响查准率的因素：索引词不能准确描述文献主题和检索要求；组配规则不严密；选词及词间关系不正确；标引过于详尽；组配错误。

(3) 其他

检索者的知识水平、业务能力、工作经验，特别是检索技术的熟练程度和外语水平也是影响检索效果的主要因素。

检索时所用检索词(或检索式)专指度不够，检索面宽于检索要求；检索系统不具备逻辑"非"功能和反馈功能；检索式中允许容纳的词数量有限；截词部位不当，检索式中使用逻辑"或"不当等。

实际上，影响检索效果的因素是非常复杂的。实验表明，查全率与查准率是呈反比关系的。要想做到查全，势必要对检索范围和限制逐步放宽，则结果是会把很多不相关的文献也带进来，影响了查准率。企图使查全率和查准率都同时提高并不是很容易。强调一方面，忽视另一方面，也是不妥当的。应当根据具体课题的要求，合理调节查全率和查准率，保证检索效果。

3. 提高检索效果的措施

(1) 提高用户信息素养

用户信息素养包括培养用户信息检索知识与能力、信息敏感度、信息判断能力、信息辨析能力、较好的思维和分析能力、较好的外语水平、良好的职业道德和责任心等。

(2) 选择好的检索工具和系统

检索工具和系统的收录范围、索引语言、标引深度与准确性、提供的检索途径、检索方法等是影响检索效果的重要方面。用户检索前应了解其特点与性能。

(3) 优选检索词

精选检索词，是提高检索效果的重要手段。检索课题的概念，检索前应当分解和转换为检索系统认可的规范词，列出其同义词、近义词、广义词、狭义词、分类号，化学物质还应找出其分子式、登记号、别名、俗名和商品名等。避免使用那些意义泛指的词，尽量使用专指性强的词或短语，要小心和避免使用一词多义的词，避免使用错别字，适当使用截词运算。

(4) 合理调整查全率和查准率

不同的检索课题对文献信息的要求不同，用户应根据课题的需要，适当调整查全率和查准率，优化检索策略，以达到最佳检索效果。提高查全率时，调整检索式的主要方法有：降低检索词的专指度，从词表或检出文献中选一些上位词或相关词；减少 AND 组配，如删除某个不甚重要的概念(检索词)；多用 OR 组配，如选同义词、近义词等并以“OR”方式加入检索式中；截词检索；放宽限制运算，如取消字段限制符等。提高查准率时，调整检索式的主要方法有：提高检索词的专指度，增加或采用下位词和专指性较强的检索词；增加 AND 组配，用 AND 连接一些进一步限定主题概念的相关检索项；减少 OR 组配；用逻辑非 NOT 来排除一些无关的检索项；加权检索；利用文献的外表特征进行限制，如限制文献类型、出版年代、语种、作者等；限制检索词出现的可检字段，如限定在篇名、字段和叙词字段中进行检索；使用位置算符进行限制。

4. 检索效率的评价

在检索中最理想的是查全率和查准率都达到 100%，就是数据库中收录的全部相关文献都被检索出来，而且检索出来的文献全部都是相关文献。但事实上，检索中有许多因素使这个指标很难达到，总存在一定的误差。那么就出现了两个评价误差的指标——漏检率和误检率。

在评价工作中，最常用的是查全率和查准率，而且应同时使用，否则就难以反映检索系统的功能及检索结果的效率：查准率和查全率结合起来，描述了系统的检索成功率、查全率和查准率之间有着互逆的关系，就是说查全率提高，查准率就下降，反之亦然。在计算机检索中，一般认为查准率为 60%～70%、查全率为 40%～60%是较为理想的。

思考题

1. 信息检索工具可以分为哪几种？
2. 按照文献信息资源的载体形式、出版形式可分别将文献划分为哪几种类型？
3. 举例说明怎样提高查全率、查准率。

第2章 参考工具书简介

工具书是专供翻检查阅的图书。它是广泛收集某一范围的知识材料，按照一定的方法加以编排，供解决疑难问题或提供资料线索的一种图书。按工具书的性质和功用可以分为两大类：一是专门提供文献出处和内容线索的检索性工具书，如书目、文摘、索引等；二是专供解答疑问，查找某一方面专题知识或有关信息用的参考性工具书，包括字典、词典、百科全书、年鉴、手册、名录、表谱、图录、资料汇编等，主要供查阅，阅读功能明显强于检索性工具书。

2.1 参考工具书概述

2.1.1 参考工具书概念与特点

工具书是帮助人们读书治学、工作生活的一种利器，素来享有"学海津梁""案头顾问""无声老师"等美称。随着现代社会科学文化的迅速发展，人们有限的阅读时间面临着爆炸性增长的文献量的挑战，有限的知识面面临着广博无边的知识群的挑战，有限的记忆量面临着汹涌而至的海量信息流的挑战。工具书能够帮助人们以较短的时间获得较多、较全、较新的知识信息，提高学习和工作的效率，使我们的学习和工作收到事半功倍的效果。

工具书具有信息密集、资料性强、便于检索、查考为主等基本特征，成为人们学习与工作的必备工具。

1. 信息密集

一般说来，任何文献都具有一定的知识性，但工具书的知识密集度比普通图书高得多。工具书多数是在大量普通图书的基础上，经过整序、提炼和浓缩而成的信息密集型文献，能为人们提供丰富的知识信息。譬如，字典、词典系统地汇集了有关语言文字和词汇方面的知识信息，百科全书系统地汇集了人类各个知识领域的知识信息。

2. 资料性强

任何文献都具有一定的资料性，但工具书的资料精度比普通图书高得多。工具书是经过筛选和条理化的一种基本情报源，它是反映、揭示和检索一般情报源（原始文献）的工具和手段。相对数量庞大的一次文献——普通图书而言，工具书多数是经过加工的二次或三次文献。譬如书目、文摘、索引将不断出现的大量文献逐一进行研究、鉴别、描述和标引，提供查找原始文献的线索，是专题咨询的重要工具，属于二次文献的范畴。字典、词典、百科全书、年鉴、手册、名录、表谱、图录、资料汇编等系统地汇集了各种知识和资料，是事实型咨询的重要工具，多数属于三次文献的范畴。各种工具书的编制都要求广采博收、论述精练、出处详明，为人们提供尽可能准确的资料或资料线索。

3. 便于检索

工具书是按照特定的编制形式和排检方法编制的书籍，它具有很强的检索性。人们查考工具书与阅读普通图书不同，前者带有特定的查考目的和要求，后者一般是为了满足求知的欲望。工具书十分讲究科学的编排形式和高效率的检索方法，一般都为读者提供多种检索途径，简明易查。

4. 查考为主

普通图书的编撰目的一般是供人们系统阅读，以增长知识。工具书的编撰目的主要供读者临时查考释疑解难之用，而且这种查考往往持续时间较短，但多次使用。譬如，书目、文摘、索引常常用于查考书刊论文资料，字典、词典用于查考某一字词，百科全书用于查考某学科、某术语的知识。

参考工具书与普通图书并不存在不可逾越的鸿沟，有些工具书同时也是某方面的专门著作。例如，东汉许慎编撰的《说文解字》，既是供查考汉字的形、音、义的工具书，又是研究汉字参考的专著。反之，普通图书有时也可供查考问题时参考，具有"工具"的作用。例如，我们称之为"丛集汇要"的某些丛书、总集、汇编、综述、史志、学科史及要籍等，本来就是普通图书，只是由于内容广泛、材料丰富、参考价值较大，加之卷帙浩大，人们多作查考之用，也具有了工具书的性质。

2.1.2 参考工具书结构与排检方法

1. 结构

(1) 序跋

说明工具书的编辑宗旨、编辑经过及正文评价等。

(2) 凡例

说明工具书的收录范围、编制体例、使用方法等。

(3) 正文

工具书的主体部分，是提供检索的主要对象。

(4) 附录

附录是该工具书的各种辅助材料，如辅助索引、图表、参考书目等。

2. 排检方法

工具书的排检法包括工具书的编排方法和检索方法。目前，人们一般将工具书的排检方法归纳为5种主要类型，每一类型又包括若干不同方法。

(1) 字顺排检法

字顺排检法是根据汉字形体结构和声韵规律排检单字或复词的方法。字典、词典、百科全书、某些类书、索引、手册等多采用这种方法。字顺法又可分形序法、音序法和号码法。

① 形序法

形序排检法是根据汉字的形体结构，按照字形的某一共同性将汉字序列化的排检方法。形序法包括部首法、笔画法和笔形法。

a. 部首法

部首法实际上是对汉字偏旁的分类，即将相同偏旁的合体字归为一部，每部统属的字，列于该部之首的偏旁即为“部首”，再按部首笔画来排检汉字的一种查字法。部首溯源于许慎编《说文解字》，字体以小篆为准共列540个部首。随着汉字形体的改革与发展，部首几经归并为214个，并经《康熙字典》采用后得以通用，故又称为“康熙字典部首”。旧版《辞源》《辞海》及《中华大字典》等辞书，都采用这种方法。新中国成立后新编辞书对康熙字典部首又进行了多次改革。《新华字典》简化为189个，《现代汉语词典》减为188个。本法的优点，是把字形复杂，数量庞大的汉字，划归入一二百个部首里，它符合人们由字形求音、解义的习惯。其缺点是部首位置不固定，难以捉摸。由于这种方法比较适应汉字形体结构的特点，几千年长盛不衰，直到今天仍然是中文工具书基本的排检方法之一。

b. 笔画法

笔画法是按汉字的笔画数多少排列，少笔数排前，多笔数排后的检字法，笔画法的特点是原理简单，只要会数笔画就可以检字，如《中国人名大辞典》《马克思主义辞典》等都采用这种方法编排。

c. 笔顺法

笔顺法也称笔形法，是根据汉字的形体结构，按笔形顺序排字的方法。这种方法不论笔画多少，只看笔形和笔顺。笔形法有的用“元亨利贞”的起笔为序，有的用“江山千古”的起笔为序，有的用“寒来暑往”的起笔为序。笔画法和笔顺法往往相结合，成为先按画数多少排，同画数的字再按笔顺次序排列的笔画笔顺法。如书名目录、著者目录，均可用该法排检。此法的优点是简单、易学、易检、使用方便，其缺点是汉字笔顺复杂，人们书写起、落笔的习惯不同，加之，各种工具书对笔画、笔形笔顺的规定不一，因此给查找工作带来一定困难。

② 音序法

音序法是按字音顺序排列汉字的方法。有汉语拼音字母法、注音字母法和韵部法等，其中使用最普遍的是汉语拼音字母法。

a. 汉语拼音字母法

1958年《汉语拼音方案》公布以后，按汉语拼音排检工具书成为一种主要的方法。汉语拼音字母法是按汉语拼音字母（A～Z）顺序排列汉字的方法。排列时，先以汉字拼音的第一个字母为据确定汉字的顺序，第一个字母相同的，再按第二个字母排序，如此类推下去。拼音字母完全相同的，再按声调即阴平、阳平、上声、去声、轻声顺序排列。

b. 注音字母法

注音字母法是按照注音字母顺序编排单字或复词的一种排检方法。注音字母法是在《汉语拼音方案》制定之前通行的汉字注音符号。1958年以后已被汉语拼音法所取代。但中国台湾、中国香港出版的部分工具书，仍使用该法编排。

③ 号码法

号码排检法是根据汉字的形体结构，用数码代表一定部位的笔形并按数码大小为序的排检方法。号码法实际上是形序法的一种变形。它把汉字形体归纳起来，编成阿拉伯数码，再把所取的笔形数码联结成一体，然后按号码数量多少加以排列。号码法有四角号码法、五笔字型法及其他各种号码法。下面主要介绍四角号码法。

四角号码法是根据汉字方块形式的特点，以字的四角笔形取代号，并按号码大小为序的一种排检方法。它将汉字的笔形归纳为10种类型，分别用0～9十个数字作为代码，并编以口诀方便记忆。口诀为“横1垂2　3点捺，叉4插5方框6，7角8八9是小，点下有横变0头”。每个字按四角笔形取号，其顺序为左上角、右上角、左下角、右下角，将所取四个数字联结为四角号码，再按四角号码从小到大编排。同码字再按附号加以区分，附号为右下角上方的一个笔形。号码法的优点是以笔形编码，取码位置固定，只要记住号码、位置次序，检索迅速；缺点是十分烦琐，只有经过反复练习，才能运用自如。

(2) 分类排检法

分类排检法是按照文献内容或学科体系等分门别类加以组织的排检方法。分类排检法大体分为两类，一类为学科体系分类法，另一类为事物性质分类法。

① 学科体系分类法

学科体系分类法是把文献或知识内容，按照学科属性分类的一种排检方法。书目、索引、文摘、年鉴等工具书，多按此方法排检。如古代的“经、史、子、集”的四部分类法。现在使用的《中国图书馆图书分类法》《中国科学院图书分类法》《中国人民大学图书馆图书分类法》等，这些分类法是图书馆的书刊资料分编、排架的依据。

② 事物性质分类法

事物性质分类法是把知识内容按事物属性分类的一种排检方法。类书、政书、年鉴、手册等工具书，多采用这种排检方法。

(3) 主题排检法

主题排检法是根据代表事物或概念的名词术语的字顺进行排检的方法。它从文献内容中抽取规范化的自然语言标引文献中心内容，这些规范语言(如主题词)，按字顺排检。该法不受学科领域限制，能使同一事物的知识相对集中。本法使用范围较广，如年鉴、百科全书等。

(4) 时序排检法

按照时间先后次序编排文献资料的方法，简称时序法，又称“年代排检法”“编年排检法”。年表、历表、大事记、年谱、年鉴、史书、传记等文献中常采用此法。

(5) 地序排检法

按照地理区域特征编排文献资料的方法。主要用于编制地图集和地方文献等地区性较强的文献，有利于突出文献的出版地或内容涉及的地理区域。

2.2 参考工具书类型与应用

2.2.1 参考工具书类型

1. 字典与词典

字典与词典是按字序法排列条目，专门解释字、词的形体、读音、意义及用法的工具书。现代词典按其收录内容、解释方法和用途可分为：语文词典、综合性词典和专科性词典。

(1) 语文词典

①《汉语大字典》

《汉语大字典》是一部以解释汉字的形、音、义为主要任务的大型语文工具书，由汉语大字典编辑委员会编纂，湖北、四川辞书出版社于1986—1990年出版，全套8卷，共收录单个汉字54 678个，是我国迄今为止收字最多的字典，按200个部首编排。各卷附检字表，末卷还附总检字表。该书对每个汉字的形、音、义均作了历史、全面地反映，是当今世界上规模最大的巨型历史性汉字详解字典。

②《汉语大词典》

《汉语大词典》是一部大型汉语语文辞典，由汉语大词典编辑委员会编纂。第1卷由上海辞书出版社1986年出版，以后各卷改由汉语大词典出版社出版。全书12卷(另有附录·索引1册)，收词目37万余条，包括单字2.2万多个。该词典按200个部首编排，另有音序、笔画等检索途径，均列于附录。该书的特色是古今兼收，源流并重；释文义项齐全，集历代书面和口语词汇之大成。汉语大词典出版社于1997年出版了《汉语大词典》(上、中、下)缩印三卷本。

③《现代汉语词典》

《现代汉语词典》由中国社会科学院语言研究所词典编辑室编写，商务印书馆1978年出版，1983年第2版，1997年出版修订第3版。这是一部以记录普通话语汇为主的中型词典。所收词目包括字、词、词组、成语、熟语等，共56 000多条。《现代汉语词典》在字和词的选择、定形、注音、释义、用法说明等方面，都较好地做到了规范性与科学性的统一，是我国第一部比较详尽记录和描写现代汉语的规范词典。

④《韦氏三版新国际英语词典》

《韦氏三版新国际英语词典》(Webster's Third New International Dictionary of the English Language)是世界语言学界公认的最有权威的英语词典之一，我国通常称为《韦氏三版》。该词典原名为《美国英语词典》(An American Dictionary of the English Language)，由美国词典编撰家诺亚·韦伯斯特编撰，1828年问世，1909年正式定名为《韦氏新国际英语词典》。《韦氏三版》是经过重新设计、编写和排版的全新词典，1961年出版，其重要特点是：①收词丰富，且经过严格筛选。共收词45万余条，起讫时间为1755—1960年。重视对现代的新词特别是科技词汇和经济词汇的收录。②注音详细，很多单词都给出了两个或几个发音变体，多者达几十个。③释义简明、准确。④例证多选自现代文献，如书刊、广告、讲演等，对现代作家、政界著名人物的语句引用很多。⑤修辞标识不再沿用2版的告诫性标识，而是采用"substandard"(尚标准)、"nonstandard"(非标准)等提示。

《韦氏三版》出版后每5年修订一次。1983年出版了《9 000词——韦氏三版补编》，选收1961年以来出现的新词新义(其中许多是俚语和非规范语)，并增补了过去漏收的旧词。1986年又单独出版了《12 000词——韦氏三版补编》(12 000 words, supplement to Webster's Third New International Dictionary)。

⑤《牛津英语大词典》

《牛津英语大词典》(The Oxford English Dictionary)简称OED，1858年由英国语言学会组织筹备编撰，到1933年全书12卷出齐，外加补编1卷。OED共收词414 825个，引文例证1 827 306条，收词丰富，解释详尽准确，考证、鉴别词语严格，对古今词处理得当，学术价值高，实用价值大，素有"词典之王"之称。1933—1944年，牛津大学出版社出版OED简编的1版、2版和3版，后经3次修订，1973年出版了新3版，1975—1977年修订重印。为补充1933年版所遗漏的词汇。1972—1986年，牛津大学出版社又出版了OED的4卷补编。

其他主要语文词典还有《中华大词典》(徐元诰、欧阳溥存等编)，《新华字典》《新华词典》《现代汉语新词新语新义词典》《汉语成语辞海》《现代汉语分类词典》以及《韦氏新世界美语词典》(Webster's New World Dictionary of American English)、《钱伯斯二十世纪英语词典》(Chambers Twentieth Century Dictionary)、《科林斯英语词典》(Collins English Dictionary)等。

(2) 综合性词典

综合性词典收录内容广泛，涉及自然科学、社会科学、工程技术等各个领域，便于查找最基本的知识和资料，特别是对要查找的词目难以确定其所属学科时，查阅综合性词典一检即得。

①《辞源》

《辞源》是我国近代以来出现的第一部规模较大的综合性语文辞书。编纂工作开始于清光绪三十四年，参与其事者有陆尔逵等几十人，至1915年由商务印书馆正式出版，1931年出版了《辞源》续编本。1939年修订，出版了正、续编合订本。1949年出版了《辞源》简编本，1950年又出版了修订本。这些，一般称为“旧《辞源》”。“旧《辞源》”不但收录当时的一般语文词汇，而且广泛涉猎了近代自然科学、社会科学、应用技术以及社会文化等各方面的百科词汇，因此，是当时一部“古今皆收”的综合性辞书。

《辞源》从1958年开始修订，到1979年，修订本的第1分册才由商务印书馆正式出版，到1983年，修订本的4个分册全部出齐。这个修订本，一般称为“新《辞源》”。“新《辞源》”与“旧《辞源》”最显著的区别是根据与《辞海》《现代汉语词典》分工的原则，删去了有关近现代自然科学、社会科学、应用技术等方面的词语，收词范围一般到鸦片战争(1840年)为止。这样，《辞源》(修订本)便成为一部主要供查检阅读古籍时产生的有关词语典故和古代文物典章制度等知识性疑难问题的大型辞书，即专门的古汉语词典。《辞源》(修订本)共收单字12 890个，词语84 134条。收词以古汉语中的一般词汇为主，兼收诸如人名、地名、书名、文物典章制度这类“百科”词汇。

②《辞海》

《辞海》最早于1936年由中华书局出版，是我国自20世纪20年代初《辞源》问世以后出现的第二部大型综合性词典。1958年以前，这个版本的《辞海》曾多次重印，这些印本称为“旧《辞海》”。从1958年开始，对《辞海》进行修订，直到1979年，修订工作才算完成，并于当年由上海辞书出版社出版。1980年，该社又出版了1卷缩印本。这就是今天通行的《辞海》，一般称为“新《辞海》”。

《辞海》(1979年版)是一部兼有字典和百科性质的综合性辞书。全书共收录单字14 872个，选收词目91 706条。《辞海》不仅收录古今一般的语文词目，而且选收了一些成语典故、古今人名地名、古今名著、古今学术学派、团体组织、文物典章制度，以及120多个学科中常见的名词术语等。

从1984年开始对《辞海》(1979年版)进行全面修订，至1989年10月，上海辞书出版社推出了《辞海》(1989年版)。1999年9月，上海辞书出版社又推出了《辞海》(1999年版)。1999年版《辞海》收单字19 485个，词目12万余条，增加了反映当今社会科学、文化、技术方面的新词汇。2009年版《辞海》由夏征农、陈至立担任主编。总字数约2 200万字，比1999年第五版增加约10%；总条目近12.7万条，比第五版增8%；其中新增1万多条，词条改动幅度超过全书的1/3；删去条目约7 000条。除了新增条目，在原有条目中，也大量援引新的提法，做出新的解释，反映新的情况，执行新的规范，运用新的数据。在增补以前遗漏的词目、音项、义项和释文内容，改正解释、资料、文字、符号等差错，精简不必要的词目和不合适的释文等方面亦着力甚多。新版《辞海》是对时代发展的定格，充分反映了新中国成立60年，特别是改革开放30年的新事物、新成果。

③《现代科学技术词典》

这是一部大型的综合性科技词典，由我国著名科学家钱伟长、吴汝康等200多人根据美、英等国十几种著名科技词典编译而成。该书 1980 年 12 月由上海科学技术出版社出版，共两册，选收了 109 个学科的 106 000 余条词目，并配有 2 600 余幅插图。收词范围除数学、物理学、化学、天文学、生物学、动物学、植物学、农学、医学、地理学等基础学科外，还着重收录了电子计算机、高能物理、系统工程、材料科学等涉及现代科学技术内容的词条。

(3) 专科性词典

《哲学大辞典》，冯契主编，上海辞书出版社 1985—1988 年分卷出版。

《简明哲学辞典》，(苏)罗森塔尔・尤金编著，中共中央马恩列斯著作编译局译，生活・读书・新知三联书店 1973 年 1 月出版。

《社会学大辞典》，程继隆主编，中国人事出版社 1995 年出版。

《逻辑学辞典》，《逻辑学辞典》编辑委员会编，吉林人民出版社 1983 年出版。

《心理学词典》，宋书文等主编，广西人民出版社 1984 年出版。

《美学词典》，王世德主编，知识出版社 1986 年出版。

《中国历史大辞典》，上海辞书出版社 1983 年出版。

《中国文化史词典》，杨金鼎主编，浙江古籍出版社 1987 年出版。

《经济大辞典》，于光远主编，上海辞书出版社 1992 年出版，共收词目 2.5 万条，是目前国内包罗学科最广、收词最多、规模最大的经济类词典。

2. 百科全书

百科全书是汇集人类积累的最重要、最有用的各方面知识，分列为条目，加以系统摘要的叙述和说明的具有知识总汇性质的工具书。这些条目以词典的形式排列起来，附有完善的检索系统供读者检索查阅，因此，历来受到了人们的重视，被称为“工具书之王”。

百科全书按收录的范围可分为综合性百科全书和专科性百科全书；按卷帙的规模可分为大型、中小型和单卷本。下面列举一些著名和重要的实用百科全书。

(1)《不列颠百科全书》

《不列颠百科全书》(Encyclopedia Britannica)，又称《大英百科全书》，被认为是当今世界上最知名也是最权威的百科全书，是世界著名 A、B、C 三大英语百科全书(美国百科全书、不列颠百科全书、科利尔百科全书)之 B，简称 EB。

《不列颠百科全书》由世界各国、各学术领域的著名专家学者(包括众多诺贝尔奖得主)为其撰写条目。该书囊括了对人类知识各重要学科的详尽介绍，和对历史及当代重要人物、事件的翔实叙述，其学术性和权威性为世人所公认。2012 年 3 月宣布停印纸质版，将全面转向数字版。

《不列颠百科全书》的创始人为 W. Smellie 等，1768—1771 年在爱丁堡出版，共 3 卷。20 世纪初版权归美国人所有，现由美国芝加哥的不列颠百科全书公司出版。1974 年出版的第 15 版在编排设计上有新的突破，采取三部分合而为一的方法，共 30 卷。1985 年又对第 15 版作了修订，卷数增至 32 卷，共分为四部分。第 15 版的四部分分别是：索引、百科类目、百科简编及百科详编。

《百科类目：知识纲要和不列颠百科指南》(Propaedia：Outline of Knowledge and Guideto Britannica)1 卷，它起着全书分类指南的作用。它把人类知识分为十大类：物质和能、地球、地球上的生命、人类生命、人类社会、艺术、技术、宗教、人类历史、知识分类。每一大类下设 division(部)，部下设 section(门)，往下再分为 A、B、C、D…1、2、3、4…a、b、c、d 这样就把知识内容分设成几个层次，15 000 多个条目，每条标有卷，页码分别指向 Macropaedia 的 45 000 处。

《百科类目》在学习和研究中起着指南作用，利用它可在《百科详编》中获得更详细的资料。

《百科简编》(Micropoedia：Ready reference and index)共 12 卷，条目总数 64 833 条，字数 1 800 万，主要采用小条目主义编撰法，每一条目既能直接提供知识答案，又具有广泛的参见，指引读者参阅《百科详编》，具有索引的功能。

《百科详编：知识深义或知识精述》(Macropaedia：Knowledge in Depth)，是这套百科全书的主体，共 19 卷(现为 17 卷)，4 207 个大条目(现归并为 675 个更大的条目)，均由各国著名学者专家撰写，对主要学科、主要人物、事件都有详尽的介绍和叙述。条目字数从 3 页到 308 页不等，个别条目长达 100 页以上，如"中国历史"(China，history of)长达 108 页，详述华夏5 000年的历史，可以说是一本中国史的专著。直接与中国有关的条目归在首字为"China"的条目下，对中国概况、历史、法律、哲学等都做了详细的介绍。每一条目后都附有相当丰富的参考书目，可以看作这一领域代表作的介绍。《详编》继承了"大条目主义"的传统，其学术权威性为西方世界所公认。条目的编制也有新的形式，如在页边加注"题引"或称"眉注"，起提示作用。

《百科详编》中对人类产生过重大影响的古今人物，包括政治家、哲学家、科学家、文学家、音乐家、神学家、画家等条目，均全文照译。世界 71 个大都市和 50 个州的条目也全部照译。近些年因形势发展而出现的科技成就、政治变化、新的人物和事件等，都根据历年增补的英文版《百科简编》的新条目翻译收入。而且新的修订本中还反映了各国地理、人口数目的新变化，科学理论的新发展，人物的新评价及机构的变革等，并根据时事的发展增补了近年来出现的科技成就、政治变化、新的人物和事件等条目数千条，如基因复制、纳米技术、恐怖主义等。

最后特别值得一提的是，修订和更新了中国条目。中国人对世界和对自己的了解与日俱增，国际中文版既搬进外国的新条目，也对介绍中国的许多条目作了"刷新"。对《百科简编》原有中国条目的修订是全面的，除充实内容、更新资料以及纠正差错外，还增加了众多的新条目，总数由原来的 2 450 条增至 4 000 条。

(2)《美国百科全书》(全 30 卷)

《美国百科全书》(The Encyclopedia Americana，EA)于 1829—1833 年问世，到现在已有 180 多年的历史。1829 年，德裔美籍学者佛朗西斯-利伯以《布罗克豪斯社交词典》第 7 版为蓝本，编译成了美国第一部大型综合性百科全书——《美国百科全书》。在英语百科全书中，其权威仅次于《不列颠百科全书》，为著名英语三大百科全书 A、B、C 中之 A。从 1923 年起每年出版《美国百科年鉴》(Americana Annual)一卷，作为全书的补编，其条目逐词排列(word by word)。这部巨著的"数万个条目旨在成为专家和一般读者之间的桥梁"，文笔清新流畅，通俗易懂。该书由美国四大百科出版商之一的 Grolier 公司出版，美国语言学家门肯(H. L. Mencken)称为"在市场上能买到的最有用的英语百科全书"。该书的简体中文版已由中国台湾光复书局和外文出版社联合出版，中文译名为《大美百科全书》。

(3)《科利尔百科全书》

《科利尔百科全书》(Collier's Encyclopedia，EC)为 20 世纪中叶才出版的多卷集百科全书，内容配合美国大学和中学的全部课程，为著名三大百科全书 A、B、C 中之 C，是一部适合于非专业人员、青年学生阅读的百科全书。全书共 24 册，第 24 册为索引，资料的深度和广度均不如 EA 和 EB。EC 注重事实，理论性阐述较少。25 000 个条目中，社会科学、人文科学各占 20%，科技占 15%，地理和地区研究占 35%，并着眼于普通人日常感兴趣的主题以及实用的现代题材，它虽是国际性百科全书，但东方的资料很少。这部 20 世纪新编的大型英语综合性百科全书的特点是：适用对象广泛，释文通俗流畅，可读性高；材料更新及时，内容较新而且可靠；

参考书目的编选为各家百科全书之冠;分析索引范围深广,索引条目为正文条目的16倍,本书编辑意图强调教育性。

(4)《中国大百科全书》

《中国大百科全书》由中国大百科全书编辑委员会、中国大百科全书出版社编辑部编,中国大百科全书出版社1980—1993年出版,这是我国第一部具有权威性的大型综合性百科全书。全书内容包括哲学、社会科学、文学艺术、文化教育、自然科学、工程技术等66个学科和知识门类。共74卷(包括总索引1卷),收条目近8万条,总字数逾1.25亿字,插图约6万幅。全书按学科分卷陆续出版,包括天文学、外国文学、体育、戏曲、曲艺、生物学、纺织、法学、矿冶、地理学、中国历史、心理学、教育、力学、航空航天、土木工程等73个分卷。另有总索引1卷,已于1993年出齐。

参加编纂工作的学科专家计3万余人,其中包括钱学森、卢嘉锡、贝时璋、华罗庚、吴阶平、严济慈、于光远、周培源、费孝通、胡绳等各学科的泰斗级人物。

《中国大百科全书》(第二版)是全书第一版的修订重编版,是面向21世纪、代表国家科学文化水平的新一代大百科全书。它重新制定编纂体例、重新编制条目框架,充分体现了中国特色社会主义理论和实践的新成果,充分反映了21世纪世界科学文化的新成就、新发展,以及国际形势的新变化、新格局,具有鲜明的中国特色和风格。内容不仅涵盖全人类科学文化成果,同时注重对悠久的中国各民族历史文化遗产和科学技术成就的传承,尤其是充分反映了我国现阶段所取得的重要成果,形成了具有鲜明中国特色的百科知识宝库。收条重综合、阐释精要详尽。

(5)《简明不列颠百科全书》

由中国大百科全书出版社《简明不列颠百科全书》编辑部译编,中国大百科全书出版社1985—1986年出版。这是由中国大百科全书出版社和美国不列颠百科全书公司合作编译出版的一部中型综合性百科全书。除中国部分外,主要根据第15版《不列颠百科全书》的《百科简编》编译而成。

全书10卷。1～9卷是正文及附录(包括各国统计对照表、世界主要大学和学院一览表、汉字简体字和繁体字对照表等9个附录),第10卷为索引,共收条目71 000余条,附图片约5 000幅。内容包括社会科学、文学艺术、自然科学、工程技术等各学科的概述和专名、术语、各国人物、史、地、团体、机构等,侧重西方文化、科技成就和当代知识。

(6)《世界百科全书》

光复书局编辑部编,中国台湾光复书局1986—1987年出版。这是一部介绍世界各国概况的百科全书。比较详细介绍了各国国土、人口、城市、经济、历史、艺术、旅游等情况,并有大量的图表。全书共20卷,其中1～7卷为欧洲,8～13卷为亚洲,14～16卷为非洲,17～20卷为美洲、大洋洲和南极洲。每洲先有总论,介绍其概况,然后分国叙述。

其他比较常用和重要的百科全书还有《钱伯斯百科全书》(Chamber's Encyclo paedia)、《世界经济百科全书》《中国经济百科全书》《中国医学百科全书》《中国农业百科全书》《中国企业管理百科全书》《中国教育百科全书》《麦克米伦艺术百科全书》《大英视觉艺术百科全书》《中国文化大百科全书》《美学百科全书》等。

3. 年鉴

年鉴是系统汇集一年内重要时事文献、学科进展与各项统计资料,供人们查阅的工具书。年鉴按年编辑出版,所收资料一般以当年为限;年鉴又是连续出版的,因此积累起来就是一部编年体的历史。年鉴以记事为主,是知识更新的记录,一般包括概况、专题论述、资料和附录。其中专题论述是年鉴的主体,通常采用概述的方法,汇集一年中出现的重要事件和新知识、新成果、新资料。年鉴通过分类体系和索引,为读者提供检索的方便,除统计年鉴外,又具有可读的价值。

年鉴的类型各式各样,对年鉴的分类一般是从其性质上分为综合性年鉴、专门性年鉴、统计性年鉴、地方性年鉴四种类型。

(1) 综合性年鉴(包括百科全书年鉴)

综合性年鉴比较全面地反映了一国或国际政治、经济、文化等各方面的年度进展情况及有关的资料,涉及的范围比较广泛,通过它能了解到国内外各方面的大事并获得相关的资料,包括政策、法令、人物、事件及有关的统计资料等。

《中国年鉴》,《中国年鉴》编辑部编,新华通讯社和香港新中国新闻有限公司 1981 年起联合出版。这是一部大型综合性年鉴,中、英文同时出版。由中国概况、特辑、彩图专辑、大事纪要、分类条目组成。它从 1980 年起逐年收集和记录中国各方面的新进展、新成就、新情况,每年刊有近 1 000 幅照片,并有大量图表,是一部内容丰富、材料翔实、图文并茂、印刷精美的年鉴。1998 年后,更名为《中华人民共和国年鉴》。

《世界知识年鉴》,《世界知识年鉴》编辑委员会编,世界知识出版社出版,原名《世界知识手册》。初版发行于 1953 年,不定期地出版发行到 1965 年,1982 年复刊,大体逐年出版。它是一部关于国际政治、经济和文化等方面的综合性工具书。内容按类编排,一般分为各国概况、国际组织和国际会议、专题统计资料、世界大事纪、便览等部分。本年鉴内容丰富,注重时事性和知识性,但引征资料未注明出处。

《中国百科年鉴》,《中国百科年鉴》编辑部编,中国大百科全书出版社 1980 年起出版。这是新中国成立以来第一部大型综合性年鉴。内容一般由专栏、概况、百科和附录四个部分组成。《中国百科年鉴》除了是查寻百科知识的重要工具书外,还是《中国大百科全书》的辅助补充工具书。一些不能及时通过大百科全书反映的内容,得以在百科年鉴中迅速反映出来。

(2) 专门性年鉴(包括专科性、专业性、专题性年鉴等)

专门性年鉴反映某一专门范围的年度进展情况及有关的资料,多半围绕一定的学科、专业、专题,系统收集和提供有关的情况和资料,一般为专业工作者所使用,如《世界经济年鉴》《中国经济年鉴》《中国对外经济贸易年鉴》《中国审计年鉴》《中国城市经济社会年鉴》《中国人口年鉴》《中国劳动年鉴》《中国法律年鉴》《中国教育年鉴》《中国文艺年鉴》等。

(3) 统计性年鉴

统计性年鉴主要用统计数字来说明有关领域或部门的进展情况,一般供专门人员使用。

统计性年鉴既有国际、国家的统计性年鉴,又有地方性的统计年鉴;既有综合性的统计性年鉴,又有专门性统计年鉴,如《中国统计年鉴》《中国人口统计年鉴》《中国城市统计年鉴》《国际统计年鉴》《中国教育统计年鉴》《中国能源统计年鉴》《上海统计年鉴》《北京市统计年鉴》等。

(4) 地方性年鉴

地方性年鉴反映一国之内某一地方各个方面或某一方面的年度进展情况及有关的资料,主要供查检地方性资料使用。地方性年鉴发展很快,既有地方综合性年鉴,又有地方专门性年鉴,还有地方统计性年鉴(如统计性年鉴),如《广东年鉴》《广州经济年鉴》《深圳经济特区年鉴》《香港年鉴》《香港经济年鉴》《上海经济年鉴》《上海文化年鉴》《江苏经济年鉴》《浙江经济年鉴》《北京文艺年鉴》等。

4. 手册

手册是汇集经常需要查考的基本资料和数据的工具书。其名称还有指南、要览、便览、一览、大全等。手册汇总的是准确的资料、数据、公式，是公认的、确定的科学知识，具有较大的参考价值。

手册通常分为综合性和专门性两种。综合性手册，为一般读者提供基本知识和学习资料。专门性手册，为专业工作者或专门人员提供专门知识或资料。

(1) 综合性手册

①《中华人民共和国资料手册》(1949—1985 年)，寿孝鹤等主编，社会科学文献出版社 1986 年出版。这是一部了解和研究中华人民共和国历史发展的综合性的资料工具书。它包括各个不同发展时期各方面的基本情况，内容分为概况、政治、经济、文化教育、文学艺术、人物、大事记、文献等栏目。

②《新编读报手册》，荣进等编写，浙江教育出版社 1986 年出版。本手册主要选辑人们读书看报经常碰到而又不易找到的有关资料，是一部知识密集的综合性工具书。全书共 29 个部分，包括当代中国的改革、祖国新貌、国家机构、政党组织、群众团体、人民军队、历史概要、新中国大事、中华英模、经济建设、科学技术、教育事业、卫生健康、体育之光、文学大概、戏剧百花、世界博览等。

③《世界新学科总览》，金哲等主编，重庆出版社 1987 年出版。本书汇集并介绍了 470 余门当代世界新学科。内容包括这些新学科的定义或界定、产生的时代背景与社会环境、奠基性著作与学科创始人、研究内容、学科发展与现状、研究组织等。

④《吉尼斯世界纪录大全》，(美)诺里斯·麦克特编，王映桥等译，四川科学技术出版社 1988 年出版。本书编于 1955 年，在英国出版，1956 年起在美国和英国出版。此后，连续修订，并被译成 25 种文字。中文译本根据美国版第 25 版原书译出。这是一部关于世界之最的知识大全，全面介绍了世界之最的人物、事件、现象等情况。全书共收 15 000 多项世界纪录，分为 12 类、200 个专题。书中资料丰富、涉猎广泛、记载较准确，因而具有一定的可靠性和权威性。

其他综合性手册还有《当代新学科手册》《新知识手册》《生活科学手册》《读者手册》《青年实用手册》《青年知识手册》等。

(2) 专门性手册

①《外国文学手册》，本书编写组编，北京出版社 1984 年出版。本手册共收录 884 个条目，分 7 部分编排，即：①外国重要作家生平著作年表；②外国文学名著介绍；③外国现当代文学概况；④世界文学史大事年表；⑤名词解释；⑥中国外国文学翻译工作者；⑦外国文学论著、期刊简介。书后附“历届诺贝尔文学奖获得者”和“词目索引”。

②《经济工作手册》，任兆奎主编，黑龙江人民出版社 1987 年出版。本书介绍了有关经济工作的基本理论和基本知识，共收条目 1 400 多个。内容包括计划与统计、工业、农业、邮电、运输、商业、外贸、物资、基本建设、财政、金融、税收、物价、人口、世界经济等各个方面。书后有附录。

③《麦格劳-希尔计算机手册》，该手册英文名为 The McGraw—Hill Computer Handbook，由麦格劳-希尔出版社出版。全书分 30 章，介绍了计算机历史、结构、布尔代数和逻辑、序列网络、数学逻辑、存储器、软件等，书后附索引。

其他较重要和常用的专门性手册还有《当代中国社会科学手册》《当代国外社会科学手册》《国际政治手册》《联合国手册》《国际金融手册》《中国地理知识手册》《现代工程师手册》《实用

数学手册》《物理学手册》等。

5. 名录

名录是汇集人名、地名、机构名等专名基本情况和资料的一种工具书。其中机构名录有时又称为“一览”“概览”“指南”“简介”等。名录按收录内容大体可分为人名录、地名录、机构名录三类。

(1) 人名录

人名录收录并简介有关人物的基本情况。包括生卒年、籍贯、学历、经历、著作、主要科研或社会活动及其成就生平传略:国外人名录凡冠以“Who's Who”的以专收在世人物为主。而冠以“Who Was Who”的则专收已故人物。如 Who's Who in Technology(今日科技名人录),Who Was Who in American politics(美国已故政治家名录)。

① The International Who's Who(国际名人录)

该书是一部常用的国际性名人录,英国伦敦的 Europa 公司自 1935 年起出版,收录世界各国政治、经济、文化、法律、外交、教育、体育、宗教、科学界等著名人士的生年、国籍、简历(学历、经历、职务变迁)、荣誉称号、业余爱好、通讯地址等信息,每年出版一次,修订及时。由于其收录人物的广泛性,该书可代替德国、意大利等 10 多种其他国家的名人录。

② Who's Who in the world(世界名人录)

该书由美国著名的名人录出版商 Marquis 公司自 1970 年起隔年出版。收录当前国际事务和各重要领域中的著名人物,主要是各国政府首脑、外交官员、新闻记者、慈善事业和文体界人士,如历届奥运会金牌获得者。取舍标准为担任的职务和个人取得的成就,收录人数比《国际名人录》为多,且有彼此不收的人物,故两者可配合使用,互为补充。

③ Who's Who, an Annual Biographical Dictionary(英国名人录)

该书为当代名人录的先驱者,比美国同类型的出版物要早 50 年,主要收录英国当代政界、学者、科学家、企业界代表等著名人物的传记名录。1955 年起酌收少量外国人物。1997 年版(149th ed.)收录 29 000 人,共 1 800 页。人物选择严谨,体例稳定,结构清晰,文字简练,条目简明易查。每年出版,修订及时,在各国同类名人录中名列前茅,影响深远。凡《英国名人录》中去世的人物即移入 Who Was Who(英国已故名人录)。

国外其他较重要的人名工具书还有 Who's Who in America(美国名人录),Who Was Who in America with World Notables(美国已故名人录),American Men and Women of Science(美国男女科学家),Who's Who in Technology(今日科技名人录),McGraw—Hill Modern Scientists and Engineers(麦格劳-希尔现代科学家和工程师),Who's Who of American Women(美国妇女名人录),International Who's Who of Women(国际妇女名人录),Who's Who in Economic(经济学家名人录),Who's Who in France(法国名人录),Who's Who in Russia Today(今日俄罗斯名人录),Webster's New Biographical Dictionary(韦氏新人名词典),Cambridge Biographical Encyclopedia(剑桥人名全书),《日本名人大事典》等。

国内常用的人名工具书有《新中国名人录》《当代中国名人录》《中国科苑英华录》《中国科学院科学家人名录》《中国妇女名人录》《中共党史人名录》《中国人民解放军将帅名录》《中国企业家大辞典》《当代国际人物词典》《世界政坛人物辞典》《台湾工商名人录》等。

(2) 地名录

地名录提供有关地名的正确名称(或加上译名)、所在地域(国别、省别)、地理位置(经纬度)等。

①《中华人民共和国地名录》

该名录由中国地名委员会编，1994 年 3 月出版。收录范围为：①全国乡、镇以上（含乡、镇）各级行政区域名称；②以乡、镇人民政府所在地为主的居民聚落名称；③山、河、湖、海、岛、高原、盆地、沙漠等自然地理实体名称；④名胜古迹、纪念地、古遗址、水库、桥梁、电站等名称。全书共收录地名约 10 万条，是收录我国地名最多的大型标准地名工具书。

②《世界地名录》

该名录由中国大百科全书出版社编辑，萧德荣主编，1984 年出版。本书分上、下两册，共收录中外地名近 30 万条，是查考国外地名的标准工具书。正文分外国地名和中国地名两部分。外国地名部分收录了中国地名委员会编辑的《外国地名译名分册》和《泰晤士世界地图集》（1981 年版）中全部的外国地名词条。

国外重要的地名录有 Cambridge World Gazetteer，a Geographical Dictionary（剑桥世界地名词典），National Gazetteer of the U. S.（美国全国地名录），The Columbia Lippincott Gazetteer of the World（哥伦比亚利平科特地名词典），Webster's Geographical Dictionary（韦氏地名词典）等。

(3) 机构名录

机构名录收录并简介有关机构的基本情况，诸如地址、人员、宗旨、职能、业务范围、产品等。如《中国政府机构名录》《中国工商企业名录》《中国高等学校大全》《中国科学研究与技术开发机构名录》等。

①《中国政府机构名录》，新华社中国新闻发展公司编辑，新华出版社 1989 年出版。这是新中国成立以来首次出版的介绍我国政府机构概况的大型工具书。全书分上、下两卷，上卷收录了国务院各部委、国务院各办事机构、直属机构、国务院事业单位 79 个及各机构所属司局级单位；下卷收录了全国除“台湾”外的 30 个省、自治区、直辖市及其所属厅局级职能单位和事业单位、地（市）级政府。

②《中国工商企业名录》，《中国工商企业名录》编辑部编辑，新华出版社 1981 年出版。

③《中国企事业名录大全》，廖季立等主编，经济科学出版社 1986 年出版。

④《中国高等学校大全》，中华人民共和国国家教育委员会计划建设司、财务司编，高等教育出版社 1989 年出版。

⑤《世界各国高校名录》，国家教育委员会外事局《世界各国高校名录》编写组编，北京语言学院出版社 1990 年出版。本书采用各国官方公布的最新资料。翔实地介绍了世界上 88 个国家和地区的 6 900 所高等学校的基本情况，包括专业设置与特长、学制与体制、通讯地址、外文名称和联系电话等。

国外较重要、常用的机构名录有 Yearbook of International Organizations（国际组织年鉴），The World of Learning（世界学术机构指南），World Guide to Scientific Associations and Learned Societies（世界科学协会和学术团体指南），World List of Universities（世界大学名录）等。

6. 表谱

“表谱”是采用图表、谱系形式编写的工具书，大多按时间顺序排列。通常用于查检时间、历史事件、人物资料等，包括年表、历表和其他专门性表谱。

年表、历表是查考历史年、月、日的工具书。其中年表是查考历史年代和检查历史大事的工具书，历表是查考和换算不同历法年、月、日的工具书。专门性表谱包括人物表谱、职官表谱、地理表谱等，主要用于查考人物生卒、生平及职官、地理沿革等情况。

(1) 年表

年表又分为单纯的纪年表和大事年表。纪年表是用来查考历史年代和历史纪元的表、常用的纪年表是把公元纪年、帝王年号纪年和干支纪年进行对照。大事年表是按年月编录大事的表谱，主要是供查检历史大事用。

①《中国历史纪年表》

《中国历史纪年表》，万国鼎编，万斯同、陈梦家补订，商务印书馆 1956 年出版，中华书局 1978 年再版，1982 年重印。全书分上、下两编。上编包括《历史年代总表》和《公元甲子纪年表》；下编为附录性质，主要包括各个朝代的年代简表、《中日对照年表》《公元甲子检查表》及《太岁纪年表》。书末附有《中国历史纪年表索引》，把中国历代国号、帝王庙号及年号等按笔画排列，方便了检索。

②《中国历史纪年》

《中国历史纪年》，荣孟源编，三联书店 1956 年出版。本书分三编：第一编《历代建元谱》，第二编《历代纪年表》，第三编《年号通检》。

《历代建元谱》按年代顺序，把公元前 206 年汉高祖元年至 1949 年中华人民共和国成立以来的历代帝王姓名、谥号、庙号、世系、即位年的干支、公元、在位年数、卒年、年号等汇集成编。各朝代之内发生的农民起义和割地称王的年号，也附载于各朝之后。

《历代纪年表》把公元前 841 年西周共和元年至 1949 年中华人民共和国成立以前的年代，按朝代分为 15 个表。每个表的第一格为公元纪年，第二格为干支纪年，第三格为帝王王位或年号纪年，第四格以下罗列其他各种纪年，可供检查年代顺序之用。

《年号通检》是检查年号的索引，包括《历代建元谱》所载的一切年号，按年号笔画顺序排列，不同朝代使用的同一年号，也予以说明。

本书内容全面、材料丰富、考订精详、编排醒目。关于历代帝王名号、世系的记载比较完备。特别是系统收录了农民起义的年代和年号，这是以前各种年表所欠缺的。

③《中外历史年表》

《中外历史年表》，翦伯赞主编，齐思和、刘启戈、聂崇岐合编，生活·读书·新知三联书店 1958—1959 年初版，中华书局 1961—1963 年出版，1982—1983 年重印。

这是一部较详细的中外大事年表，全书共 2 册。分别把公元前 4500 年至公元 1918 年、公元 1919 年至 1957 年中国和外国比较重要的历史事件，按照年代的顺序，简明扼要地加以编纂。每年内分“中国”和“外国”两大部分，内容广泛、材料丰富，通过年代的顺序和中外历史的对比，较好地显示了历史事件的发展脉络，对学习、研究中国史和世界史颇有参考价值。

④《中华人民共和国大事记(1949—1989 年)》

《中华人民共和国大事记(1949—1989 年)》，中共中央宣传部宣传局编，黄道霞等主编，光明日报出版社 1989 年出版。本书汇辑了 1949 年 10 月至 1989 年 2 月我国社会经济发展的大事资料，主要根据国内公开出版发行的材料编写，着重参考了《中华人民共和国经济大事记》和《中华人民共和国国民经济和社会发展计划大事辑要》。所辑大事资料按年、月、日为序。书后有《全国人大常委会和政务院、国务院组成及领导人》《政协全国委员会主席、副主席、秘书长、常务委员》《中共中央领导机构及领导人》《军事委员会、国防委员会及上将以上高级将领》《1949 年至 1988 年国民经济主要指标》等附录。

其他常用的历史纪事年表还有《中国近现代史大事记》《中华民国史资料丛稿——大事记》

《外国历史大事年表》《世界历史年表》《外国历史大事集》《中国共产党历史大事记》《中国文化史年表》《中华人民共和国经济大事记(1949年10月—1984年9月)》《中华人民共和国科学技术大事记(1949—1988年)》《中国大事年表》《中国近代大事年表》《中国现代史大事记》《新中国纪事》等。

(2) 历表

①《中西回史日历》,陈垣撰,1962年中华书局出版。本历表是中、西、回三历并列对照,以西历为衡,中历、回历为权。西历起止公元元年—2000年;中历起自汉平帝元始元年;回历起自元年(公元622年)。《中西回史日历》内容完备,推算精确,编排科学,是研究中国史和世界史、解决中西回历换算问题不可或缺的工具。

②《二十史朔闰表》,陈垣撰,1978年中华书局重印。本历表是《中西回史日历》的蓝本和缩编本。《中西回史日历》是以西历为主,而本历表则是以中历为主。由于内容包括从汉高祖元年(公元前206年)至公元2000年间的历日朔闰,又包括从汉代到清代二十个据以推算历法的历史朝代,所以书名称为《二十史朔闰表》。

③《两千年中西历对照表》,薛仲三、欧阳颐编,1956年三联书店出版。本历表时间起止为公元元年(汉平帝元始元年)—公元2000年,正表以中历为主,有中英文对照。

④《新编中国三千年历日检索表》,徐锡祺编,是迄今最为完备的一种历表,全书包括历日检索表、列国纪年表、年号索引及各种用途的多种附表,对学习中国史和世界各国史,以及研究其他专业的历史,均有重要参考价值。

其他常用的历表还有《二百年历表(1821—2020年)》《中国先秦史历表》《近世中西史日对照表》《中国年历总谱》等。

(3) 专门性表谱

专门性表谱主要包括:①专门记载历史人物生卒年代、生平事迹、经历著作的年谱;②人物宗族及有关史实的家谱、宗谱、族谱、世系表;③记载官制变化和人事更替的表谱;④记载不同时期地理变化的工具书。

①《马克思恩格斯生平事业年表》,中共中央马恩列斯著作编译局编译,1976年人民出版社出版。本书是以编年的形式记述马克思和恩格斯的革命实践和创作活动的一部传记性专辑。书末附有本书中提到的马克思和恩格斯的著作索引、人名索引、期刊索引和索引检字表。

②《列宁生平事业年表》,叶林编译,上海人民出版社1987年出版。

③《列宁年谱》,(苏)苏共中央马克思列宁主义研究院编,刘魁立等译,三联书店1984年出版。

④《中国历史人物生卒年表》吴海林、李延沛编,黑龙江人民出版社1981年出版。收录上起西周、下讫清末的中国历史人物6 600余人。凡生卒年载于史籍的重要人物,如政治家、思想家、作家、艺术家、科学家、农民起义领袖、帝王将相等均予收录。

⑤《历代职官表》,(清)永珞、纪昀等修撰,中华书局1936年据武英殿本校刊,中国台湾商务印书馆1983年影印。全书72卷,是一部规模较大的职官表,它广采历代会典、会要、正史表志、《通典》《文献通考》以及诸类书等,是查考历代职官的重要工具书。

⑥《历代地理沿革表》,(清)陈芳绩编、黄廷鉴校补,上海商务印书馆1935年《丛书集成初编》本。

其他查人物的表谱还有《历代人物年里碑传综表》《司马迁年谱》《杜甫年谱》《唐宋词人年谱》《孙中山年谱》《鲁迅年谱》《刘少奇年谱》《巴金年谱》等;查职官的表谱还有《职官分纪》《清

代职官年表》《清季重要职官年表》等；查地理沿革的表谱还有《历代疆域表》《中国疆域沿革表》《中国近现代政区沿革表》《中华人民共和国行政区划手册》等。

7. 图录

图录，又称图谱，是用绘画、摄影等方式反映事物或人物形象的工具书，包括地图、历史图谱、文物图录、人物图录、艺术图录和科技图谱等。

(1) 地图

地图是按一定的投影方法和比例尺，将地表事物和现象标绘于平面上，以反映各种自然和社会景象的地理分布与联系的一种工具书。地图是地理学的辅助工具，它直观而清晰地描绘地理知识，辅助文字叙述之不足，以解决阅读中的空间概念问题。

①《清内府一统舆地秘图》，清康熙年间编绘，沈阳故宫博物馆1921年石印本。此图是我国首次根据实测绘制的大型中国地图，康熙皇帝于康熙四十七年(公元1708年)聘用西洋传教士测量绘制，康熙五十六年(公元1717年)绘制完成。原名《皇舆全览图》(又名《内府舆图》)，包括总图1幅，关内15省及关外满蒙等省分图各1幅，堪称是当时世界上绘制最精确的地图。

②《中华人民共和国地图集》，地图出版社编制出版，有1957年版、1972年版、1983年版以及1984年缩印本。

本图集的1983年版及1984年缩印本是新中国成立以来公开出版的内容较丰富、资料较新的综合性参考地图集，比较全面地介绍了我国的地理面貌及经济建设成就。共收图75幅，其中专题图30幅，省(区)图31幅，城市图14幅，选取地名32 000个。

③《中华人民共和国分省地图集》，地图出版社编制出版，有1974年、1979年、1984年、1987年四种版本。1987年版由赵西林等编辑，吴贵清等编绘。这是一部比较新的中华人民共和国分省地图集，共收图50幅，选取地名2万多条。

④《世界地图集》，地图出版社编制出版，有1958年、1972年、1979年、1983年、1987年版。这是我国出版的一部比较详密的世界地图集，共85幅，主要分世界和洲图、分区和分国图、地区补充图三级。每图均附文字说明，简要地介绍了各国和地区的概况、居民、自然环境、自然资源、经济概况、重要城市等内容。

其他较重要和常用的地图集还有《中国历史地图集》《中国史稿地图集》《中国古代历史地图集》《历代舆地图》《中国近代史稿地图集》《中国自然地理图集》《中国地图册》《泰晤士世界历史地图集》《钱伯斯世界历史地图集》《世界古代史地图》《世界近代史地图》等。

(2) 历史图谱

一般以历史时代为序编排图片资料，多配以文字说明、地图、表格等。

①《中国历史参考图谱》(二十四辑)，郑振铎编，上海出版公司1949—1951年出版。另一卷本由书目文献出版社1994年2月出版。本书是一部收录广泛、材料精详、很有价值的中国历史图谱。它采集了我国历史上重要的文化遗址、名人图像、墨迹、古代器物、善本书影，以及雕刻、壁画、书画、工艺品等珍贵艺术品，共有图片3 004幅。全书分24辑，每辑前有目录和说明书，具体介绍图片的内容。

②《中国近代史参考图录》，中国历史博物馆编，上海教育出版社1981—1984年出版。共收录我国1840—1919年有关重大历史事件的图画、实物照片、人像、历史文献等2 000多幅。

③《古代世界史参考图集》，朱龙华编，人民教育出版社1960年出版。选辑了有关古代世界史的各种重要照片495幅，图片内容包括生产工具、社会经济、政治事件、历史人物、文化艺术等，可供研究世界古代史者参考。

其他常用的历史图谱还有《中国历史图说》《中国历史图鉴》《中国古代史参考图录》《简明中国历史图册》《中国共产党70年图集》《中国近百年史图集(1940—1978年)》《中国文化史图鉴》《世界百年掠影》等。

(3) 文物图录

①《西清古鉴》,(清)梁诗正等奉敕编,云华居庐1926年石印本。本书仿《博古图》精绘清乾隆内府所藏古器,共40卷,附钱录16卷。全书收录古铜器1 529件,并附文字说明,可供研究古文物者参考。

②《国宝》,朱家溍主编,北京故宫博物院、商务印书馆香港分馆联合编辑,1983年影印出版。本书精选了故宫博物院有代表性的文物精品100件,均为稀世珍宝。共有彩图270幅。书后附索引。

③《中国历代货币》,中国人民银行《中国历代货币》编写组编,新华出版社1982年出版。本书精选了我国历代有代表性的货币图片1 000余幅,按年代先后分为"贝币与金属铸币""纸币""人民政权的货币"三部分。所收图片均按原物影制,均有简要说明。

其他常用的文物图录还有《新中国出土文物》《新中国的考古发现和研究》《中国古代服饰研究》《中国古青铜器选》《海外中国铜器图录》《考古图》《古玉图考》《宣德彝器图谱》《古明器图录》《唐宋铜镜》《青铜器图释》《中国古钱谱》等。

(4) 人物图录

①《历代古人像赞》,作者不详,明弘治刊本,古典文学出版社1958年影印。书中绘刻了自伏羲至宋宁宗时的帝王将相及名人学者等的图像,共88幅。每人各配以小赞四句,并述其生平事迹。

②《无双谱》,(清)金古良绘,中华书局上海编辑所编辑,中华书局1961年出版。书中选择了从西汉至南宋1 400多年间许多众口流传的有名人物的故事,绘制成图,共40幅。

③《中国历代名人图鉴》,苏州大学图书馆编,瞿冠群、华人德执笔,上海书画出版社1989年出版。本书选收我国上古至清末著名历史人物1 137人的图像1 165幅,其中包括政治家、哲学家、科学家、军事家、史学家、文学家等,酌收历代帝王及部分后妃。图像为古人所作画像、木刻像、石刻像、塑像及近代照相。每幅画像均附生卒、字号、籍贯、身份等简要说明。

其他常用的人物图录还有《明清人物肖像画选》《清代学者像传》《中国历代名人画像汇编》《古今人物画谱》《历代名将画谱》《圣贤像赞》《四明人鉴》《中华杰出人物图集》等。

(5) 艺术图录

①《中国美术全集》,本书编委会编,人民美术出版社等4家出版社1984年起联合出版。这是一套大型的美术图录总集,选编了历代有重要价值、有代表性的高水平作品,并尽量收入新发现和未发表过的珍品,堪称我国历代美术精品之总汇。

②《中国美术史图录丛书》,上海人民美术出版社1981年起出版。这是一套中型美术图录丛书,共有9种30册,包括《中国绘画史图录》《中国雕塑史图录》《中国版画史图录》《中国书法史图录》《中国民间年画史图录》《中国印章史图录》等。各书均以图为主,每图附作者介绍及文字说明。

其他常用的艺术图录还有《伟大的艺术传统图录》《中国绘画总合图录》《中国新文艺大系·美术集》《中国版刻图录》《三希堂法帖》《故宫历代法书全集》《中国古建筑》《中国古代绘画》《中国古代绘画选集》《中国历代绘画图录》《中国古代雕塑集》《中国篆刻艺术》《故宫建筑》《中国古塔》等。

(6) 科技图谱

①《中国动物图谱》,陈义等编,科学出版社 1959 年起陆续出版。这是一套大型系列性动物图谱,按动物学分类分卷册陆续出版。目前已出版了环节动物、两栖动物、爬行动物、甲壳动物、软体动物、兽类、鸟类、鱼类等近 20 卷册。分别叙述所收动物的一般形态、生态、分布及经济价值等,并附有插图以示对照。

②《中国高等植物图鉴》,中科院植物研究所编,科学出版社 1972—1983 年出版。本书收录有经济价值和常见的高等植物 8 000 余种,分 5 册出版,并补编 2 册。

③《中国古代兵器图册》,书目文献出版社 1986 年出版。本书辑录了我国历代兵器图 1 460 幅,按兵器性质归纳成 25 大类,并加以简要的文字说明,系统地展示了我国自殷商至清代的兵器式样及其演变情况。

其他常用的科技图谱还有《天文挂图》《农具图谱》《中国农作物病虫图谱》《现代兵器知识图集》《天气云图》《航海云图和海浪图》《生物史图说》《中国蛇类图谱》《中国哺乳动物分布》《人体解剖彩色图谱》《世界民航机图鉴》《中国民族古文字图录》等。

8. 资料汇编

资料汇编就是将某一特定专题的有关文献资料,依照一定的分类原则和编排方法编辑而成的工具书。

(1) 法规资料汇编

法规资料汇编是指一个国家的法令、法律、条例、章程、细则等各有关资料集中编辑成册,按照所反映内容的性质分类编排而成的资料性工具书。例如,《中华人民共和国现行法规汇编(1949—1985 年)》,国务院法制局编,人民出版社出版,1987 年按系统行业分卷出版;《中华人民共和国新法规汇编》,国务院法制局编,此书按年度编,每年又分若干辑,1989 年度由新华出版社出版,1990 年起由中国法制出版社出版;《中华人民共和国法律释义全书》(第一卷~第四卷),孙琬钟等主编,中国言实出版社 1996 年出版等。

(2) 条约资料汇编

条约资料汇编是世界上国与国之间订立的有关政治、经济、军事、文化等各方面的,具有约束性的、互利的,并载有各自义务的文书的汇编。它包括国家之间订立的协定、协议书、联合声明、联合公报和条约等。例如,《中华人民共和国条约集》,中华人民共和国外交部编,先后由法律出版社、人民出版社等出版;《中华人民共和国多边条约集》,中华人民共和国外交部条约法律司编,法律出版社 1987 年开始出版,共 4 集,收录了 1949—1984 年我国参加的 123 个多边条约;此外我国还出版了《国际条约集》等条约资料汇编。

(3) 统计资料汇编

统计资料汇编是国家有关经济、文化、教育等各个方面的统计资料的汇集成册的工具书,是国家和各部门在制定有关政策、规定、计划时的重要依据和参考资料。统计资料汇编比统计年鉴的资料更多、更广泛,具有历史资料的参考价值。例如,《全国各省、自治区、直辖市历史统计资料汇编(1949—1989 年)》,国家统计局综合司编,中国统计出版社 1990 年出版;《中国现代史统计资料选编》,北京大学国际政治系编,河南人民出版社 1985 年出版等。

(4) 教学科研资料汇编

教学科研资料汇编是指教学与科研各方面的参考资料的专题汇编和综合汇编。它包括的范围很广,包括文科、理科及有关的教学科研参考资料,是进行教学科研工作的重要参考工具书。例如:《中国近代教育史资料汇编》,陈元晖主编,上海教育出版社自 1986 年以来已出版多部分册，是研究我国近代教育史的重要参考工具书；《中国共产党历次重要会议集》，中共中央党校党史教研室编，上海人民出版社 1982 年起出版；《中国通史参考资料》，翦伯赞、郑天挺主编，中华书局 1979 年第 3 版；《古典文学研究资料汇编》，中华书局编辑，1962 年起出版；《中国国家标准汇编》，中国标准出版社 1983 年起出版等。

2.2.2 参考工具书应用

1. 查字或词

字和词是构成书面语言最基本的材料。汉语中字和词的数量极其庞大，音、形、义也非常复杂。由于时代的进步，任何一部字(词)典都很难囊括全部的汉语字、词。在平常的学习或研究中，查寻字或词是经常的、大量的问题，解决这些问题，主要利用字典和词典类工具书。碰到繁体和简体字对照问题，可用《四角号码新词典》、新版《辞海》《汉语词典》等解决；如果由简体字找其繁体字，则用《新华字典》《现代汉语词典》《简繁对照常用字手册》等比较方便；冷僻字查找可选用《康熙字典》《中华大字典》；阅读古籍、研究古代文物时，经常会遇到有关汉字古义的查找和古形体的辨认等问题，可以查《说文解字》《中华大字典》等；查找古汉语词汇，可查《辞源》《辞海》等。

2. 查百科知识与科技名词术语

我们阅读文献时，不可避免地会遇到形形色色的科技名词、术语及其有关知识，尤其阅读一些交叉学科文献时，这些问题尤为突出。科学研究是一项严肃而诚实的工作，来不得半点马虎，甚至一字或一种符号的细微差异，就会失之毫厘，谬之千里。从事研究或撰写文章时，对遇到的难字、词，既不能不求甚解，更不能望文生义，除了请教专家、学者外，可以利用百科全书、百科词典、专业词典等参考工具书。如铀、铽等化学元素名称、"布朗运动""能带理论"(物理术语)等均可借助百科全书或百科词典解决。在网络发达的今天，我们还可以借助网络百科全书(如百度百科、维基百科等)，迅速查找到我们所需要的信息。

3. 查人物资料

在历史上，许多名人能够顺应客观事物发展趋势，发挥他们的才能和智慧，起到了推动和加速历史发展和科学事业进步的作用。许多著名科学家继承历史上的科技遗产，又做出新的创造和发明，成为先进思想或科学技术的创立者和传播者。因此，人们对伟大政治家、思想家、科学家、作家以"划时代""里程碑"来评价。现代人要研究科技史，不仅要研究科学发现、发明和发展的历史，而且要研究科学家的历史，通过解剖人物，可以了解科学发展的时代特征，并且通过阅读科学家的生平著作，开阔视野，丰富生活，从科学家们那种实事求是，刻苦钻研、追求真理的精神中得到鼓舞。

查找人物资料，主要使用人名录、人名词典，如《科技人名词典》《当代国际人物词典》，还可以参考科学家传记汇编、综合性词典、百科全书、年鉴等工具书及科学家生卒年表、年谱。

4. 查地理资料

在日常工作和科学研究中，有时需要收集某一地区大量有关的地理资料如地名资料、地理活动、地域水文资料等。查寻地理资料可利用以下工具书。

(1) 综合性工具书

综合性辞典、大百科全书、年鉴、类书、政书、方志等。

(2) 专科性工具书

地名词典、地名手册、地名录、行政区划手册、地理志等。

(3) 图册类工具书

各种地图集、历史地图册、气候资料图册、卫星遥测地理图册、矿产资料图册、交通图册、旅游图册等。

5. 查成语典故、诗文警句

古人赋诗作词为了增强作品的说服力或形象性表述，常常引经据典，现代人作诗写文 、做演讲报告，也常引用成语、典故，诗文、警句、格言等，以增强感染力、说服力，使人们加深理解，但是人们往往不知其出处，不解原意，不利于深入理解，这就必须利用工具书来解决。其具体查寻如下：

(1) 成语与典故

成语和典故，其含义是不同的。成语是人们在长期使用语言过程中形成的固定词组或短语；典故是指诗文中引用的古代故事和有来历出处的词语。成语和典故是汉语词汇中的特殊部分。它们含义丰富、结构简练，有较强的表现力和感染力。一般的成语典故可使用综合性词典。如《辞海》《辞源》(新、旧版)。常用的还有《汉语成语小词典》《汉语成语大词典》《世界成语典故辞典》等。

(2) 谚语、俗语和歇后语

这些种类的词语，都是流行于民间，在群众口头上广泛使用的比较定型的语句。从形式上看歇后语比较好鉴别，一般由比喻语和解说语两个部分构成。即前半部为形象比喻，好似谜面，后半部是解释，好似谜底，前后紧密结合，语言色彩诙偕、幽默，听起来趣味横生，如“外甥打灯笼——照旧(舅)”“孔夫子搬家——尽是输(书)”。

俗语，主要是指流行于民间的通俗语句，方言色彩较强的又称“俚语”，俗语具有通俗化和形象化的特点，有的近似于谚语，如“打破砂锅问到底”。

谚语，主要是指流行于民间的一些现成的固定语句，它有较强的事理性、简练性。也就是说，它以简单通俗的话反映一个深刻的道理，在语法修辞上有一定艺术性。如“只要功夫深，铁杵磨成针”“要想人不知，除非己莫为”等。

查找谚语、俗语、歇后语，可使用《中国俗语大辞典》《中外谚语分类词典》以及《中国歇后语大词典》等。

(3) 查诗文、警句、格言

诗文、警句、格言，都是古今著名诗人、学者、名家治学修身养性的至理名句，人们阅读后，如果理解它的深奥哲理，就会受益很深，还能教育、鼓舞人们刻苦奋进，使其思想达到较高的境界。如“少壮不努力，老大徒伤悲”“宝剑锋从磨砺出，梅花香自苦寒来”“富贵不能淫，贫贱不能移，威武不能屈”等。我们在阅读报刊文章和文学作品时，也经常碰到文中引用的诗词名句。要查找到这些至理名句，一般可使用新、旧版《辞源》《汉语成语词典》《佩文韵府》《古今图书集成》等。当然，我们还可以通过一些网络版工具书进行查询，如要查“长风破浪”在《中华在线词典》中可以查到唐·李白“长风破浪会有时，直挂云帆济沧海”。

6. 查机构概况

通过查找国内外的政府机构、各种学术性协会、科学院、研究所(中心)、文化艺术机构、教育机构、体育机构等，可以了解其组织状况、前景，并了解其地址、邮编、电话、电报号码，以便联系、交流、联合、协作。查找机构、企业等概况，可用《中国企事业名录总汇》《中国科研单位名录》《中国信息机构名录》等。使用这些工具书时，应注意有些国内外企事业单位经常使用缩写，查找时，需先使用机构缩写指南类工具书。还要注意使用新版本，查到有关机构的基本概况后，进一步弄清其详情及现代发展状况，再利用检索工具书的著者途径，以便进行跟踪检索，了解其现状。

7. 查史实、大事件

平时我们学习历史、哲学史、科技史等进行科学研究；开展宣传教育、举行节目、纪念活动，都会涉及历史事件的查找。有关历史事件的问题多种多样，丰富的科学遗产是千百年来亿万劳动人民及科技工作者辛勤劳动的结晶，我们学习与继承前人的科学遗产，可以尽快了解和掌握大量的现成知识，作为创新的基础和前提。科技大事，是指重大的科学发现、发明和创造，以及在历史上影响较大的事件和学说等。如查我国最早记录黑火药的是谁，2010 年我国科技新成就有哪些等。查找这类文献时，主要使用《辞海》《大百科全书》《新中国大事典》《自然科学年鉴》及史料汇编、类书、大事年表（或大事记）、地方文献、报刊资料等。

8 . 查数据与统计资料

现代科学研究，必须要有精确的数据控制，所以搜集、整理、存储和检索各种重要数据，显得异常重要。数据可分为分类数据、顺序数据和数值型数据。分类数据指只能归于某一类别的非数字型数据；顺序数据指只能归于某一有序类别的非数字型数据；数值型数据指按数字尺度测量的观测值。分类数据和顺序数据说明的是事物的品质特征，通常是用文字来表述的，其结果表现为类别，因而也称为定性数据或品质数据。数值型数据说明的是现象的数量特征，通常是用数值来表现的，因而也可称为定量数据或数量数据。统计数据对于我们研究和了解历史上各时期的社会政治、经济面貌、人民生活状况、科技发展情况，都有很重要的意义。查科技数据、公式、数表等资料，常用各种有关的手册、年鉴等；查统计数据，常用政书、类书、年鉴、统计资料汇编、报刊资料等。

9. 查历法、年月日

当今世界绝大多数国家都使用公历，但是在历史上，曾出现过多种历法。在日常学习研究中，阅读历史文献，查考历史事件时，经常需要把不同的纪年、纪月、纪日换算为公历，便于掌握时间背景。

历法是根据地球、太阳、月亮三者的相互运动、判别季节、记载时间、确定计算时间标准的法规。世界上常用的历法主要有阳历、阴历、阴阳历三种。

阳历即太阳历，又称公历。阳历是现代国际通用历法，它是以地球围绕太阳转动的周期为基础，即地球围绕太阳公转一圈的时间，为年，每年为 365.25 日，为求整日数，规定平年为 365 日，闰年为 366 日，每隔三年就有一个闰年。

阴历，又称太阴历，是伊斯兰教历，我国称为回历，它是以月亮绕地球一周为一月，即根据月亮圆缺周期制定的。回历一年只有 354.367 2 日，比公历年少 11 天，每年共 12 个月，逢单为大月 30 天，逢双为小月 29 天。采用闰月方法，即每 30 年有 11 个闰年，闰年在 12 月，29 天加上一天，为 355 日，所以，阳历 32 年，阴历却为 33 年。

阴阳历。这种历法也叫夏历、农历、旧历，我国民间常称为阴历，是我国旧时通用的历法，该法是把公历年和朔望月并列的历法，一年为 12 个月，大月为 30 天，小月为 29 天，规定每 19 年有 7 个闰月，闰年多出一个月为 13 个月。

上面介绍的三种历法，可见年月日问题很复杂，各种历法换算成公历也不一样，必须借助参考工具书。我国旧时使用夏历纪年，但不像阳历、回历那样规定某年为纪年元年，以后一直按序计算，而是使用干支法、年号法、属相法等，这些纪年法，累计数字较小，经常变换，比公历、回历复杂得多，给我们检索文献带来诸多不便。如甲午年、辛亥年，永乐元年，康熙五年、狗年、牛年等。现今夏历用干支法、属相法纪年。如:1969 年 12 月 5 日,农历为乙酉年 10 月 26 日。

解决不同纪年、纪月、纪日的换算问题,主要用年表、历表对照互换,可使用《两千年中西历对照表》《新编万年表》等。

10. 查法规、条约

我国历史悠久,各个朝代都制定了种种典章法规。如宗法、官制、礼俗、兵刑、田赋、贡税等制度。为了维护广大人民的利益,保障人民的政治、经济、文化生活、现代也颁布了许多法律、条例。查找不同历史时期的法规,可以用不同的工具书。

(1) 古代典章制度的查找。

主要利用新、旧版的《辞源》《辞海》《通典》《文献通考》《会要》等工具书进行检索。

(2) 查找辛亥革命后,新中国成立前的法规条约。

主要使用以前编辑的法规汇编。如《中华民国法规大全》《中华民国法规汇编》等进行检索。

(3) 查找新中国成立后的法规条约。

主要利用《中华人民共和国法律全书》《中央人民政府法令汇编》《中华人民共和国法规汇编》等进行检索。

2.3 中国大百科全书数据库及其利用

中国大百科全书数据库收录了中国大百科全书第一版和第二版近 16 万条目,80 余个学科,近 100 万知识点,2 亿文字量。数据容量超过 10 GB。(如图 2-1 所示)

图 2-1 中国大百科全书数据库首页界面

2.3.1 中国大百科全书浏览功能和检索功能

浏览功能包括按学科体系浏览、按汉语拼单字头顺序浏览;检索功能包括基本检索和高级检索。

1. 浏览功能

在中国大百科全书数据库首页界面下方单击“分类浏览”,进入中国大百科全书数据库浏览界面(如图 2-2 所示)。

(1) 按学科体系浏览。中国大百科全书数据库将第一版所有的内容按学科主题分类,用户可直接单击相应的学科进行浏览。

(2) 按字母顺序浏览。中国大百科全书数据库将第二版所有内容按拼音字母顺序排列起来,用户可直接单击相应的字母进行浏览。

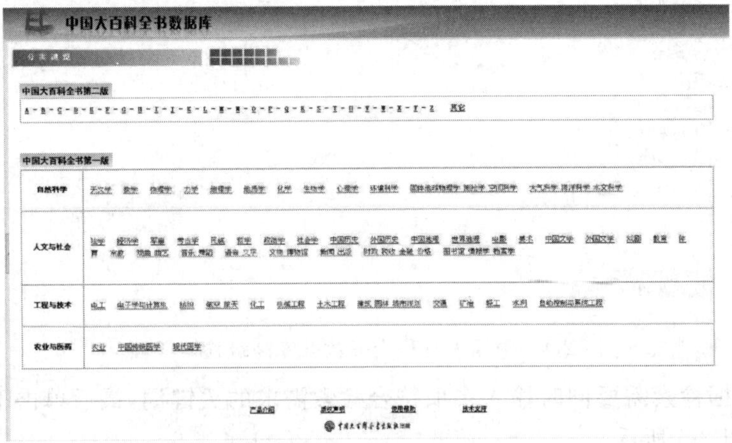

图 2-2　中国大百科全书数据库浏览界面

2. 检索功能

中国大百科全书数据库采用一框式检索,提供基本检索和高级检索两种检索途径。同时提供第一版和第二版两个选择库。使用者可以选择其中一个库进行检索,也可以同时在两个库中检索。

(1) 基本检索及其示例。使用者在一框式检索框中可直接输入需要检索的关键词,同时在检索框下方勾选出第一版、第二版或同时两版的选择库,单击检索按钮(如图 2-3 所示)。

图 2-3　中国大百科全书数据库基础检索界面

在已检索出的结果的基础上还可以进行二次检索,进一步缩小检索结果的范围,使检索结果更加精准。使用者可直接在检索框里输入二次检索的关键词,单击二次检索按钮。

(2) 高级检索及其示例。使用者在主界面检索框下方勾选出第一版、第二版或同时两版的选择库，同时单击高级检索按钮，进入高级检索界面（如图 2-4 所示）。

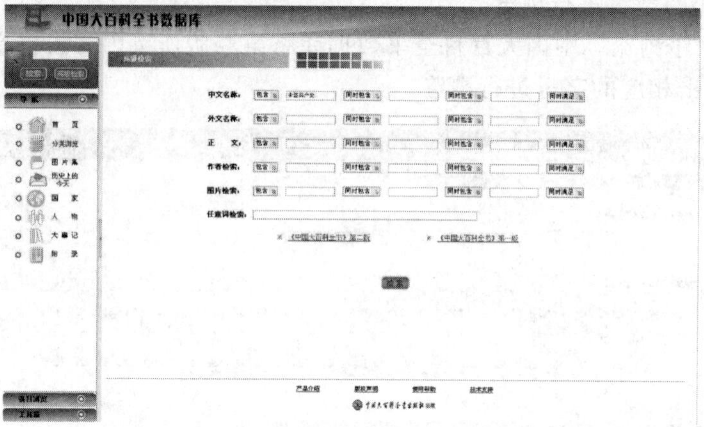

图 2-4　中国大百科全书数据库高级检索界面

使用者可根据检索需要同时输入多项符合检索需求的关键词，最后单击下方检索按钮，实现高级检索（如图 2-5 所示）。

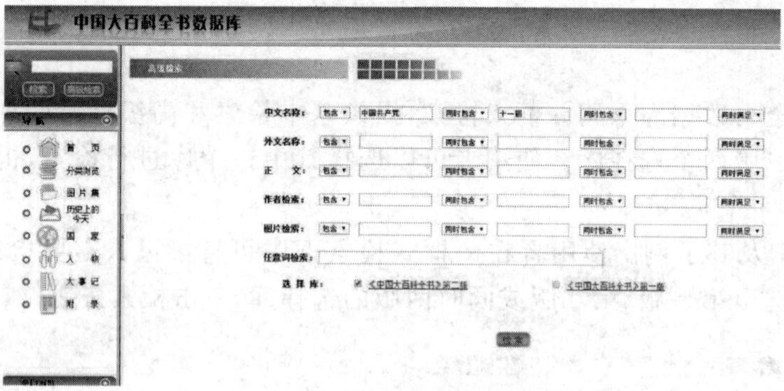

图 2-5　中国大百科全书数据库高级检索界面

可直接得到符合要求的检索结果（如图 2-6 所示）。

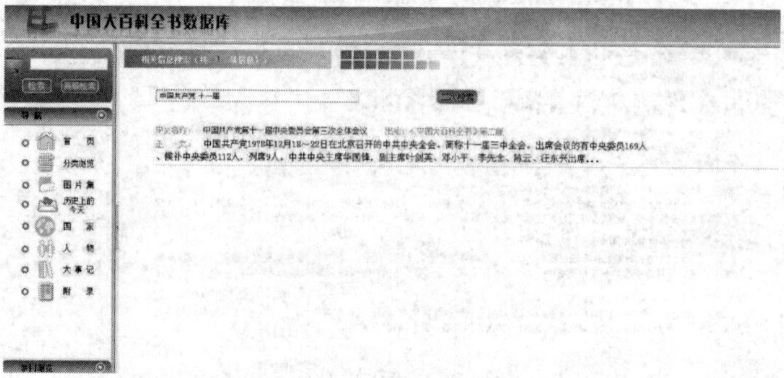

图 2-6　中国大百科全书数据库高级检索结果界面

2.3.2 中国大百科全书丰富的附加资源

中国大百科全书数据库同时提供了丰富的附加资源，包含有国家列表（收有简称、全称、面积、人口、首都（首府）、洲别、货币名称及符号）；官方语言（或为通用语言、普通话、官方通用语言和主要语言、国旗和国徽等项内容）；人物（收有中国科学院及工程院院士以及诺贝尔奖得主等内容）；世界遗产名录；国家文物保护单位；国家级非物质文化遗产等。使用者可以在主界面的下方直接单击相应的按钮或者进入高级检索界面后在界面左边的导航栏里单击相应的按钮进行查询。比如，单击“图片集”按钮，然后按照拼音字母顺序可进一步查询所需要的图片（如图 2-7 所示）。

图 2-7　中国大百科全书数据库图片集界面

单击“国家”按钮，然后根据拼音字母的顺序查找所需要的国家（如图 2-8 所示）。

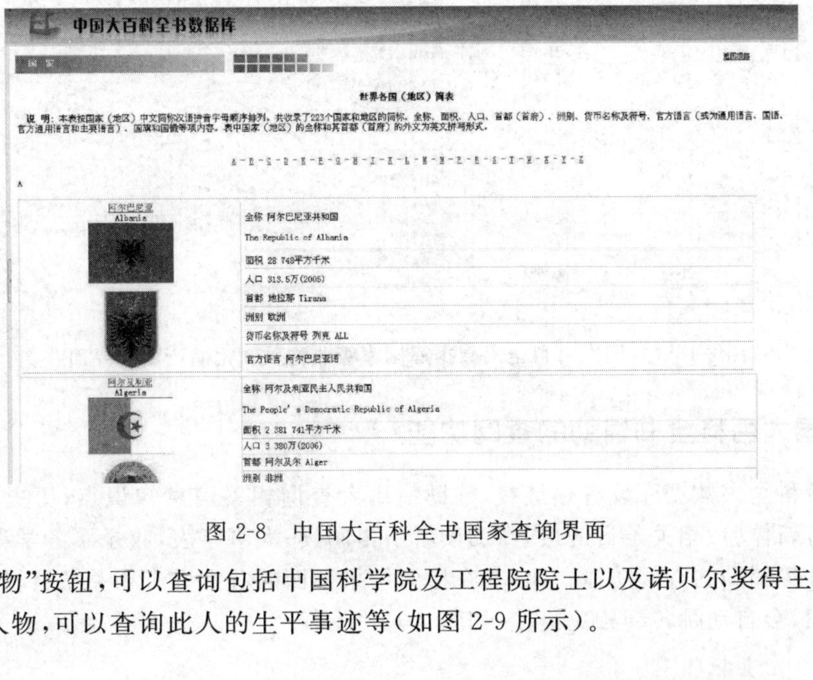

图 2-8　中国大百科全书国家查询界面

单击“人物”按钮，可以查询包括中国科学院及工程院院士以及诺贝尔奖得主等人物名单，单击相应的人物，可以查询此人的生平事迹等（如图 2-9 所示）。

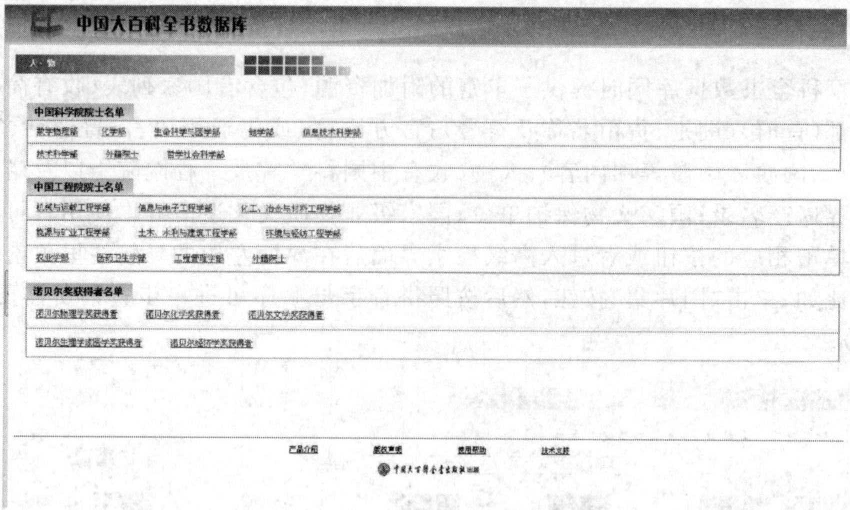

图 2-9　中国大百科全书数据库人物界面

在高级检索界面，单击左边导航选项中“附录”按钮，可查询世界遗产名录、全国重点文物保护单位名单、国家级非物质文化遗产名单等，还可以查询中华人民共和国法定计量单位等。比如，单击“国家级非物质文化遗产名录”按钮，可进行相应的查询（如图 2-10 所示）。

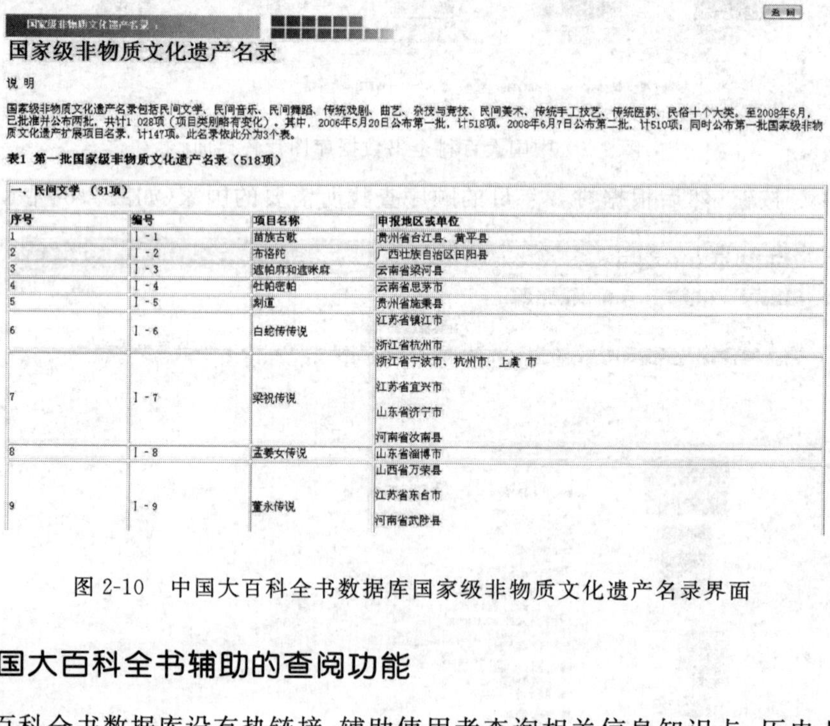
国家级非物质文化遗产名录

返回

国家级非物质文化遗产名录

说 明

国家级非物质文化遗产名录包括民间文学、民间音乐、民间舞蹈、传统戏剧、曲艺、杂技与竞技、民间美术、传统手工技艺、传统医药、民俗十个大类。至2008年6月，已批准并公布两批，共计1 028项（项目类别略有变化）。其中，2006年5月20日公布第一批，计518项。2008年6月7日公布第二批，计510项，同时公布第一批国家级非物质文化遗产扩展项目名录，计147项。此名录依此分为3个表。

表1 第一批国家级非物质文化遗产名录（518项）

一、民间文学 （31项）

序号	编号	项目名称	申报地区或单位
1	Ⅰ-1	苗族古歌	贵州省台江县、黄平县
2	Ⅰ-2	布洛陀	广西壮族自治区田阳县
3	Ⅰ-3	遮帕麻和遮咪麻	云南省梁河县
4	Ⅰ-4	牡帕密帕	云南省思茅市
5	Ⅰ-5	刻道	贵州省施秉县
6	Ⅰ-6	白蛇传传说	江苏省镇江市 浙江省杭州市
7	Ⅰ-7	梁祝传说	浙江省宁波市、杭州市、上虞 市 江苏省宜兴市 山东省济宁市 河南省汝南县
8	Ⅰ-8	孟姜女传说	山东省淄博市
9	Ⅰ-9	董永传说	山西省万荣县 江苏省东台市 河南省武陟县

图 2-10　中国大百科全书数据库国家级非物质文化遗产名录界面

2.3.3　中国大百科全书辅助的查阅功能

中国大百科全书数据库设有热链接，辅助使用者查询相关信息知识点；历史上的今天，使每天阅读都有新体验；相关条目链接，帮助读者引申阅读；大事年表，收录了各学科具有重大历史意义的事件等辅助的查阅功能。比如，在检索结果界面的右方设有相关条目栏，单击相应的相关条目按钮，会自动跳转到相关链接（如图 2-11 所示）。

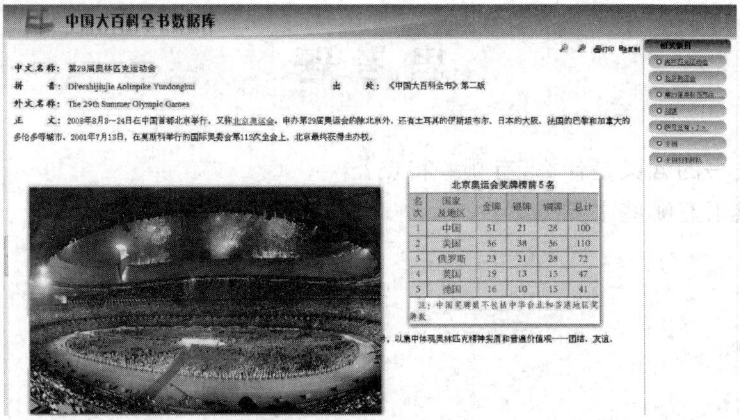

图 2-11　中国大百科全书数据库相关条目界面

单击“大事记”按钮，可以查询世界大事件。中国大百科全书数据库第一版按照行业将世界大事件进行分类，每一类中按照时间顺序排列。第二版直接按照时间进行排列（如图 2-12 所示）。

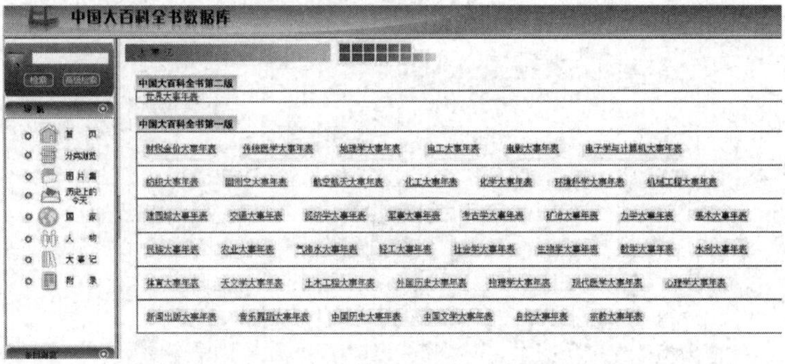

图 2-12　中国大百科全书数据库大事记界面

单击“历史上的今天”按钮，在日期栏选择相应的年、月、日可以查询不同年份相同日期历史上所发生的重大事件（如图 2-13 所示）。

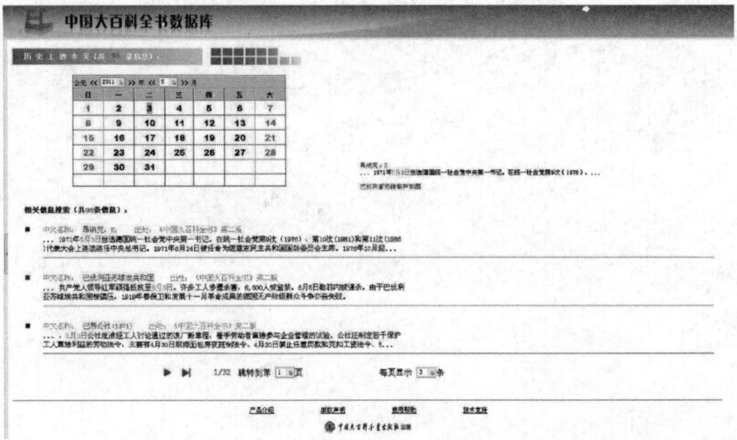

图 2-13　中国大百科全书数据库历史上的今天界面

思考题

1. 参考工具书的含义是什么,有哪些特点?
2. 参考工具书有哪些主要类型?

第3章　网络搜索引擎及其应用

搜索引擎技术从最初应用于搜索引擎本身，到成为驾驭因特网级别海量数据的架构和理念，并逐步占领了整个信息技术领域。在线词典 WordNet 上对搜索引擎的解释是：一种安在计算机网络，特别是在因特网上检索各种文件的计算机程序。用户输入所需查询的关键词，搜索引擎推测用户意图，快速返回可供用户选择的结果。因此，说搜索引擎是一个查询系统，倒不如说搜索引擎是用户定义的信息聚合系统。本章主要介绍一些常用的中文和外文搜索引擎及其检索使用方法。

3.1　搜索引擎概述

3.1.1　搜索引擎的概念

搜索引擎(Search Engine)是一种网上信息检索工具。它是根据一定的策略、运用特定的计算机程序收集因特网上的信息，在对信息进行组织和处理后，为用户提供检索服务并将处理后的信息显示给用户，为用户提供检索服务的系统。有搜索行为的地方就有搜索引擎，站内搜索、全网搜索、垂直搜索等都会用到搜索引擎。代表性的搜索引擎产品有 Google、Baidu、sogou、soso、360 等。

3.1.2　搜索引擎的原理

搜索引擎，通常指的是收集了因特网上几千万个到几十亿个网页并对网页中的每一个词(即关键词)进行索引，建立索引数据库的全文搜索引擎。当用户查找某个关键词的时候，所有在页面内容中包含了该关键词的网页都将作为搜索结果被搜出来。在经过复杂的算法进行排序后，这些结果将按照与搜索关键词的相关度高低依次排列。其核心的文档处理和查询处理过程与传统信息检索系统的运行原理基本类似，但其所处理的数据对象即因特网数据的繁杂特性决定了搜索引擎系统必须进行系统结构的调整，以适应处理数据和用户查询的需要。

一个搜索引擎由搜索器、索引器和检索器三部分组成，与之相对应，搜索引擎的原理就可以分为三个模块：①爬虫模块：从因特网网站上采集信息；②预处理模块：建立网页索引数据库；③查询服务模块：提供检索服务。如图 3-1 所示。

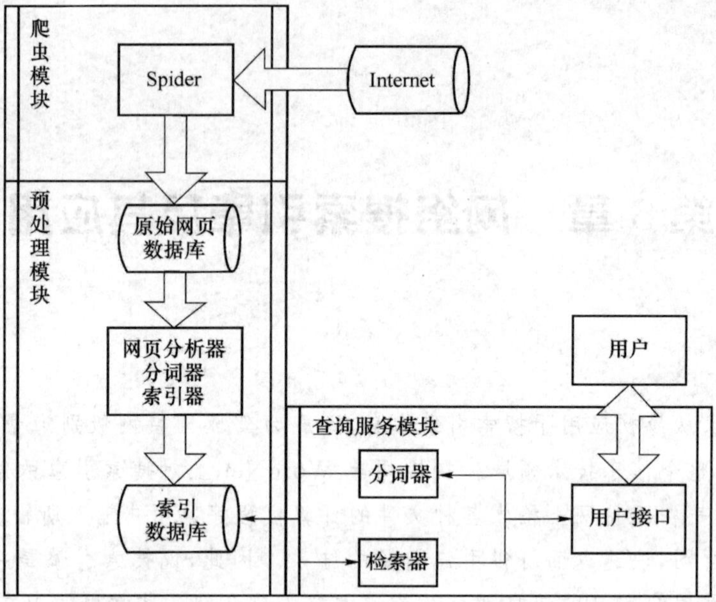

图 3-1　搜索引擎工作原理

1. 搜索器从因特网上采集信息

搜索器，也就是"蜘蛛"(Spider)程序，或爬虫(Crawler)，或"机器人"(Robot)程序，其功能就是在因特网上漫游，爬来爬去，来抓取和收集信息。世界上第一个 Spider 程序，是 MIT Matthew Gray 的 World Wide Web Wanderer，用于追踪因特网发展规模。刚开始它只用来统计因特网上的服务器数量，后来则发展为也能够捕获网址(URL，统一资源定位符，Uniform Resource Locator，是对可以从互联网上得到的资源的位置和访问方法的一种简洁的表示，是互联网上标准资源的地址)。每个独立的搜索引擎都有自己的 Spider，这种"网络蜘蛛"顺着网页中的超链接，连续地抓取网页，被抓取的网页被称为网页快照。由于因特网中超链接的应用很普遍，理论上，从一定范围的网页出发，就能收集到绝大多数的网页。而且，由于搜索器是一个计算机程序，因此可以日夜不停地运行，尽可能多而快地搜集到各种类型的新信息，并定期地更新已经收集过的旧信息，以避免出现无效链接。

搜索器通常以两种方式运作：一种是以一个 URL 集合为基础，顺着这些 URL 中的超链接，依次请求响应的网络资源，并将其交给网页标引模块进行标引处理；另一种是将 Web 空间按照域名、IP 地址或国别域名划分成子空间，让每个搜索器负责一个子空间的无穷尽搜索。

2. 索引器建立索引数据库

搜索引擎抓到网页后，还要做大量的预处理工作，才能提供检索服务。索引器的主要功能就是把搜索器收集的信息进行分类整理，提取出索引项和关键词，建立索引文件数据库。此外，索引器还起到去除重复网页、分词、判断网页类型、分析超链接、计算网页的重要度、丰富度等作用。不同的搜索引擎在进行信息分类整理时，有的会把"网络蜘蛛"发往每一个站点，记录下每一页的所有文本内容并收集到数据库中，从而形成全文搜索引擎；有的只记录网页的地址、篇名、特殊段落和关键词等，如目录搜索引擎。因此搜索引擎所整理的结果呈现形式是有明显差异的，所形成的索引数据库也大小不一。

3. 检索器提供检索服务

检索器的功能是提供给用户检索界面并接收用户的检索要求，到索引数据库中进行信息匹配或直接依靠搜索器发现结果，进而为用户输出有相关性结果的信息。在检索时，用户可以通过输入关键词或短语进行检索，搜索引擎从索引数据库中查找相应的词语，找到匹配的网页；为了用户便于判断，除了网页标题和 URL 外，搜索引擎还会提供一段来自网页的摘要以及其他信息。

搜索引擎的运作就是通过搜索器、索引器和检索器三者的配合，在 Internet 上接收用户的查询指令、完成检索过程并给出反馈结果的过程。

3.1.3 搜索引擎的类型

搜索引擎可以按照内容组织方式、收录内容、工作语种等进行分类。

1. 按内容组织方式区分

搜索引擎按其内容组织方式主要可分为三种，分别是全文搜索引擎（Full Text Search Engine）、目录索引类搜索引擎（Search Index/Directory）和元搜索引擎（Meta Search Engine）。

（1）全文搜索引擎

全文搜索引擎是一种自动搜索引擎，它利用 Spider（蜘蛛）程序以某种策略自动地在因特网中搜集和提取信息，由索引器建立起数据库，并能检索与用户查询条件相匹配的记录，按一定的排列顺序返回结果。全文搜索引擎的索引数据库中存储的信息有网站名、地址和网页的文本信息，提供的是面向网页的全文检索服务。该类搜索引擎的特点是信息量大，能及时更新，检索的信息全面，查全率高，但由于反馈信息量过多，会存在很多无关的信息，用户还需进行甄别、筛选。

具有代表性的全文搜索引擎有：Google、Lycos、百度等。

（2）目录式搜索引擎

目录式搜索引擎是以人工或半自动的方式搜索信息，由专业人员对信息进行甄别、筛选、分类、加工，建立起以分类导航或分类摘要提供浏览查询为目的的搜索引擎。目录式搜索引擎的索引数据库中存储的信息是网站名、网址和内容提要。该类搜索引擎对网上信息的分类清晰而明确，条理性强，检索到信息的相关性和查准率比较高，但是人工分类成本高，费时费力，标引速度慢，数据库规模也较小，容易遗漏某些信息。目录式和全文搜索引擎各有优劣，也在相互渗透。

目录索引中最具代表性的有 Yahoo、搜狐、新浪分类目录搜索等。

（3）元搜索引擎

元搜索引擎（Metasearch Engine），是一种调用其他独立搜索引擎的引擎，也称“搜索引擎之母”。在这里，“元”为“总的”“超越”之意，元搜索引擎就是对多个独立搜索引擎的整合、调用、控制和优化利用。元搜索引擎自身没有数据库，它是在接收用户查询请求后，向其他多个搜索引擎进行递交，并将结果进行去重、重新排序后，作为自己的结果返回给用户。元搜索引擎提供的是面向网页的全文检索。其特点是信息量大而全，但用户需要做进一步的筛选。代表性的外文元搜索引擎有 InfoSpace、Dogpile、Vivisimo 等，中文元搜索引擎，如 360 综合搜索（360 comprehensive search）、搜魅网（http://www.someta.cn/），综合了百度、谷歌、搜狗、中搜等搜索结果）、搜乐搜索（http://www.sooule.com/），整合了 Google、百度、必应、搜狗、有道、搜搜和中搜等搜索引擎）等。

2. 按收录内容区分

搜索引擎按照收录内容可以分为综合型和专题型两大类。

综合型搜索引擎是指搜索各类主题、类型资源的搜索引擎,如 Google 和百度。

专题型搜索引擎又称垂直搜索引擎,为 2006 年后逐步兴起的一类搜索引擎。不同于通用的网页搜索引擎,垂直搜索专注于特定的搜索领域和搜索需求(例如,生活搜索、视频搜索、图片搜索、旅游搜索等),在其特定的搜索领域有更好的用户体验。相比通用搜索动辄数千台检索服务器,垂直搜索需要的硬件成本低、用户需求特定、查询的方式多样。

3. 按工作语种区分

搜索引擎按照工作语种可以分为单语种搜索引擎和多语种搜索引擎。

单语种搜索引擎是指搜索时只能用一种语言检索的搜索引擎;多语种搜索引擎是指可以用多种语言查询的搜索引擎,如 Altavista,可支持 25 种不同的语言进行搜索。

3.1.4 搜索引擎的基本检索技术

搜索引擎的检索方法主要包括简单搜索、高级搜索和分类搜索三种。

1. 简单搜索(simple search)

简单搜索是最基本、最快捷的检索方法,进入搜索引擎网页后,在输入框中直接输入单词或者词组检索词,然后单击"查询"即可。该检索默认为模糊匹配,用户需要进行精确匹配和查找,如想提高查准率,获得精确匹配,可将检索词放在 ""内。

2. 高级搜索(Advanced Search)

高级搜索又称定制搜索,是指用布尔逻辑组配方式进行的检索。布尔逻辑组配方式包括逻辑"与"、逻辑"或"和逻辑"非"三种。

(1) 逻辑"与":一般用"AND""&""+"来表示,中文搜索引擎都可以用空格表示,用来检索两个及两个以上的检索词,检索结果应包含全部检索词。格式为"检索词 A(空格)检索词 B",查询网页既要包含 A,又要包含 B,两者缺一不可。

(2) 逻辑"或":一般用"OR""|"来表示,用于检索包含两个以上关键词中的含有某一个关键词的结果,可提高查全率。格式为"检索词 A |检索词 B",查询网页包含 A,或者包含 B。

(3) 逻辑"非":一般用"NOT""-"表示,有的搜索引擎用"!"表示。用于搜索包含 NOT 前的关键词,但排除 NOT 后的关键词的网页。格式为"检索词 A -检索词 B",减号前要有空格,用来查询网页包含 A,但不包含 B 的网页。

有些搜索引擎的高级检索"完全支持"布尔逻辑检索,如 Excite, Infoseek,有些"部分支持",如 Yahoo 只支持"AND""OR";还有些搜索引擎只在简单检索中"部分支持",如 HotBot、Lycos 等。在中文搜索引擎中,通常是通过特殊操作符,如"+""|""-""!"等(需要用半角输入代表逻辑关系的字符)。

3. 目录搜索(Catalog Search)

目录搜索也称分类搜索,是指用户按照搜索引擎提供的分类目录,选择类别逐级进行查询,一般不需要输入检索词。这种搜索方式主要体现在目录式搜索引擎中。

4. 其他常用搜索规则

以上介绍的简单、高级搜索和目录搜索方法是在搜索引擎的检索中最常用到的,除此之外,还可以配合其他检索技术进行使用,下面介绍几种大多数搜索引擎都支持的检索技术。

(1) 截词符检索

截词符一般用星号(*)表示。当"*"置于一个词的末尾时,表示将相同词干的词全部检索出来。例如:检索式"compu *",则表示可以检索到 compute、computer、computing 等词。

有一些搜索引擎支持自动截词，用户不需要专门输入截词符，系统自动将相同词干的词全部找出来。注意："*"不能用在检索词的开始和中间。

(2) 邻近符检索

邻近符(NEAR)用于检索在一定区域范围内同时出现检索单词的文档。用 NEAR/n(n 为 1,2,3…)可精确控制检索词之间的距离，表示检索词之间的间距最大不超过 n 个单词。例如：检索式"Computer near/10 Technology"，可以查找出"Computer"和"Technology"两词之间插入不大于 10 个单词的页面，检索结果输出时，间隔越小的排列位置越靠前。

(3) 字段限定检索

字段限定检索是指限定检索词在搜索引擎数据库中某个字段范围内进行查找，可以是网页标题、网址、站点或链接等。

① 标题检索：加"t:"或"title:"在关键词前，搜索引擎进行的是标题检索，即只检索出标题中包括关键词的网页。

② URL 检索：加"u:"或"url:"在关键词前，搜索引擎进行的是网址检索，可检索出网页地址 URL 中含有关键词的页面。

③ 站点检索：就是在网站地址域名中检索输入的词，以查找用户指定站点上的所有页面，使用的命令是"host:"。

④ 链接检索：就是在与特定网页或域有链接的所有网页中进行检索，使用的命令是"link:"。

(4) 使用标点符号检索

在搜索引擎中，标点符号也可以被用于进行页面或文档的查找，常用的有空格、逗号、括号、引号等。

① 空格。空格的作用与逻辑"与"(AND)相同。例如：检索式"A B"，表示可查出含有"A"和"B"的页面。

② 逗号。逗号的作用类似于逻辑"或"(OR)，查找至少包括一个关键词的文档，所不同的是，检索结果输出时，包含指定关键词越多的页面，其排列的位置越靠前，即越优先输出。例如：检索式"因特网，计算机，技术"，可查出包含三个关键词的人和一个或几个的页面，但同时含有"因特网""计算机"和"技术"的页面输出时排在前面。

③ 括号。括号的作用是使括在其中的运算符优先执行，用于改变复杂检索式中固有逻辑运算符优先级的次序。例如，检索式"因特网 AND(计算机 OR 电脑)"，表示要求先执行括号中的"OR"运算，再执行括号外的"AND"运算。

④ 引号。引号的作用是用来组合关键词，让搜索引擎将关键词组或短语作为一个字符串在其数据库中进行搜索，找到含有与短语词序和意义完全相同的页面。例如，检索式"Computer Technology"，表示把 Computer Technology 当作一个短语进行精确匹配来搜索。如果不加引号，搜索引擎会查出包含 Computer 和 Technology 的页面，可能会与用户要求的主题内容相差较远。所以用引号可以提高搜索的精准度，绝大部分的搜索引擎都支持这种用引号精确匹配的短语搜索。

3.1.5 搜索引擎的发展历程

搜索引擎根据其发展，可以将其划为五个时代。

1. 分类目录时代

早期搜索引擎的代表，其网站分类目录由人工整理维护，质量较高，但效率低，用户通过层层单击获取网站信息。Yahoo 是这个时期的代表。

2. 文本检索时代

这一代的搜索引擎采用了经典的信息检索模型，主要包括例如布尔模型、概率模型或者向量空间模型。对因特网上几千万个到几十亿个网页并对网页中的每个关键词进行索引，建立索引数据库，主要查询用户关键词语网页内容相似度，将相关度高的则返回给用户。如，早期的 Alta Vista 、Excite。

3. 链接分析时代

这一时代的链接分析代表的是一种推荐的含义，通过每个网站的推荐链接的数量来判断一个网站的流行性和重要性。通过链接分析技术，分析索引网页本身内容，分析索引所指向该网页的链接 URL、锚文本，甚至链接周围的文字。比如："知识产权"一词，当网页 A 中没有这个词，但网页 B 中用链接"知识产权"指向这个网页 A，那么用户一样可以找到网页 A 并且越多的网页信息链接都指向 A，那么网页 A 在用户搜索"知识产权"时，也会因其相关性高而排序更靠前。这种模式的首先使用者是 Google，随后大多数的主流搜索引擎都开始使用分析链接技术算法。用户能轻易地进入最相关的分类区域去获取信息。

4. 用户中心时代

当客户输入查询的请求时候，同一个查询的请求关键词在用户的背后可能是不同查询要求。比如用户输入"专利"一词，有专利申请信息、专利查询信息的不同需要。现在的大部分搜索引擎对相同查询返回相同的结果，如何通过简短的关键词并结合用户搜索时的大量特征，比如上网的时间习惯，操作习惯，内容归类等特点，去逐渐勾勒出用户的特征信息，甚至是体貌特征，利用这种"推测式"算法来判定用户的真正查询要求，而能够利用这些信息进行推演的另一个主要因素是实名制会员的注册和移动因特网搜索引擎的推广，借助"数据挖掘"实现用户中心，是这一时代搜索引擎想要解决的问题。

移动因特网搜索的目的是提供精准到个人的搜索。前三代搜索引擎，是基于 PC 因特网的搜索，"第四代搜索引擎"是精准到个人需求的移动因特网搜索。因此，第四代搜索引擎的人才，可能不是来自于 Google，Baidu，而是来自亚马逊、淘宝这些掌握了大量个人信息的商业巨头，或者来自跨界研究行为心理学、消费心理学、社会心理学等背景的 IT 研究机构或 IT 创业团队，因为这些公司或机构，对人们的行为习惯背后的"动机"与"特征"更加了如指掌。

5. 生态圈搜索时代

由于每个人周围的设备可以达到 1 000～5 000 个，所以物联网可能要包含 500～1 000 兆个物体，因而第五代搜索引擎的发展是基于物联网的搜索。物联网（Internet of things，IoT）就是物物相连的因特网，是依托因特网将用户端延伸和扩展到了任何物品与物品之间，进行的信息交换和通信。物联网的核心技术包括无线传感器网络、ZigBee（低速短距离传输的无线网络协）、M2M 技术（人到人（Man to Man）、人到机器（Man to Machine）、机器 到机器（Machine to Machine）、RFID 技术（无线射频识别，一种通信技术，目前广泛应用于图书馆、门禁系统、食品安全溯源）、NFC 技术（由非接触式射频识别（RFID）及互联互通技术整合演变而来，能在短距离内与兼容设备进行识别和数据交换）、低能耗蓝牙技术。

通过物联网核心技术，每个人都可以应用电子标签将真实的物体上网联结，在物联网上都可以查出它们的具体位置。通过物联网可以用中心计算机对机器、设备、人员进行集中管理、控制，也可以对家庭设备、汽车进行遥控，以及搜索位置、防止物品被盗等，类似自动化操控系统，同时通过收集这些小的数据，最后可以聚集成大数据，包含重新设计道路以减少车祸、都市更新、灾害预测与犯罪防治、流行病控制等等社会的重大改变。物联网将现实世界相连，应用范围十分广泛。物联网拉近分散的信息，统一整理物与物的数字信息，物联网的应用领域主要包括以下方面：运输和物流领域、健康医疗领域范围、智能环境（家庭、办公、工厂）领域、个人和社会领域等，具有十分广阔的市场和应用前景。

3.2 常用搜索引擎

在2016年9月最新修订出版的《2016—2020年中国搜索引擎市场投资分析及前景预测报告》中指出，中国搜索引擎已步入快速发展阶段，已经超过美国成为全球最大的搜索市场。而核心技术已成为搜索引擎重要的竞争的关键。搜索引擎已经从信息搜索转向知识搜索，营销模式也以个性化发展和效果营销为主要方式。在新市场版图的划分中，百度(Baidu)、谷歌(Google)、雅虎(Yahoo)、搜狐搜狗(Sogou)、新浪爱问(iAsk)、360搜索成为中文搜索引擎中的佼佼者。

据2016年3月07日IDC评述网(IDC，即因特网数据中心-Internet Data Center的缩写)报道，截至2016年2月，全球搜索引擎市场份额比例如图3-2所示。

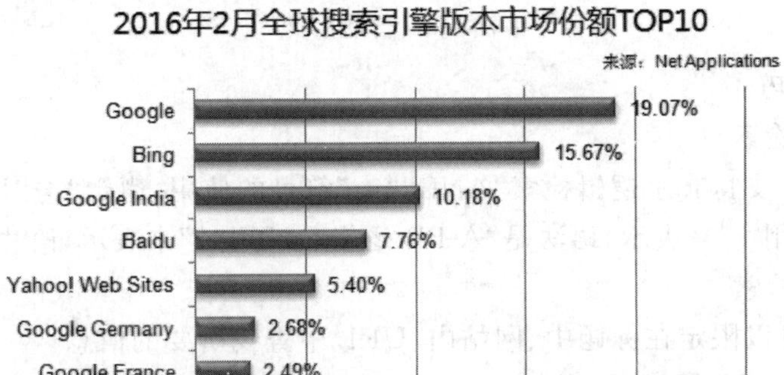

图3-2 2016年2月全球搜索引擎版本市场份额TOP10

3.2.1 百度

百度(http://www.baidu.com/)由资深的信息检索技术专家李彦宏与好友徐勇共同创建。公司于2000年1月在北京中关村创立。2001年，李彦宏在百度董事会上提出百度转型做独立搜索引擎网站，开展竞价排名的计划。2005年，百度在美国纳斯达克成功上市，并成为首家进入纳斯达克成分股的中国公司。随后实施“闪电计划”对百度实行第二次技术升级后，百度已成为全球第二大的独立搜索引擎，在中文搜索引擎中名列第一。2016年百度成功在欧洲新推出了一项地图服务，为在欧旅行的中国人提供服务，并开始积极拓展国际搜索引擎市场。9 月，百度世界大会以“人工智能”为主题，人工智能将是百度核心中的核心，对百度意味着百度大脑。百度将会围绕算法(神经网络、参数和样本训练)、计算能力(服务器和 GPU 集群)，以及大数据(网页资料、搜索数据、图像视频数据和定位数据)等三个方面，从自然语言的处理、语音识别、图像识别处理以及用户画像等四个能力展开应用。

百度搜索简单方便，是集新闻、网页、贴吧、知道、音乐、图片、视频、地图、百科、文库等搜索为一身的综合性搜索引擎(如图 3-3 所示)。

图 3-3　百度主页

1. 百度搜索技巧

(1) 布尔逻辑检索

百度搜索中，不支持布尔逻辑检索“AND”“+”符号的使用，逻辑“与”用空格表示，语法是“A　B”；逻辑“非”用“-”来表示，语法是“A-B”；逻辑“或”用“|”来表示，语法是“A|B”。

(2) 字段限定检索

百度搜索中，可以限定在标题中、网站内、URL 中查找所要的信息。

把搜索范围限定在网页标题中——intitle：标题。可以限定只搜索网页标题中含有检索词的网页。例如，“intitle：中国大学”表示标题中含有检索词“中国”和“大学”的网页。

把搜索范围限定在特定站点中——site：站名。可以限定只搜索某个具体网站或某域名内的网页。例如：“纳米材料 site：emuch. net”表示在 emuch. net(小木虫学术论坛)网站内搜索和“纳米材料”相关的资料。

把搜索范围限定在 url(统一资源定位器)链接中——inurl：链接。可以限定只搜索 URL 中含有这些文字的网页。例如：“青花瓷 inurl：mp3”表示“mp3”必须出现在网页 URL 中，“青花瓷”可以出现在网页的任何位置。

(3) 双引号“”和书名号《》精确匹配

使用双引号把检索词括起来，可以精确匹配检索词进行搜索。例如，搜索郑州轻工业学院，如果不加双引号，检索词可能被拆分，但加上双引号后，“郑州轻工业学院”就不会被拆分了。

查询词加上书名号《》有两层特殊功能，一是书名号会出现在搜索结果中；二是被书名号扩起来的内容，不会被拆分。书名号在某些情况下特别有效果，比如查询词为手机，如果不加书名号，在很多情况下出来的是通讯工具手机，而加上书名号后，《手机》结果就都是关于电影方面的了。

（4）专业文档搜索

因特网上的许多资料，不是以普通网页的形式出现，而是以 Word、PDF、TXT 等格式存在的文档。百度支持对这些文档（如 Word、Excel、Powerpoint、PDF、TXT、RTF 等）进行全文搜索，只需在检索词后加一个“filetype:”进行文档类型的限定，ALL 则可以表示搜索所有文档类型。例如要搜索“化学”的 Powerpoint 文档，只需在搜索框中输入“化学 filetype:ppt”即可；查找个人文献管理软件 endnote 的使用教程，可在检索框中输入“endnote（教程|使用|技巧|指南|攻略|手册）filetype:PDF”，可查找到关于 endnote 软件学习的 PDF 文件。

2. 百度的特色功能

百度提供百度百科、百度知道、文库、百度学术、百度外卖、百度财富、百度云、百度快照、图片、视频、音乐等特色服务，下面简单介绍几种。

（1）百度百科

百度百科（http://baike.baidu.com/）（如图 3-4 所示）是百度 2006 年 4 月推出的一部内容开放、自由的网络百科全书，提倡网络面前人人平等，所有人共同协作编写百科全书，让知识在一定的技术规则和文化脉络下得以不断组合和拓展。为用户提供一个创造性的网络平台，强调用户的参与和奉献精神，充分调动因特网所有用户的力量，汇聚上亿用户的头脑智慧，积极进行交流和分享，同时实现与搜索引擎的完美结合，从不同的层次上满足用户对信息的需求。百度百科的目标是成为全球最大的中文网络百科全书，2016 年 9 月，百度百科已拥有一千三百多万个词条。

图 3-4　百度百科

（2）百度文库

百度文库（http://wenku.baidu.com/）（如图 3-5 所示）是因特网分享学习的开放平台，供网友在线分享文档的开放平台。2010 年 7 月 8 日，百度文库手机版上线。2010 年 11 月 10 日，百度文库文档数量突破 1 000 万。2011 年 12 月文库优化改版，内容专注于教育、PPT、专业文献、应用文书四大领域。2013 年 11 月正式推出文库个人认证项目。截至 2014 年 4 月文库文档数量已突破一亿。涵盖基础教育、资格考试、经营管理、工程技术、IT 计算机、医药卫生等 50 余行业。

用户首先需要注册一个百度账号，就可以在线阅读和下载涉及课件、习题、考试题库、论文报告、专业资料、各类公文模板、法律文件、文学小说等多个领域的资料，平台所累积的文档，均来自热心用户上传，百度自身不编辑或修改用户上传的文档内容。用户通过上传文档获得平台虚拟的积分奖励，但下载上传用户已标价的文档，需付出虚拟积分，免费文档登录后即可下载。百度文库已实现对手机终端的支持，对 DOC、PPT、PDF、TXT、XLS 格式等多种文档格式的兼容和批量上传功能的完善。

图 3-5　百度“文库”界面

(3) 百度知道

百度知道(http://zhidao.baidu.com/)(如图 3-6 所示)是一个基于搜索的互动式知识问答分享平台，于 2005 年 6 月 21 日发布，并于 2005 年 11 月 8 日转为正式版。百度知道一直探

图 3-6　百度“知道”界面

索国际化发展，于2012年3月31日发布百度知道台湾版。“百度知道”是用户自己根据具体需求有针对性地提出问题，通过积分奖励机制发动百度知道界面其他用户，来解决该问题的搜索模式。同时，这些问题的答案又会进一步作为搜索结果，提供给其他有类似疑问的用户，达到分享知识的效果。百度知道也可以看作是对搜索引擎功能的一种补充，通过对回答的沉淀和组织形成新的信息库，其中信息可被用户进一步检索和利用。这意味着，用户既是搜索引擎的使用者，同时也是创造者。

(4) 百度学术

百度学术搜索(如图3-7和图3-8所示)是一个提供海量中英文文献检索的学术资源搜索平台，涵盖了中国知网、万方数据、维普、Spring link等中外文学术期刊、会议论文，旨在为国内外学者提供最好科研体验。

图 3-7　百度学术界面

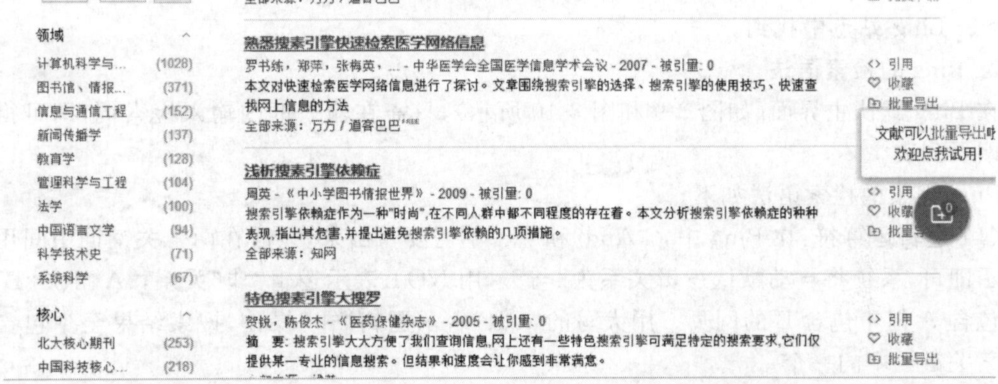

图 3-8　百度学术检索界面

百度学术默认的排序方式为相关度，还可以通过调整排序方式来更进一步搜索，文章题目后面有的会有红色的下载符号，这样的文献表明此文章可以通过百度学术下载，正下方显示文献来源，多个版本时，版本部分是可以单击的，这样方便看到此文章被哪些数据库收录。

3.2.2 必应

微软必应(Bing)是微软公司于 2009 年 5 月 28 日推出，用以取代 Live Search 的全新搜索引擎服务。为符合中国用户使用习惯，Bing 中文品牌名为“必应”。根据微软和雅虎在 2009 年达成的为期 10 年的合作协议，Bing 搜索引擎开始为美国著名的因特网门户网站——雅虎搜索提供技术支持。目前，必应已成为北美地区第二大搜索引擎，在全球搜索引擎排名第三。从 2013 年开始必应已经成为继 Windows、Office 和 Xbox 后的微软品牌第四个重要产品线，并深度融入微软几乎所有的服务与产品中。在 Windows Phone 系统中，微软也深度整合了必应搜索，通过触摸搜索键引出，相比其他搜索引擎，界面也更加美观，整合信息也更加全面。从 2013 年 10 月 21 日，微软为必应加入了一个期待已久的开发人员工具——语音识别控制和翻译控制更新，在其 Windows8.1 以上的版本中打包呈现。2016 年，联想笔记本电脑中，微软在 Windows10 的操作系统中，嵌入 Bing，让其以一个可爱的卡通动漫助手的形象实现了中文的人机对话、意图探测等智能功能。此外，Bing 还是一个多语种搜索引擎，支持多语种搜索，目前支持 41 种语言。从 2009 年 6 月 3 日 Bing 上线之时，其“决策引擎”就瞄准了购物、旅游、健康以及本地四大领域。

1. Bing 的搜索特性

微软在 Bing 上线时发布了核心搜索改进，其主要搜索特性包括：

(1) Best Match-显示最匹配结果。

(2) Deep Links-网站所提供资源的深入链接。

(3) Instant Answers-即时搜索，提供公司信息、赛况、天气、汇率等信息。

(4) Quick Preview-通过悬停窗口显示相关站点的搜索结果。

(5) Explorer Pane-右侧提供相关搜索，及搜索工具导航。

(6) Rich Listing Results-提供商家的地点、电话等信息。

(7) Hotel Rate Key-比较宾馆的地理位置、价格和设施，并通过不同颜色显示评价。

(8) Price Predictor-帮助用户决定何时能够购买到最低价机票。

(9) Bing 的所有特性都可在 Bing Insight Guide 中找到截图和介绍，更多信息和视频可在 Discover Bing 站点中找到。

2. Bing 的检索语法

在 Bing 默认主界面(如图 3-9 和图 3-10 所示)，只需在输入框内输入检索词，即可得到相关的网页列表。

Bing 搜索的检索语法如下。

(1) 逻辑运算符：在 Bing 中，“And”和“+”不需要写出来，只需在两个关键词中间用空格来表示即可，系统将自动默认逻辑关系为“与”。用 NOT 表示逻辑“非”关系，“A NOT B”表示搜索包含 A 但不包含 B 的网页。用大写的“OR”表示逻辑“非”操作，搜索结果至少包含所输入检索关键词中的一个。

(2) 通配符：在 Bing 中，支持传统的通配符搜索。

(3) 字母大小写：Bing 中不区分英文字母大小写，所有字母都会视为是小写的。

(4) 精确匹配：用双引号将搜索字词括起来即可。

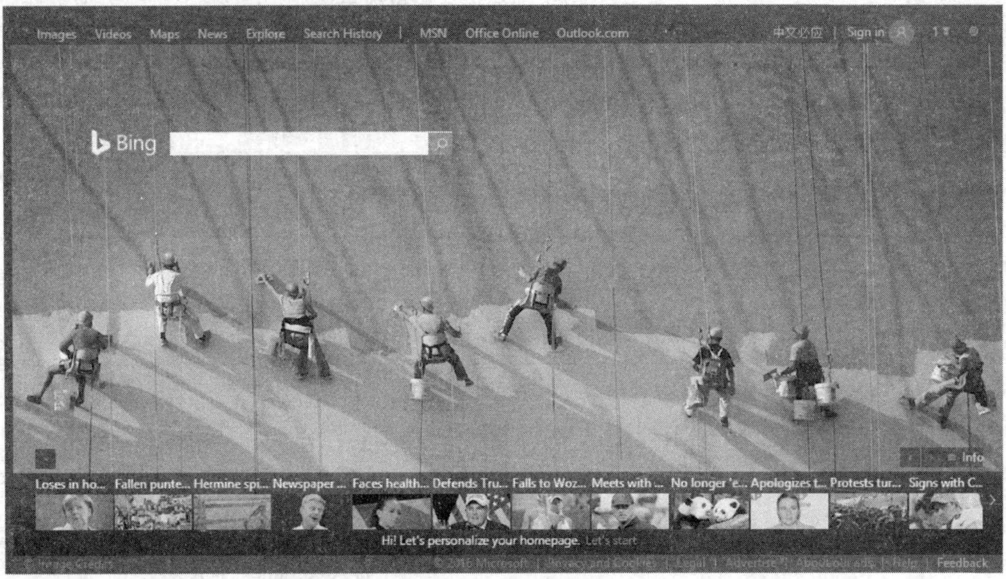

图 3-9　Bing 主页

图 3-10　Bing 检索结果界面

Bing 检索除了我们通用的检索方法外，定义了部分搜索语法，用于缩小检索范围，提高检索精度（如表 3-1 所示）。

表 3-1　Bing 部分语法应用列表

关键字	定义	示例
contains：	只搜索包含指定文件类型的链接的网站	若要搜索包含(.wma)文件链接的网站，请键入：音乐 contains：wma
filetype：	仅返回以指定文件类型创建的网页	若要查找以 PDF 格式创建的报表，请键入主题，后面加 filetype：pdf
inanchor： inbody： intitle：	这些关键字将返回元数据中包含指定搜索条件(如定位标记、正文或标题等)的网页。为每个搜索条件指定一个关键字，您也可以根据需要使用多个关键字	若要查找定位标记中包含 msn 且正文中包含 seo 和 sem 的网页，请键入 inanchor：msn inbody：seo inbody：sem
ip：	查找托管在特定 IP 地址 的网站。IP 地址必须是以英文句点分开的地址。键入关键字 ip：，后面加网站的 IP 地址	键入 IP：202.196.13.252
language：	返回指定语言的网页。在关键字 language：后面直接指定语言代码。使用搜索生成器中的"语言"功能也可以指定网页的语言	若只需查看有关古董文物的英文网页，请键入"antiques" language：en
loc：或 location：	返回特定国家或地区的网页。在关键字 loc：后面直接指定国家或地区代码。若要搜索两种或两种以上语言，请使用逻辑运算符 OR 对语言分组	若要查看有关中国或英国雕塑的网页，请键入雕塑(loc：CN OR loc：GB)。若要查看可用于 Bing 的语言代码列表，请参阅国家、地区和语言代码
prefer：	着重强调某个搜索条件或运算符，以限定搜索结果	若要查找篮球的相关网页，但搜索内容主要限定在某球队。例如，篮球 prefer ：火箭，出现与火箭队的内容
site：	返回属于指定网站的网页。若要搜索两个或更多域，请使用逻辑运算符 OR 对域进行分组。您可以使用 site：搜索不超过两层的 Web 域、顶级域及目录。您还可以在一个网站上搜索包含特定搜索字词的网页	若要在中国教育网站里搜索关于"antispyware"反间谍软件信息，请键入 site：edu.cn antispyware
feed：	在网站上查找搜索条件的 RSS(Really Simple Syndication，描述和同步网站内容的格式)	若要查找关于足球的 RSS，请键入 feed：足球
hasfeed：	在网站上查找包含搜索条件的 RSS 的网页	若要在 New York Times 网站上查找包含与足球有关的 RSS 的网页，请键入 site：www.nytimes.com hasfeed：足球
url：	检查列出的域或网址是否位于 Bing 索引中	若要验证搜狐网站是否位于索引中，请键入 url：sohu.com

3. Bing 的特色功能

Bing 在全球范围内提供网页、图片、视频、词典、翻译、资讯、地图等全球信息搜索服务，与其他搜索引擎相比其产品列表也非常简洁(如图 3-11 所示)，其中文界面其贴近中国文化元素，具有鲜明的特色。

(1) 首页美图

必应在搜索引擎中最具特色的是其每日首页美图。必应搜索改变了传统搜索引擎首页单调的风格，通过将来自世界各地的高质量图片设置为首页背景，并加上与图片紧密相关的热点搜索提示，使用户每日都能有不同感受。

（2）与 Windows 操作系统深度融合

来自于微软，并成为微软品牌第四个重要产品之一，使必应与 Windows 操作系统深度融合，产生了必应超级搜索功能（Bing Smart Search）。通过该功能，用户无须打开浏览器或单击任何按钮，直接在 Windows 8.1 搜索框中输入关键词，就能一键获得来自因特网、本机以及应用商店的准确信息，从而颠覆传统意义上依赖于浏览器的搜索习惯，实现搜索的“快捷直达”。

（3）全球搜索与英文搜索

微软的全球性与英文界面也使得 Bing 能够凭借先进的搜索技术，为用户带来更好的国际因特网搜索结果体验。同时注重中国市场的开发，给中文用户对全球搜索——特别是英文搜索良好的体验。

（4）输入中文，全球搜图

必应图片搜索一直是用户使用率最高的垂直搜索产品之一。在中文界面，用户不需要用英文进行搜索，而只需输入中文，必应将自动为用户匹配英文，帮助用户发现来自全球的合适图片。

（5）提供跨平台服务

用户登录微软必应网页，打开内置于 Windows 8 操作系统的必应应用，或直接按下 Windows Phone 手机的搜索按钮，可一站直达微软必应搜索。与 iOS 及安卓设备无缝衔接，发挥必应信息集成平台的作用，通过学习搜索习惯与喜好，为用户推荐定制化的内容。微软必应已不仅仅是一个搜索引擎，它出现在用户可能使用的任何设备中，其中大多数是深度整合。

（6）必应搜索全球 PK 赛

“必应搜索全球 PK 赛”是由微软发起的搜索质量盲测平台。测试在排除品牌信任影响的情况下，让用户选出“真心”喜欢的搜索引擎。用户登录活动页面后可自主选择五个关键词进行搜索，从而在无品牌影响的情况下直观对比必应和谷歌的网页搜索结果。以获取北美地区用户满意度及忠诚度数据信息。

图 3-11　Bing 的产品列表

3.2.3 搜狗搜索

搜狐(http://www.sohu.com/)公司成立于 1996 年 8 月，由张朝阳博士依据风险投资支持创办了搜狐的前身“爱特信信息技术有限公司”，1998 年 2 月，爱特信推出了搜狐，是中国首家大型分类查询搜索引擎。1999 年，搜狐推出新闻及内容频道，奠定了综合门户网站的雏形，开启了中国因特网门户时代。2000 年 7 月 12 日，搜狐公司正式在美国纳斯达克挂牌上市，从一个国内知名企业发展成为一个国际品牌。

搜狐公司于 2004 年 8 月 3 日推出了全球首个第三代互动式中文搜索引擎——搜狗(sogou)，域名为 www.sogou.com(如图 3-12 所示)。搜狗以搜索技术为核心，致力于中文因特网信息的深度挖掘，帮助中国上亿网民加快信息获取速度，为用户创造价值。目前，搜狐主攻新闻资讯博客，搜狗主攻搜索引擎和拼音输入法。搜狗搜索提供新闻、网页、音乐、图片、视频、问答、地图等查询服务。

图 3-12　搜狗主页

1. 基本搜索

Sogou 查询简洁方便，对于基本搜索方式，用户只需在主页的搜索框内输入查询关键词并敲一下回车键(Enter)，或单击“搜狗搜索”按钮即可得到最相关的资料。搜狗搜索中不区分英文字母大小写，无论大写小写字母均当作小写处理。

2. 学术搜索与英文搜索

2016 年 5 月 19 日，搜狗宣布与微软正式达成合作，搜狗搜索对接微软必应全球搜索技术，推出搜狗英文搜索、搜狗学术搜索两个垂直频道，为中国用户打造权威、全面、精准的英文搜索体验。在最新的搜狗主页搜索框，已经去除传统的高级搜索，而在上边增加“有英文”“学术”按钮即可进入学术搜索(如图 3-13、图 3-14 所示)。

图 3-13　“搜狗学术”界面

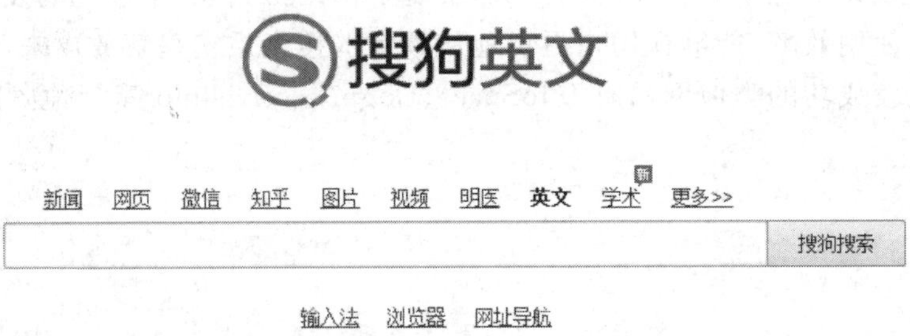

图 3-14 “搜狗英文”界面

3. 搜狗搜索支持的检索规则有

(1) 使用双引号进行精确查找：如果所要查找的是一个词组或多个汉字，可将它们用双引号括起来，这样得到的结果最少、最精确。这里的双引号可以是全角的中文双引号“”，也可以是半角的英文双引号“”。而且可以混合使用，搜狗都是可以智能识别的。

(2) 使用多个词语搜索：由于搜狗只搜索包含全部查询内容的网页，所以缩小搜索范围的简单方法就是添加搜索词。添加词语后，查询结果的范围就会比原来的“过于宽泛”的查询小得多。输入多个词语搜索（不同字词之间用一个空格隔开），可以获得更精确的搜索结果。例如，想了解北京动物园的相关信息，在搜索框中输入“北京动物园”获得的搜索效果会比输入“北京动物园”得到的结果更好。

(3) 减除无关资料：如果要避免搜索某个词语，可以在这个词前面加上一个减号（“－”，英文字符）。但在减号之前必须留一空格。

(4) 在指定网站内搜索：如果想知道某个站点中是否有自己需要找的东西，可以把搜索范围限定在这个站点中，使用 site 语法其格式为：查询词＋空格＋site：网址。搜狗也支持多站点查询，多个站点用"|"隔开，如世界杯 site：www. sina. com. cn|www. sohu. com（site：和站点名之间，不要带空格）。

(5) 文档搜索：查询词＋空格＋Filetype：格式，格式可以是 doc、pdf、rtf、all（全部文档）。例如：市场分析 filetype：doc，其中的冒号是中英文符号皆可，并且不区分大小写。filetype：doc 可以在前也可以在后，但注意关键词和 filetype 之间一定要有个空格。例如：filetype：doc 市场分析。

3.2.4 360 搜索

360 搜索（https：//www. so. com），是 360 开放平台的组成部分，依托于 360 安全卫士和浏览器为其提供的巨大流量和品牌优势，一经推出就收获了百分之十左右的搜索引擎市场份额（如图 3-15 所示）。2012 年，360 综合搜索正式启动独立域名 so，sou 则为辅助域名，2015 年其以 360 好搜 www. haosou. com 为域名，2016 年再次回归为“so”。在国内搜索引擎市场占据了一席之地。同时在移动因特网时代 360 搜索也通过 360 手机安全卫士、手机助手、免费 WiFi、手机浏览器等带动了其移动搜索发展。

1. 360 搜索家族成员

(1) 360 综合搜索：属于元搜索引擎，是通过统一的用户界面帮助用户在多个搜索引擎中选择和利用合适的搜索结果，来实现检索的操作，是对分布于网络的多种检索工具的全方位利用。这种同时将多元信息聚合在一起的方式，实现了网络工具化、个性化的发展需求。同时更加提升了网络的使用效率，能够让用户更快地从繁复的搜索系统里解放出来，让上网搜索更轻松有效。国外比较成功的类似网站有 InfoSpace、Dogpile、Vivisimo 等“元搜索”网站。

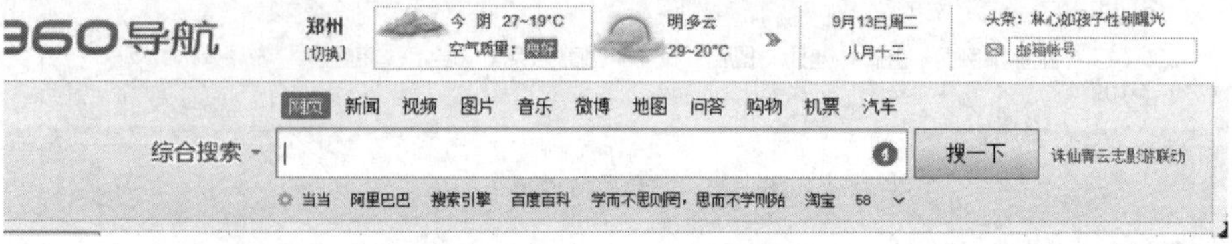

图 3-15　360 综合搜索

(2) 360 搜索＋：属于全文搜索引擎，是奇虎 360 公司开发的基于机器学习技术的第三代搜索引擎，具备“自学习、自进化”能力和发现用户最需要的搜索结果(如图 3-16 所示)。

图 3-16　360 搜索界面

在 360 导航中搜索页面(如图 3-17 所示)，导航菜单提供多搜索引擎切换，包含综合、Bing、百度、有道、淘宝等搜索，同时将多个不同搜索网站界面集成在一个浏览页面中，用户只要输入一次关键字就可以同时完成多次搜索，并实现快速的切换查看。

图 3-17　360 导航中的搜索引擎切换

360 搜索的主界面主要包括新闻搜索、视频搜索、音乐搜索、图片搜索、地图搜索、百科搜索。在分类栏目中,除 360 视频搜索之外,新闻、音乐、图片、地图及问答均来自百度,单击可自动跳转。

2. 360 高级搜索中用法的不同之处

(1) 在 360 不能用 site 命令查询一个域名的收录量。

(2) 360 是不支持 domain 命令的。在 360 搜索 domain:域名,会发现 360 会把 domain 当作一个关键词。

3. 360 综合搜索的信息来源

(1) 接入垂直搜索引擎。地图搜索与高德合作,音乐搜索整合了酷我、虾米等音乐网站,360 视频则整合了优酷、土豆、搜狐、奇艺等视频网站资源。

(2) 向合作伙伴免费开放应用盒子(oneBox)。当用户通过 360 搜索旅游、医疗、实用工具、火车票、明星任务等关键词时,360 搜索结果免费展示由合作伙伴定制的网页应用结果,其合作伙伴有携程、酷讯、39 健康网、寻医问药网等。

以搜索机票为例,360 搜索引导合作伙伴进行同类数据的用户特惠竞争,将最优惠的数据展示在 360 应用盒子中。

(3) 免费认证官网。当用户搜索关键词明确指向某个官网时,360 搜索将免费展示应该认证的官网地址,不以竞价排名的方式销售网站关键词。

3.2.5 中国搜索

中国搜索(http://www.zhongsou.com/)2002 年正式进入中文搜索引擎市场,先后为新浪、搜狐、网易、TOM 等网站提供搜索引擎技术。中搜也被公认为第三代智能搜索引擎的代表。第三代搜索引擎是当用户输入需要搜索的一个关键词后,搜索引擎可以展示与关键词相关的所有内容,并以综合门户的方式巧妙地编排在一起,让用户一次搜索即可得到所有想得到的相关信息,使用户的搜索结果在内容质量上更有保证,避免了传统搜索的广告与误导信息的出现。中国搜索的主页如图 3-18、图 3-19 所示。

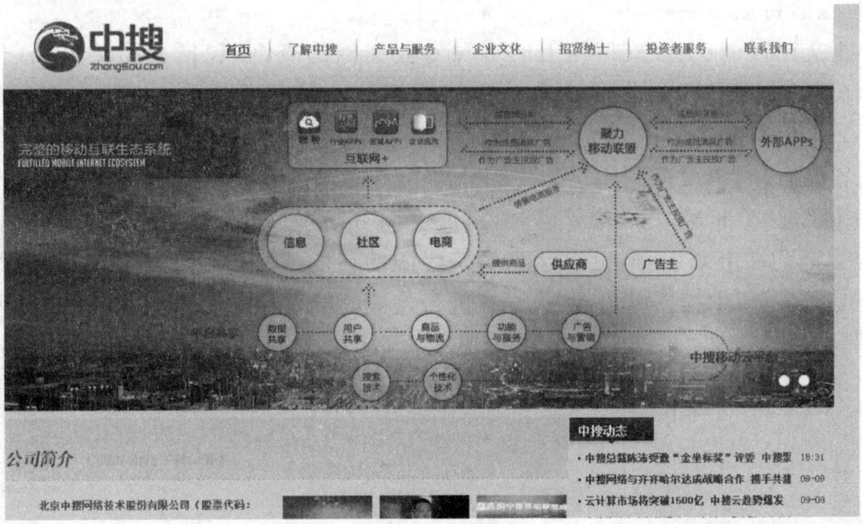

图 3-18 中搜主页

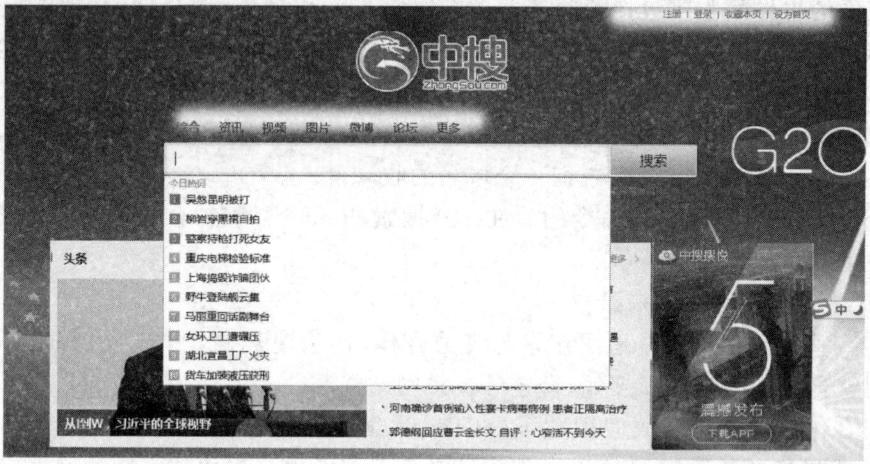

图 3-19　中搜界面

中搜的搜索引擎提供方便快捷的查询界面，简单检索仅需输入需要查询的内容并敲回车键(Enter)，或单击"搜索"按钮即可找到最重要、最相关的内容。中国搜索的检索特点如下。

1. 关键词检索

关键词可以是任何中文、英文或数字，也可以是它们的混合体；可以输入一个关键词，也可以输入多个；可以输入短语，甚至是一句话。此外，中搜的搜索引擎不区分英文字母大小写，所有的字母均当作小写处理。

2. 布尔逻辑检索

在中搜的搜索框中，用户可以用一个或多个空格、"＋"来表示逻辑"与"。逗号、"|"表示逻辑"或"关系。例如，在搜索文本框中输入"软件＋硬件"或"软件硬件"表示"与"关系，即选中的文章中必须同时包含"软件"和"硬件"这两个搜索词。在搜索文本框中输入"软件|硬件"，表示"或"关系，即文章中只要包含"软件"和"硬件"这两个搜索词之中的一个词就会被查到。需要注意的是，在进行"与""或"检索时，前后检索词之间的空格都不影响相应的检索结果。

3. 其他检索特点

(1) 专业文档查询：中搜支持网上的多种专业文档的查询，包括 Office 文档(包括 Word、Powerpoint)、Adobe PDF 文档、金山办公文档(WPS)。用户可以通过"filetype"限制所要检索文档类型。

(2) 域名检索：用户可以利用"site"将搜索范围限定在特定站点中。

(3) 精确匹配：分析较长的关键词时，可能会将其拆分检索。如果不想关键词被拆分，只需在输入的关键词加上双引号，可以达到精确匹配的目的。

(4) 中搜更多页：中搜支持分主题类目进行搜索，主页上搜索框上方有综合、网页、资讯、图片、论坛等类目。单击"更多"，进入中搜更多页面(如图 3-20 所示)，可以进行各项搜索，如供应、求购、个人门户、论坛、行业中国、社区等。

图 3-20 中国搜索"更多"界面

3.3 外文搜索引擎的使用

3.3.1 Google

Google(http://www.google.com/)是由斯坦福大学的博士生 Larry Page 与 Sergey Brin 于 1998 年 9 月创立的，其朋友 Ruth kedar 为其设计了第一款 LOGO，其后每逢节日等重要日子，Google 都会在这一基础上发挥（如图 3-21 所示）。Google 词义的一种解释是：G 意为手，00 为多个范围，L 意为长，E 意为出，把它们合一起，意义为：Google 无论在哪里都能为您搜寻出海量您所需要的资料。Google 是从第一代搜索引擎中脱颖而出的第二代搜索引擎的代表。Google 是最早被公认为全球规模最大的搜索引擎，同时也在依托搜索引擎技术不断拓展业务。2012 年推出 Google glass。2007 年，Google 推送 Android 系统。2016 年 11 月 4 日，谷歌无人机业务主管沃斯透露，预计能在 2017 年推出无人机送货服务。主要的搜索服务有：网页搜索、图片搜索、视频搜索、地图搜索、新闻搜索、购物搜索、博客搜索、论坛搜索、学术搜索、财经搜索、问答、Notebook 等。在 2016 年 2 月全球搜索引擎市场上（如图 3-2 所示），Google-Global 所占份额为 67.73%。

图 3-21 Google 的趣味 LOGO

1. Google 的专利技术及特点

Google 具有的专利技术：

(1) PageRank 技术。Google 使用 PageRank 技术检查整个网络链接结构，并确定哪些网页重要性最高。然后进行超文本匹配分析，以确定哪些网页与正在执行的特定搜索相关。通过对由超过 50 000 万个变量和 20 亿个词汇组成的方程进行计算，在综合考虑整体重要性以及与特定查询的相关性之后，Google 可以将最相关最可靠的搜索结果放在首位。Google 搜索结果没有人工干预或操纵，这也是为什么 Google 会成为一个广受用户信赖、不受付费排名影响且公正客观的信息来源。

(2) 超文本匹配分析。Google 的技术并不单纯采用扫描基于网页的文本的方式，而是分析网页的全部内容以及字体、分区及每个文字精确位置等因素。Google 同时还会分析相邻网页的内容，以确保返回与用户查询最相关的结果。

(3) 智能隐形眼镜专利。2015 年 3 月，Google 获得智能隐形眼镜专利，谷歌将拿出自己制造的智能隐形眼镜，采用多层设计和谷歌自己研发的芯片。

(4) 网络剧透屏蔽系统。2015 年 Google 为了防止看过网络剧而害怕剧透，申请了一个奇葩专利：防剧透系统。在这个"防剧透系统"中，社交网络会记录你的电影、小说和剧集的观看或心愿单情况。一旦有人在推文或是文章中提及那些系统认为你会担心剧透的作品，而且内容也确实有这个倾向，它就会将正文内容模糊化或是收起。

Google 的技术特点：

(1) Google 是全球最大的多语言搜索引擎，支持多语种检索。

(2) Google 网站只提供搜索引擎功能，速度极快。

(3) Google 有两种爬虫，一种是收录爬虫，专门收录网站，还有一种是增加排名和位置的爬虫，综合计算反响连接。因而 Google 数据更新速度快，排名客观。2014 年 12 月 16 日，Google 官方更是正式确定了 Google Trends 的数据更新频率为每天更新。

2. Google 的检索语法与 Baidu 的不同之处

(1)逻辑运算符：在 Google 中，"And"和"＋"不需要写出来，只需在两个关键词中间用空格来表示即可。用减号"-"表示逻辑"非"关系，"-"前必须有空格。用大写的"OR"表示逻辑"非"操作，OR 的前面必须有空格。

(2) 通配符：在 Google 中，星号"＊"代表任何文字。Google 搜索使用 stemming(词根还原)技术，在适当情况下，Google 搜索将不仅局限于搜索字词，还会搜索与这些字词部分或全部相似的字词。

(3) 字母大小写：Google 中不区分英文字母大小写，所有字母都会视为是小写的。

(4) 精确匹配：用双引号将搜索字词括起来即可。

(5) 繁简转换：Google 运用智能型汉字简繁自动转换系统，为用户找到更多相关信息。这个系统不是简单的字符变换，而是简体和繁体文本之间的"翻译"转换。

(6) 搜索数字范围：用两个半角句号(不加空格)隔开两个数字可查看日期、价格和尺寸等指定字范围的搜索结果。提示：仅使用一个数字和两个句号即可表示上限或下限。例如：手机价格 2000..5000，搜索结果中会出现价格是 2 000 元至 5 000 元的手机相关信息。

(7) site 在特定网站或域名中搜索：在搜索中加入"site："可以限定在某个特定网站中搜索信息。例如，百度影音 site：www.skycn.com 在"site："后面跟的站点域名，不要带"http://"。site：和站点名之间，不要带空格。

(8) inurl 在特定 url 链接中搜索:在搜索中加入"inurl:"可以限定在网站 url 链接中搜索网站信息。例如:auto 视频教程 inurl:video。搜索词"auto 视频教程"可以出现在网页的任何位置,而"video"则必须出现在网页 url 中。

(9) intitle 在特定的网页标题中搜索:在搜索中加入"intitle:"可以限定在网页标题 title 中搜索网站信息。例如,出国留学 intitle:美国。搜索词"出国留学"可以出现在网页的任何位置,而"美国"必须出现在网页 title 中。intitle:和后面的关键词之间不要有空格。

(10) related 相关网页搜索:在搜索中加入"related:"可以搜索与指定网站有相似内容的网页。例如:related:baidu. com 可以搜索和百度类似的网站。

(11) Filetype 在特定文档格式中搜索:在搜索中加入"Filetype:"可以限定在文档格式中搜索网页信息,支持文档格式有 pdf,ps,dwf,kml,kmz,doc,xls,ppt,rtf,swf,all(所有上面的文档格式)。对于找文档资料相当有帮助。例如,photoshop 实用技巧 filetype:doc

3. Google 的检索方法

(1) 初级检索

初级检索是 Google 默认的中英文主界面(如图 3-22 所示),只需在输入框内输入检索词,单击下方的"Google Search"(Google 搜索)按钮或按回车键(Enter),即可得到相关的网页列表。如果单击"I'm Feeling Lucky"(手气不错)按钮,系统将自动进入 Google 检索到的第一个网站页面,即相关性最高的网站,并且完全看不到搜索结果列表页面。

图 3-22 Google 搜索界面

(2) 高级检索

单击 Google 主页右边的"Advanced Search"(高级)按钮,即可进入高级检索界面。以 Google 中文高级检索页面为例(如图 3-23 所示),提供了对检索词在搜索结果中出现的四种限定:包括全部字词、包括完整字句、包括至少一个字词、不包括字词。"包括全部字词"对应于逻辑"与","包括至少一个字词"对应于逻辑"或","不包括字词"对应于逻辑"非","包括完整字句"可以限定进行精确匹配检索,即词组检索。

在高级检索界面中,还可以对语言(46 种)、地区(238 个国家和地区)、文件格式(pdf、dwf、ppt、doc 等)、日期、字词位置(网页的标题、网页的正文、网页的网址、指向网页的链接)、网站和使用权限进行限定。用户可以根据自己的检索需要来进行限定,提高搜索的准确度。

4. Google 的特色功能

在 Google 的检索主界面中,用户也可以直接选择不同的服务产品,如网页、视频、图片、地图、资讯、音乐等,其中包含有几个具有特色的功能产品,如 Google 学术搜索、翻译、专利搜索、图书搜索。

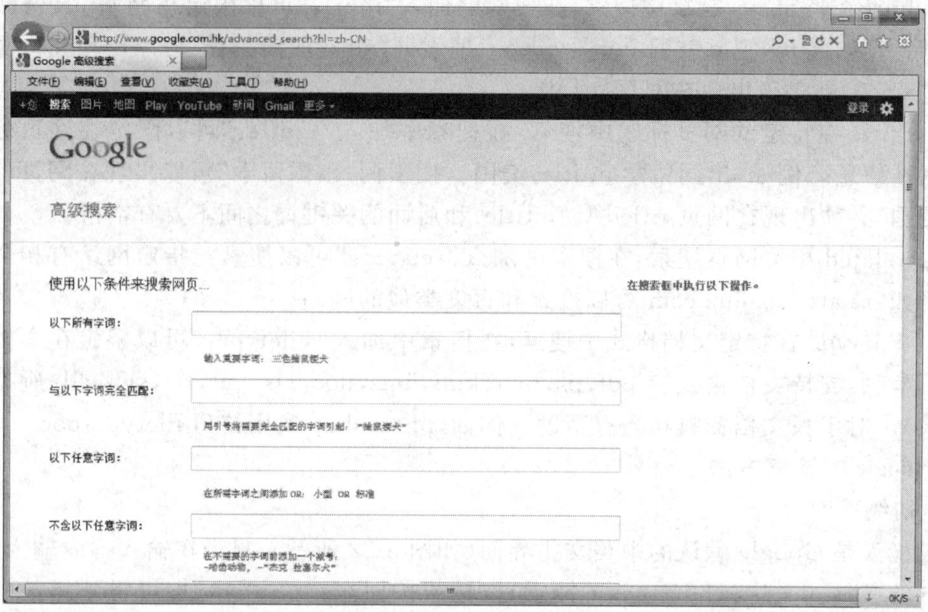

图 3-23　Google 中文高级检索页面

(1) 学术搜索

Google 于 2004 年 11 月推出了学术搜索——Google Scholar(http://scholar.google.com/)。目前,Google 学术搜索中 80%以上为英文文献,同时与几百个数据库建立了交叉链接,为用户提供便利的文献原文获取方式(如图 3-24 和图 3-25 所示)。

图 3-24　Google 学术搜索页面

Google 学术搜索是一项免费服务,提供可广泛搜索学术文献的简便方法。用户可以从一个位置搜索众多学科和资料来源,包括来自学术著作出版商、专业性社团、预印本、各大学及其他学术组织的经同行评论的文章、论文、图书、摘要和文章。Google 将测试版中 Google 学术搜索和 Google 专利搜索合并成为目前的 Google 学术搜索。

图 3-25　Google 学术搜索举例页面

(2) 图书搜索

Google 图书搜索(http://books. google. com/)(如图 3-26 所示)实现了全文检索的功能，而且提供了图书馆馆藏和出版社信息以便用户购买和借阅。

使用 Google 图书搜索查找图书与使用 Google 网络搜索查找网站一样，只需在检索框中输入要查找的关键字或短语。检索技术也与 Google 网络搜索一致。

图 3-26　Google 图书搜索页面

(3) 翻译

Google 提供翻译功能(如图 3-27 所示),使用方便、快捷。目前支持英文、中文、法语、德语、俄语、希腊语等近 65 种的文字、网页和文档进行互译。

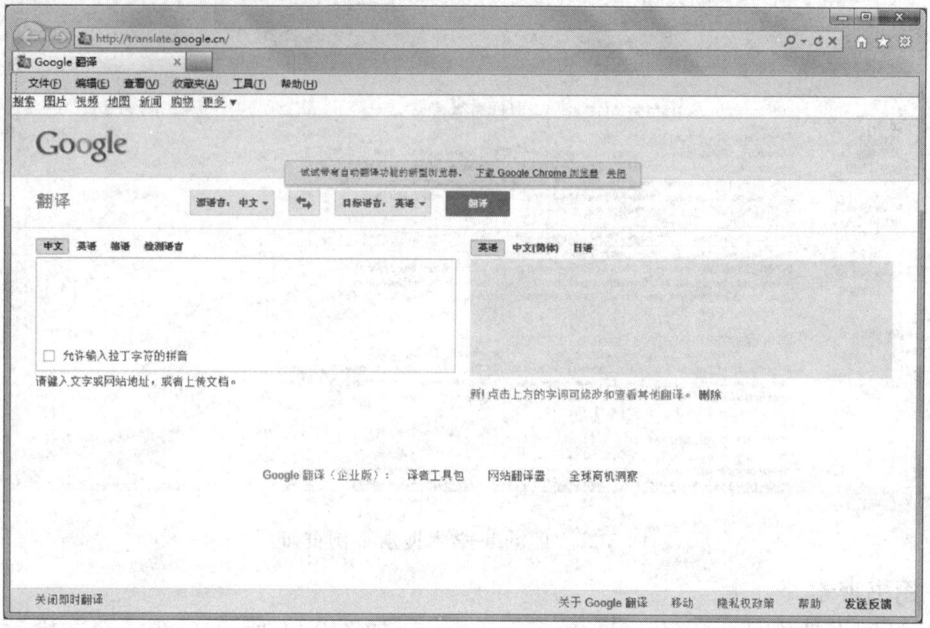

图 3-27 Google 翻译页面

(4) Google+

随着移动搜索的发展,Google+搜索更关注于移动搜索体验。2016 年 9 月发布了集成移动购物体验并命名为 Shop the Look。这样的移动购物功能将出现在多个关键词,例如“婚礼装备”的搜索中。这些可购买的商品来自谷歌的合作伙伴网络,其中包括 LIKEtoKNOW. it、Curalate,以及雅虎旗下 Polyvore。例如,如果用户搜索关键词“酒会晚装”,最上方的图片将来自 LIKEtoKNOW. it。在单击这些图片后,用户可以查看商品广告,了解商品详情。在这一新功能中,Google 想让移动购物像图片搜索一样简单。

(5) Google Analytics(Google 分析)新增 AI 自动化分析功能

在移动搜索领域,基于 iOS 和 Android 版本的 Google Analytics 新增了自动化分析功能(如图 3-28 所示),能自动产生资料分析结果,提供用户在 Google Analytics 的助理(Assistant)页面中查看图形化信息,这项新功能协助网站站长更快地掌握商业趋势和访客需求。如果网站的新访问用户数突然有了增加,Google Analytics 助理就会主动告诉你这个情况,并把这些用户的来源整理出来报告给你,譬如从推特跳转到你的网站的单击减少了,它会提供一些相关数据,诸如此类,这些都是来自 Google Analytics 本身的跟踪数据。在助理页面里,所有的提醒都是以卡片形式提供的,站长可以直接一站式浏览所有关于自己的网站的自动报表。另外,它还可以随着你的使用不断提升智能度。对于运营网站的团队,这些信息都是可以分享的,谷歌也会利用分享与否这样的信息来判断这条信息是否有用。目前这一功能仅提供了英文版,网页版也在推进中。

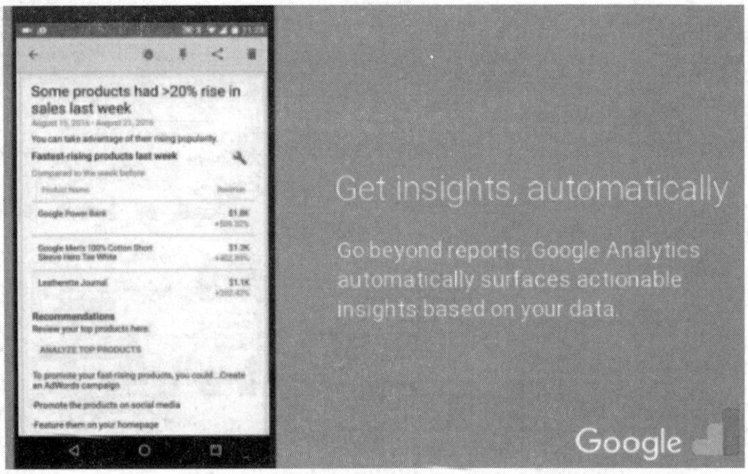

图 3-28　Google Analytics 新增 AI 自动化分析功能示例

3.3.2　Yahoo!

Yahoo!(http://www.yahoo.com/)是世界上最早的搜索引擎之一,由斯坦福大学的两位博士研究生 David Filo 和 Jerry Yang(杨致远)于 1994 年创建。Yahoo 一词源于《格列佛游记》一个在外表和行为举止上都非常讨厌的家伙——列胡,而创始人喜欢字典里对 Yahoo 的定义"粗鲁,不通世故,粗俗"。雅虎是全球第一家提供因特网导航服务的网站,是世界上最早的分类目录搜索引擎,在浏览量、网上广告、家庭或商业用户接触面上,都居于领导地位,也是最为人熟悉、最有价值的因特网品牌之一(如图 3-29 和图 3-30 所示)。服务包括搜索引擎、电邮、新闻等,业务遍及 24 个国家和地区,为全球超过 5 亿的独立用户提供多元化的网络服务。同时也是一家全球性的因特网通信、商贸及媒体公司。雅虎是最老的"分类目录"搜索数据库,也是最重要的搜索服务网站之一。1999 年 9 月,雅虎中国网站开通,2007 年 5 月雅虎中国更名为中国雅虎。Yahoo! 中文版并非英文版的全文翻译,而是针对大陆、香港和台湾的访问者的需要、兴趣与习惯将信息集中起来供中文读者使用。它收录了全球因特网上众多的中文站点,为全球中文读者提供中文 Internet 导航服务。

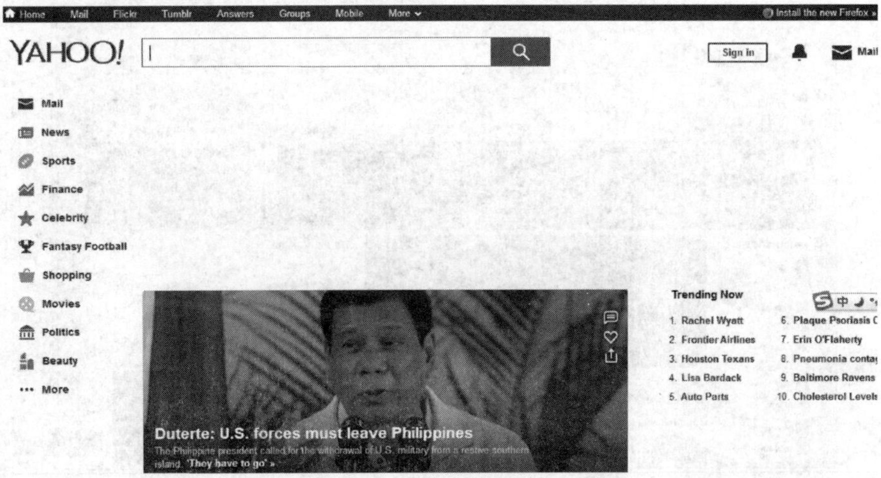

图 3-29　Yahoo! 主页

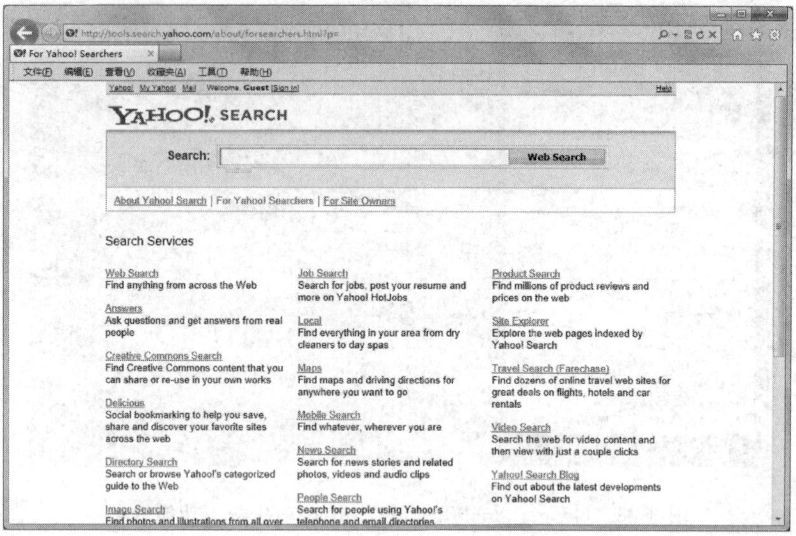

图 3-30　Yahoo！检索页面

雅虎有英文、中文、日文、韩文、法文、德文、意大利文、西班牙文、丹麦文等 12 种语言版本，各版本的内容互不相同。提供目录、网站及全文检索功能。目录分类比较合理，层次深，类目设置好，网站提要严格清楚，网站收录丰富，检索结果精确度较高。2015 年雅虎已成为“全球第三大移动广告公司”。

2016 年，美国电信巨头 Verizon(威瑞森)以 48 亿美元收购雅虎核心资产。

Yahoo！提供分类目录检索、关键词检索两种检索方式。

1. 分类目录检索

Yahoo！主页的顶端有搜索框，可以直接选择进行 Web(网页)、Images(图片)、Video(视频)等的查询，单击“More”可进入 Yahoo！检索页面(如图 3-36 所示)，这里提供了共 17 种搜索服务。用户可以根据自己的查询需要，选择不同的种类和类型。单击“Directory Search”可以进入 Yahoo！的分类目录进行查询或浏览(如图 3-31 和图 3-32 所示)。

图 3-31　Yahoo！“Directory search”页面

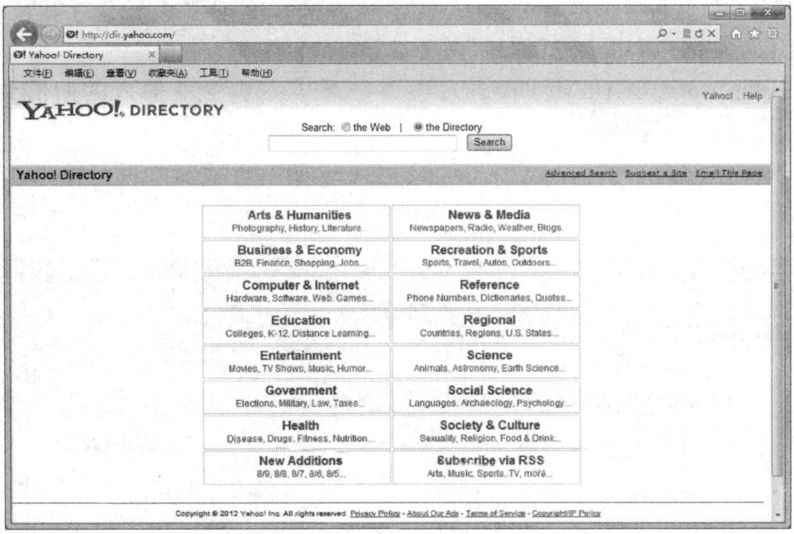

图 3-32　Yahoo! “Directory”页面

Yahoo! 的分类目录按内容分为 14 个大类：Arts & Humanities（艺术与人文）、Business & Economy（商业和经济）、Computer & Internet（计算机和因特网）、Education（教育）、Entertainment（娱乐）、Government（政府）、Healthy（健康）、News & Media（新闻与媒体）、Recreation & Sports（休闲与体育）、Reference（参考文献）、Regional（地区）、Science（科学）、Social Science（社会科学）、Society & Culture（社会与文化）。用户可以选择分类浏览或检索有关信息，每个大类又分为若干小类，可以进一步链接到更加细化的下一级目录，最后得到一个与特定主题相关的网页列表。通过分类目录的方式检索，用户往往需要经过多层的深入查询才能得到一个网页列表，但网页集合的相关性通常比较高，即查准率高。

2. 关键词检索

直接在检索框内输入关键词，然后单击右侧的“Search”按钮或按回车键（Enter），即可得到相关的记录。

Yahoo! 搜索引擎支持一些特定的操作符，用于对查找的内容进行限定，用法如下。

（1）双引号（“”）：将引号中的检索项作为一个固定词组来进行精确匹配。

（2）星号（*）：截词符，用于词干后，搜索出同一词干的所有结果。

（3）加号（+）：加词检索，用于检索词前，表示该检索词必须出现在检索结果中。

（4）减号（－）：减词检索，用于检索词前，表示该检索词不能出现在检索结果中。

（5）限定（t：和 u：）：在检索词前输入 t：，表示限定在网页标题中搜索；在检索词前输入 u：，表示限定在网址中搜索。

除此以外，Yahoo! 各搜索服务页面上，还提供高级检索页面。图 3-33 所示为 Yahoo! “Advanced Web Search”页面。在该页面中，用户可以利用各检索框对搜索方式和范围加以限制。

（1）所有词匹配（all of these words）：可以输入一个或多个关键词，以空格分隔，检索结果必须包含输入的所有单词，相当于逻辑“与”关系。

（2）精确短语匹配（the exact phrase）：将输入的检索词作为一个完整、固定的短语精确匹配，搜索结果中必须包含这一准确的短语。

(3) 任何词匹配(any of these words):如果输入的检索词由几个单词组成,则检索结果包含其中某个或几个单词,相当于逻辑“或”关系。

(4) 排除匹配(none of these words):检索结果中不包含所输入的所有词,相当于逻辑“非”关系。

高级检索可限定仅在含有.com、.edu、.gov、.org 的站点或域中进行检索,缩小检索范围,提高查准率。

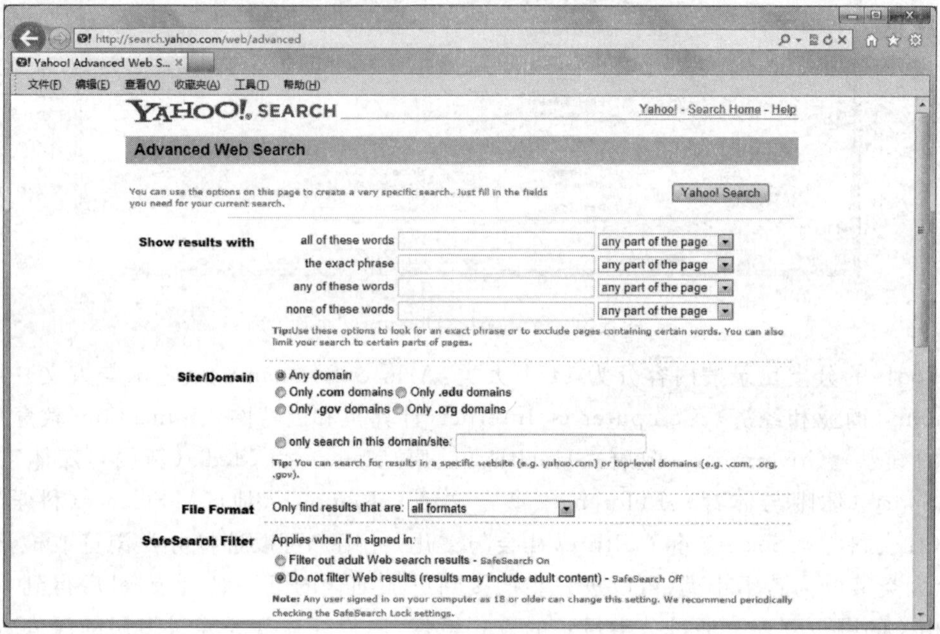

图 3-33 “Advanced Web Search”页面

3.3.3 Excite

Excite(http://www.excite.com/)搜索引擎是 Architext 公司的产品,1993 年 2 月,由 6 个斯坦福的学生创建,他们的想法是通过分析字词关系,以对互联网上的大量信息作更有效的检索。由于它已经开发出包括中国的多种全球区域版本,为特定地区提供高效率的服务,它是国际上使用最为广泛的搜索引擎之一(如图 3-34 所示)。Excite 最大的特点是使用基于概念或关键词的正文和主题搜索。概念搜索是指搜索引擎不只简单地查找含有关键词的网页,同时还搜索与关键词概念相关的网页。

Excite 提供两种检索方式:分类目录检索和关键词检索。用户可以查找网上的文档、评论、UseNet NewsGroup 或分类区。在同一个搜索框内可以输入简单的或更高级的搜索,包括布尔搜索和逻辑组,但用户不能像其他一些搜索引擎一样控制搜索结果的格式。

1. 分类目录检索

在 Excite 主页上部列出了 30 余种的目录分类。用户可以根据查找内容在分类目录中选择对应的类别,单击进入后系统会显示这一类目下的子类目。经过多次的选择后,就可以访问到所要查找内容的网页。

2. 关键词检索

直接在检索框内输入关键词,单击“Search”按钮或按回车(Enter),就可以在 Excite 数据库中查找到与关键词相匹配的网页。在 Excite 中可以使用布尔逻辑运算符 AND、OR、NOT，以及括号来构成检索表达式；也可以使用“＋”号和“－”号来指定出现和排除某个单词。

除此以外，Excite 搜索引擎还提供了一个称为 Excite meta-search（Excite 元搜索）的检索界面。通过该界面可自动实现多元搜索。同时，在 Excite 的高级检索界面也使用了元搜索技术，可以同时对包括 Google 在内的 14 个搜索引擎进行检索，得到这些搜索引擎的结果。

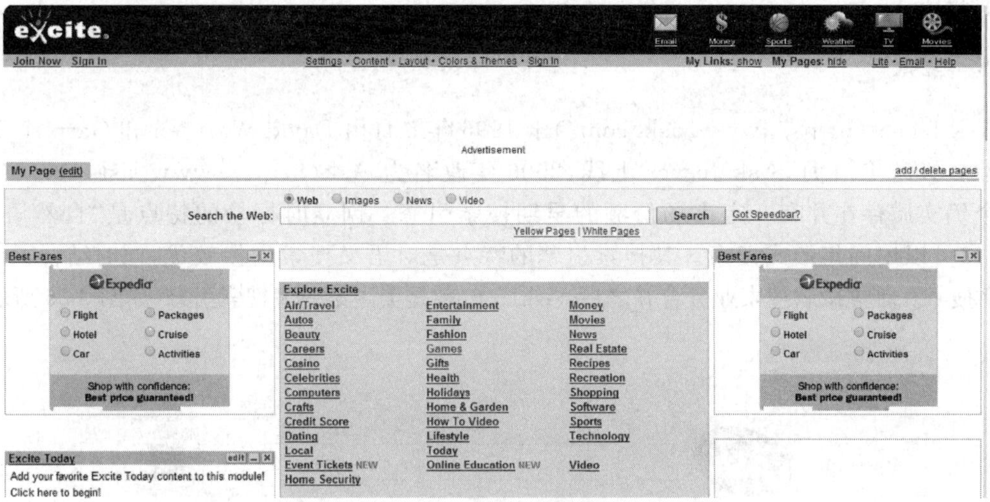

图 3-34　Excite 检索主页

3.3.4　Lycos

Lycos（http://www.Lycos.com/）创立于 1995 年，是资格最老的搜索引擎之一（如图 3-35 所示）。Lycos 的特点是功能强大、搜索范围广，对于一个搜索提问，它通常能给出最全面的结果。2000 年 10 月，Terra Networks，S. A. 收购 Lycos，Inc.，形成了 Terra Lycos 集团，该集团拥有世界上规模最大的因特网网站群，在全球 43 个国家用 20 种语言为广大网民服务。提供常规及高级搜索。高级搜索提供多种选择定制搜索条件，并允许针对网页标题、地址进行检索。具有多语言搜索功能，共有 26 种语言供选择。首页下部显示部分 Open Directory 的目录索引。

图 3-35　Lycos 检索主页

Lycos 提供关键词的基本检索和高级检索方式。检索特点如下：

1. 当输入多个关键词进行搜索时，默认以布尔逻辑“与”(And)关系进行查询。

2. Lycos 的通配符是 $ 符号。如 gen $ 表示 gene、genetic、general 等。

3. 高级搜索界面中，可选择域名、国家地区对搜索结果进行限定。

Lycos 的优点在于它的速度快、使用简便、索引很大，但是在支持逻辑搜索和高级搜索功能方面较弱。

3.3.5 Ask

Ask Jeeves(http://www.ask.com/)于 1996 年 6 月由 David Warthen 和 Garrett Gruener 创建。1997 年 4 月，Ask Jeeves 上线，2006 年改名为 Ask(http://www.ask.com/)，是一个至今仍实质存在并有一定市场份额的早期搜索引擎。创立时标榜的特点是“自然语言”搜索，用户可以用问句形式搜索。其搜索引擎的特点是对语义搜索支持较优，同时结合了传统的关键字搜索。雅虎微软搜索业务合并之后，Ask.com 曾是美国第三大搜索引擎(如图 3-36 所示)。

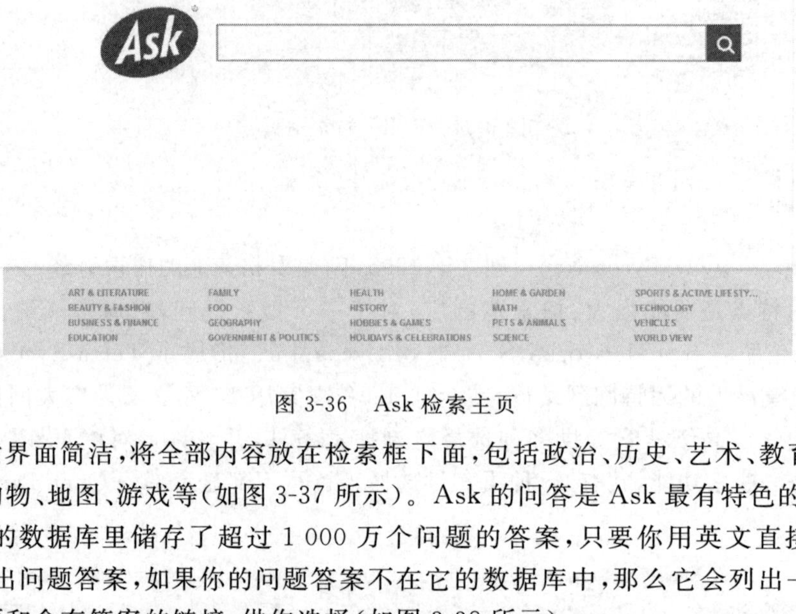

图 3-36 Ask 检索主页

Ask 搜索界面简洁，将全部内容放在检索框下面，包括政治、历史、艺术、教育问答、新闻、视频、本地、购物、地图、游戏等(如图 3-37 所示)。Ask 的问答是 Ask 最有特色的部分，支持自然提问，Ask 的数据库里储存了超过 1 000 万个问题的答案，只要你用英文直接输入一个问题，它就会给出问题答案，如果你的问题答案不在它的数据库中，那么它会列出一串跟你的问题类似的问题和含有答案的链接，供你选择(如图 3-38 所示)。

图 3-37 Ask 检索类目

在 Ask 主页上可直接进行搜索，用户在文本框中输入想要查询的关键词，并回车(Enter)，或者单击“search”按钮即可。

在 Ask 搜索中，“&”表示逻辑“与”，可以缺省，“|”表示逻辑“或”，不支持逻辑“非”。不区

分英文字母大小写。当需要精确的短语匹配时,只需把检索词用双引号括起来即可。

支持通配符“*”,*可以代替多个字符。

不区分字母大小写。无论输入大写还是小写字符,都同时查找大写和小写。

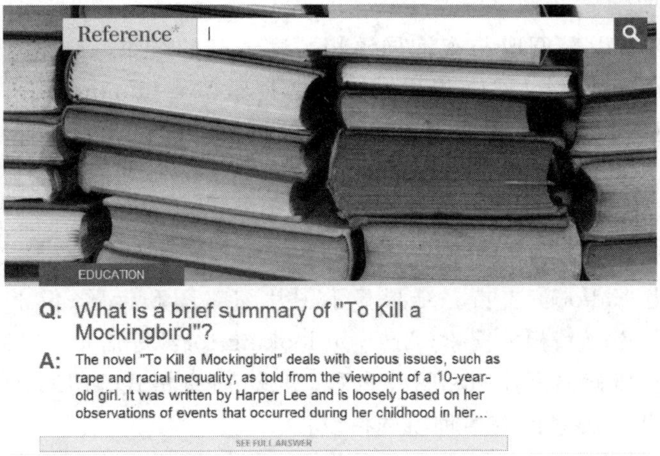

图 3-38　教育类的 Ask 检索

3.3.6　Dogpile

Dogpile(http://www.dogpile.com/)是 1996 年由美国人 Aaron Flin 创制的杰出的并行式和串行式相结合的混合式元搜索引擎,现属于 InfoSpace 公司,是目前性能较好的元搜索引擎之一。每一条搜索结果都综合多个搜索引擎,包括 Google,Yahoo! Bing,Yandex 等,前三个是美国三大搜索引擎,Yandex 是俄国用户最多的搜索引擎。Dogpile 一直是元搜索引擎家族的旗舰,被 InfoSpace 视为“门面工程”。目前,有些功能不支持中文(如图 3-39 所示)。

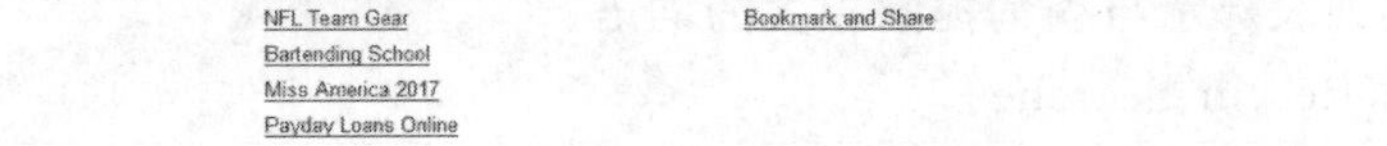

图 3-39　Dogpile 界面

Dogpile 提出的口号是“Good Dog,Great Results”。新版的 Dogpile 是一个非常不错的元搜索引擎,展现了元搜索引擎发展的最新成果。它将用户的查询请求同时向多个搜索引擎递交,按照自定义的关联运算法则对得到的结果进行重复排除、重新排序等智能处理后,以优化过的检索结果返回给用户。Dogpile 为用户提供了较为全面的检索功能,其检索结果更易于浏览,自动分类的技术增强了对检索结果的组织功能,还可以自动修正普通的拼写错误,更加方便了用户对 Dogpile 的利用。

1. 主要功能

Dogpile 具有 Web(网页)、Images(图片)、Video(视频)News(新闻)、Local(本地位置)、White Pages(白页)等主要搜索功能。

(1) Web(网页搜索)

网页搜索从源搜索引擎调取与查询词语相关度最高的结果。结果页面显示搜索结果统计、网页标题、网页摘要、网页 URL、提供结果的源搜索引擎(Found on)、相关搜索(Are you looking for?)等信息。页面上端默认列示 Google、Yahoo!、Bing、Yandex 四个源搜索引擎按钮。其高级搜索(Advanced Web Search)可进行搜索词语控制和网页语言、日期、站内或某域名内搜索、成人内容过滤等多项选择设置。

(2) Images(图片搜索)

图片搜索主要由 Yahoo! 支持。结果显示图片缩略图和标题、像素、大小、所在网页的 URL、结果来源(Found on)、相关搜索(Are you looking for?)等信息。其高级搜索(Advanced Image Search)可进行搜索词语控制和图片色彩、格式(所有格式、JPEG、GIF、PNG)、尺寸、显示结果来源引擎、成人内容过滤等多种项选择设置。

(3) Video(视频搜索)

视频搜索主要由 Yahoo! Blinkx 等支持。结果显示文件名称、格式、所在网页的 URL、文件日期、结果来源(Found on)、相关搜索(Are you looking for?)等信息。

(4) News(新闻搜索)

新闻搜索主要由 Yahoo! News,Topix, FOXNews, ABCNEWS 等支持。结果显示新闻标题、摘要、发布时间、结果来源(Found on)、相关搜索(Are you looking for?)等信息。可以在"View Results by"的后面点选 Relevance 或 Date,按相关度或按发布时间(倒排序)查看新闻。

(5) White Pages(白页搜索)

查询个人的信息,可以只输入姓就可以查询,还可以输入人名、城市等信息作为限制信息。查询结果是个人的基本信息,详细信息是收费项目,需要交纳费用之后才可获得。此外还提供增加个人信息、E-mail 查询和根据电话号码反向查询个人信息以及通过输入地址或街道信息来查询具体的位置地图(Maps)、出行参考(Directions)查询;这些查询均提供形象的说明和帮助文件。白页搜索主要针对美国本土,不涉及其他地区或国家,本地化较强。

2. 辅助功能

(1) 相关搜索(Are you looking for?)

在结果页右侧列表提示与查询提问相关的词语。

(2) 最近查询(Recent Searches)

在结果页右侧列表提示最近提交过的所有搜索词语。

(3) 个性设置(Preferences)

通过"Preferences"可以进行成人内容过滤、搜索词是否以黑体字标示、是否提示"Recent Searches(最近查询)"、每页搜索结果显示数量、是否在新窗口中查看搜索结果、搜索结果语言等多项个人搜索习惯设置。

(4) 高级搜索(Advanced Web Search)

Web、Images 具有高级搜索功能,通过高级搜索可以对搜索词语进行控制,提供多种搜索特征选择设置。

3. 运算符号与搜索语法

Dogpile可以使用布尔算符和模糊查询，即使是高级运算符和连接符，也能够将其转化为符合源搜索引擎的相应的搜索语法。

(1) 支持“AND”“OR”“NOT”等布尔逻辑运算和优先运算符“()”、词组或短语精确搜索符“""”(英文引号)、通配符“ * ”、邻近搜索符“NEAR”等。

(2) 支持filetype:、intitle:、inurl:、link:等搜索语法。

4. Dogpile主要特点

(1) 界面比较友好，简单易用，栏目也较为清晰，链接比较方便；

(2) Dogpile集成了排名前几名的主要搜索引擎的服务，这样，可以保证较好的服务；

(3) Dogpile检索结果采用了自动聚类技术，对来自元搜索引擎的结果进行相关性比较，聚合生成并提供最符合查询提问的无重复的结果列表，可以实现检索结果全局相关性排序；

(4) 支持除英语以外的多种语言检索，支持丹麦语、荷兰语、英语、法语、德语、意大利语、挪威语、葡萄牙语、西班牙语和瑞典语等语言；

(5) Dogpile采用关键词检索，也提供分类目录，在Dogpile的主页上显示6个大类，提供白页搜索；

(6) Dogpile还支持布尔检索，支持域名过滤、语种选择等。

3.4 搜索引擎的未来趋势

3.4.1 搜索引擎需求市场分析

虽然目前搜索引擎在技术和商业上都获得了巨大成功，然而用户需求、信息环境和商业竞争都瞬息万变，网络技术和用户的需求都推动着搜索引擎不断创新和发展。

根据中国互联网络信息中心CNNIC最新发布的《第38次中国互联网络发展状况统计报告》数据，截至2016年6月，我国搜索引擎用户规模达5.93亿，使用率为83.5%，用户规模较2015年底增加2635万，增长率为4.7%。其中，手机搜索用户数达5.24亿，使用率为79.8%，用户规模较2015年底增加4 625万，增长率为9.7%。在整体网民、手机网民中，搜索引擎都是第二大因特网应用，仅次于即时通信应用。

3.4.2 用户对搜索引擎发展的要求

1. 要求搜索更准、更全、更新、更快

经过十几年的技术发展和市场成熟，搜索引擎正日益渗透到人们日常生活的方方面面，人们对信息的获取越来越依赖搜索引擎。从产品层面来看，准、全、新、快仍然是用户对搜索引擎最基本的四个要求，而且用户希望搜索引擎在这些方面能做得更好。比如百度地图，借助卫星定位等技术的帮助，能够提供路况信息和地理位置，但数据的更新速度已不再是以月，以天来计算，而是以小时，分钟甚至是更小的单位来计算，这样才能真正帮助用户获取及时准确信息。

2. 要求搜索引擎成为生活中一部分

搜索引擎无处不在，人们也越来越依赖搜索引擎，希望在任何时间任何地点，要寻找信息时都可以使用搜索引擎。导航、购物、查找资料、发布信息、二手交易等，人们生活的方方面面都渗透着搜索引擎的使用。因此，人们希望搜索引擎能够成为一个人机交流的窗口，来实现自己的所有愿望。

3. 要求搜索实现智能化与个性化

用户甚至希望在自己还不确切地知道想要什么样的结果时，搜索引擎就能够通过数据分析和检索记忆，帮助其实现检索要求。当用户在使用搜索引擎时，相同表象的内容可能意味着不同的需要。即使是同一个用户输入同一个查询词，他在不同的时间、不同的地点和不同的查询背景下，希望得到的查询结果也可能是不一样的。搜索引擎理解用户真正的意图和需求，才能非常到位地提供相关、准确的信息。要理解用户的意图，首先要理解用户的行为和习惯，对不同人的查询做不同的处理，反馈给用户个性化的内容；其次要理解用户查询时的上下文背景，包括时间、地点、语义等。个性化的搜索，意味着向更加精确搜索结果的方向又迈进了一步。

3.4.3 搜索引擎发展特点和趋势

1. 暗网搜索索引技术的发展

暗网(Hidden Web)，又称深网。是指那些存储在网络数据库里、不能通过超链接访问而需要通过动态网页技术访问的资源集合，不属于那些可以被标准搜索引擎索引的表面网络。2001年，Christ Sherman、GaryPrice对Hidden Web定义为：虽然通过互联网可以获取，但普通搜索引擎由于受技术限制而不能或不作索引的那些文本页、文件或其他通常是高质量、权威的信息。

暗网如深邃的海底，而当今的互联网上的搜索服务只像在海洋的表面拉起一个大网。第一次使用暗网这一特定术语，是2001年伯格曼的研究当中。从信息量来讲，与能够索引的数据相比，"暗网"更是要庞大得多。根据Bright Planet公司此前发布的一个名为《The Deep Web-Surfacing The Hidden Value》(深层次网络，隐藏的价值)白皮书中提供的数据，"暗网"包含100亿个不重复的表单，其包含的信息量是"非暗网"的40倍，有效高质内容总量至少是后者的1000倍到2000倍。更让人无所适从的是，Bright Planet发现，无数网站越来越像孤立的系统，似乎没有打算与别的网站共享信息，如此一来，"暗网"已成为互联网新信息增长的最大来源，也就是说，互联网正在变得"越来越暗"。

"暗网"主要有动态内容、脚本化内容、文本内容、私有网页、非HTML、未被链接内容等几种类型。"不可见"的原因主要分为两类：一种是技术的原因，很多网站本身不规范、或者说互联网本身缺少统一规则，导致了搜索引擎的爬虫无法识别这些网站内容并抓取；另一个原因则是很多网站根本就不愿意被搜索引擎抓取，比如考虑到版权保护内容、个人隐私内容等，很多网站都在屏蔽百度，比如视频网站优酷也宣布屏蔽百度一样。

因此，如何抓到、利用暗网这样的"搜索引擎抓取不到的网页数据"，也将是未来搜索引擎关注的焦点之一。

2. 搜索产品与人工智能技术深度融合

人工智能与搜索技术深度融合，在信息多样性、搜索便捷度、结果准确性等方面大幅提升用户搜索体验。目前，市场上主流搜索引擎的机器识别技术已经能够以较高的成功率探测或者识别语音、图像、视频等，进一步帮助用户实现所想即所搜、所搜即所得；人工智能机器人辅助搜索，已经成为各大搜索引擎的标准配置，如百度的"度秘"、搜狗的"语音助手"、必应的"小冰"等，正逐渐受到用户的认可和欢迎。

3. 社交、新闻、专业问答等垂直搜索发展迅速

综合搜索引擎正在出现信息分类搜索的垂直化、专业化发展趋势。一方面，搜索信息的种类更加丰富，如搜狗搜索相继接入微信、QQ兴趣部落、知乎等，并与微软必应达成合作，在社交、新闻、专业问答、英文和学术搜索等垂直领域强化优质内容的吸收力度，构建新型内容生态、形成差异化竞争力；另一方面，搜索引擎针对用户在新闻热点、公益查询、应用分发、商品消费等不同领域的搜索需求，推出更加智能、全面、专业的搜索产品。由此引发了搜索引擎行业出现新的垂直、专业化发展趋势。

4. 移动 App 的普及和优化

2015年，移动端搜索量已经超过了桌面搜索量，并且移动 App 的使用量也在不断增长。在2016年移动 App 成为影响检索量和品牌曝光率的一个重要因素。这些 App 将成为移动客户体验必不可少的工具。

有数据表明用户在移动 App 花费的时间占消耗在数字媒体的总时间的52% 。不仅如此，500强企业42%的移动端销量都来源于移动 App 的订单。一个设计精良的应用程序应当将其所使用的图标形象化和个性化，具有更高的辨识度，并增强其包含的信息量，以吸引用户更多了解信息。

5. 结构化数据会变得更加重要

2015年 Google 对外宣布使用他们新的机器学习系统——RankBrain。其中使用的 A. I. 技术能更好地理解搜索意图。谷歌声称在搜索引擎遇到之前从没有见过的搜索需求这种特殊情况时，这项技术就会变得尤其有用。

谷歌作为搜索引擎巨头宣称在他们的算法中这是第三重要的排名因素，所以这项排名影响因素变得尤其重要。这些发展表明 A. I. 技术可能在2016年及以后变得更加重要。

随着 Google 和其他搜索引擎更好地将机器学习融入他们的算法中，他们就能开发出一套智能算法来了解用户的搜索需求，通过反馈给客户最合适的站点给予客户最佳的客户体验。

为了适应这个改变，品牌在技术层面上需要关注结构化数据。结构化数据标记例如 schema. org 网站上的 schema 标记，可以通过精确描述页面结构而不是借助爬虫来帮助网站与搜索引擎沟通。另外，这也帮助搜索引擎更加准确地展示这个网站。

在过去，缺失或不准确的结构化数据标记经常会被直接忽视或者被视为对品牌绩效有很小的影响。当搜索引擎变得越来越智能化，搜索引擎也会越多地依赖于这些额外的数据，如果不能正确地利用这些数据将会对网站的效能有很大的影响。

当使用 schema. org 中的标记时，品牌应该结合使用 Google 提供的站长工具来确保能够正确使用这些结构化标记。结构化数据检测工具帮助品牌能够容易且准确地在网页上添加相关内容。品牌应该确保它们在整个网站使用的标记是连贯的，尤其是诸如视频之类内容丰富的网站要素，它们使用的标记更要保持连贯性。结构化数据标记帮助网页摘要随时都可以出现，比如视频搜索结果。这可以使网站在搜索引擎的搜索结果页面更能吸引用户，从而提高网站的点击率。

6. 链接仍然处于公众关注的中心

令网站和用户都感到极其苦恼的垃圾链接问题，将在未来的搜索引擎技术优化中得以解决。企业为自身发展会仔细看看现在的链接文件，找出类似网页的反向链接数目的突然增长这样的异常现象。对品牌而言，集中精力获得反向链接也同样重要，因为反向链接会对网页有积极的影响。

那些拥有极佳声誉的网站的链接可以积极影响其反向链接的网站，所以企业需要获得这些网站的链接。可靠的网站都知道在网页里创建链接到其他网站就代表自己信任这个网站，所以这些网站仅仅会创建它们觉得符合网站用户的价值观以及满足质量要求的网站链接。所以，创建一个高质量的反链接文件就意味着需要关注：

(1) 为访问者提供高价值的内容；

(2) 创建一个设计优良、容易掌控的网站；

(3) 通过社交宣传网站内容获得营销力和声望；

(4) 搜寻高质量网页上的特邀文章。

7. 网站布局页将更加重要

目前以显示参与度将占据主导地位的特征。在竞争激烈的内容战中，品牌不得不致力于提高用户参与度来维持用户对网站的兴趣，并且使用户进入到网站，推动转化。像网站布局这样的网站特征对企业从现代化内容战中冲出重围十分重要。当用户在网站中找不到他们想要的信息时，他们可能就单击回上一级搜索页面，或更换其他搜索引擎，这样网站就会因用户找不到他们想要搜寻的东西而丢失了约 50%的潜在销售量。未来网站需要首先为访问者优化网站布局和转化方式，从而让访问者很容易掌控这个网站。而且企业需要监测你的网站数据，关注访问者在整个网站的访问流程。

未来搜索引擎将以用户需求为导向，向着更加人性化、智能化发展，并随着科技发展逐步成为移动设备、家居设备、电器、机械等多个领域中必不可少的技术支持。

思考题

1. 简述搜索引擎的工作原理和一般检索技术有哪些？

2. 使用百度、Google、搜狗等搜索引擎查找同一主题的信息，试分析比较查找结果的异同。

3. 简述 Google、sougou 、Bing、百度学术搜索的技术特点和特殊功能。

4. 思考搜索引擎对未来科技发展与人们生活的深度影响，如对人工智能发展的影响。

第 4 章　国内主要文献资源检索系统及其利用

目前，国内公开出版发行并具有一定影响力的电子文献信息资源达到百余种。涉及的文献类型众多，表现形式多样。本章挂一漏万，主要介绍国内比较常用的、在行业内影响较大的几个电子文献信息系统及其检索利用方法，以便大家对此类检索系统的利用有基本的了解和把握。

4.1　学术搜索与全文递送系统

4.1.1　学术搜索与全文递送系统简介

学术搜索与全文递送系统（以下简称“搜递系统”）是一个学术搜索和文献传递的综合服务平台。能够帮助用户更方便快捷地发现、获取和利用所有成员图书馆的各类资源。解决了长期困扰图书馆的关于资源增长与多平台复杂操作之间的矛盾，使找到、得到所有存在的学术资源成为可能。

目前搜递系统已搜集到 700 多个中外文数据库，3 亿多条元数据，其中已有 264 个中外文数据库对用户开放，包括的资源有：中外文图书、中外文期刊、中外文学位论文、会议论文、专利、标准、OA 资源、视频、音频、图片、随书光盘等，能查询到 623 家其他图书馆的馆藏和电子资源状况。文献传递系统实现与 600 多家图书馆的系统集成，读者直接通过网络提交文献传递（免费）申请，实时查询申请处理情况，真正实现检索速度快、检索结果无重复，格式统一的一站式检索。

搜递系统为用户提供深入内容的章节和全文检索，部分文献的原文试读，以及高效查找、获取各种类型学术文献资料的一站式检索，周到的参考咨询服务，是一个真正意义上的学术搜索引擎及文献资料服务平台（如图 4-1 所示）。

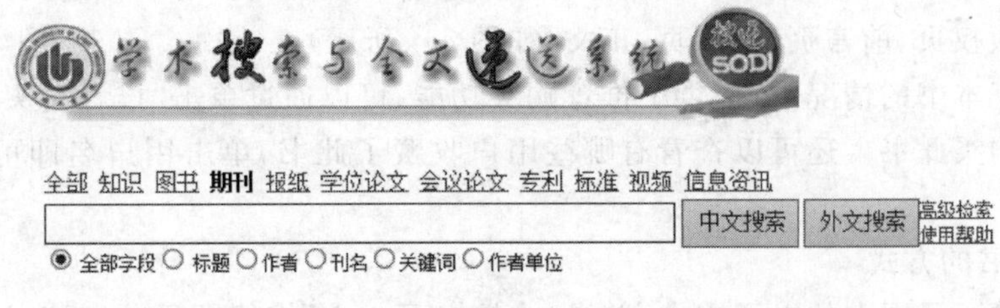

图 4-1　搜递系统

4.1.2 学术搜索与全文递送系统检索方法

1. 图书搜索

选择“图书”,在搜索框输入关键词,然后单击“中文搜索”,在海量的图书数据资源中进行查找。如果希望获得外文资源,可单击“外文搜索”。还可以在搜索框下方选择:全部字段、书名或作者,进行查找(如图 4-2 所示)。

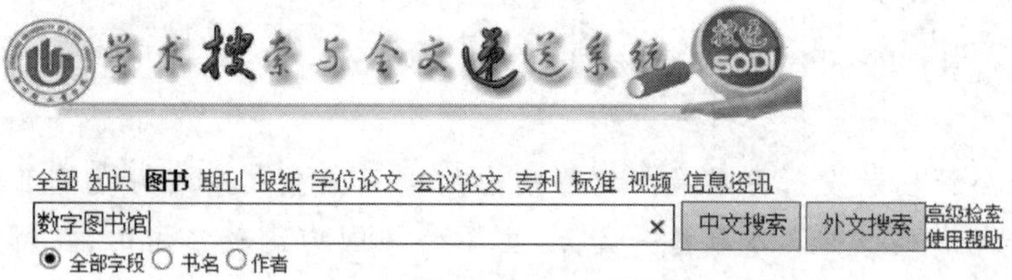

图 4-2 图书搜索

还可以通过右侧的高级检索来更精确地查找图书,高级检索页面如图 4-3 所示。

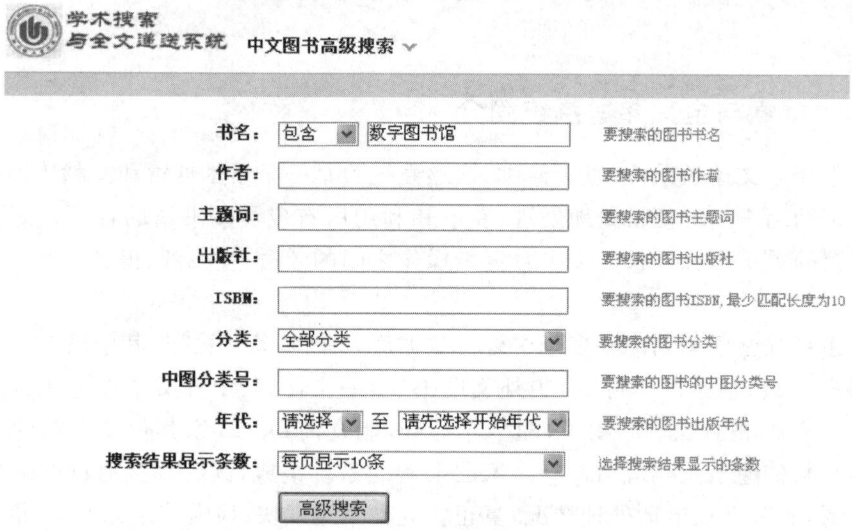

图 4-3 高级检索

2. 查看图书详细信息

从搜索结果页面单击书名或封面进入图书详细信息页面,关于本书的题名、作者、页数、封面、出版社、出版时间、主题词、内容提要等详细信息将一一罗列。可以通过两处“试读”按钮单击试读图书的版权页、前言页、目录页、正文(如图 4-4 所示)。

在本馆没有本书的情况下,提供了推荐购买功能,可以通过单击“推荐购买纸本图书”来推荐本校图书馆购买此书。还可以查看有哪些用户收藏了此书,单击用户名即可进入对方的个人图书馆。

3. 获得图书的方式

如果本馆购买了图书的电子文本,单击“本馆电子文本”按钮即可获取该书。

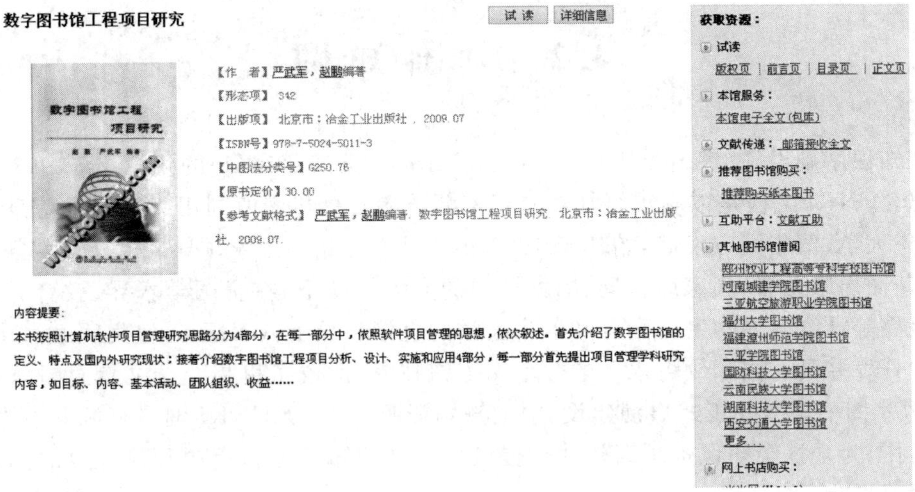

图 4-4　图书详细信息页面

如果本馆尚未购买该书，可以单击“邮箱接收全文”按钮，进入“图书馆参考咨询服务”页面（如图 4-5 所示）。按照提示填写所需资源信息和个人电子邮箱等内容，即可在所填写的电子邮箱内获得该书。

需要注意的是：每本图书单次咨询不超过 50 页，同一图书每周的咨询量不超过全书的 20%；所有咨询内容有效期为 20 天；回复邮件可能会被当作未知邮件或垃圾邮件，若没有收到回信，请查看一下不明文件夹或垃圾邮件箱。

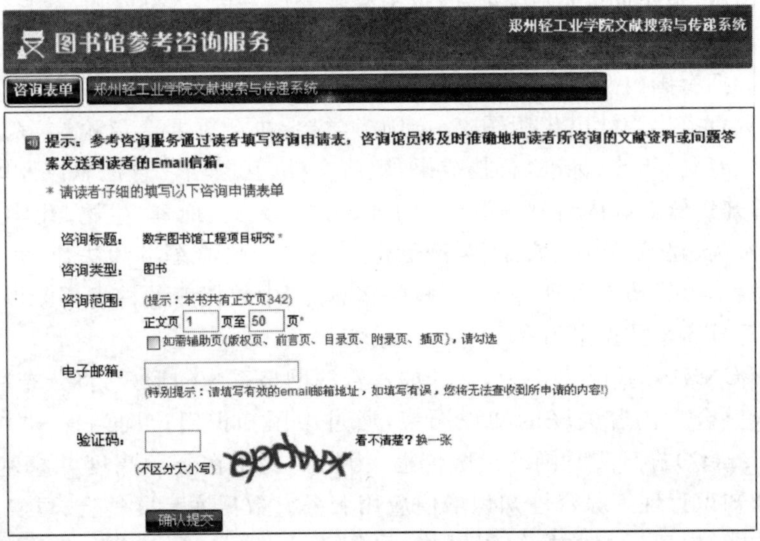

图 4-5　图书馆参考咨询服务

搜递系统还可进行期刊、报纸、学位论文、会议论文、专利、标准、视频、信息资讯等其他类型文献的检索和获取，具体方法可参考图书。

4.2 中国知网

国家知识基础设施(National Knowledge Infrastructure,NKI)的概念,于 1998 年由世界银行提出。CNKI 工程是以实现全社会知识资源传播共享与增值利用为目标的信息化建设项目,由清华大学、清华同方发起,始建于 1999 年 6 月。在党和国家领导人以及教育部、中宣部、科技部、新闻出版总署、国家版权局、国家计委的大力支持下,在全国学术界、教育界、出版界、图书情报界等社会各界的密切配合和清华大学的直接领导下,CNKI 工程集团经过多年努力,采用自主开发并具有国际领先水平的数字图书馆技术,建成了世界上全文信息量规模最大的"CNKI 数字图书馆",并正式启动建设《中国知网资源总库》及 CNKI 网格资源共享平台,通过产业化运作,为全社会知识资源高效共享提供最丰富的知识信息资源和最有效的知识传播与数字化学习平台。

CNKI 工程的具体目标,一是大规模集成整合知识信息资源,整体提高资源的综合和增值利用价值;二是建设知识资源互联网传播扩散与增值服务平台,为全社会提供资源共享、数字化学习、知识创新信息化条件;三是建设知识资源的深度开发利用平台,为社会各方面提供知识管理与知识服务的信息化手段;四是为知识资源生产出版部门创造互联网出版发行的市场环境与商业机制,大力促进文化出版事业、产业的现代化建设与跨越式发展。

《中国知网资源总库》(以下简称《总库》),是具有完备知识体系和规范知识管理功能的、由海量知识信息资源构成的学习系统和知识挖掘系统。由清华大学主办、中国学术期刊(光盘版)电子杂志社出版、清华同方知网(北京)技术有限公司发行。《总库》有数百位科学家、院士、学者参与建设,历经数十年精心打造,是一个大型动态知识库、知识服务平台和数字化学习平台。目前,《总库》拥有国内 9 100 多种期刊、700 多种报纸、600 多家博硕士培养单位的优秀博硕士学位论文、数百家出版社已出版图书、全国各学会/协会重要会议论文、百科全书、中小学多媒体教学软件、专利、年鉴、标准、科技成果、政府文件、互联网信息汇总以及国内外上千个各类加盟数据库等知识资源。内容涵盖数学、物理、力学、天文、地理、生物、化学、化工、冶金、环境、航空、交通、水利、建筑、能源、农业、医药卫生、文史哲、政治军事和法律、教育与社会科学、电子技术与信息科学、经济与管理等学科领域。《总库》中数据库的种类不断增加,数据库中的内容每日更新,每日新增数据上万条。

《总库》基于 CNKI 传播共享平台,以开放式资源网格系统的形式,将分布在全球互联网上的知识资源集成整合为内容关联的知识网络,通过中国知识门户网站——"中国知网"(http://www.cnki.net/)进行实时网络出版传播,为用户提供在资源高度共享基础上的网上学习、研究、情报和知识管理等综合性知识增值应用服务。数据库高度整合,可实现一站式检索,具有引文链接功能,构建了相关的知识网格,可用于个人、机构、论文、期刊等方面的计量与评价。

中国知网对机构用户采用 IP 地址控制使用权限,机构内用户不需要登录账户即可访问并检索获取本机构购买的相关资源信息。

4.2.1 中国知网资源简介

中国知网资源的产品体系主要包含丰富的文献资源数据库和知识服务平台两大类。

1. 文献资源数据库

1）源数据库

（1）中国学术期刊(网络版)

（2）中国学术辑刊全文数据库

（3）世纪期刊

（4）商业评论数据库

（5）中国学术期刊网络出版总库-特刊

（6）中国博士学位论文全文数据库

（7）中国优秀硕士学位论文全文数据库

（8）中国重要报纸全文数据库

（9）中国重要会议论文全文数据库

（10）国际会议论文全文数据库

2）行业知识库

（1）人民军医知识库

（2）人民军医出版社图书数据库

（3）“三新农”图书库

（4）“三新农”视频库

（5）“三新农”期刊库

（6）现代农业产业技术一万个为什么

（7）科普挂图资源库

（8）中国高等教育期刊文献库

（9）中国基础教育文献资源库

（10）中国城市规划知识仓库

（11）中国建筑知识仓库

（12）中国法律知识资源总库

（13）中国政报公报期刊文献总库

（14）中国党建期刊文献总库

（15）党政领导决策参考信息库

3）特色资源

（1）中国年鉴网络出版总库

（2）中国经济社会发展统计数据库

（3）中国经济信息文献数据库

（4）中国法律知识资源总库法律法规库

（5）中国科技项目创新成果鉴定意见数据库

（6）工具书总库

（7）专利总库

（8）标准总库

（9）古籍(国学宝典)

（10）cnki 学术图片知识库

（11）cnki 外观专利检索分析系统

(12) 职业教育特色资源总库

4) 作品欣赏

(1) 中国精品文化期刊文献库

(2) 中国精品文艺作品期刊文献库

(3) 中国精品科普期刊文献库

5) 国外资源

(1) EBSCO ASRD-学术研发情报分析库

(2) EBSCO BSC-全球产业(企业)案例分析库

(3) EBSCO EPS-国际能源情报分析库

(4) EBSCO MGC-军事政治情报分析库

(5) DynaMed-循证医学数据库

(6) Springer 期刊数据库

(7) Taylor & Francis 期刊数据库

(8) Wiley(期刊/图书)

(9) Emerald 期刊

(10) IOS 期刊数据库(知网版)

(11) ProQuest 期刊

(12) PubMed 期刊

(13) IOP 期刊

(14) 美国数学学会期刊

(15) 英国皇家学会期刊

(16) 汉斯期刊

(17) 剑桥大学出版社期刊

(18) Frontiers 系列期刊数据库

(19) Academy 期刊

(20) Annual Reviews 期刊

……

6) 指标索引

(1) 全国专家学者

(2) 机构

(3) 指数

(4) 概念知识元数据库

(5) 中国引文数据库

(6) CNKI 翻译助手

下面简单介绍几个重要的数据库。

第一,中国学术期刊网络出版总库。

该库是目前世界上最大的连续动态更新的中国学术期刊全文数据库,是“十一五”国家重大网络出版工程子项目,是《国家“十一五”时期文化发展规划纲要》国家“知识资源数据库”出版工程的重要组成部分。收录内容以学术、技术、政策指导、高等科普及教育类期刊为主,内容覆盖自然科学、工程技术、农业、哲学、医学、人文社会科学等各个领域。分为十大专辑 168 个专题。收录中国自1915年至今出版的期刊,部分期刊回溯至创刊。收录国内学术期刊8 000多种,全文文献总量达4 300余万篇。

第二,中国博士学位论文全文数据库。

该库收录全国自1984年以来985、211工程等重点高校,中国科学院、社会科学院等研究院所的博士学位论文。收录来自420余家培养单位的博士学位论文25万余篇。

第三,中国优秀硕士学位论文全文数据库。

该库收录全国各高校、中国科学院、社会科学院等机构的优秀硕士学位论文和重要特色学科的优秀硕士论文。收录自1984年以来650多家培养单位的优秀硕士论文220万篇。

第四,中国重要报纸全文数据库。

主要收录2000年以来中国国内国内公开发行的近570多种重要报纸,累积出版报纸全文文献近1 105万篇。

第五,中国重要会议论文全文数据库。

重点收录1999年以来,中国科协、社科联系统及省级以上的学会、协会,高校、科研机构,政府机关等举办的重要会议以及在国内召开的国际会议上发表的文献。全国性会议文献超过总量的80%,部分连续召开的重要会议论文回溯至1953年,已收录出版1.5万多个国内重要会议投稿的论文,累积文献总量180多万篇。

第六,国际会议论文全文数据库。

重点收录1999年以来,中国科协系统及其他重要会议主办单位举办的在国内召开的国际会议上发表的文献,部分重点会议文献回溯至1981年,累积文献总量38万篇。

第七,中国科技项目创新成果鉴定意见数据库。

重点收录正式登记的中国科技成果,按行业、成果级别、学科领域分类。成果信息包含成果概况、立项、评价、知识产权状况、成果应用、成果完成单位、完成人等基本信息。核心数据为登记成果数据,具备正规的政府采集渠道,权威且准确。并且每项成果的知网节集成了与该成果相关的最新文献、科技成果、标准等信息,能够完整地展现该成果产生的背景、最新发展动态、相关领域的发展趋势。收录了从1978年以来的科技成果,部分成果回溯到1920年,累计成果超过64万项。

2. 知识服务平台

1) CNKI检索平台

2) CNKI E-Study数字化学习与研究平台

3) 数字化出版与合作平台

4) 文献计量评价研究平台

5) 知识管理软件平台

另外,还有年鉴、经济、法律、科技成果工具书、专利、标准、古籍等特色资源数据库和知名国外数据库资源可以利用。

4.2.2 中国知网检索方法

中国知网网址:http://www.cnki.net,进入CNKI首页。有授权使用中国期刊网或建有镜像站点的单位,在首页填入正式注册的账号和密码,选中购买了使用权的全文数据库,单击"登录"按钮确认,可以进入全文数据库检索平台。

对于郑州轻工业学院校园网内的用户,可以通过图书馆主页,单击"中国知网(网上包库)”,进入 CNKI 总站(如图 4-6 所示)。页面中有一个框式检索平台,用户可以在文本框内直接输入检索词即可进行检索。检索标签默认为“文献”,在此状态下进行的是文献跨库检索,即可以在包含文献类的七个数据库——期刊、博士、硕士、国内重要会议、国际会议、报纸和年鉴等数据库中实现跨库检索。通过单击数据库标签,可以在相应的数据库中进行单库检索。

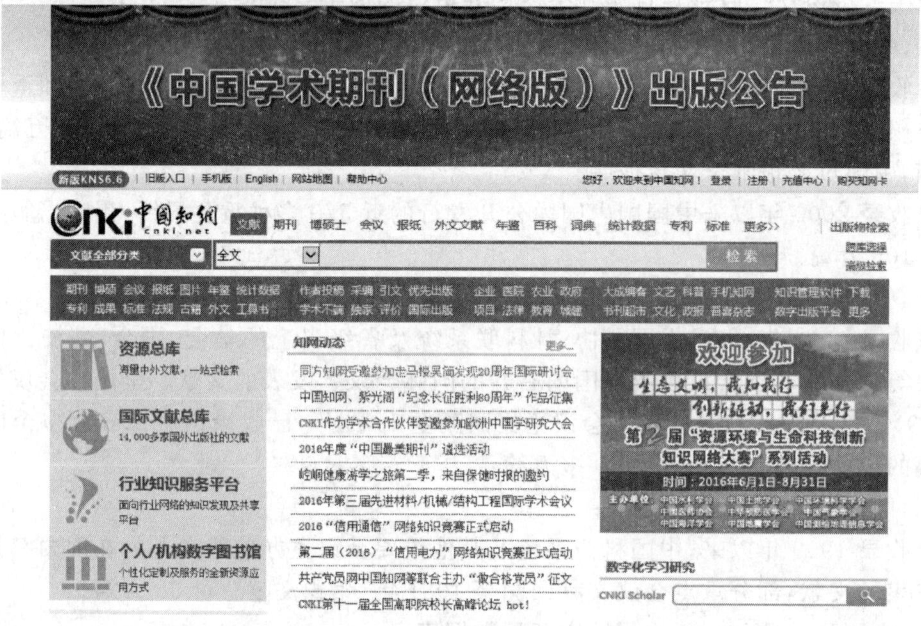

图 4-6　CNKI 首页

中国知网提供了 168 个学科为基础的文献导航,单击“文献全部分类”可控制检索的学科范围,提高检索准确率和检索速度,还可以直接浏览每个导航类目下的文献。采用鼠标滑动逐层打开各学科的子类目,直到出现所需子类目下的全部文献目录,单击文献名称可获取文献信息。(如图 4-7 所示)。

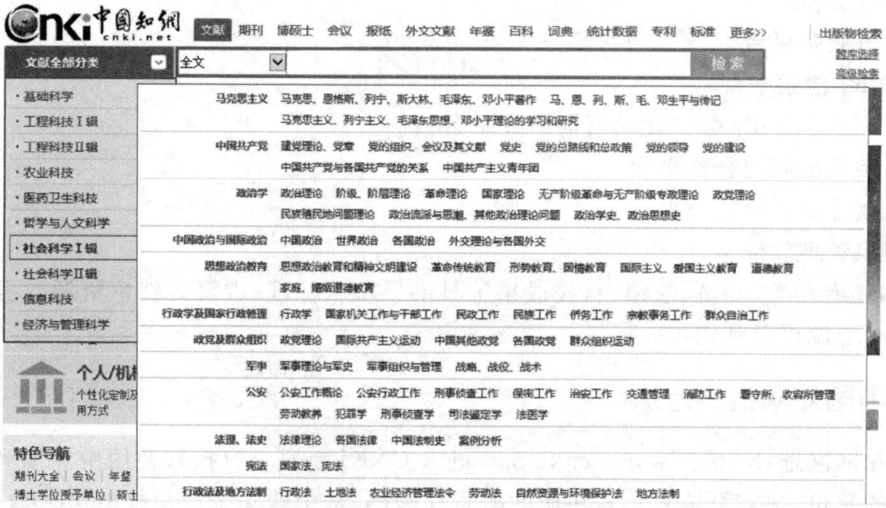

图 4-7　CNKI 文献分类导航

《中国学术期刊网络出版总库》为中国知网中利用率最高和检索功能最多的一个字库，现以此为例详细介绍该数据库的检索方法。

《中国学术期刊网络出版总库》收录国内公开出版发行的 7 400 多种重要期刊，其中核心期刊、重要评价性数据库来源期刊近 2 700 种。以学术、技术、政策指导、高等科普及教育类为主，内容覆盖自然科学、工程技术、农业、哲学、医学、人文社会科学等各个领域，收录年限为 1915 年至今(部分刊物回溯至创刊)。其产品形式有 Web 版(网上包库)、镜像站版、光盘版和流量计费等。

CNKI 中心网站及数据库交换服务中心每日更新，各镜像站点通过互联网或卫星传送数据，可实现每日更新，专辑光盘每月更新，专题光盘年度更新。

产品分为十大专辑：基础科学、工程科技Ⅰ、工程科技Ⅱ、农业科技、医药卫生科技、哲学与人文科学、社会科学Ⅰ、社会科学Ⅱ、信息科技、经济与管理科学。十大专辑下分为 168 个专题。

1. 登录 CNKI 知识网络服务平台

出现全文数据库检索平台(如图 4-8 所示)。登录“中国学术期刊网络出版总库”后，用户可以在“期刊”“期刊导航”之间进行切换。默认为“期刊”，即文献检索。

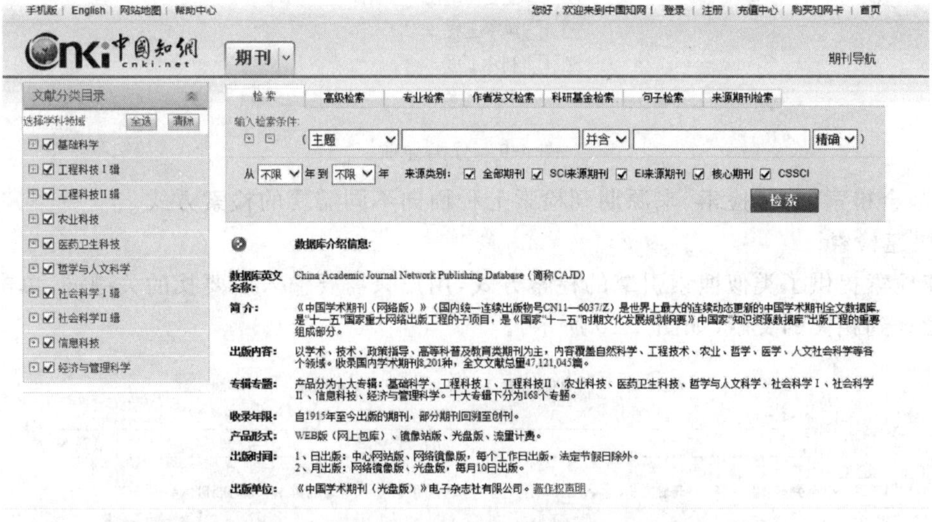

图 4-8 “中国学术期刊网络出版总库”检索平台

2. 文献检索平台

(1) 分类导航

《中国学术期刊网络出版总库》提供了以 168 个学科导航为基础的文献导航。通过使用文献导航既可控制检索的学科范围，也可直接查看/浏览每个导航类目下的文献。单击“全选”可一次性选择全部导航类目，单击“清除”可一次性清除全部所选导航类目，单击学科名称类目前的“＋”“－”，可将检索范围控制在一个类或多个类中进行检索。层层单击类目名称，可层层展开显示各层类目名称和类级，并直接导出末级类目下的全部文献。单击类目，可显示该类目下的全部文献(如图 4-9 所示)。

(2) 多种检索方式

根据学术文献检索的需求，检索平台提供了快速检索、高级检索、专业检索、作者发文检

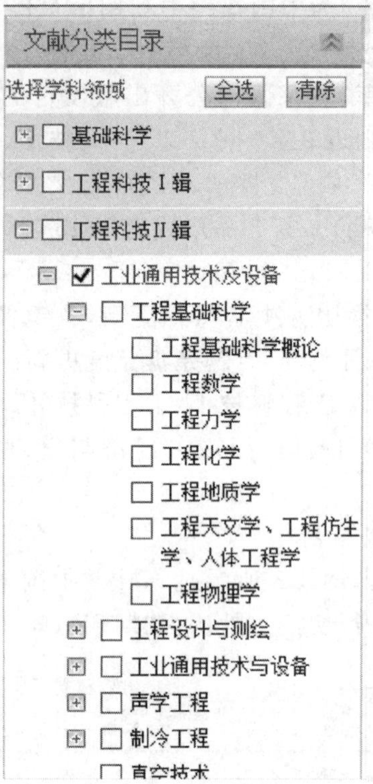

图 4-9　分类导航

索、科研基金检索、句子检索、来源期刊检索七种面向不同需要的检索方式。

1）快速检索

快速检索提供了类似搜索引擎的检索方式，用户只需要输入所要找的关键词，单击“检索”按钮就能查到相关的文献（如图 4-10 所示）。

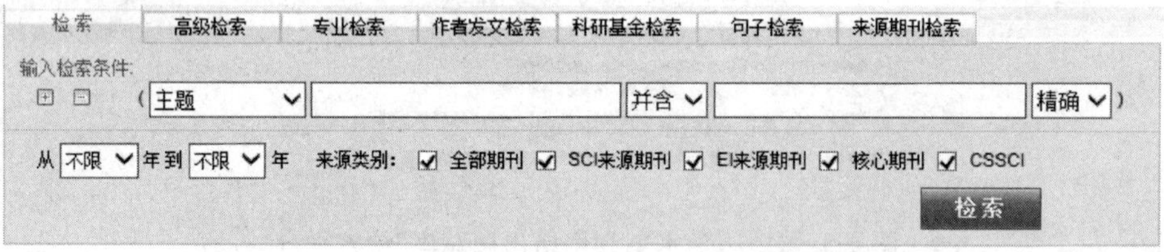

图 4-10　快速检索

2）高级检索

单击“高级检索”，即可进入检索界面（如图 4-11 所示）。

检索过程规范为三个步骤。

第一步：输入检索控制条件，通过对发表时间、来源期刊、来源类别、支持基金、作者、作者单位等检索范围的限定，准确控制检索的目标结果。

第二步：输入内容检索条件，包括：基于文献的内容特征的主题、篇名、关键词、摘要、全文、参考文献、中图分类号等。若一个检索项需要两个关键词做控制，可选择“并且包含”“或含”或“不含”的关系，在第二个检索框中输入另一个关键词。单击检索项前的增加逻辑检索行，添加另一个文献内容特征检索项；单击⊟减少逻辑检索行。

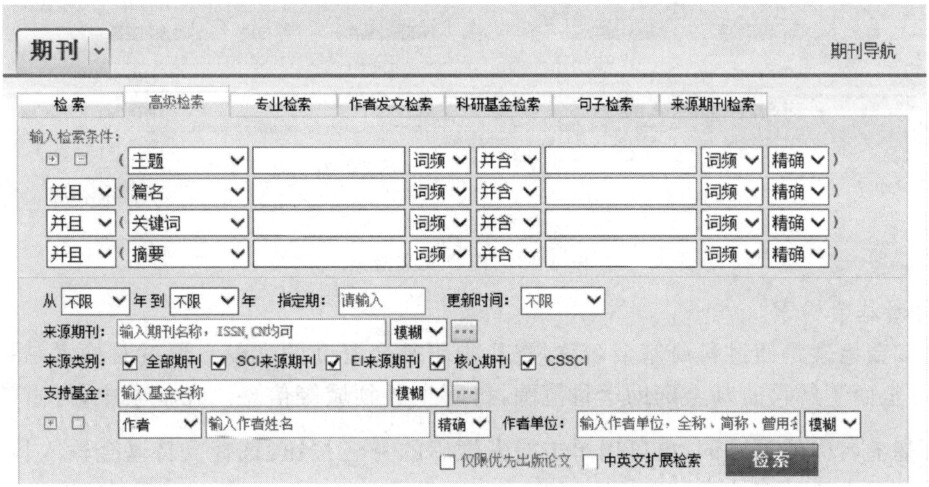

图 4-11　高级检索

第三步:对检索结果的分组排序,反复筛选修正检索式得到最终结果。

3）专业检索

专业检索是指使用数据库的所有检索项,采用系统所提供的检索语法,将各种检索条件构造成检索表达式,并将其直接输入检索框中进行检索的方法。专业检索项可选择 18 个检索字段——主题、题名(篇名)、关键词、摘要、全文、作者、第一责任人(第一作者)、机构(单位)、中文刊名 & 英文刊名(刊名)、引文(参考文献)、发表时间、年、基金、中图分类号、ISSN、统一刊号、ISBN 和被引频次等。专业检索的检索表达式使用“AND”“OR”“NOT”进行组合;三种逻辑运算符的优先级相同;如要改变组合的顺序,使用英文半角圆括号“()”将条件括起。专业检索的所有符号和英文字母,都必须使用英文半角字符,逻辑关系符号“AND”“OR”“NOT”前后要空一个字节。单击 检索表达式语法 ,可以查看专业检索语法表(如图 4-12 所示)。

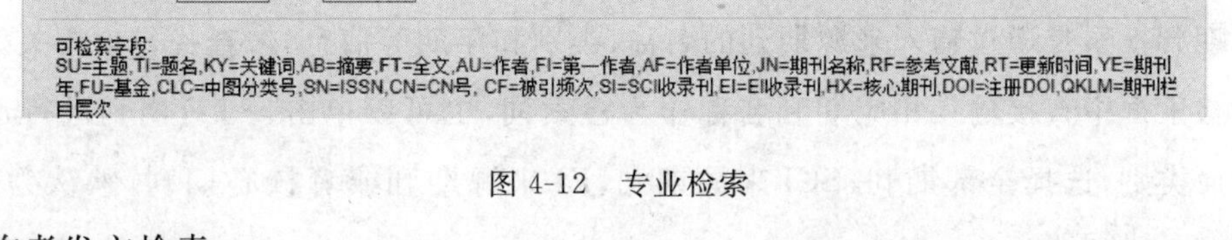

图 4-12　专业检索

4）作者发文检索

作者发文检索是通过作者姓名、单位等信息,查找作者发表的全部文献及被引下载情况。通过作者发文检索不仅能找到某一作者发表的文献,还可以通过对结果的分组筛选情况全方位地了解作者主要研究领域、研究成果等情况。检索项包括作者姓名、第一作者名和作者单位,可在检索框中直接输入相关名称进行检索。对于作者单位检索项,单击检索项前⊞增加逻辑检索行,单击⊟减少逻辑检索行(如图 4-13 所示)。

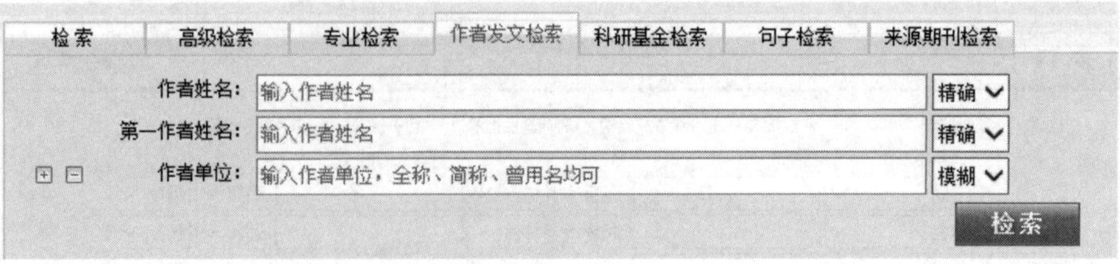

图 4-13　作者发文检索

5）科研基金检索

科研基金检索是通过科研基金名称，查找科研基金资助的文献。通过对检索结果的分组筛选，还可全面了解科研基金资助学科范围，科研主题领域等信息。在检索中，可直接在检索框中输入基金名称的关键词，也可以单击检索框后的 … 按钮，选择支持基金输入检索框（如图 4-14 所示）。

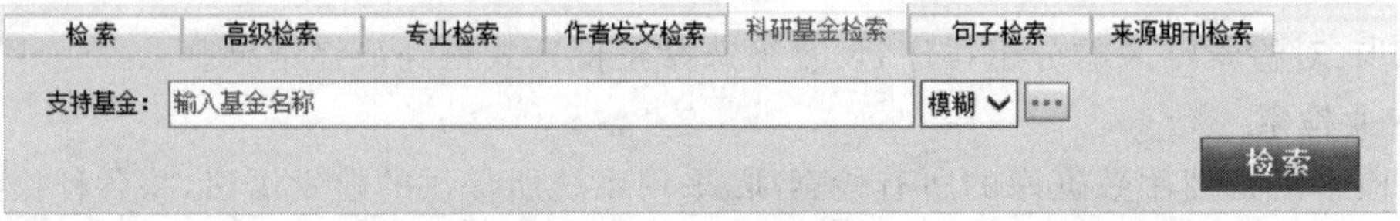

图 4-14　科研基金检索

6）句子检索

句子检索是通过用户输入的两个关键词，查找同时包含这两个词的句子。由于句子中包含了大量的事实信息，通过检索句子可以为用户提供有关事实的问题的答案。可在全文的同一段或同一句话中进行检索。同句指两个标点符号之间，同段指 5 句之内。单击⊞增加逻辑检索行，单击⊟减少逻辑检索行，在每个检索项后输入检索词（如图 4-15 所示）。

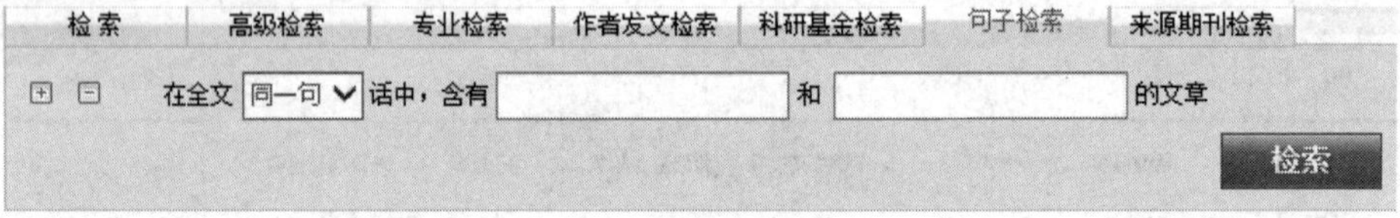

图 4-15　句子检索

7）来源期刊检索

来源期刊检索是通过输入来源期刊的名称、类别和年期等信息，来查找包含相关信息的期刊。可在检索框中直接输入相应期刊名称作为检索词，也可以单击 … 对期刊进行选择。根据期刊所属类别，选择全部期刊、SCI 来源期刊、EI 来源期刊或者核心期刊，默认为“全部期刊”（如图 4-16 所示）。

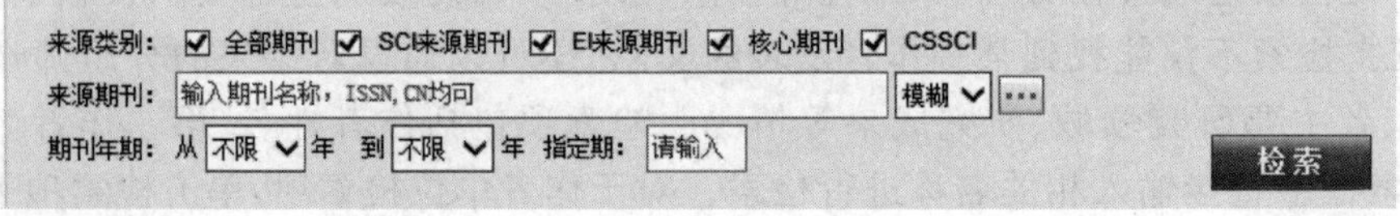

图 4-16　来源期刊检索

8）二次检索

一次检索后可能会有很多记录是用户所不期望的文献，这时可在第一次检索的基础上进行二次检索，二次检索只是在上次检索结果的范围内进行检索，可以多次进行。这样可逐步缩小检索范围，使检索结果越来越靠近自己想要的结果。七种检索方式均可进行二次检索，即在一次检索结果的基础上，在检索框内输入二次检索词，单击“在结果中检索”即可。

3. 期刊导航平台

期刊导航按期刊的不同属性对收录期刊分类，设置以下导航：首字母导航、专辑导航、世纪期刊导航、核心期刊导航、数据库刊源导航、期刊荣誉榜导航、中国高校精品科技期刊导航、刊期导航、出版地导航、主办单位导航、发行系统导航等（如图 4-17 所示）。

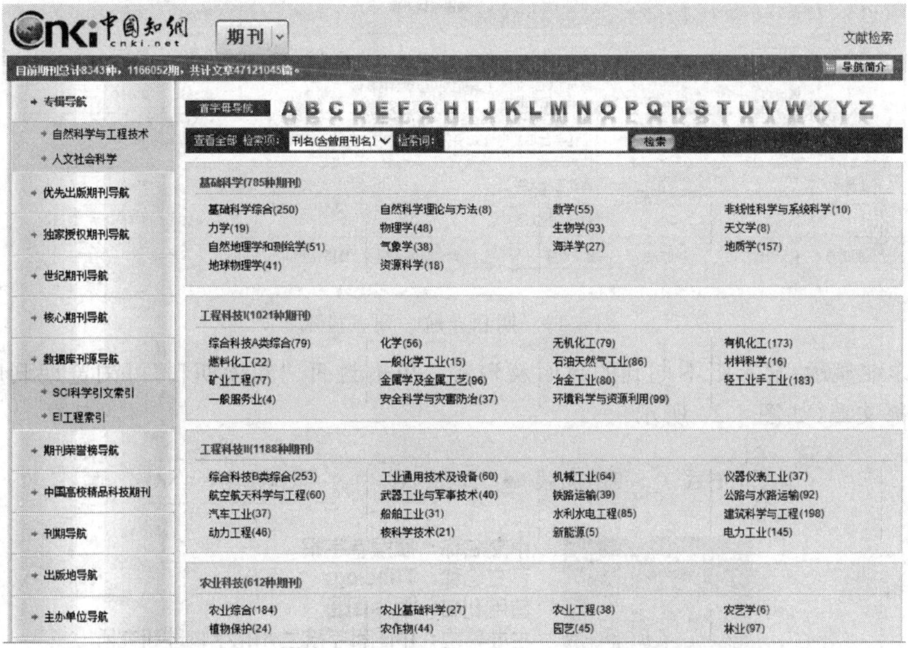

图 4-17　期刊导航平台

单击各类特征，显示相应类下的刊种，此时期刊导航以三种方式显示：图形显示、列表显示、详细显示。默认为图形显示。

(1) 图形显示：完整显示纸本期刊的封面。单击封面或其下的刊名，可浏览期刊库所收录该刊的全部文章（如图 4-18 所示）。

图 4-18　期刊导航—图形显示

(2) 列表显示：刊名呈列表形式，单击刊名，可浏览期刊库所收录该刊的全部文章（如图 4-19 所示）。

首字母导航 A B C D E F G H I J K L M N O P Q R S T U V W X Y Z

检索项：刊名(含曾用刊名) 检索词： 检索 全选 清除 定制 投稿

○ 图形方式 ◉ 列表方式 ○ 详细方式 --默认排序-- 共 64条记录, 7页 首页 上页 下页 末页 1 /7 转 页

序号	期刊名称	主办单位	复合影响因子	综合影响因子	被引次数
□ 1	摩擦学学报 优先出版 独家授权	中国科学院兰州化学物理研究所	1.333	0.866	34520
□ 2	中国机械工程 优先出版	中国机械工程学会	1.076	0.584	149334
□ 3	机械强度 优先出版 独家授权	中国机械工程学会;郑州机械研究所	0.483	0.287	30811
□ 4	机械设计与研究 优先出版 独家授权	上海交通大学	0.675	0.448	22573
□ 5	机械设计 优先出版 独家授权	中国机械工程学会;天津市机械工程学会;机电工业信息所	0.830	0.538	39281
□ 6	机械科学与技术 优先出版 独家授权	西北工业大学	0.574	0.350	61494
□ 7	机械传动 优先出版 独家授权	郑州机械研究所;中国机械工程学会;中国齿轮专业协会	0.610	0.383	21886
□ 8	机械 优先出版 独家授权	四川省机械研究设计院;四川省机械工程学会;四川省机械科技情报研究所	0.389	0.265	19533
□ 9	International Journal of Plant Engineering and Management	西北工业大学			720
□ 10	机械工程学报 优先出版	中国机械工程学会	2.017	1.185	149662

○ 图形方式 ◉ 列表方式 ○ 详细方式 --默认排序-- 共 64条记录, 7页 首页 上页 下页 末页 1 /7 转 页

图 4-19 期刊导航—列表显示

(3) 详细显示：显示纸本期刊的封面及刊名。单击封面、“阅读期刊”可浏览期刊库所收录该刊的全部文章（如图 4-20 所示）。

图 4-20 期刊导航—详细显示

4. 文献知网节

提供单篇文献的详细信息和扩展信息浏览的页面被称为“知网节”。它不仅包含了单篇文献的详细信息,还是各种扩展信息的入口汇集点。这些扩展信息通过概念相关、事实相关等方法提示知识之间的关联关系,达到知识扩展的目的,有助于新知识的学习和发现,帮助实现知识获取、知识发现。

节点文献信息包括:篇名(中文/英文)、作者、作者单位、摘要(中文/英文)、关键词(中文/英文)、基金、文献出处、DOI、节点文献全文搜索、知网节下载,其中文献出处显示内容为:刊名(中文/英文)、编辑部邮箱、年期(如图 4-21 所示)。

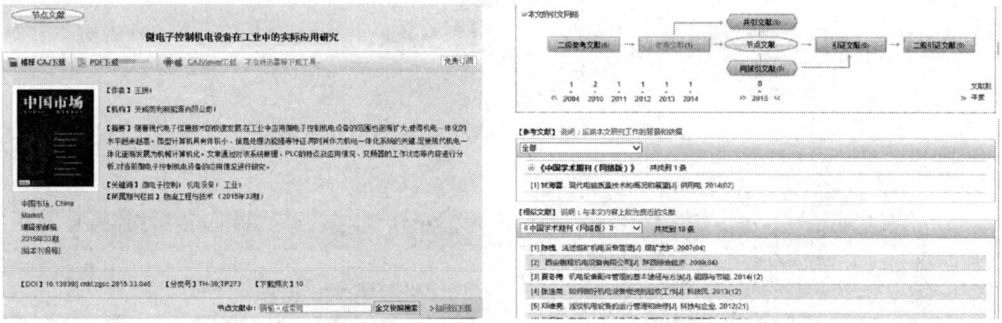

图 4-21　节点文献

4.2.3　中国知网检索结果处理

如果用户想要浏览、下载和打印检索到的文章的全文,需要预先下载 CNKI 提供的专用全文浏览器软件。系统将全文浏览器软件以压缩文件格式存放在 CNKI 主页中,用户可单击全文浏览器图标进行下载并安装。

在完成检索操作获得检索结果后,可以进行两类操作,一是选择“导出/参考文献”,二是直接打开或下载文献全文。

1. 导出/参考文献

在选择好要保存的文献记录后,单击页面右上方的“导出/参考文献”,则系统将选中文献题录以默认的引文格式显示,包括题名、作者、关键词、作者机构、文献来源和摘要等。系统提供 10 种参考文献的导出格式:CAJ-CD 格式引文、查新(引文格式)、查新(自定义引文格式)、CNKI E-Learing 格式、RefWorks、EndNote、NoteExpres 和自定义等。如果要改变导出格式,可选择上述格式中的任意一种,可显示相应格式的参考文献信息。还可根据需要生成相应的“检索报告”。具体步骤为选择题录—导出—选择导出格式—预览—打印或复制保存。

(1) 选择题录:在检索结果页面中选择需要的条目,可单击检索结果页面的“全选”按钮选中当前页的题录,或者在篇名前的方框内勾选选中需要的题录(如图 4-22 所示)。

(2) 导出题录:单击“导出/参考文献”进入检索结果组合页面,再进一步选择要导出的文献,单击“导出/参考文献”即可进入存盘页面(如图 4-23 所示)。

(3) 预览:选择格式,可查看相应的输出格式。

(4) 保存:单击“复制到剪贴板”按钮,可直接将内容粘贴到 TXT\Word 各类文本中。单击“导出”按钮可将内容存入 TXT 文档中。

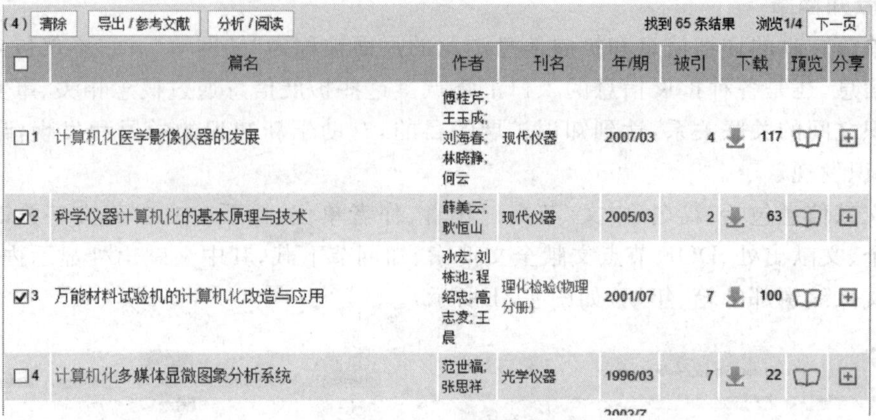

图 4-22　选择题录

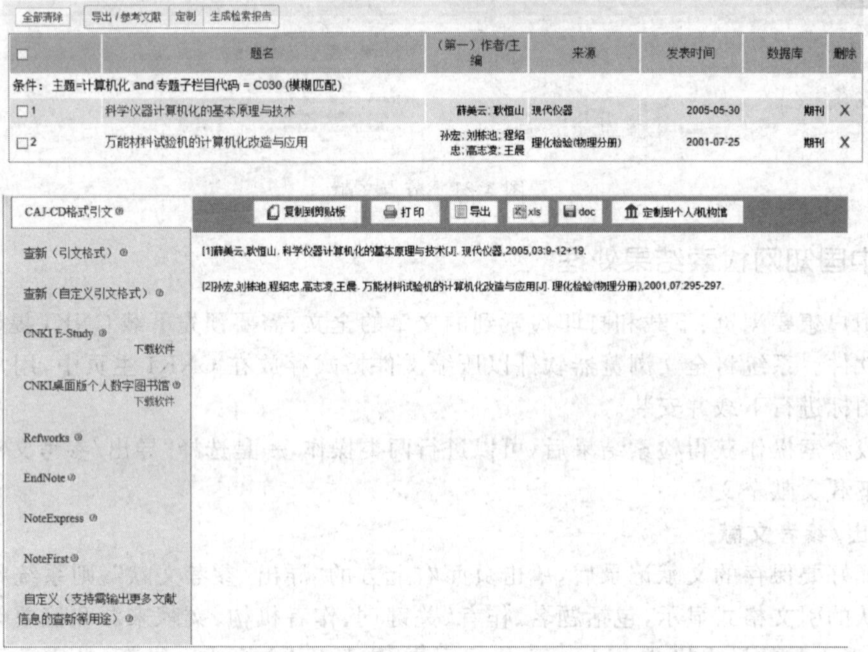

图 4-23　导出题录

2. 原文浏览及下载

用户一般可通过检索结果显示的篇名、作者、中文摘要、刊名等信息对检索出的文章进行初步筛选和取舍。如果要浏览和下载选中文章的原文，只有正常登录的正式用户才可以下载保存和浏览文献全文。系统提供两种途径下载浏览全文：一是直接单击选中文献篇名前的“原文下载”图标；二是通过单击篇名打开“节点文献”显示窗口，然后单击该窗口中“CAJ 下载”或“PDF 下载”，进行原文下载。推荐使用 CAJ 格式（如图 4-24 所示）。系统提供在线浏览和下载阅读两种方式。下载后可通过 CAJ 阅读器进行阅读和使用编辑。

中国知网资源中的其他数据库的检索方法可参见《中国学术文献网络出版总库》。

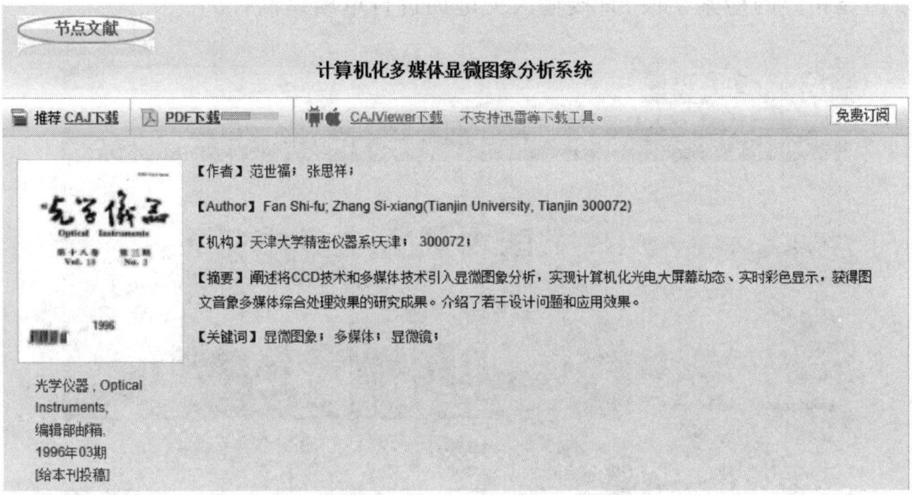

图 4-24　下载页面

4.3　超星数字资源

超星数字图书馆建设于 1993 年，是国家“863”计划中国数字图书馆示范工程项目，由北京世纪超星信息技术发展有限责任公司制作。该公司是国内专业的数字图书馆解决方案提供商和数字图书资源供应商。超星数字图书馆资源主要包括超星电子图书、独秀学术搜索、学术视频（超星名师讲坛）、慕课以及超星发现等资源。

4.3.1　超星电子图书及其检索

超星电子图书是于 2000 年 1 月正式推出，由公司联合中国社会科学院、中山图书馆、深圳图书馆、美国加州大学、电子工业出版社等几十家单位共同建设的，设文学、历史、法律、军事、经济、科学、医药、工程、建筑、交通、计算机和环保等几十个分馆，收录 1977 年至今三百多万种图书资源，涵盖中图法 22 大类，涉及哲学、宗教、社科总论、经典理论、民族学、经济学、自然科学总论、计算机等各个学科门类。阅读图书全文，需要下载安装专用阅读器——超星阅读器。

进入超星电子图书首页，可实现图书分类检索、快速检索和高级检索（如图 4-25 所示）。

1. 图书分类检索

超星电子图书按照《中国图书馆分类法（第四版）》将图书分为 22 个大类，包括马克思主义、列宁主义、毛泽东思想、邓小平理论；哲学、宗教；社会科学总论；政治、法律；军事；经济；文化科学、教育、体育；语言、文字；文学；艺术；历史、地理；自然科学总论；数理科学和化学；天文学、地球科学；生物科学；医药、卫生；农业科学；工业技术；交通运输；航空、航天；环境科学、安全科学和综合性图书。每个大类下面又有若干小的类目，依次逐级细分。利用分类进行检索时，首先根据所要查找的图书内容确定其所属类别，然后按分类体系逐级选择相应类目，会出现该类目所包含的全部图书，单击该书目下方的阅读按钮即进入阅读状态。

2. 快速检索

快速检索页面为默认检索页面，提供书名、作者、目录和全文检索四个检索字段功能。检索时，可以选择相应的检索字段，直接输入关键词进行单项模糊查询。

图 4-25　超星电子图书首页

3. 高级检索

如果我们需要精确地搜索某一本书时，可以进行高级搜索。单击主页上的“高级搜索”按钮，则会进入高级检索界面（如图 4-26 所示）。根据检索需求，在书名、作者、主题词、分类、年代、中图分类号等项目对应检索框中输入检索词，给读者提供更加精准的检索结果。本检索方式的优点是查询结果冗余少，命中率高。

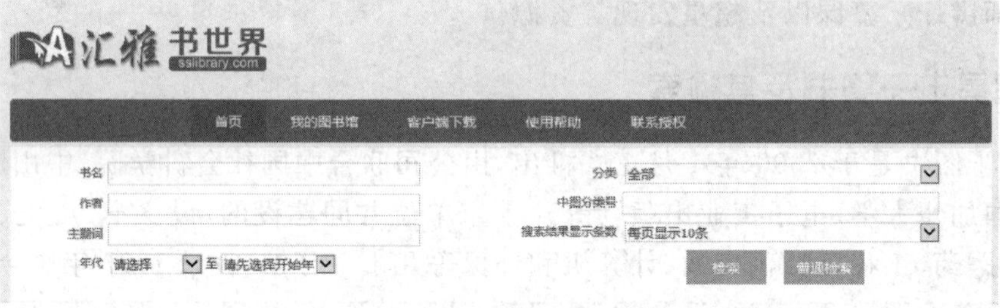

图 4-26　高级检索界面

4. 图书阅读、下载

超星数字图书提供图书的“阅读器阅读”和“网页阅读”两种在线阅读方式。“网页阅读”方式提供文字提取、打印、下载和书内搜索等功能。“阅读器阅读”方式可在超星阅读器中打开图书，可提供下载、打印、标注、截图、书签等更多的功能。

5. 超星阅读器的使用

超星阅读器具有电子图书阅读、资源整理、网页采集、电子图书制作等一系列功能，是超星电子图书的专用阅读器。

读者可以在超星数字图书馆主页上免费下载安装。安装过程中需要注意的事项：(1)进入自动安装向导，阅读许可协议后，要单击“我接受”按钮；(2)阅读器不能选择安装在中文路径下；(3)如果按照阅读器后无法阅读图书全文，要检查上网方式。确认是直接上网方式（如电话拨号上网、ISDN 上网、ADSL 上网和网关路由上网等方式）还是代理服务器上网（如小区代理服务器上网、多人共享上网和公司代理上网等）。主要为代理方式和使用配置脚本方式。使用ISA作为代理服务器上网的网络，具有防火墙功能，限制过多造成无法使用阅读器。这种情况，要进行代理服务器设置。

阅读器的主要功能有：(1)阅读和翻页：可通过单击书的封面、版权页、目录和正文，实现逐页浏览或直接到任意章节浏览；(2)文字识别(OCR)：在阅读页面，单击“文字识别”按钮，在要识别的文字上画框，框中的文字就会被识别为文本显示在弹出的面板中，选择“加入采集”可在编辑中修改识别效果，选择“保存”即可将识别结果保存为TXT文本文件。(3)标注：在阅读页面，单击“标注”按钮，可弹出标注工具栏；也可用鼠标右键快捷菜单选择标注工具，共有批注、铅笔、直线、元、高亮和链接等6种标注工具供选择。(4)书签：单击“添加书签”按钮，可在指定位置添加书签，以便下次再看时回到上次看的位置。可在“书签管理器”中打开、修改已保存的书签。(5)书评：通过“发表书评”按钮，可在弹出的发表书评信息栏中输入读后感想等，提交后可与其他读者进行交流。

4.3.2 超星名师讲坛及其检索

超星名师讲坛是超星公司邀请国内众多知名专家学者、学术权威，通过影像技术将他们多年的学术研究成果系统地记录、保存并传播。目前，超星学术视频收录超过千位名师名家讲坛，视频总时长超过30 000小时，全面覆盖哲学、文学、经济学、历史学、法学、工学、理学、医学等学科门类，授课老师大多是来自著名高校和中国社会科学院，这些专家教授都是相关领域的学术权威和学科带头人。

超星名师讲坛的使用较为简便，在主页提供了讲座名称、字幕和主讲人三个检索途径，可根据需要在检索框内输入关键词即可实现检索。还可进行分类检索，讲座分为哲学、经济学、法律政治、教育学、文学、历史学、理学、工学、医学、军事学、管理学以及大师风采、治学方法等内容，可根据需要单击相应的类目进行检索(如图4-27所示)。

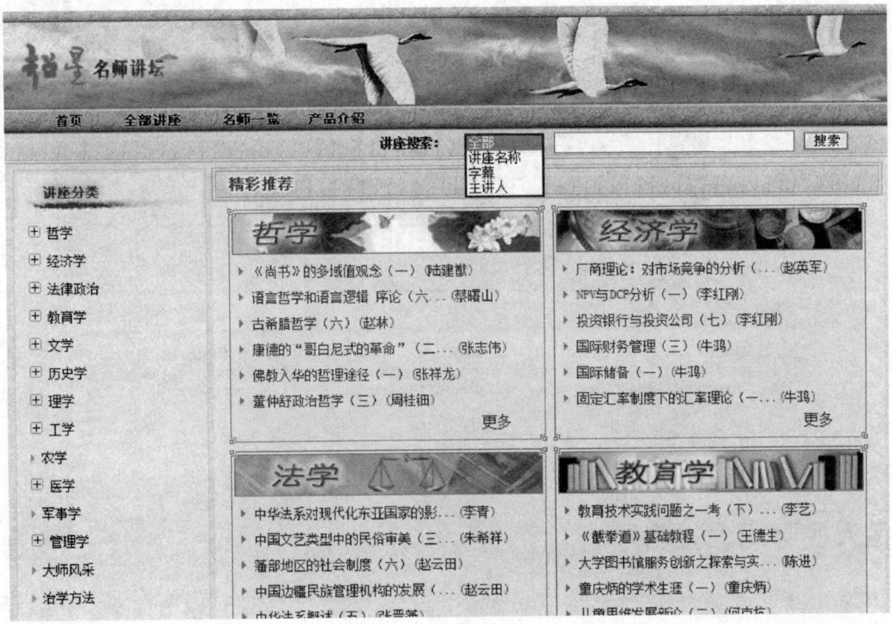

图4-27 超星名师讲坛主页

找到所需讲座后，单击即可进入播放页面，可以在线观看名师讲座，也可只收听音频。页面中配合讲座实时显示讲座字幕，方便读者做笔记。

4.4 多媒体学习资源

随着科学技术的不断发展，使用包括文字、图片、照片、声音、动画和影片等两种及两种以上媒体的多媒体技术也非常广泛地运用在数字资源建设中，给使用者带了极大的便利，尤其是在自学、备考等方面发挥了较好的作用。以下简要介绍几个常用的多媒体学习资源。

4.4.1 新东方多媒体学习库

新东方多媒体学习库为国内著名的私立综合教育机构新东方教育科技集团旗下的在线教育资源。新东方在线的网络课程提供在线视听教育及在线测试等服务，横跨留学考试、学历考试、职业教育、英语充电、多种语言、中学教育等六大类 60 余小类，主要课程包括大学生求职指导、大学生实用技能、大学英语四级、大学英语六级、考研英语、考研政治、考研数学、新概念英语、英语语法、英语词汇、英语口语、商务英语、日语、韩语、德语、法语、西班牙语、TOEFL 课程、GRE 课程、GMAT 课程、IELTS 课程、出国文书写作、程序设计、平面设计、三维设计、网络管理、网页设计、英文法律法规等。

新东方多媒体学习库使用比较简单，进入网站主页后，可在检索框中输入检索关键词，选择“课程”或“考试”，单击检索即可获取相关学习课程(如图 4-28 所示)。

图 4-28　新东方多媒体学习资源

4.4.2 名人名家网上报告厅

《网上报告厅》有机整合了中央党校、中央电视台、清华大学、中华医学会、中国经济 50 人、中评网、解放军卫生音像出版社论坛等权威学术机构的专家报告资源，开发了“学术报告”和“学术鉴赏”两大视频报告群。进入主页后，可在检索框中输入检索词，通过“全文检索”和“复合检索”进行检索。也可在“学术报告”“学术鉴赏”和“热门专家”中单击需要的类别，直接获得检索结果(如图 4-29 所示)。

图 4-29　名人名家网上报告厅

4.4.3　就业数字图书馆

《就业数字图书馆》以引导大学生正确认识就业环境与现状为目的，立足于“纵向提升就业能力、横向定位就业空间”，提升大学生就业综合能力，整个产品立足于为学生提供一个从入校到毕业的全程化个人就业能力培养与就业知识学习中心，从学生自身专业、性格出发，通过相关行业、职业与学生目标就业城市的多个维度，为学生建立一个有针对性、个性化的就业知识空间。通过对知识空间的知识与信息推送为大学生提供从职业探索、职业定位、知识准备、职业学习，直到职业实践的全程化就业知识服务，为大学生就业提供了较好的学习平台(如图 4-30 所示)。

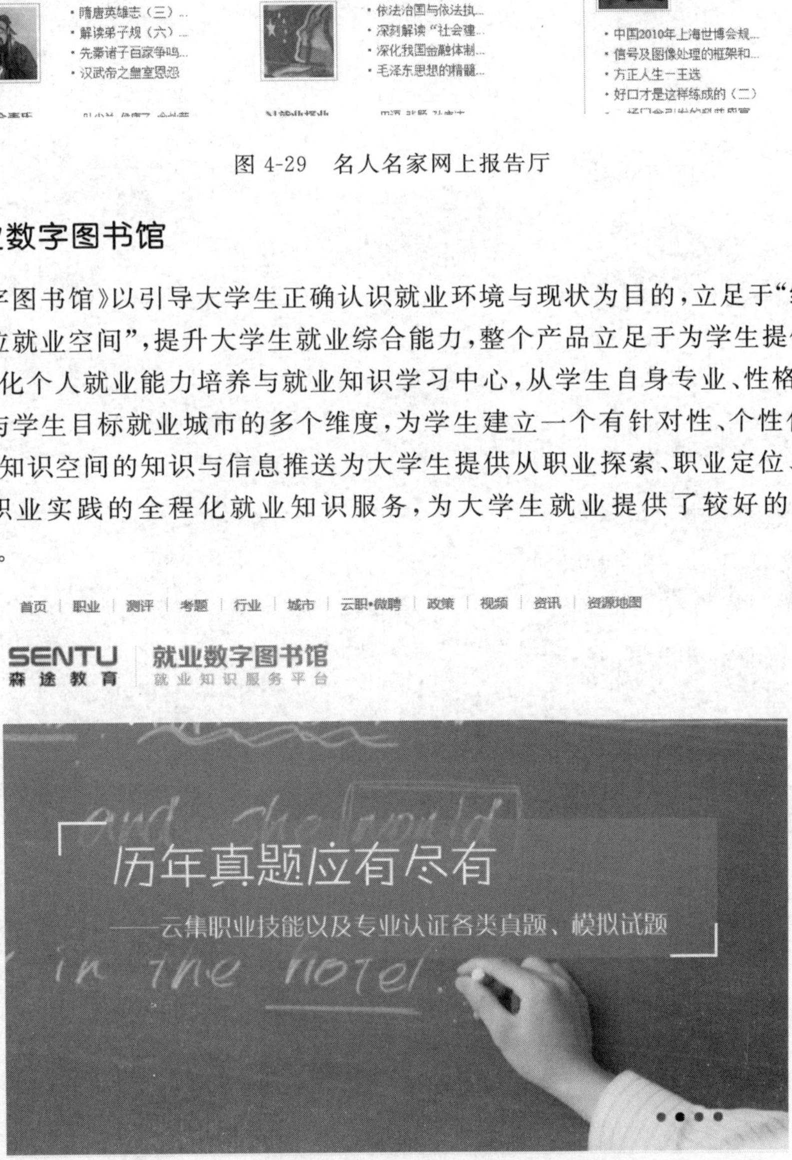

图 4-30　就业数字图书馆

思考题

1. 利用学术搜索与全文递送系统检索并获取感兴趣的10篇期刊论文。
2. CNKI中国知网的检索方式有哪些？
3. 利用超星电子图书下载5本所学专业的图书。
4. 利用新东方多媒体学习库学习和准备大学英语四级考试。

第5章 国外主要文献资源检索系统及其利用

计算机技术及互联网技术的飞速发展使得科技信息越来越国际化。科研人员必须借助权威的外文文献资源检索系统,才能及时了解世界范围内的科技研究水平和发展动态。

5.1 WOS数据库

5.1.1 WOS概述

1955年Eugene Garfield博士在Science上发表了一篇文章,首先提出了将引文索引应用于科研检索,随后他创建了美国科技信息研究所(ISI),并在1963年出版了科学引文索引(Science Citation Index,SCI),之后又出版了社会科学引文索引(Social Sciences Citation Index,SSCI),艺术与人文引文索引(Arts & Humanities Citation Index,A&HCI)等。

WOS(Web of Science)是基于ISI Web of Knowledge (WOK)平台的综合性文摘索引数据库,其核心合集有8个子数据库组成,即3个引文数据库(Citation Databases)、2个会议论文引文子数据库(Conference Proceedings Citation Databases)和2个化学数据库(Chemistry Databases)。收录来自各个研究领域的数千种学术期刊及会议录上的文献信息。

目前,Web of science核心合集包括以下数据库。

Science Citation Index Expanded (SCI-EXPANDED,科学引文索引) 收录范围:1900年至今。该数据库收录6800种科技期刊的文献信息,涉及150个学科,每篇论文都有参考文献信息,1991年以来的论文还提供作者、摘要等。涉及的主要学科包括:数学、物理、化学、生命科学与技术、医学、天文学、药理学、植物学、计算机科学、环境、材料科学、农业、兽医学、动物学等。

Social Sciences Citation Index (SSCI,社会科学引文索引),收录范围:1900年至今。收录1 800多种社会科学期刊的文献信息,1992年以来的论文提供作者、摘要等;还选择性地收录了3 300种科技期刊中有关社会科学的研究论文。涉及人类学、商业、经济学、教育、语言学、哲学、心理学、历史、图书馆学和信息科学、法律、社会学、城市规划以及妇女研究等学科。

Arts & Humanities Citation Index (A&HCI,艺术人文索引)收录范围:1975年至今。收录1100多种艺术与人文科学期刊的文献信息,2000年以来的文献提供作者、摘要等,选择性地收录6800种自然和社会科学期刊中有关艺术与人文科学的研究论文,涉及的学科有考古学、建筑、艺术、亚洲研究、电影/广播/电视、民俗、历史、哲学、语言、语言学、文学评论、文学、音乐、哲学、诗歌、宗教、戏剧等。

Conference Proceedings Citation Index(CPCI,会议论文引文)包括 Conference Proceedings Citation Index- Science (CPCI-S,科学会议论文引文索引)和 Conference Proceedings Citation Index-Social Science & Humanities (CPCI-SSH,社会人文科学会议论文引文索引)两个子库,收录范围:1990 年至今。共收录 120 000 余会议,数据每周更新,年新增记录 38.5 万条,会议文献类型包括图书、期刊、科技报告、出版商或学会出版的联系出版物、预印本、国际会议录等。

Current Chemical Reactions (CCR-EXPANDED,化学反应事实数据) (包括 Institut National de la Propriete Industrielle 化学结构性数据,可回溯至 1840 年),收录一步或多步反应的新方法,数据源自重要期刊和 39 个专利授权机构的专利,每一步反应都提供精确的反应式及反应详细信息。收录了超过 100 万个反应,每月新增反应 3 千个左右。

Index Chemicus (IC,化学物质事实性数据),目前收录有 1993 年至今的 260 万个化合物,包含重要国际期刊中报道的新颖有机化合物结构及重要相关数据,许多记录具有从原料到最终产物的反应过程,是关于生物活性物质和天然产物新信息的重要来源。

Emerging Sources Citation Index (ESCI)——2015 年至今。2015 年 11 月, Thomson Reuters 推出了 Emerging Sources Citation Index (ESCI)数据库,这是在之前的科学引文索引(SCIE)、社会科学引文索引(SSCI)和艺术与人文引文索引(AHCI)的引文索引的基础上,纳入新兴科学领域中高品质、经同行审查重要性的期刊。

Emerging Sources Citation Index 主要定位于拥有"活力和潜力",且在学术界已经产生"地区"影响力的新刊。新兴资源索引(ESCI)收录的期刊已经通过了初始的期刊评价,在未来仍有机会被收录进 Web of Science 核心合集数据库。所有进入 ESCI 的期刊,可以按照全文、引用、学科分类索引和所有作者和地址等方式进行索引。

注意:数据访问年代依各图书馆订购情况而定。

Web of science 数据库除了核心合集以外还包括其他一些数据库,如:

KCI-韩国期刊数据库,对 KCI 所包含的多学科期刊中的文章提供访问。KCI 由韩国国家研究基金会(National Research Foundation of Korea)管理,包含了在韩国出版的学术文献的题录信息。

MEDLINE 美国 National Library of Medicine® (美国国家医学图书馆,NLM®)的主要生命科学数据库。探索生物医学与生命科学、生物工程学、公共卫生、临床护理以及植物和动物科学使用 MesH 词表和 CAS 注册号进行精确检索;链接到 NCBI 数据库与 PubMed,相关论文文献回溯至 1950 年。

Russian Science Citation Index,访问 2005 年至今,超过 500 份科学、技术、医学以及教育领域,期刊中由俄罗斯科研人员编写的学术论文的题录信息以及引用情况。数据库中所包含的优秀出版物是由俄罗斯最大的科研信息提供方 Scientific Electronic Library (eLIBRARY.RU) 精心挑选的。

Scientific Electronic Library Online Citation Index,(简称 SciELO Citation Index)可以访问 1997 年至今的数据资源,收录拉丁美洲、葡萄牙、西班牙及南非等国在自然科学、社会科学、艺术和人文领域的前沿公开访问期刊中发表的权威学术文献。

5.1.2 WOS 检索方法、技术与结果处理

Web of Science 是一个基于 Internet 的文献信息平台,它整合了学术期刊、会议录、专利

等文献信息，通过统一的检索界面向用户提供自然科学、工程技术、生物医学、社会科学、艺术与人文等多个领域的学术信息。它将检索技术、信息分析及文献管理软件无缝地整合在一起，提供文献检索、分析、评价和管理等多项功能。

1. Web of Science 检索平台

Web of Science 是一个综合的数据库系统服务平台，整合了 Thomson Reuters 公司的多款数据库产品，如：Biological Abstract、BIOSIS Citation Index、FSTA 食品科学数据库、中国科学引文数据库、Inspec、MEDLINE 等数据库，以各单位订购为准。检索界面如图 5-1 所示。

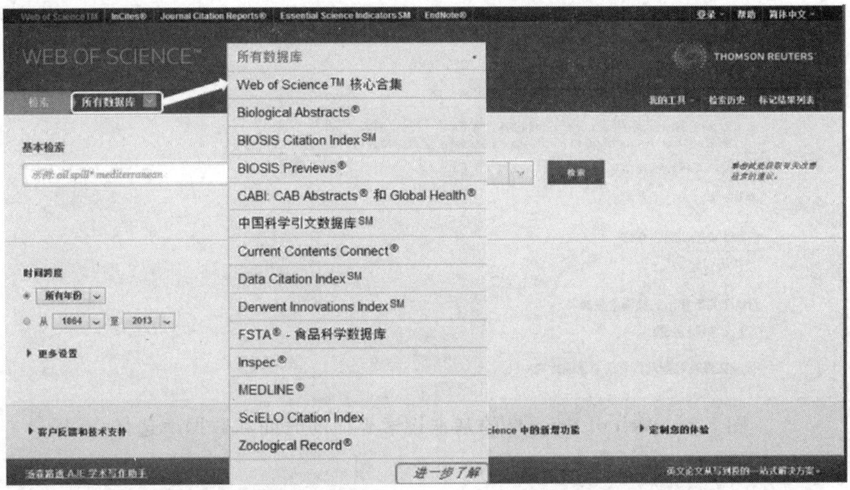

图 5-1　Web of Science 检索界面

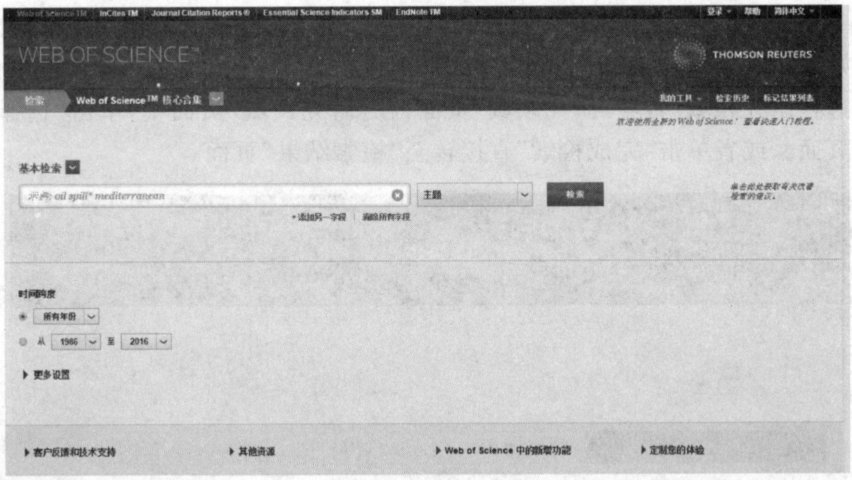

图 5-2　Web of Science 核心合集基本检索界面

2. 检索方法

(1) 基本检索

如图 5-2 所示，Web of Science 核心合集基本检索界面是一个简单的检索对话框，可以单击“添加另一字段”添加检索框，进行多途径组配检索(AND\OR\NOT)，界面下方可以进行时间和数据库的选择，如图 5-3 所示。

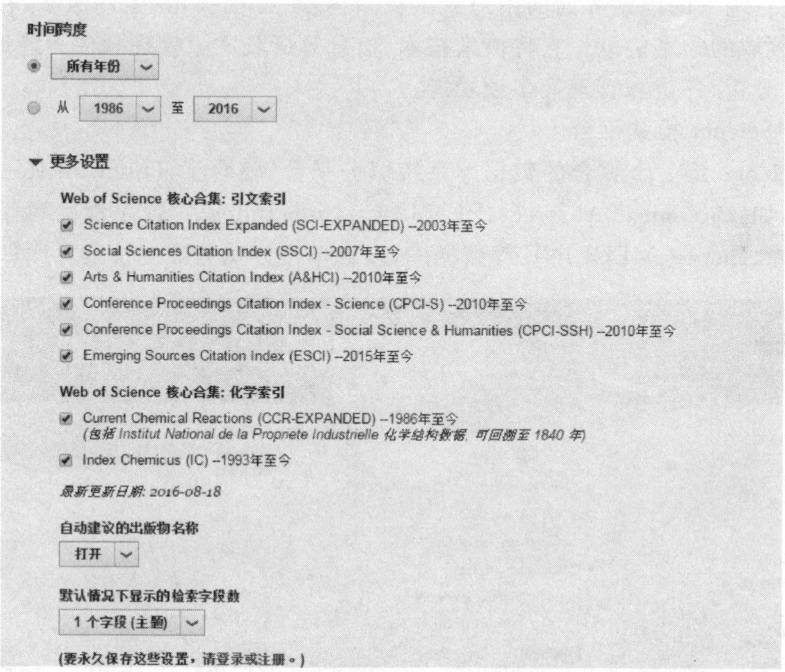

图 5-3　Web of Science 的基本检索界面的时间和数据库选择

(2) 作者检索

“作者检索”功能，可以简单方便地确认并检索出特定作者的所有文献。作者姓名的形式为：姓氏在先，名字首字母在后。姓氏可以包含连字号、空格或撇号。例如，Wilson SE、O'Grady AP、Ruiz-Gomez M、Wang YR。检索界面如图 5-4 所示。作者检索时可以在“姓氏”字段中输入作者的姓氏；在“姓名首字母”字段中输入最多 4 个名字首字母，也可选中仅限精确匹配复选框，单击“选择研究领域”转至“研究领域”页面，在“研究领域”页面中，单击“选择机构”转至“选择机构”页面。或者单击“完成检索”直接转至“检索结果”页面。

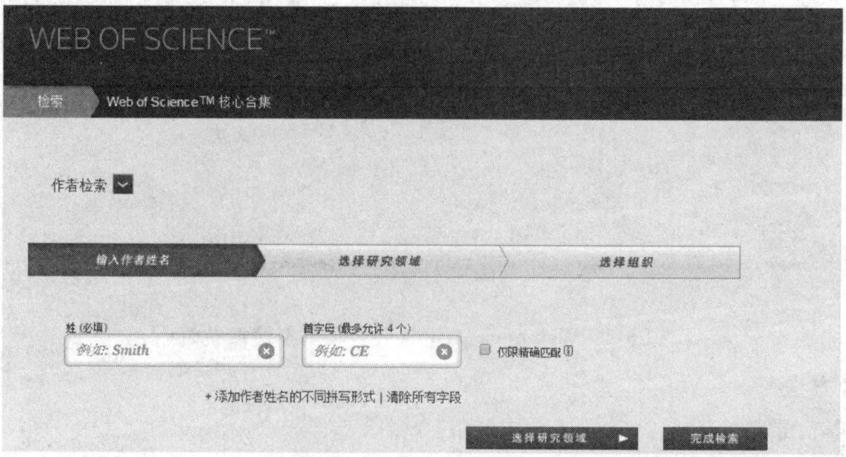

图 5-4　Web of Science 作者检索界面

(3) 被引参考文献检索

被引参考文献检索是从被引用文献的著者及被引用期刊、被引用文献的年代检索引用过它的作者及其文献。通过被引参考文献检索，可以了解某个已知理念或创新获得确认、应用、改进、扩展或纠正的过程。被引参考文献检索界面如图 5-5 所示。

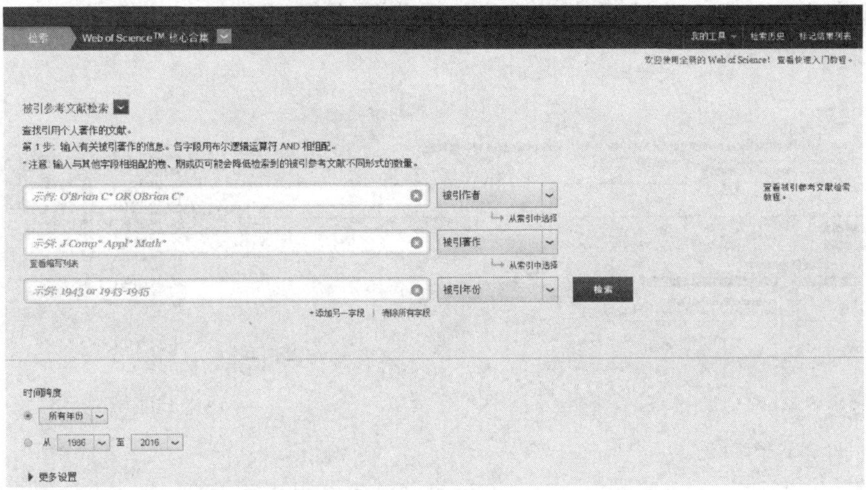

图 5-5　Web of Science 被引参考文献检索界面

"被引作者"检索时，对于多个作者的文献检索时，输入第一作者姓名，从较早或无匹配来源记录的文献中引用的文献可能只包含第一作者的姓名，被引作者包括机构作者和发明人。如果姓氏所含字符多于 15 个，输入前 15 个字符，后面跟一个星号（ * ）通配符表示剩余的字符。例如，Klapdor-Kleingrothaus * OR KlapdorKleingro * 可查找 KlapdorKleingrothaus HV、Klapdor-Kleingrothaus HV、Klapdorkleingro. H、Klapdorkleingro. HK、Klapdorkleingro. HV。

（4）结构式检索

该检索方式提供化学结构式对化学反应和化合物进行检索。输入化学结构绘图和/或任何所需的数据。然后单击"检索"按钮进行检索。

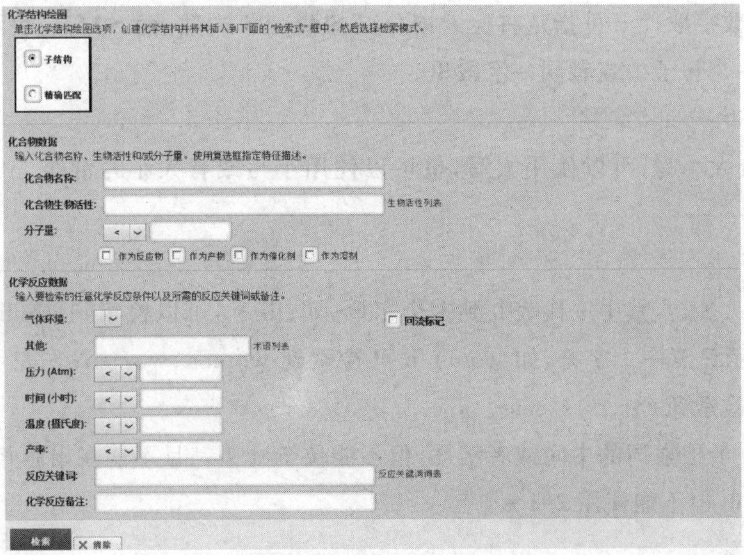

图 5-6　Web of Science 化学结构式检索界面

(5) 高级检索

Web of Science 高级检索界面如图 5-7 所示。在高级检索界面可以创建检索式并对其进行组配。检索式可以由一个或多个字段标识以及检索词组成,允许使用布尔逻辑算符和通配符。

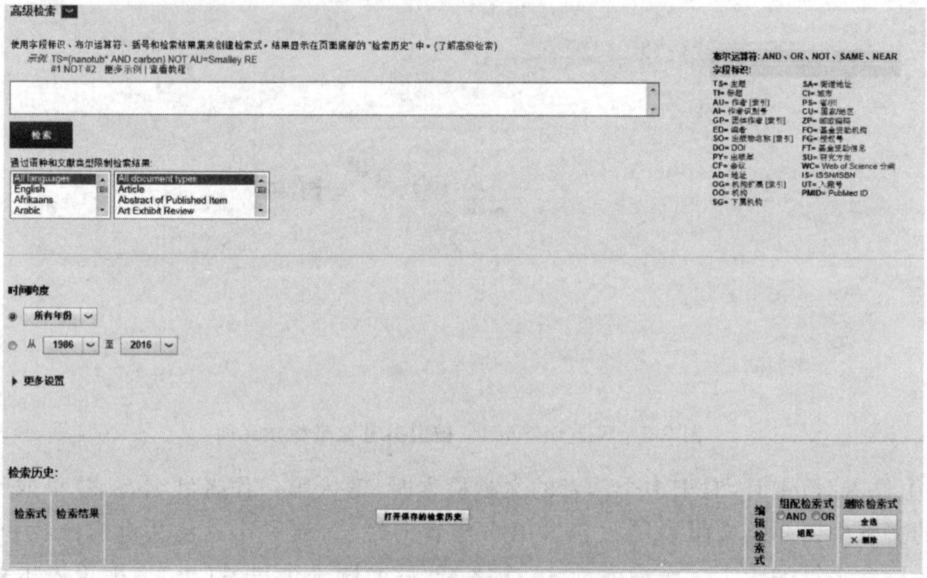

图 5-7 Web of Science 高级检索界面

3. 检索规则

(1) 布尔逻辑算符

系统支持布尔逻辑算符 AND、OR、NOT、NEAR 以及 SAME。其中,使用 NEAR/x 可查找由该运算符连接的检索词之间相隔指定数量的单词的记录,该规则也适用于单词处于不同字段的情况,用数字取代 x 可指定将检索词分开的最大单词数;而 SAME 表示它所连接的检索词出现在同一个句子中或者同一字段里。

(2) 大小写区分

系统不区分大小写,可以使用大写,也可以使用小写或者大小写混合。例如:CELL、cell 和 Cell。

(3) 通配符

系统支持 *、$、?,其中 * 代表 0 到多个字母,如:lib *,可以检索到 lib、library、libraries、liberal 等;? 表示任意一个字符,如 wom? n 可检索到 woman、women;$ 表示零个或一个字符,如 car $,可检索到 car、cars、care。

通配符可位于检索词的中间或者结尾,但不能位于开头。且不能在出版年中使用通配符,如可以使用 2016,但不能使用 201 *。

(4) 短语检索

可以使用引号对一个特定的短语进行检索,如:"Environmental protection",这样可以精简检索结果，如果不使用引号，系统将会按照 Environmental AND protection 的方式进行检索。

如果输入以连字符分隔的两个单词，则词语将视为精确短语。

(5) 检索运算符优先顺序

如果在检索式中使用不同的运算符，则会根据下面的优先顺序处理检索式：NEAR/x、SAME、NOT、AND、OR。使用括号可以忽略运算符优先级，括号内的表达式优先执行。

(6) 禁用词

禁用词是指无检索意义的词，如冠词(a、an、the)、介词(of、in、on)及代词等单独使用没有实际意义的词，系统将自动屏蔽禁用词。

4. 检索字段

Web of science 数据库中的检索字段包括：Topic(主题)、Title(标题)、Author(作者)、Author Identifiers(作者识别号)、Group Author(团体作者)、Editor(编者)、Publication Name(出版物名称)、DOI(数字对象标识符)、Year Published(出版年)、Address(地址)、Organization-Enhanced(机构扩展)、Conference(会议)、Language(语种)、Document Type(文献类型)、Funding Agency(基金资助机构)、Grant Number(授权号)、Accession Number(入藏号)、PubMed ID(给每条 MEDLINE 记录的一个唯一标识符)等。

5. 检索结果

Web of science 检索结果界面如图 5-8 所示。该页面显示所用检索式、检索结果的数量、每条记录的概要信息(题名、作者、刊名、卷期、页码、出版年、摘要、被引频次)、来源数据库、出版商处的全文链接等内容。

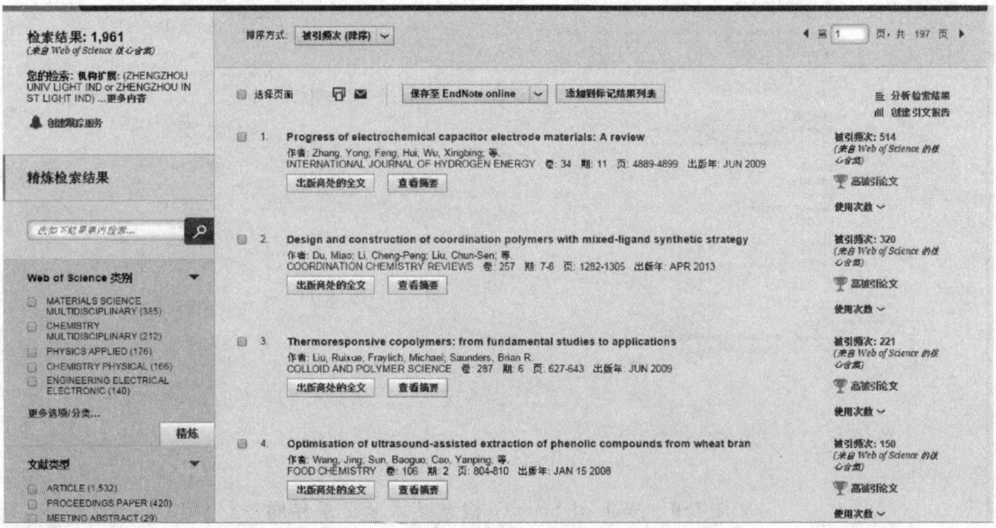

图 5-8 Web of Science 检索结果界面

(1) 检索结果的排序方式

检索结果可以按照以下方式进行排序：出版日期(降序、升序)、最近添加、被引频次(降序、升序)、使用次数—最近 180 天、使用次数—2013 年至今、相关性、第一作者(升序、降序)、来源出版物名称(升序、降序)、会议标题(升序、降序)等。

(2) 精练检索结果

如果检索结果数量较大，可以通过检索结果页面左侧的检索框对检索结果进行精练。二次检索可以通过文献类型、Web of Science 类别、研究方向、作者、团体作者、编者、来源出版物名称、出版年、机构扩展、基金资助机构、语种、国家/地区等来进行。

(3) 全记录显示

在检索结果页面单击文献标题，可以进入该文献的全记录页面，如图 5-9 所示。该页面显示文献的题名、作者、摘要、关键词、作者信息、出版商、基金资助、文献被引频次、引用的参考文献、使用次数、全部被引频次计数以及在 Web of Science 数据库中各个子库中的引用情况等。

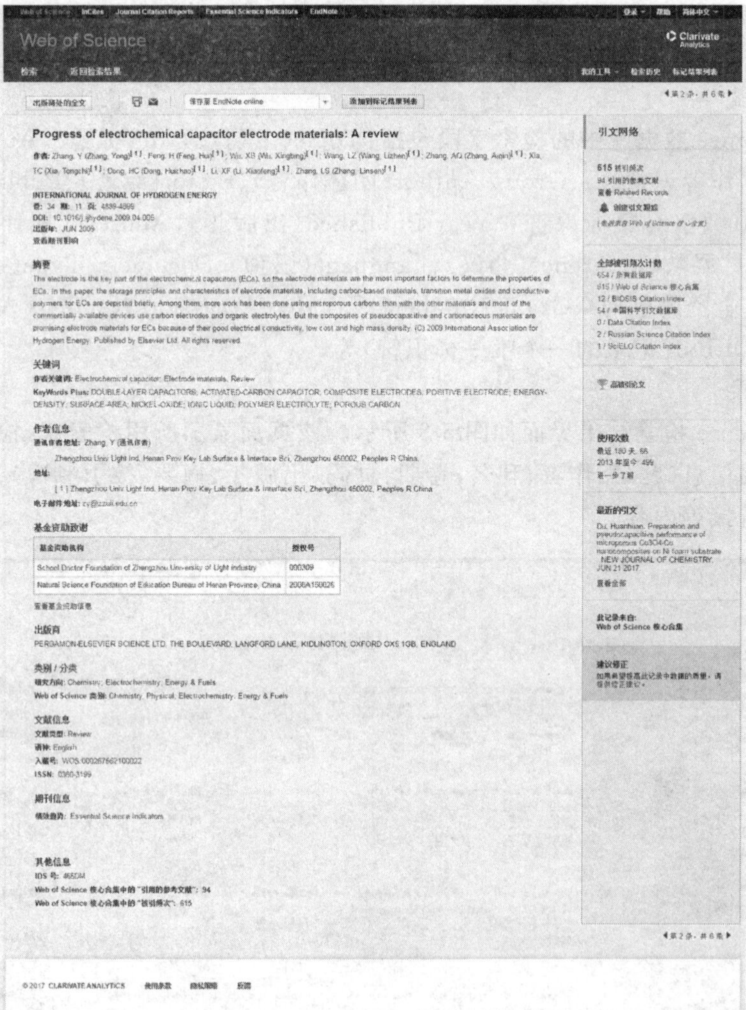

图 5-9　Web of Science 检索结果全记录界面

(4) 分析检索结果

单击检索结果页面右上角的分析检索结果，可以进入分析界面，选择分析途径(如作者、丛书名称、国家/地区、语种、机构、机构扩展、出版年、研究方向等)可以对检索结果进行分析。检索结果分析界面如图 5-10 所示。

(5) 检索结果的输出

Web of Science 检索结果的输出包括打印、存盘、通过电子邮件发送记录、保存、添加到标记结果列表等，可以在检索结果页面或检索结果全记录页面进行检索结果的输出操作。

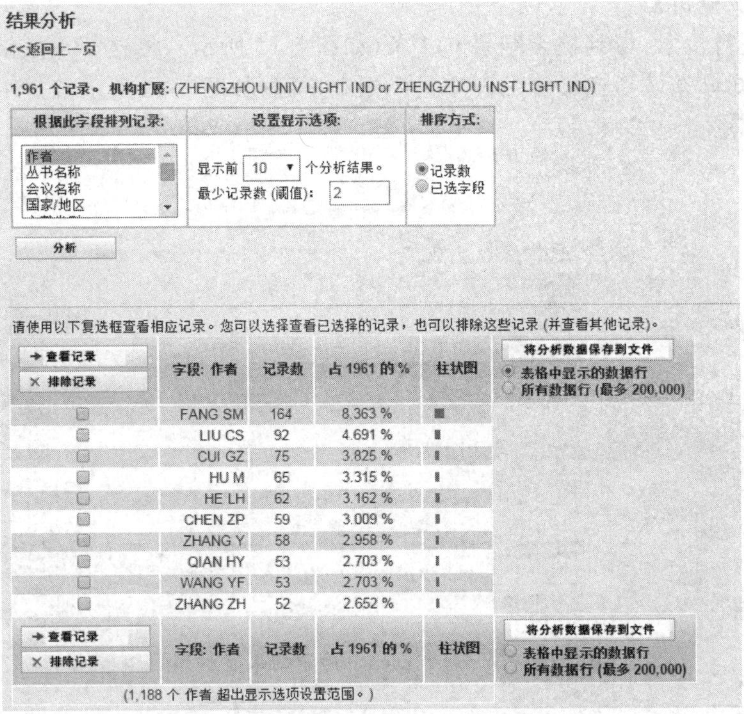

图 5-10 Web of Science 检索结果分析界面

5.1.3 WOS 检索实例

【检索课题】

检索有关“非辐射环境污染”方面的最新文献。

【分析课题、选择检索词、编制检索式】

根据课题可知检索内容为“非辐射环境污染”，故检索中不含“辐射”(radiation)，而含有“环境污染”(environmental pollution)，另外“环境”还可以扩展为 water、air、environment，“污染”可以扩展为 pollutant、pollute。考虑英语词汇的变化形式，可以进一步采用通配符 pollut *、radiat *。构造的检索式为：((water or air or environment)and pollut *)not radiat *。由于该课题涉及的检索词较多，逻辑关系比较复杂，所以考虑选择题名(Title)作为检索入口。时间选择 2015—2016 年，检索界面如图 5-11 所示。

图 5-11 Web of Science 检索实例检索界面

【检索结果及分析】

输入系统进行检索,得到检索结果 614 条(如图 5-12 所示),将这 614 条结果按照国家/地区进行分析,可知该领域研究最多的国家是中国和美国(如图 5-13 所示)。

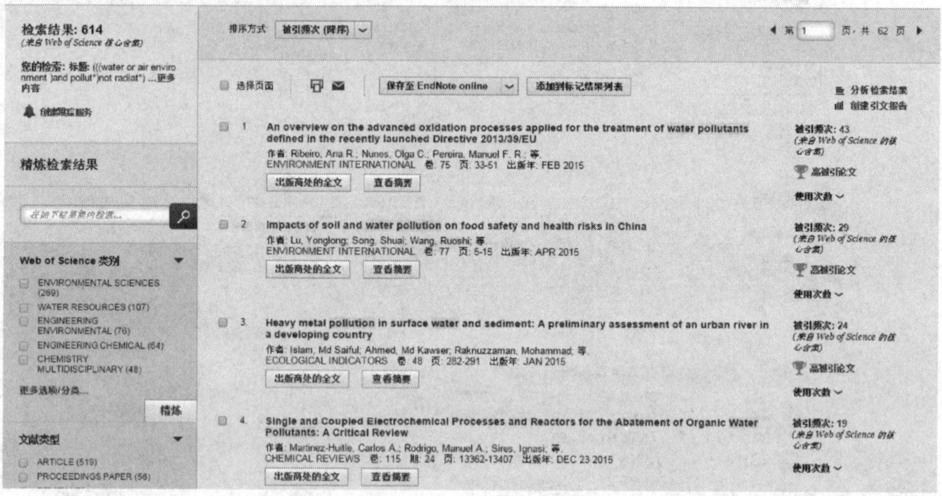

图 5-12　Web of Science 检索结果显示界面

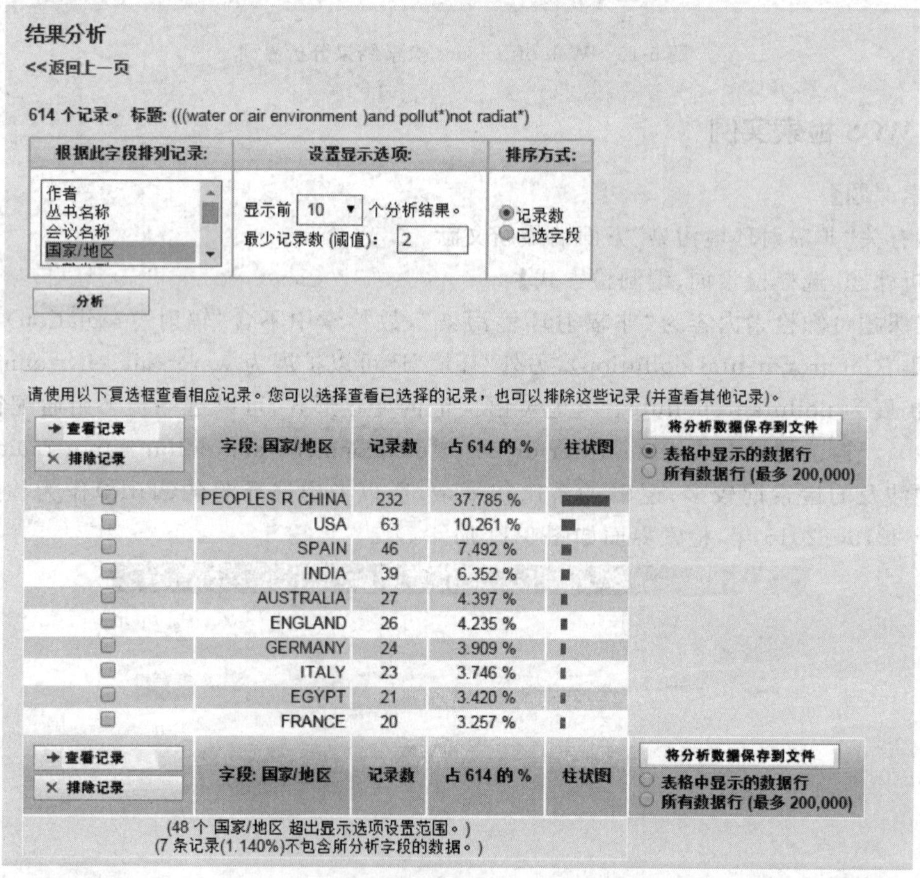

图 5-13　Web of Science 检索结果分析界面

5.2 EI数据库

5.2.1 EI概述

美国《工程索引》是(The Engineering Index,EI)是世界上著名的工程技术领域中具有权威性的大型文摘性检索工具之一,创立于1884年,最初是由美国工程学会联合下设的工程索引公司编辑出版的,早期出版有印刷版、微缩版等信息产品,1969年开始提供EI Compendex数据库服务。1995年以来EI公司开发了称为“EI Village”的系列产品,1998年,合并到Elsevier Engineering Information Inc.。目前使用的Engineering Village2平台是以EI Compendex等数据库为信息源的网上统一检索平台,该信息检索平台可检索美国工程索引、美国专利等信息资源。

EI收录了1969年以来的5 000多种工程领域的期刊论文、会议论文和科技报告,超过1 130万条记录。收录范围涵盖了工程和应用科学领域的各学科,涉及机械工程、土木工程、环境工程、电气工程、结构工程、材料科学、固体物理、超导体、生物工程、能源、化学和工艺工程、固体废弃物的处理、控制工程、农业工程和食品技术、计算机和数据处理、电子和通信、石油、宇航、汽车工程等以及这些领域的子学科和其他主要的工程领域。数据库内容每周更新。

5.2.2 EI检索方法、技术与结果处理

1. 检索方法

(1) 快速检索(Quick Search)

进入EI数据库主页,默认检索界面就是快速检索界面,如图5-14所示。在快速检索界面最多可以执行三个检索途径的逻辑组配。

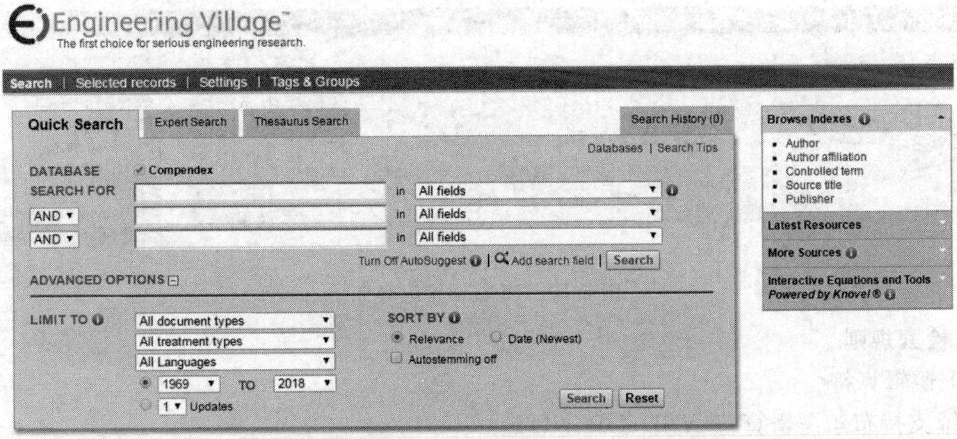

图5-14 EI快速检索界面

(2) 专业检索(Expert Search)

专业检索提供更强大而灵活的检索功能,检索界面如图5-15所示。专业检索中,用户需要使用检索词和布尔逻辑算符加上检索字段限制符来构造检索式,在检索框中输入检索式来

进行检索。检索页面的下方有检索字段代码提示。

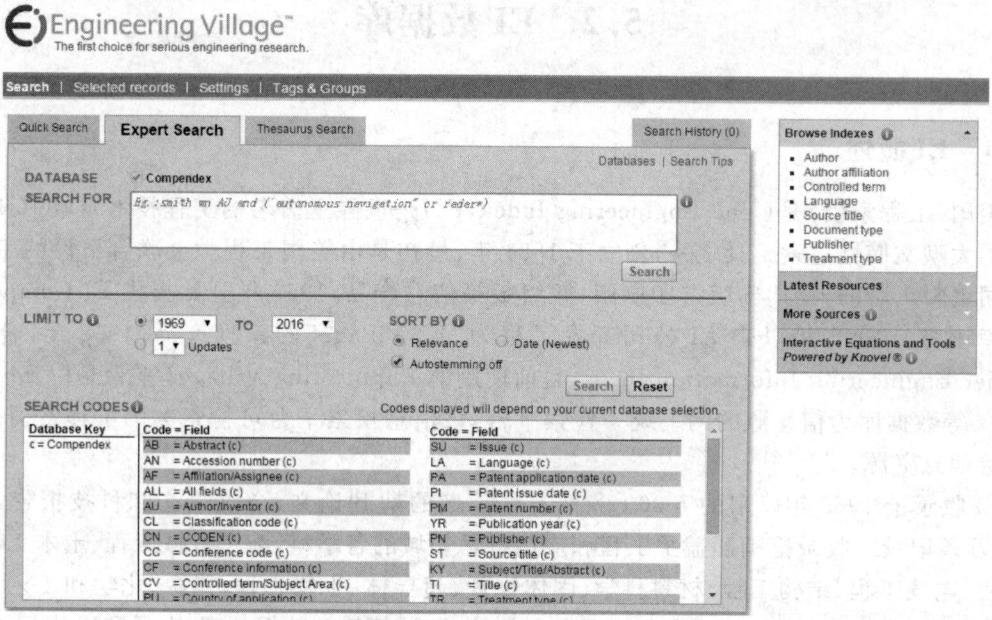

图 5-15　EI 专家检索界面

（3）叙词检索

EI 数据库有自己的叙词表，每一篇文献在数据库中都有相应的叙词，也就是全记录中的“Controlled terms”所显示的内容。叙词检索仅提供一个检索输入框，检索词之间可以进行逻辑组配。如图 5-16 所示。

图 5-16　EI 叙词检索界面

2. 检索规则

（1）逻辑算符

系统支持布尔逻辑算符 AND、OR、NOT。

（2）大小写

系统不区分大小写，检索词使用大、小写或者大小写混合均可。

（3）截词符

星号（ * ）为右截词符，放置在词尾，如 comput * 可以得到 computer、computing、computed、computation、computational、compute、computerized 等。

(4) 精确检索

进行短语的精确检索时，需要使用大括号或引号。例如："environmental protection"，{environmental protection}。

(5) 词根检索

在快速检索中，系统自动执行词根检索(作者字段除外)。例如：输入 management 时，系统会将 manager、manage、managed、managers 等检出。单击"Autostemming offers"取消该功能。在专业检索中，系统自动关闭该功能，如果需要使用则单击"Autostemming offers"即可。

(6) 特殊字符

除了 A～Z、a～z、0～9、*、?、#、()、{}之外的字符，其他的均视为特殊字符。检索时系统自动忽略特殊字符，如需对特殊字符进行检索，则需要加引号或者括号，如{n>6}。

3. 检索字段

EI 数据库中的检索字段有：All fields(所有字段)、Subject/Title/Abstract(主题/标题/摘要)、Abstract(摘要)、Author(作者)、Author affliction(作者单位)、Title(标题)、EI Classification code(EI 分类码)、CODEN(分类标号)、ISSN(国际标准出版物号) EI main heading (EI 主标题，表示文章主概念的词)、Publisher(出版者)、Source title(刊名)、EI controlled term(EI 受控词)、Country of origin(原产国)。

4. 检索结果

(1) 显示结果

检索结果首先以列表的形式显示，每个页面可以选择显示 25 条、50 条或 100 条记录，如图 5-17 所示。每条检索结果记录包括题名、作者、作者单位、来源期刊、卷期、页码、年代、语种等信息，还可以通过单击题名、作者、全文链接等进行超链接。如果检索结果偏多，还可以通过页面左侧的检索框进行精练检索。单击文章标题可以进入到文章 Abstract(摘要)界面或者 Detailed(详细信息)界面，如图 5-18 所示，可以更详细地显示文章信息。

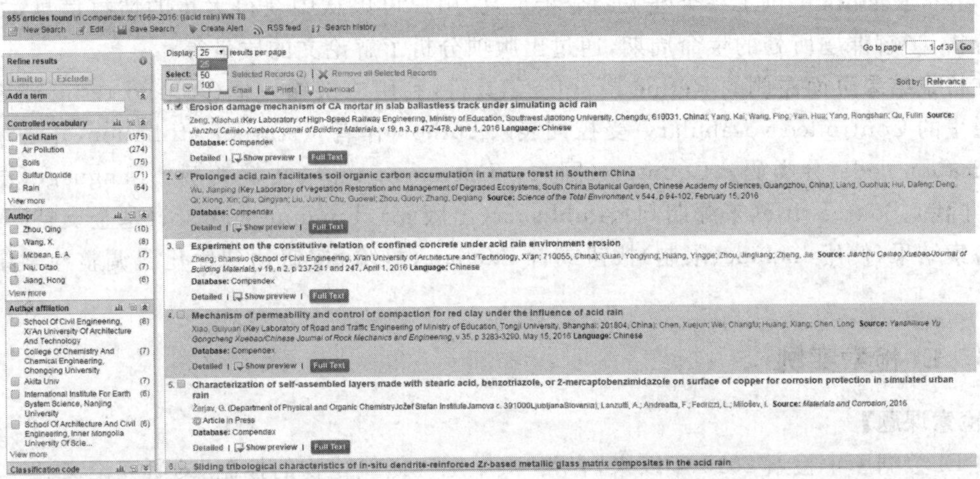

图 5-17　EI 检索结果列表界面

(2) 标记记录

在检索结果列表显示页面，单击记录前的复选框，或者"select all on page"，选择页面上的记录，进行记录标记。

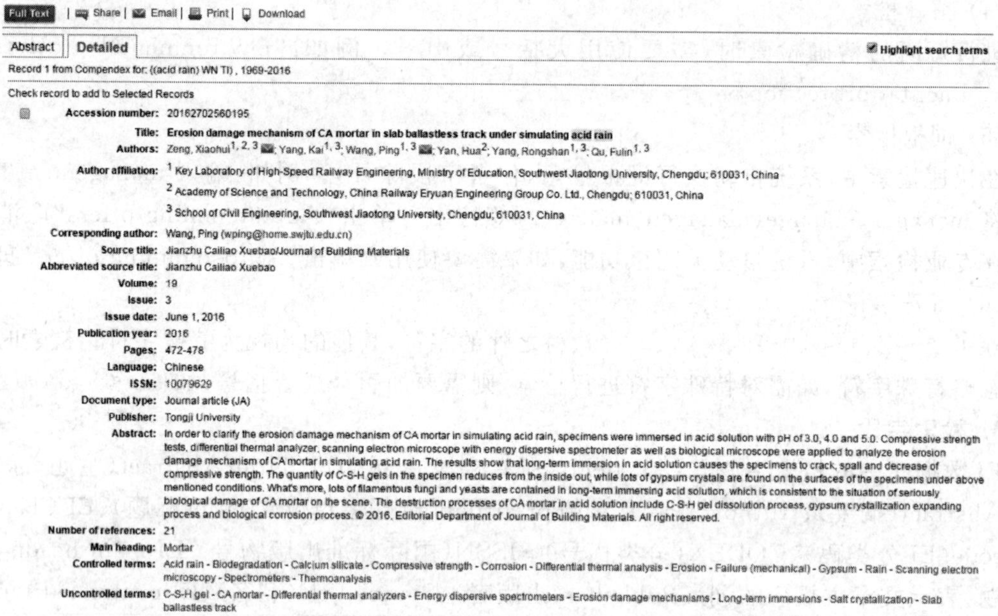

Full Text | Share | Email | Print | Download

Abstract | Detailed ☑ Highlight search terms

Record 1 from Compendex for: ((acid rain) WN TI) , 1969-2016

Check record to add to Selected Records

Accession number: 20162702560195

Title: **Erosion damage mechanism of CA mortar in slab ballastless track under simulating acid rain**

Authors: Zeng, Xiaohui[1,2,3]; Yang, Kai[1,3]; Wang, Ping[1,3]; Yan, Hua[2]; Yang, Rongshan[1,3]; Qu, Fulin[1,3]

Author affiliation: [1] Key Laboratory of High-Speed Railway Engineering, Ministry of Education, Southwest Jiaotong University, Chengdu; 610031, China

[2] Academy of Science and Technology, China Railway Eryuan Engineering Group Co. Ltd., Chengdu; 610031, China

[3] School of Civil Engineering, Southwest Jiaotong University, Chengdu; 610031, China

Corresponding author: Wang, Ping (wping@home.swjtu.edu.cn)

Source title: Jianzhu Cailiao Xuebao/Journal of Building Materials

Abbreviated source title: Jianzhu Cailiao Xuebao

Volume: 19

Issue: 3

Issue date: June 1, 2016

Publication year: 2016

Pages: 472-478

Language: Chinese

ISSN: 10079629

Document type: Journal article (JA)

Publisher: Tongji University

Abstract: In order to clarify the erosion damage mechanism of CA mortar in simulating acid rain, specimens were immersed in acid solution with pH of 3.0, 4.0 and 5.0. Compressive strength tests, differential thermal analyzer, scanning electron microscope with energy dispersive spectrometer as well as biological microscope were applied to analyze the erosion damage mechanism of CA mortar in simulating acid rain. The results show that long-term immersion in acid solution causes the specimens to crack, spall and decrease of compressive strength. The quantity of C-S-H gels in the specimen reduces from the inside out, while lots of gypsum crystals are found on the surfaces of the specimens under above mentioned conditions. What's more, lots of filamentous fungi and yeasts are contained in long-term immersing acid solution, which is consistent to the situation of seriously biological damage of CA mortar on the scene. The destruction processes of CA mortar in acid solution include C-S-H gel dissolution process, gypsum crystallization expanding process and biological corrosion process. © 2016, Editorial Department of Journal of Building Materials. All right reserved.

Number of references: 21

Main heading: Mortar

Controlled terms: Acid rain - Biodegradation - Calcium silicate - Compressive strength - Corrosion - Differential thermal analysis - Erosion - Failure (mechanical) - Gypsum - Rain - Scanning electron microscopy - Spectrometers - Thermoanalysis

Uncontrolled terms: C-S-H gel - CA mortar - Differential thermal analyzers - Energy dispersive spectrometers - Erosion damage mechanisms - Long-term immersions - Salt crystallization - Slab ballastless track

图 5-18　EI 记录的 Detailed 显示界面

（3）输出检索结果

在检索结果列表页面，可以对已标记的记录直接输出。打印：单击“print”图标，可以打印标记的检索结果；存盘：单击“download”图标，可以下载标记的检索结果，同时可以选择输出文件的格式，如 pdf、excel、rtf 等；E-mail：单击“E-mail”图标，可以将检索结果通过电子邮件发送出去。

（4）精练检索结果（Refine Results）

Refine Results 提供了一个强大的分析工具，用户可以从中获得大量的情报信息，如通过年代分析，了解课题所处的生命周期，通过出版项分析了解论文的质量等。

在检索结果页面左侧的 Refine Results 工具栏，利用二次输入框（Add to term）或者通过工具栏里的 Controlled vocabulary（受控词表）、Author（作者）、Author affiliation（作者单位）、classification code（分类码）、Country（国家）、Document type（文献类型）、Language（语种）、Year（年代）、Source title（来源期刊）、Publisher（出版商）、Funding sponsor（基金支持）等栏目精练检索结果，使用 Include（限制）按钮或者 Exclude（排除）按钮达到优化或调整检索结果的目的。

5.2.3　EI 检索实例

【检索课题】

在 EI 数据库中检索 2010 年以来，有关“汽车尾气氮氧化物的控制”的研究论文。

【分析课题】

本课题要检索的主题是：汽车尾气、氮氧化物

【选择检索词、编制检索式】

检索词：汽车 automobile ；尾气 exhaust ；氮氧化物 nitrogen oxides；控制 control

检索式：automobile and exhaust and “nitrogen oxides”and control

【检索步骤】

进入 EI 数据库专业界面(Expert Search),输入检索式(automobile and exhaust and "nitrogen oxides" and control),选择时间阶段为 2010—2016,单击"Search",显示结果有 96 条记录。

检索结果按照相关度(Relevance)进行排序,选择相关度较高的前 15 条进行输出、下载全文等操作。

5.3 SciFinder 数据库

5.3.1 SciFinder 概述

化学文摘(Chemical Abstract,CA),是由美国化学学会(ACS)旗下的化学文摘服务社 CAS(Chemical Abstract Service)所出版的化学资料。CA 曾有 4 种出版类型:印刷版、光盘数据库、网络数据库、联机数据库。

SciFinder 是 CA 的网络版数据库,内容不仅涵盖了 CA 从 1907 年至今的所有内容,更整合了其他 5 个数据库(包括生物医学,物质,反应数据库),能通过主题、分子式、结构式和反应式等多种方式进行检索,是全世界最大、最全面的化学和科学信息数据库。SciFinder 数据库整合了 Medline 医学数据库、全球 180 多个国家和地区的 50 多种语言的 1 万多份期刊、63 家专利机构的专利、评论、会议录、论文、技术报告和图书中的各种化学研究成果。SciFinder 报道的内容几乎涉及了化学家感兴趣的所有领域,其中除包括无机化学、有机化学、分析化学、物理化学、高分子化学外,还包括冶金学、地球化学、药物学、毒物学、环境化学、生物学以及物理学等诸多学科领域。

5.3.2 SciFinder 检索方法、技术与结果处理

1. 用户注册

SciFinder 访问地址:https://scifinder.cas.org/,但需要用户注册后才能登录。

设置访问 SciFinder 用户名和密码时,用户名必须是唯一的,且包含 5~15 个字符。可以只包含字母或字母组合、数字和/或以下特殊字符:——(破折号)、_(下划线)、.(句点)、@(表示"at"的符号);密码必须包含 7~15 个字符,并且满足下面情形中的至少三项:字母、混合的大小写字母、数字、非字母数字的字符(例如 @、#、%、&、*)且不要和账号中有重复的字符。

2. 检索方法

用户注册以后登录 https://scifinder.cas.org/,输入账号、密码即可登录数据库(机构用户采用 IP 控制使用权限,并有并发用户数限制)。进入数据库首页,如图 5-19 所示。

SciFinder 提供文献检索(Explore Reference)、物质检索(Explore Substance)、反应检索(Explore Reaction)三种检索途径,默认检索途径为文献检索。

(1) 文献检索(Explore Reference)

文献检索主要用于检索期刊、专利、会议、图书、技术报告和学位论文等多种出版类型的文献,包括主题(Research Topic)检索、作者名字(Author Name)检索、机构名称(Company Name)检索、文献标识符(Document Identifier)检索、期刊(Journal)检索、专利(Patent)检索六种检索途径。

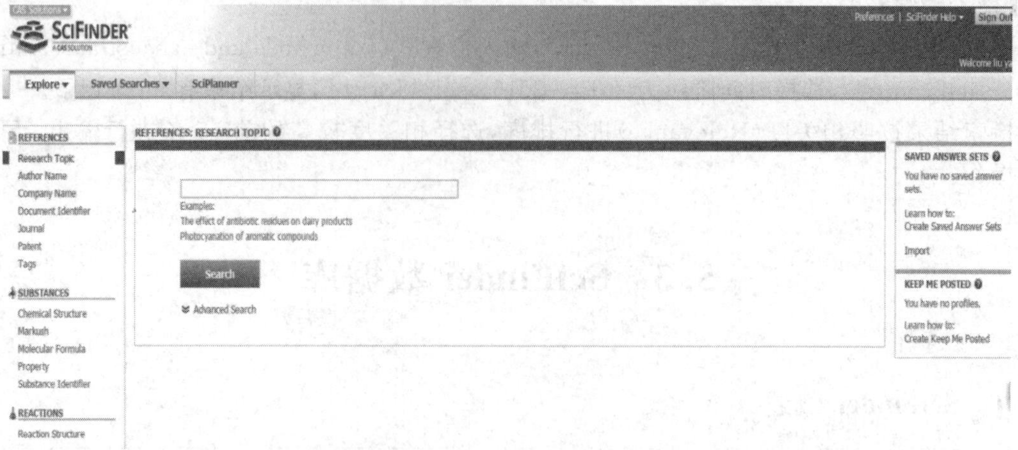

图 5-19　SciFinder 数据库首页界面

① 主题检索

登录后系统默认界面即是主题检索界面。在检索框中直接输入检索词(之间用介词连接,如:With,Of,In,On 等;建议 2～3 个关键词,最多不超过 5 个),如输入“genetically modified food with safety”,然后单击 Advanced Search(高级检索),可以限制其他条件,如 Publication Years(出版年)、Document Types(文献类型)、Language(语种)、Author(作者)、Company(公司)等进行更精确的检索,也可以输入检索词之后直接单击“Search”进行检索。可以得到检索备选结果页面,如图 5-20 所示。系统通过分析记录与检索式的匹配程度,给出不同的备选结果,用户可以根据自己的需要选择所需的检索结果。其中结果列表中含有:Concept,表示 SciFinder 后台做了同义词、近义词扩展;Closely associated with one another,表示两个关键词出现在同一个检索字段中;Were present anywhere in the reference,表示两个关键词出现在记录的任意位置。一般选择同时包含 Concept 和 Closely associated with one another 的选项。

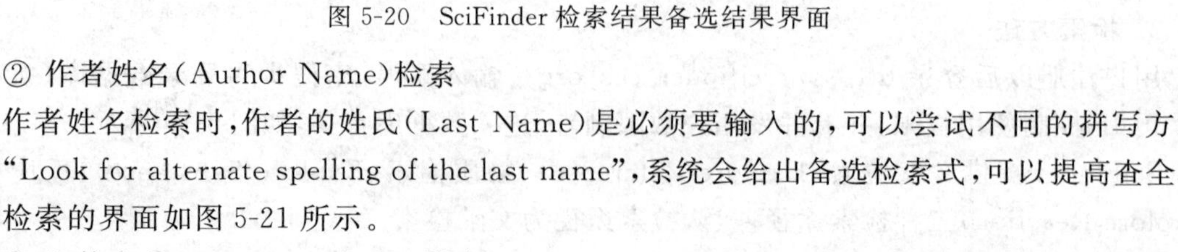

图 5-20　SciFinder 检索结果备选结果界面

② 作者姓名(Author Name)检索

作者姓名检索时,作者的姓氏(Last Name)是必须要输入的,可以尝试不同的拼写方式,选中“Look for alternate spelling of the last name”,系统会给出备选检索式,可以提高查全率。作者检索的界面如图 5-21 所示。

③ 机构名称(Company Name)检索

机构名称检索时,系统会自动检索一系列有关词条,包括单词缩写、首字母缩写以及同义词等。如输入 university 和 univ 得到的结果是一样的。

④ 文献标识符(Document Identifier)检索

文献标识符检索可以通过可识别文献的号码来检索某篇文献,如文献号(Document

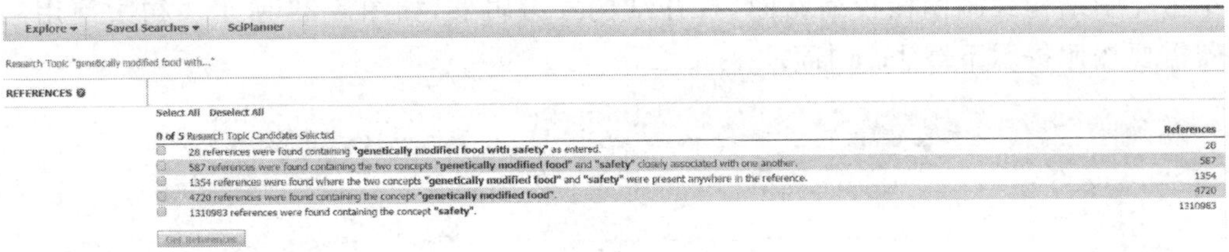

图 5-21　SciFinder 作者检索界面

Number)、专利号(Patent Number)、入藏号(Accession Number)等。

⑤ 期刊(Journal)检索

期刊检索可以通过检索期刊的名称;卷、期、页码;题名;作者姓名;出版年等进行,其中期刊名称和作者姓名是必填项,每个检索字段之间是 AND 关系。

⑥ 专利(Patent)检索

专利可以通过专利号(Patent Number)、专利权人姓名(Assignee Name)、发明人姓名(Inventor Name)和出版年(Publication Year)进行检索。

(2) 物质检索(Explore Substances)

物质检索有五种检索方式,分别是:物质标识符检索;分子式检索;化学结构检索;Markush 检索;理化性质检索。物质检索界面如图 5-22 所示。一般来说结构式检索用于检索有机物、天然产物;Markush 检索用于检索专利中的 Markush 结构;分子式检索用于无机化合物检索;高分子化合物则通过分子式和结构检索。

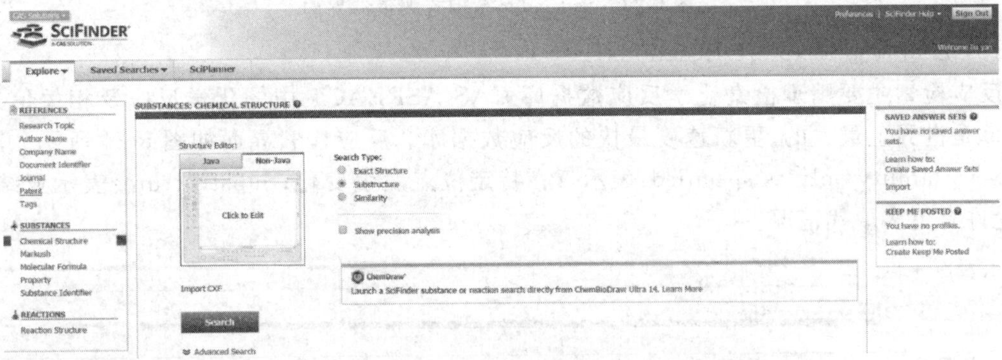

图 5-22　SciFinder 物质检索界面

① 物质标识符(Substance Identifier)检索,输入物质名称、CAS 登记号、商品名、俗名等都可以进行检索。

② 理化性质(Property)检索,可以通过实验性质,预测性质检索物质。

③ 分子式(Molecular Formula)检索,分子式输入需要遵守 Hill 排序原则。

④ Markush 检索,用于检索专利 Claim 中的 Markush 结构,用于初步专利评估。

⑤ 化学结构(Chemical Structure)检索。该检索类型有三种,分别是:精确结构(Exact Structure)检索:可以检索到具体结构的盐、混合物、配合物、聚合物等,母体结构不能取代、不能修改;亚结构(Substructure)检索:可以检索到结构的修饰修饰结构,母体结构可以被取代,但不可以修改;相似结构(Similarity)检索:可以检索到和母体结构相似度在 60%以上的结构,母体结构可以被取代,也可以被修改,以相似度控制结构的输出。

单击化学结构式画图面板缩略图，打开结构式编辑器，如图 5-23 所示。初次使用结构式编辑器需要按照提示下载 Java 插件。

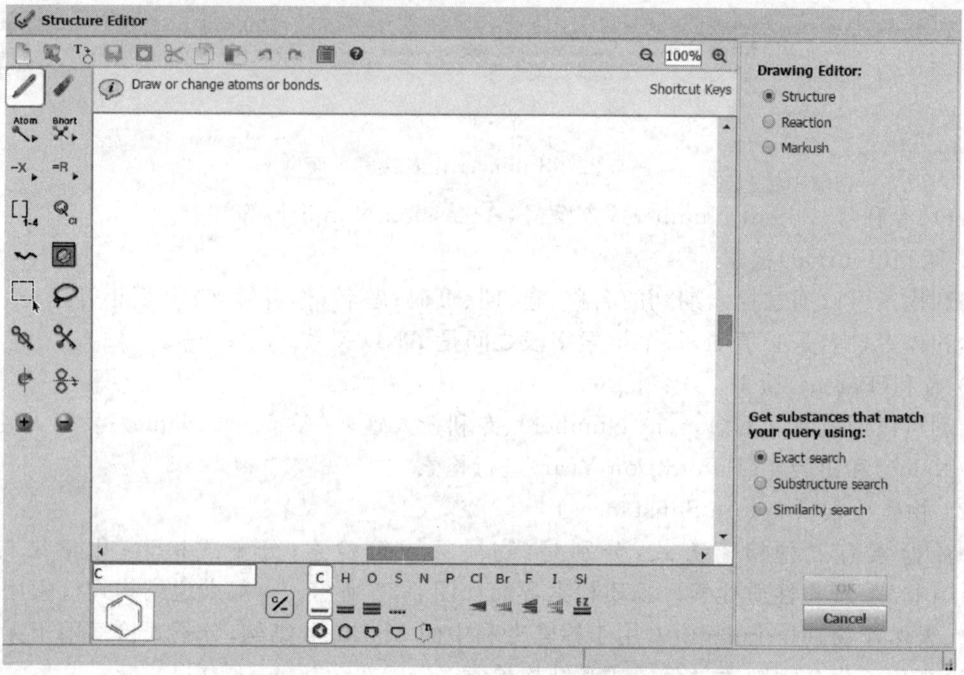

图 5-23　SciFinder 结构式编辑器界面

(3) 反应检索(Explore Reactions)

反应检索主要用于检索化学反应数据库 CAS ASREACT 中的化学反应及相关信息，该数据库是世界上最大的、更新速度最快的反应数据库。反应检索界面如图 5-24 所示。其中，Allow variability only as specified：表示仅在特定位点发生变化；Substructure：表示亚结构检索，允许有更多取代情况。

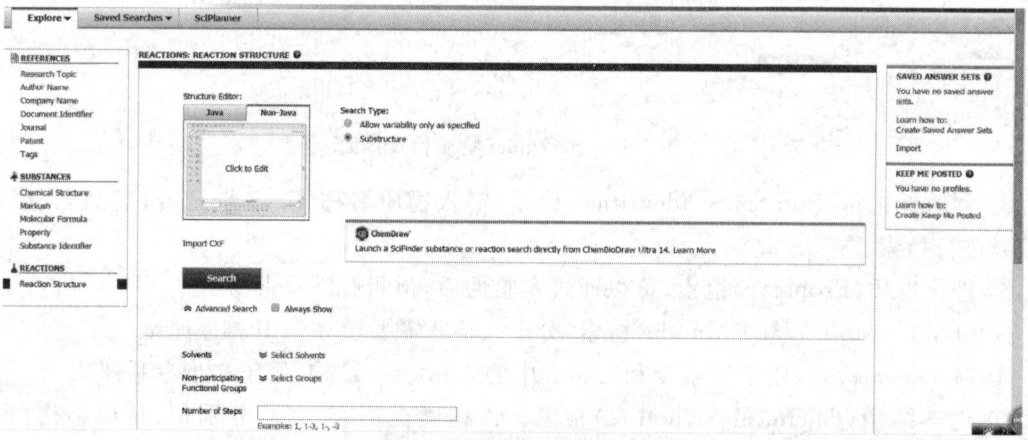

图 5-24　SciFinder 反应检索界面

3. 检索结果显示及处理

SciFinder 不同的检索类型其检索结果显示也不相同，其结果的处理方式也不相同。

(1) 文献检索(Explore Reference)结果

SciFinder 提供强大的文献处理工具,帮助处理文献。SciFinder 文献检索结果显示页面如图 5-25 所示,首先显示的是该检索式和命中记录总数,默认按文献收录号(Accession Number)排序,以题录格式列表显示检索结果,左侧是结果集分析(Analyze)、精练检索结果(Refine)、检索结果分类(Categorize)等功能区。

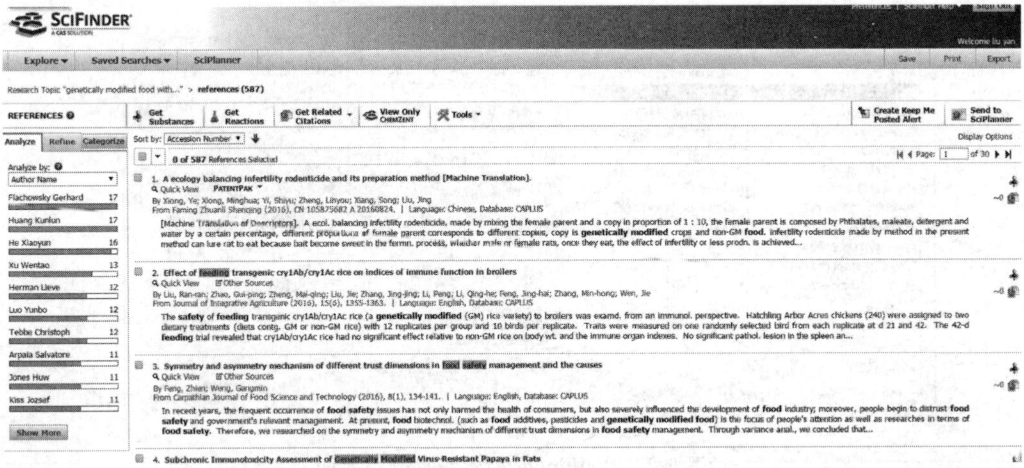

图 5-25 SciFinder 文献检索结果显示页面

① 检索结果的分析

检索结果分析选择界面如图 5-26 所示,可以通过 12 个途径进行选择分析。如 Author Name(作者姓名),可以帮助用户了解领域内主要研究人员;CAS Registry Number(CAS 登记号),可以用该登记号分析文献中出现的物质;CA Section Title(CA 学科领域)可以分析文献的学科分布情况;Company-Organization(机构)帮助用户了解该领域内有哪些主要研究机构、合作伙伴和竞争对手;Database(数据库);Document Type(文献类型);Supplementary Tem(辅助索引词);Index Term(索引词),可以帮助用户对文献内容进行大致的了解;CA Concept Heading(CA 概念标题);Journal Name(期刊名称),帮助用户了解主要出版杂志、机构、潜在投稿期刊等。

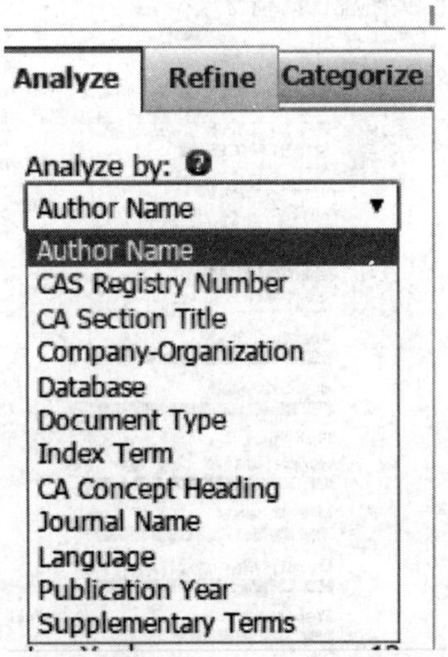

图 5-26 SciFinder 文献检索结果分析选择界面

② 精练检索结果

检索结果页面可以通过 Refine 功能,对检索结果进行精练,帮助用户迅速获得需要的文献。比如通过 Company Name 或 Author 限制项,可以迅速确定该领域内的研究机构或作者;还可以通过 Language、Database、Publication Year 等进行其他限制。

③ 检索结果分类

通过 SciFinder 中的 Categorize 功能可以对检索结果进行分类,该功能是基于 Index

Term(索引词)对文献依学科方向进行分类的。检索结果分类界面如图 5-27 所示。

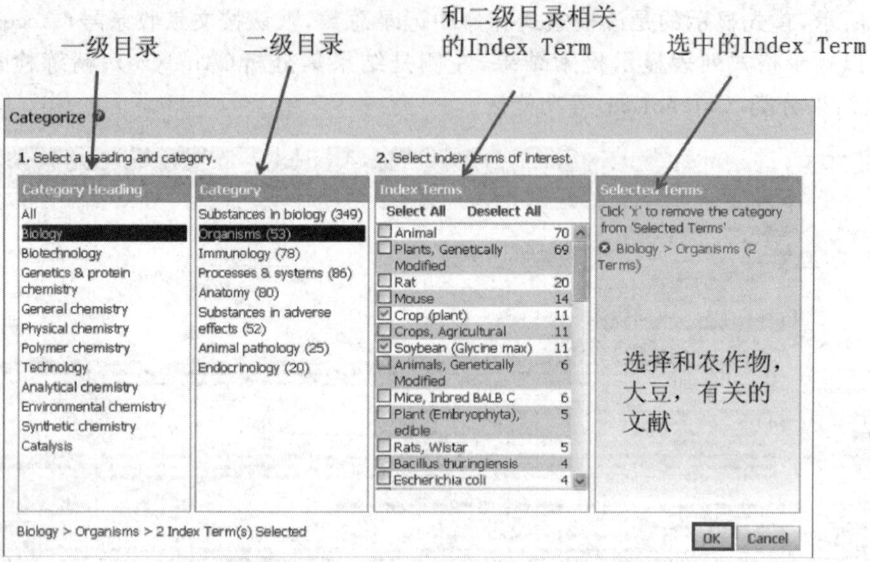

图 5-27　SciFinder 检索结果分类界面

(2) 物质检索(Explore Substances)结果分析

物质检索结果页面如图 5-28 所示，显示物质的 CAS 登记号、结构式、分子式、化学名，另外还有涉及的物质的参考文献、物质的反应信息、物质的商品信息、物质的管控信息、物质的图谱、物质的实验性质等。

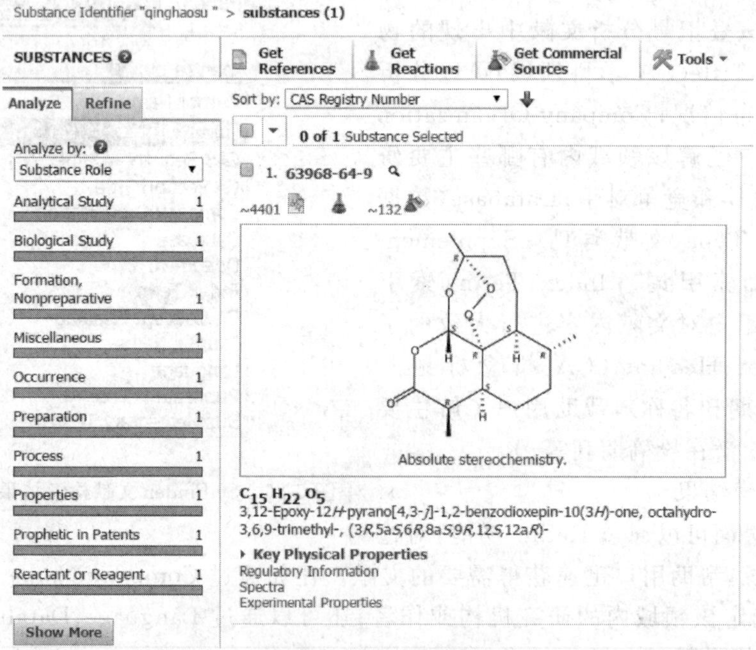

图 5-28　SciFinder 物质检索结果界面

SciFinder 对物质检索结果的 Analyze(分析)功能,提供有六个选项,分别是:Bioactivity Indicators(生物活性位点分析)、Commercial Availability(物质的商业来源)、Elements(组成)、Reaction Availability(反应的信息)、Substance Role(反应的角色)、Target Indicators(靶点生物活性)。

SciFinder 对物质检索结果的 Refine(精练)功能提供有八个选项,分别是:Chemical Structure(化学结构式)、Isotope-Containing(是否包含同位素)、Metal-Containing(是否金素元素)、Commercial Availability(商业品来源信息)、Property Availability(能提供的物性数据)、Property Value(必须提供物质的理化性质数据)、Reference Availability(参考文献能否获得)。

(3) 反应检索(Explore Reactions)结果分析

反应检索结果界面如图 5-29 所示,包括反应式和反应步数及相似反应链接。同一类反应被整合到一起并以通式结构集中显示;未被分类的反应显示在结果集最后。Refine(精练)检索结果有以下六个选项:Reaction Structure(反应结构)、Product Yield(产物的产率)、Number of Steps(反应步数)、Reaction Classification(反应类型)、Excluding Reaction Classification(排除反应类型)、Non-participating functional groups(不参加反应的官能团)。

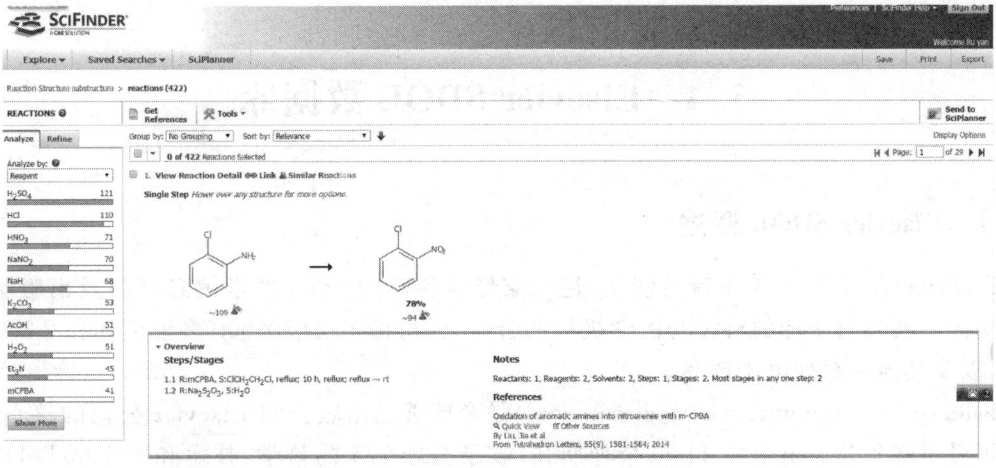

图 5-29　SciFinder 反应检索结果界面

5.3.3　SciFinder 检索实例

【检索课题】

检索有关青蒿素的文献,了解其组成及化学性质等信息。

【检索步骤】

1. 首先使用物质检索中的 Substance Identifier 检索,输入青蒿素英文名称 Artemisinin。

2. 在检索结果界面,单击 CAS 登记号,进入 SUBSTANCE DETAIL,可以获得有关青蒿素物质的详细信息:包括 CSA 号、分子式、结构式、化学名等,与青蒿素相关的实验性质与图谱、文献分类等(如图 5-30 所示)。

3. 单击图 5-30 所示的页面下边的按钮可以得到相关文献信息,在跳出的对话框中选择相应的按钮,获得文献信息或者其他信息。

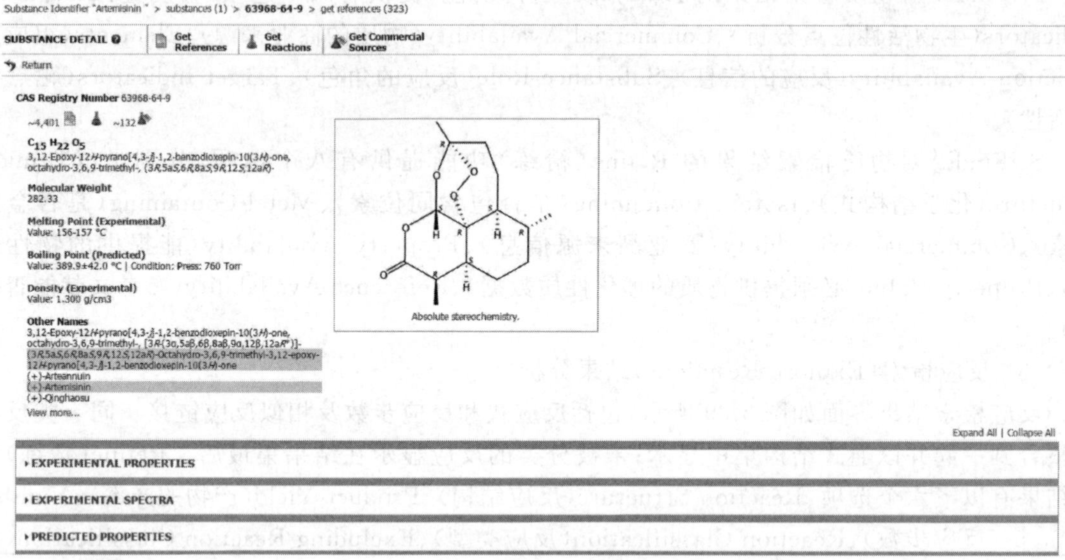

图 5-30 SciFinder 的物质详细信息结果显示页面

5.4 Elsevier SDOL 数据库

5.4.1 Elsevier SDOL 概述

Elsevier 公司 1580 年于荷兰创立，是一家经营科学、技术和医学信息产品及出版服务的出版集团。通过与全球的科技与医学机构的合作，公司每年出版 2 000 多种期刊和 2 200 多种新书，以及其他一系列电子产品。

Science Direct(www. sciencedirect. com)是全球著名出版公司 Elsevier 公司的核心产品，收录了爱思唯尔公司出版的 3 000 余种期刊，收录全球 1/4 的科学、技术和医学(STM)论文，33 000 多种图书，质量和影响在各学科领域名列前茅，最早可追溯到 1823 年。内容涵盖 24 个学科领域：农业和生物学；生物化学/遗传学/分子生物学；商业、管理和会计学；化学工程学；化学；计算机科学；决策科学；地球和行星学；经济学、计量经济学和金融；社会科学；心理学；艺术与人文科学；能源和动力；工程和技术；环境科学；免疫学和微生物学；材料科学；数学；医学；神经科学；护理与卫生保健；药理学/毒理学/制药学；物理学和天文学；兽医学。

5.4.2 Elsevier SDOL 检索方法、技术与结果处理

1. 检索方法

(1) 登录数据库

数据库主页(www. sciencedirect. com)，已订购数据库的成员馆用户访问权限通过 IP 地址控制，无须输入用户名和密码，无用户数额限制。登录后的界面如图 5-31 所示。

图 5-31　Elsevier SDOL 数据库主页界面

(2) 浏览(Browse)

单击主页搜索框下边的导航栏"Browse by production title"可以按字母顺序浏览数据库中的所有期刊和图书，也包括那些机构没有订购的内容，如图 5-32 所示。其中已定购的提供全文，否则没有全文链接，可查看其摘要，也可以单击数据库的各学科分类，按学科进行浏览，同时还提供该学科最新出版的文献，通过单击这些文献标题直接浏览。

在"Browse"(浏览)页面中，可以先查看按字母顺序列出的所有标题，按主题领域查看列表或者直接查看收藏的标题。通过显示的▤授权图标，可验证是能查阅全文还是只能查看摘要。

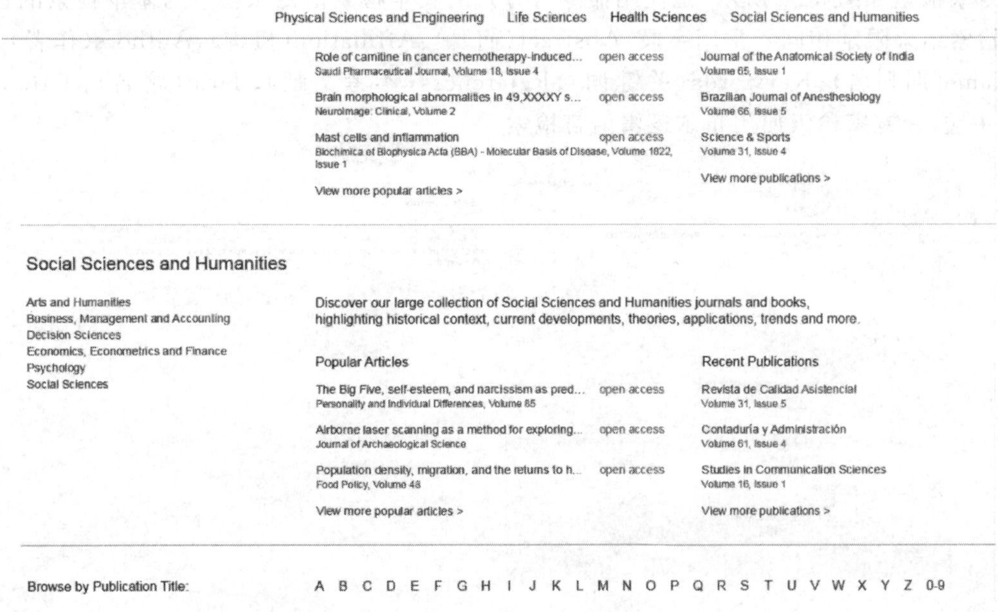

图 5-32　Elsevier SDOL 数据库浏览界面

(3) 基本检索(Basic search)

单击导航栏中的"Search"进入检索界面(如图 5-31 所示)，基本检索界面上有 Keywords(关键词)、Author name(作者姓名)、Journal/book title(期刊/书名)、Volume(卷)、Issue(期) Page(页码)六个检索词输入框，在输入框中键入相应的检索字段，单击"Search"。

(4) 高级检索(Advanced Search)

高级检索方式有更多的限定选择，用户可以限定检索结果的来源、科目、日期等。逻辑算符为 AND、OR、AND NOT，检索字段限定为：Authors(作者)、Abstract/Title/Keywords(摘要/题目/关键词)、Affiliation(机构)、References(参考文献)等,检索界面如图 5-33 所示。

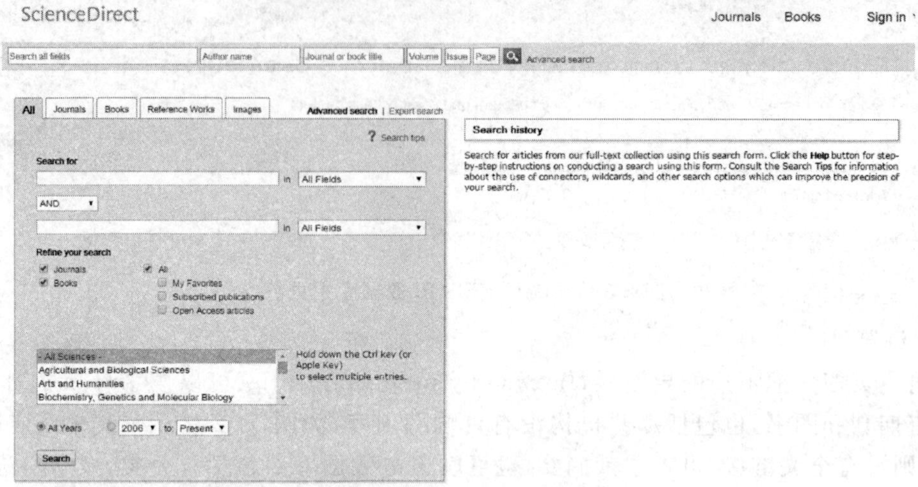

图 5-33　Elsevier SDOL 高级检索界面

(5) 专家检索(Expert search)

专家检索如图 5-34 所示,是使用命令行方式的文本检索。专家检索与基本检索的检索限定和检索结果限定相同。常用字段:Abstract(摘要)、Affiliation(机构)、Authors(作者)、Journal-Name(期刊名)、Keywords(关键词)、References(参考文献)、Title(题名)、Title-Abstr-Key(主题)。专家检索使用布尔逻辑语言检索。

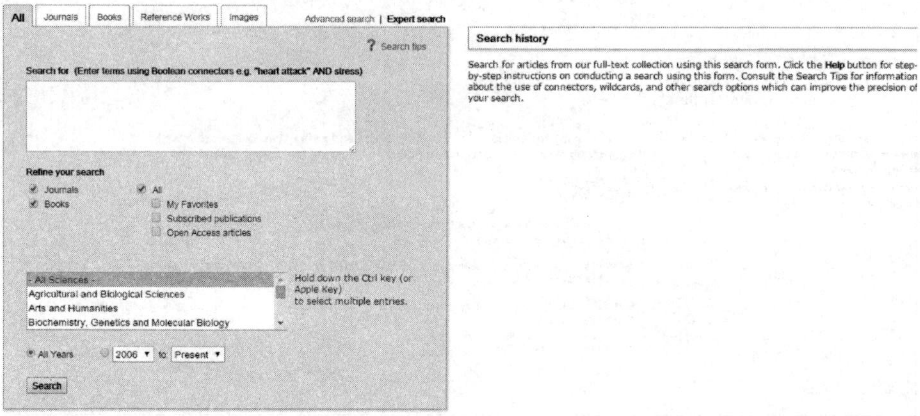

图 5-34　Elsevier SDOL 专家检索界面

2. 检索结果

(1) 检索结果题录显示

检索后,首先显示检索结果的题录列表,包括篇名、作者、刊名、卷、期、页码、文摘、全文链接点等,如图 5-34 所示。搜索结果列表中包含搜索结果,还有用于 HTML(通过单击文章标题)或 PDF 格式查看文章的选项。通过选择授权图标,可查看文章全文或者文章摘要。文章摘要可通过 Show preview(显示预览内容)或通过 Open all previews(打开所有预览内容)查看。默认情况下,搜索结果列表中会包含图形摘要。

可通过 Relevance(相关度)(默认选项)或 Date(日期)对搜索结果列表进行排序。

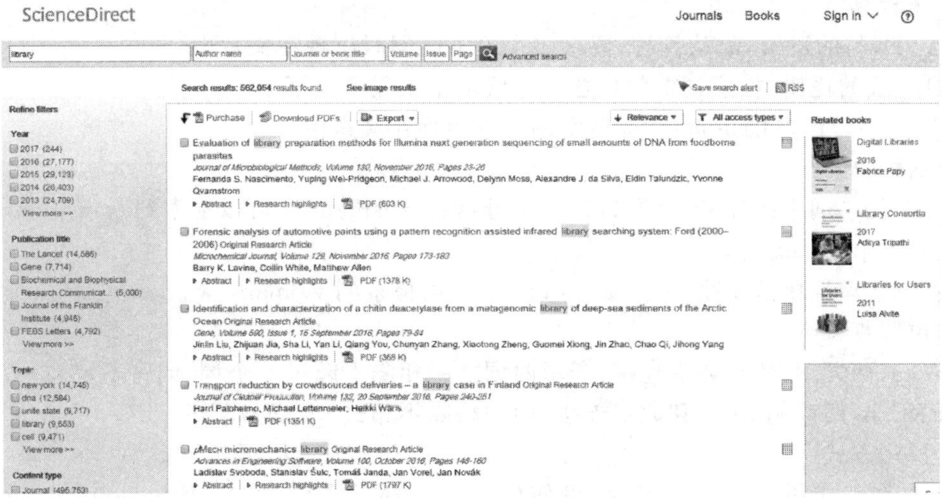

图 5-34　Elsevier SDOL 检索结果界面

(2) 二次检索

在检索结果界面的左侧"Refine filters"栏下边对应的栏目前框选某些选项可以进行二次检索。选择项包括(Year)年代、Publication title(出版物)、Topic(主题)、Content type(文献类型)等,用户根据需要框选一些选项以后,单击"Apply filters",可以精练检索结果。

(3) 检索结果输出

单击文章题名可以查看 HTML 格式全文,进入文章详细信息页面(如图 5-35 所示)。单击文章篇名下边的"Abstract"可以快速查看摘要,单击"PDF"可以下载和浏览 PDF 全文(需安装 Adobe 浏览器),单击"Research highlights"可以查看文章主要观点。单击页面上方的"Export"可以输出选中文献的信息;"Download PDFs"(下载多个 PDF)批量下载,最多可同时下载 20 篇 PDF 文章,该功能还允许用户对下载的文件进行自动命名,或者按自己的文件命名体例进行自定义;也可通过"Save search alert"保存检索式和检索提示(该功能只针对注册用户)。

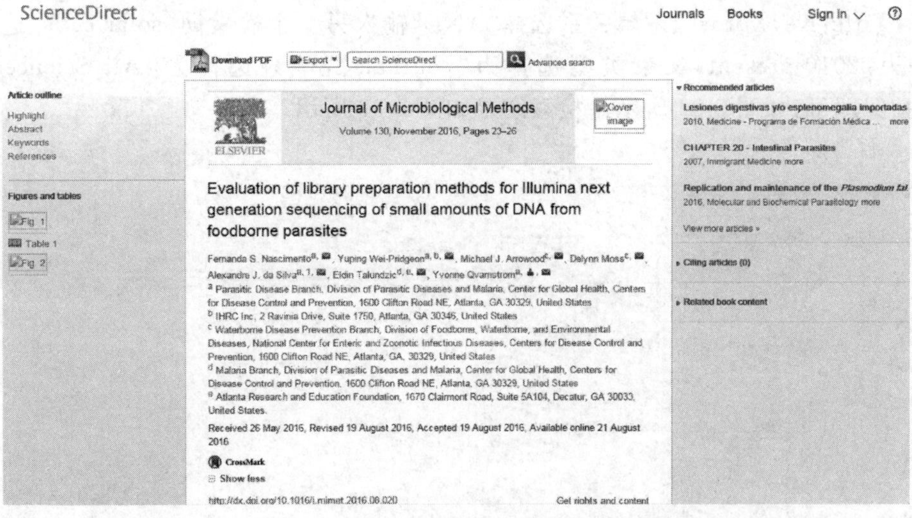

图 5-35　Elsevier SDOL 文章详细信息页面

3. 检索技术

(1) 逻辑算符

① AND,与的逻辑,默认算符,要求多个检索词同时出现在文章中;

② OR,或的逻辑,检索词中的任意一个或多个出现在文章中;

③ AND NOT,非的逻辑,后面所跟的词不出现在文章中。

(2) 通配符

① * 取代单词中的任意个(0,1,2…)字母,如 transplant * 可以检索到 transplant, transplanted, transplanting 等。

② ? 取代单词中的 1 个字母,如 wom? n 可以检索到 woman, women。

(3) 位置算符

① W/n,两词用 W 和数字连接,表示两词之间相隔不超过 n 个词,词序不定。

② PRE/n,两词用 PRE 和数字连接,两词相隔不超过 n 个词,词序一定。

(4) 拼写方式

当英式与美式拼写方式不同时,可使用任何一种形式检索,如:behaviour 与 behavior; psychoanalyse 与 psychoanalyze。

(5) 单词复数

使用名词单数形式可同时检索出复数形式,即名词的单复数不影响其检索结果,如: horse-horses, woman - women。

(6) 其他

支持希拉字母 α, β, γ, Ω 检索(或英文拼写方式);法语、德语中的重音、变音、符号,如 é, è, ä 均可以检索;“”(引号)作为词组查询,如“heart attack”;连接符可以省略,不区分大小写。

5.4.3 Elsevier SDOL 检索实例

【检索课题】

检索 2010 年以来,有关氧化锌在太阳能电池中应用的期刊类文献。

【检索步骤】

选择氧化锌(ZnO)、太阳能(solar cells)作为检索词,在检索框中输入“ZnO”选择检索项为“Abstract,Title,Keywords”,逻辑关系选择“AND”输入另一个检索词“solar cells”进行检索,检索年限为:2010-present,文献类型选择为“Journals”,学科选择为“All Sciences”,单击“Search”按钮即可,如图 5-36 所示。检索结果如图 5-37 所示。

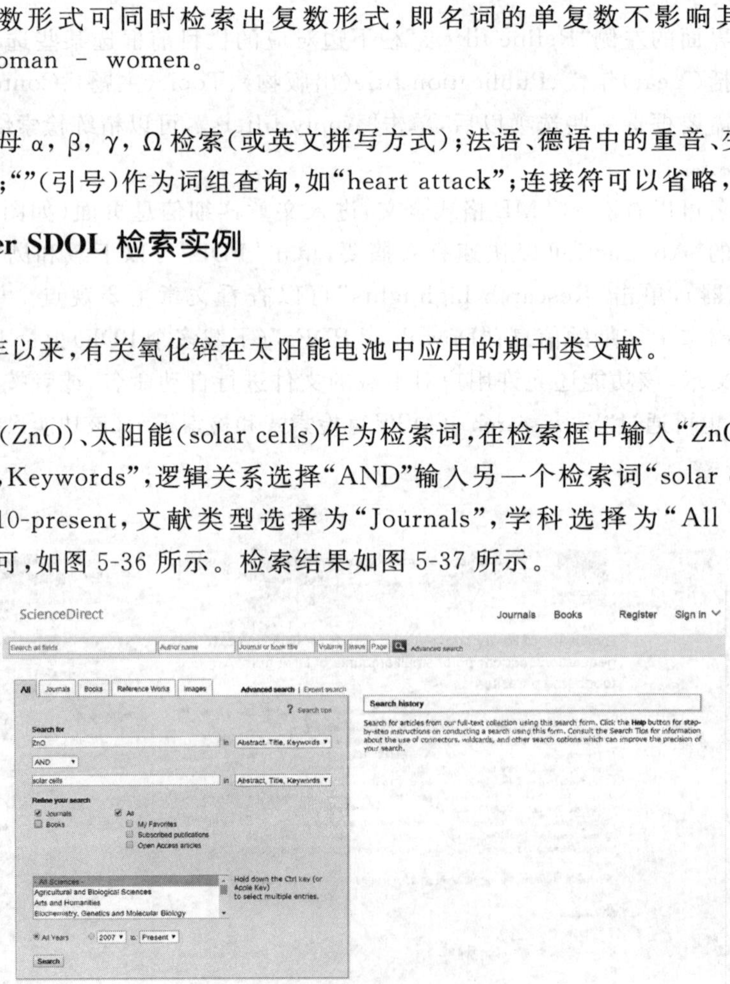

图 5-36 Elsevier SDOL 检索界面图

图 5-37 Elsevier SDOL 检索结果显示图

单击文章标题,可以直接浏览文献,如图 5-38 所示,也可以单击文献标题下方的 PDF 按钮直接以 PDF 格式浏览文献如图 5-39 所示。

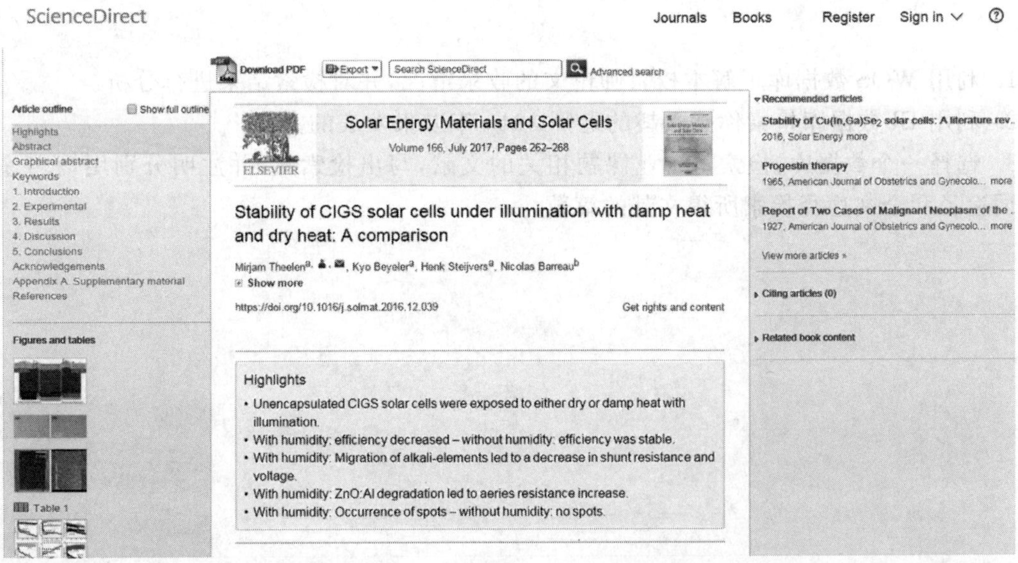

图 5-38 Elsevier SDOL 文献浏览界面图

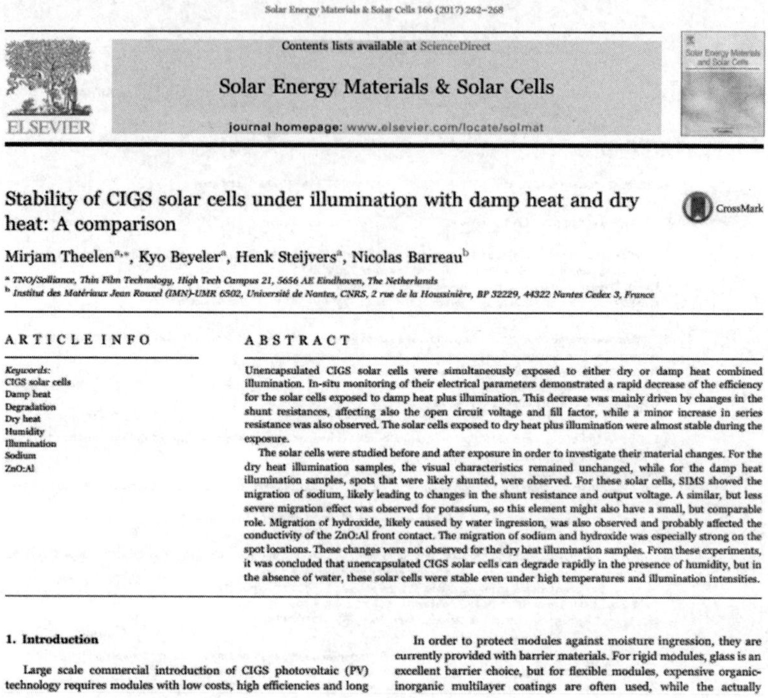

Solar Energy Materials & Solar Cells 166 (2017) 262–268

Contents lists available at ScienceDirect

Solar Energy Materials & Solar Cells

journal homepage: www.elsevier.com/locate/solmat

Stability of CIGS solar cells under illumination with damp heat and dry heat: A comparison

Mirjam Theelen[a,*], Kyo Beyeler[a], Henk Steijvers[a], Nicolas Barreau[b]

[a] TNO/Solliance, Thin Film Technology, High Tech Campus 21, 5656 AE Eindhoven, The Netherlands
[b] Institut des Matériaux Jean Rouxel (IMN)-UMR 6502, Université de Nantes, CNRS, 2 rue de la Houssinière, BP 32229, 44322 Nantes Cedex 3, France

ARTICLE INFO

Keywords:
CIGS solar cells
Damp heat
Degradation
Dry heat
Humidity
Illumination
Sodium
ZnO:Al

ABSTRACT

Unencapsulated CIGS solar cells were simultaneously exposed to either dry or damp heat combined illumination. In-situ monitoring of their electrical parameters demonstrated a rapid decrease of the efficiency for the solar cells exposed to damp heat plus illumination. This decrease was mainly driven by changes in the shunt resistances, affecting also the open circuit voltage and fill factor, while a minor increase in series resistance was also observed. The solar cells exposed to dry heat plus illumination were almost stable during the exposure.

The solar cells were studied before and after exposure in order to investigate their material changes. For the dry heat illumination samples, the visual characteristics remained unchanged, while for the damp heat illumination samples, spots that were likely shunted, were observed. For these solar cells, SIMS showed the migration of sodium, likely leading to changes in the shunt resistance and output voltage. A similar, but less severe migration effect was observed for potassium, so this element might also have a small, but comparable role. Migration of hydroxide, likely caused by water ingression, was also observed and probably affected the conductivity of the ZnO:Al front contact. The migration of sodium and hydroxide was especially strong on the spot locations. These changes were not observed for the dry heat illumination samples. From these experiments, it was concluded that unencapsulated CIGS solar cells can degrade rapidly in the presence of humidity, but in the absence of water, these solar cells were stable even under high temperatures and illumination intensities.

1. Introduction

Large scale commercial introduction of CIGS photovoltaic (PV) technology requires modules with low costs, high efficiencies and long

In order to protect modules against moisture ingression, they are currently provided with barrier materials. For rigid modules, glass is an excellent barrier choice, but for flexible modules, expensive organic-inorganic multilayer coatings are often used, while the actually

图 5-39　Elsevier SDOL 文献 PDF 格式浏览图

思考题

1. 利用 WOS 数据库了解本校教师论文的收录情况，并对检索结果进行分析。

2. 利用 EI 数据库检索你感兴趣的老师 2010 年以来发表的文章。

3. 选择一个数据库，检索与专业课题相关的文献，写出检索式，并注明分别用篇名途径、关键词途径和全文途径检索所得文献的篇数。

第6章　特种文献及其检索

特种文献是指不公开发行或不定期出版、来源特殊、技术性强和使用价值较高的文献。它介于图书和期刊之间，其内容广泛新颖，类型复杂多样，涉及当前国内外诸多领域的最新科研成果或最新学术动态的信息，具有重要的参考价值。特种文献信息检索，是指运用各种载体形态的检索工具，按照一定的方法、步骤，利用各种检索途径，根据特种文献的内、外部特征，查找读者所需相关信息和全文的过程。通常特种文献是专利文献、标准文献、会议文献、科技报告和学位论文等的总称。

6.1　科技报告

6.1.1　科技报告概述

科技报告是科研活动的具体成果和实际进程的真实记录，是在科技活动中产生的第一手资料。一般定义为：描述一项科学技术研究的结果或进展，或一项技术研制试验和评价的结果，或是论述某项科学技术问题的现状和发展的文件。具体地说，科技报告是对某一科学技术问题研究后写的正式研究结果，或仅就某一课题研究进展向主管部门写出的书面汇报材料，或就某一地区某一科学技术问题、研究、实验或考察后，向有关部门或单位写出的书面研究报告、实验报告或考察报告，一般有研究报告、进展报告和年度报告。科技报告一般由政府机构、军队系统所属的科研单位、高等院校的专门科研机构提供和出版发行。它不仅记录了科研活动的研究成果，而且将成功的经验和失败教训都记录在内，对科研工作起到直接的借鉴作用。

科技报告最早出现于20世纪初，出现之初仅仅是研究、设计单位或个人向提供经费和资助的部门汇报其研究或设计任务完成情况的总结报告。“二战”期间，大量的研究成果以内部报告形式发表，科技报告逐渐成为一种技术交流的手段。战后，不少军事、科研机构利用政府研究报告对内、对外传递科技情报，至今已发展成为科技文献的一大门类。

6.1.2　科技报告的特点及类型

科技报告是一种特殊类型的文献，不像图书、期刊，它反映着科学研究的过程、进展和结果。由于科技报告在内容上一般具有保密性，不宜在期刊上发表；但要使其在一定范围内迅速传播、交流，故常以内部资料的形式出现，或在一定时期后公开发表。其特点如下：

一是全面、客观、准确；二是内容新颖，翔实专深，多是涉及国家的尖端科研项目和前沿课题，有详尽的数据、图表；三是出版速度快；四是大部分属于保密性，只有一小部分允许公开发表，绝大部分要在一段时期之后才被解密公开。

目前，世界上每年出版的科技报告约有90万件。国际上最著名的科技报告是美国政府的四大报告，即PB（美国商务部出版局）报告、AD（美国武装部队技术情报局）报告、NASA（美国国家航空与航天局）报告和DOE（美国能源部）报告。

科技报告分为以下几种类型：

（1）按报告的发行密级，分为保密报告（Classified）、非密限制发行报告（Restricted or Limited）、非密公开报告（Unclassified）、解密报告（Declassified）。机密报告在认为没有必要保密时可解密成为公开的文献。但大多数科技报告不在期刊上发表。

（2）按出版形式，又可分为以下几种。

① 技术报告（Technical Reports，TR）是公开发行的出版物，内容完整详细，多是技术总结报告。

② 技术札记（Technical Notes，TN）是研究过程中的记录和小结，内容不完整，属于一些原始素材。

③ 技术论文（Technical Papers，TP）是准备在学术会议或期刊上发表的报告，着重于理论而删除了关键的技术内容。

④ 技术备忘录（Technical Memorandum，TM）是内部使用限制发行的出版物，供同一领域内科技人员沟通情况用。

⑤ 技术译文（Technical Translations）是翻译国外有参考价值的文献。

⑥ 技术通报（Technical Bulletin，TB）是对外公布的较成熟的摘要性文献。

（3）按内容可分为基础理论研究和工程技术两大类。

（4）按研究进展程度，可分为初期报告（primary report）、进展报告（progress report）、中间报告（interim report）、最终报告（final report）等四类。

① 初期报告：研究单位进行某研究项目的一个计划性报告。

② 进展报告：报道某项研究或某研究机构的工作进展情况。

③ 中间报告：报道某项研究课题某一阶段的工作小结及对下一阶段的建议等。

④ 最终报告：科研工作完成后所写的报告。

6.1.3 国外科技报告检索

1. 美国政府报告数据库（NTIS）

（1）数据库简介

NTIS（National Technical Information Service）是美国国家技术情报社出版的美国政府报告数据库，以收录1964年以来美国政府立项研究及开发的项目报告为主，少量收录西欧、日本及世界各国（包括中国）科学研究报告。该库75%的文献是科技报告，其他文献有专刊、会议论文、期刊论文、翻译文献；25%的文献是美国以外的文献；90%的文献是英文文献。专业内容覆盖科学技术的各个领域。

NTIS数据库其对应的印刷版检索工具是《政府报告通报与索引》（GRA&I）。NTIS数据库有磁带版、缩微胶片、联机数据库、光盘版、网络数据库等。

NTIS网络数据库可在CSA检索系统的IDS平台和EI-Village2检索系统的EV2平台上进行检索服务。检索方法不再赘述。

另外通过 NTIS 主页(http://www.ntis.gov)可免费检索 1990 年以来 NTIS 数据库的文献文摘信息,部分报告提供原文。

(2) 检索方法

① 快速检索(Quick Search)。登录 NTIS 网站,单击菜单条上的"About""NTIS Database"等中的任意一项,进入下一级页面,在页面菜单条上单击"Quick Search"按钮,进入快速检索界面(如图 6-1 所示)。快速检索提供篇名、作者、关键词、摘要、产品编号和 NTIS 编号几种常规的字段查询方式。在检索框内输入一个或几个检索词进行检索,检索词之间可以用布尔逻辑算符"AND"和"OR"进行组配。如果进行词组检索,需将检索词用引号""括起来。

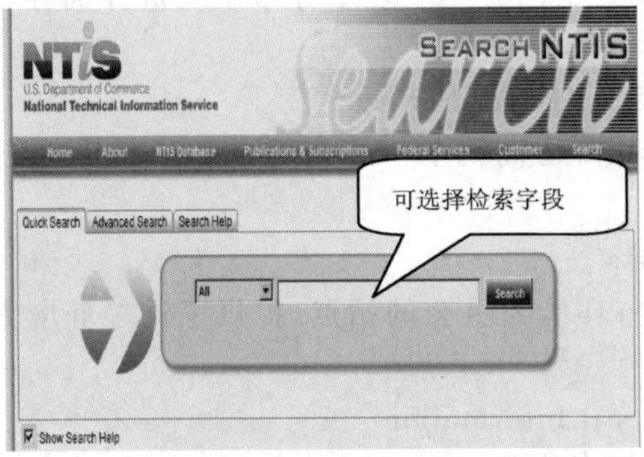

图 6-1　NTIS 快速检索界面

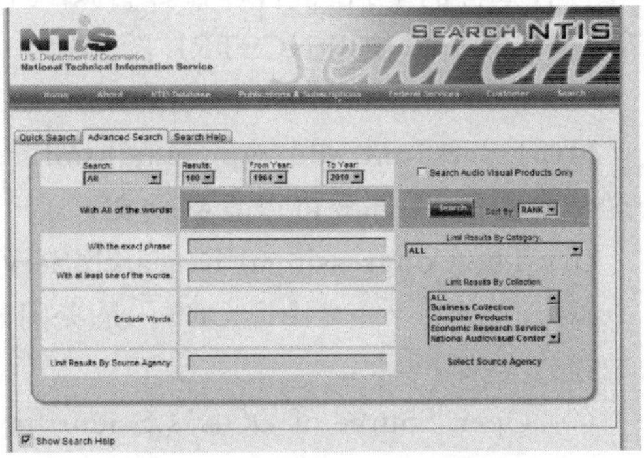

图 6-2　NTIS 高级检索界

② 高级检索(Advanced Search)。单击"Advanced Search"按钮,可以进行高级检索(如图 6-2 所示)。高级检索通过限定检索字段、时间、排列等级、收集处归属等进行检索。高级检索中不能够选择多个检索字段,只能逐条排除。NTIS 的检索结果默认显示为报告号、题名和年份;单击题名即可获得全记录,包括作者、摘要、报告号、合同号等内容。如果文摘的右上角上有一个标有"Click here access this document for free from NTIS"的蓝色图形图标,单击该图标即可以看到报告全文;如果没有该图标,就需要根据文摘中的提示付费获取全文。

2. 国家科技图书文献中心国外科技报告数据库

该数据库主要收录 1978 年以来的美国政府报告,即 AD、PB、DOE 和 NASA 研究报告,以及少量其他国家学术机构的研究报告、进展报告和年度报告等。学科范围涉及工程技术和自然科学各专业领域,每年增加报告 2 万余篇,每月更新。网址 http://www.nstl.gov.cn。

另外,上海市国家图书馆也有四大报告的原文馆藏,中国国防科技信息中心藏有大量的 AD 和 NASA 报告,中国科学院文献中心收藏 PB 报告最全,核工业部情报所收藏有较多的 DE 报告。

3. Internet 检索科技报告

简单介绍一些国外科技报告网站。

(1) GrayLIT Network

http://www.osti.gov/graylit。此网站是由美国能源部(DOE)、科技信息办公室(OSTI)联合美国国防科技信息中心(DTIC)、美国航空航天局(NASA)、美国环保总局(EPA)提供的科技报告数据库,可以下载全文。

(2) NASA Scientific and Technical Information Program

http://www.sti.nasa.gov/sti-pubs.html。提供有关航空航天方面的丰富的科技报告,

部分有全文。

(3) Scientific and Technical Report Collection

http://www.dtic.mil/stinet/str/index.html。美国国防部(Department of Defense)提供的科技报告,涉及国防及其相关领域。大部分为文摘和题录,少部分可以看到全文。

(4) Networked Computer Science Technical Reports (NCSTRL)

http://www.ncstrl.org。康乃尔大学 NCSTRL 的"馆藏"是广泛分布于参与机构的技术报告,这些机构包括授予计算机和工程博士学位的高校和一些企业和政府实验室。采用联合式数字图书馆协议 Dienst 连接参与单位的服务器,并用一个被称为 WATER 的集中式索引系统连接各单位的 FTP 报告存储库。NCSTRL 在 1999 年已有 100 多个分布于全世界的存储库,任何人都可以使用 NCSTRL 图书馆。

(5) MIT Center for Coordination Science Working Paper Series

http://ccs.mit.edu/wpmenu.html。麻省理工学院协同科学中心的研究报告,可以看到较详细的文摘,一部分可以看到全文。

(6) The Congressional Research Service Reports

http://cnie.org/NLE/CRS。是美国国家科学与环境委员会的站点,提供了许多环境方面的报告全文。

(7) Open Source of DOE's Scientific & Technical Information

http://www.osti.gov/bridge/。能够检索并获得美国能源部(Department of Energy)提供的研究与发展报告全文,内容涉及物理、化学、材料、生物、环境、能源等领域。

(8) Search for California Environmental Documents

http://elib.cs.berkeley.edu/docs/query.shtml。提供美国加州大学环境科学方面的科技报告全文。

(9) NBER Working Paper

http://www.nber.org。提供美国国家经济研究局(National Bureau of Economic Research)的研究报告文摘和全文。

(10) Economics WPA

http://econwpa.wustl.edu/wpawelcome.html。由华盛顿大学经济系提供的经济学科的报告,其中包括许多大学的研究成果,按照内容分为二十多个类,多数可以免费获得全文。

(11) WoPEc Electronic working papers in Economics

http://netec.wustl.edu/WoPEc/data/PaperSeries.html。由华盛顿大学搜集整理的 Internet 上的经济类报告,可以下载全文。

(12) DOE Scientific and Technical Information

http://www.osti.gov/bridge/index.jsp。由美国能源部(Department of Energy, DOE)下属的科技信息办公室(Office of Scientific and Technical Information, OSTI)创建,可以免费检索 1991 年至今的 DOE 报告,包括物理、化学、材料、生物、环境、能源等领域,其中 170 000 条资源可以下载全文。

(13) NASA Technical Reports Server

http://ntrs.nasa.gov/search.jsp。是 NASA 技术报告服务中心的综合性网站,提供有关航空航天方面的科技报告摘要。可以在 20 个数据库中免费检索并浏览。部分有全文。

(14) DTIC Online

http://www.dtic.mil/dtic/search/tr/index.html。美国国防科技信息中心(The Defense Technical Information Center，DTIC）的数据库，是检索 AD 报告的主要数据库，涉及国防及其相关领域，部分可下载全文。

（15）美国国家经济研究局研究报告服务

http://www.nber.org。美国国家经济研究局研究报告服务（National Bureau of Economic Research Working Paper，NBER Working Paper）是美国国家经济研究局（National Bureau of Economic Research）的研究报告文摘。

（16）FED World

http://www.fedworld.gov。由 NTIS 于 1992 年创建，可以检索 1964 年至今 NTIS 的文摘题录。

6.1.4 国内科技报告检索

1.《科学技术研究成果公报》双月刊

国家科学技术委员会编。由国务院有关部门推荐，经国家科委科学技术研究成果管理办公室正式登记，以摘要形式公布。

2. 国务院发展研究中心信息网

http://www.drcent.com.cn。北京国研网信息有限公司创建于 2001 年 4 月，国务院发展研究中心信息网是国研网公司以国务院发展研究中心的信息资源和专家阵容为依托，整合中国宏观经济、金融研究和行业经济领域的专家资源及其研究成果，并与海内外众多著名的经济研究机构和经济资讯提供商合作，为中国各级政府部门和企业投资者进行决策而建设的经济类专业网服务平台。

3. 中国科技成果数据库（CSTAD）

http://www.wanfangdata.com.cn。中国科技成果库始建于 1986 年，收录了自 1964 年至今的历年各省市部委鉴定后上报国家科技部的科技成果及星火科技成果，共有 37 万余条科技成果记录，包括高新技术和实用技术成果，可转让的适用技术成果以及获得国家科技奖励的成果项目，内容涉及化工、生物、医药、机械等十几个专业领域。CSTAD 的可检索字段共有 16 项，包括成果名称、省市、联系人等，各个检索字段之间可以进行布尔逻辑组配检索。

4. 中国科学技术信息研究所

http://www.istic.ac.cn。中国科学技术信息研究所成立于 1956 年，是科技部直属的国家级公益类科技信息研究机构，主要从事以“科技决策支持”为特色的信息分析研究、科技信息服务、新技术研发推广和先进服务平台管理、科技信息领域高级人才培养和继续教育培训、社团管理、媒体出版等业务，负责国家工程技术图书馆建设。这里主要介绍国家工程技术图书馆，它是我国工程技术领域科技文献信息资源收藏、开发和服务的核心机构，系统收藏工程技术、高技术各个学科领域的科技文献，学科主要包括电子和自动化技术、计算机和网络技术、材料科学、环境科学、航空航天、生物工程、能源动力、交通运输、建筑、水利和一般工业技术等工程技术领域，同时兼有基础科学、农业科学、医药卫生、社会科学领域；文献类型包括学术期刊、学术会议、学位论文、科技报告、院士著作、工具书和影视资料等。其中还收藏有从 1958 年开始的美国政府四大科技报告。

5. 国家科技成果网

http://www.nast.org.cn/index.htm。国家科技成果网是由中华人民共和国科技部科技成果管理办公室和中国化工信息中心承办的一个全国科技成果的信息平台。

该网站的科技成果栏目中包含了国内各个科技领域的重要成果。在网站中搜索科技成果相关内容,首先在主界面的菜单条上单击"成果",进入下一级页面;然后选中输入框上面的"成果",在输入框中输入检索词,单击"搜索"按钮即可。

网站还提供了"高级检索",在高级检索界面可以设置搜索条件进行相关检索。

检索结果以列表方式显示成果名称,每页只能显示20条。单击成果名称,可浏览成果的详细信息。

6. 中国国防科技报告

国防科工委系统的中国国防科技报告是我国科技报告的重要组成部分。其中航空科技报告已建成《航空科技报告文摘数据库》,收录国内各航空企事业单位中具有很高专业技术水平的中国航空科技报告的文摘。现收录1981—2009年数据万余条,公开比例大致为50%,且数据每年更新。其中1981—1996年的科技报告提供全文借阅服务,1997年之后的科技报告只有公开级的全文报告提供借阅服务,内部(索取号后带N)和密级(索取号后带M或J)的科技报告暂不借阅。

7. 国防科技成果推广转化网

http://www.techinfo.gov.cn。国防科技成果推广转化网由军工各大集团公司、中物院和七所委属高校等单位共同创建,发布与国防科技工业相关的各类信息。例如,科技资讯类、技术成果类、需求类等。提供分类检索、关键字、投资规模三种搜索引擎供用户查询成果和需求。

8. 国家科技图书文献中心

http://www.nstl.gov.cn。国家科技图书文献中心的国外科技报告数据库主要收录1978年以来的美国政府四大科技报告,以及少量其他国家学术机构的研究报告、进展报告和年度报告等。学科范围涉及工程技术和自然科学各专业领域。数据每月更新。

6.2 专利文献

6.2.1 专利概述

1. 专利的概念及特点

专利(Patent),从法律角度来说,指专利权,是指专利权人在法律规定的有效期限内,对其公开发明创造享有的独占权。人们通常所说的专利就是这一含义。从技术角度来说,专利指的是取得专利权的发明创造。从文献角度来说,专利指的是记载发明创造的专利文献。

"专利"包括三个方面的含义:一是专利权,即专利权人在法律规定的有效期限内对其发明成果享有的独占权或垄断权;二是受专利法保护的发明创造;三是记载发明的技术内容及其相关法律事项的专利文献。

专利是一种无形财产,具有专有性、地域性和时间性的特点。专利法规定,在一段时间内未经专利权人许可,任何单位和个人不得实施其专利。

2. 专利的种类

按照专利法和实施细则的规定,世界上各国专利根据被保护的发明创造的实质内容分为发明专利、实用新型专利和外观设计专利。发明专利是指对产品、方法或者其改进所提出的新的技术方案;实用新型专利是指对产品的形状、构造或其结合所出的实用的新技术方案;外观设计是指对产品的形状、图案、色彩或其结合所做的富有美感的并适于工业上应用的新设计。

3. 授予专利权的条件

每一次发明要成为专利,必须具备以下“三性”。

(1) 新颖性:各国对新颖性要求稍有不同,中国是指申请专利的发明在申请日之前,未在世界范围内被公开发表和在本国被公众所知所用。

(2) 创造性:指同申请日以前已有的技术相比,该发明有突出的实质性特点和显著的进步,该实用新型有实质性特点和进步。

(3) 实用性:一般指发明能制造或使用,并能产生积极的效果。

6.2.2 专利文献概述

1. 专利文献的概念及特点

1988年世界知识产权组织在《知识产权教程》中将专利文献定义为:专利文献是包含已经申请或被确认为发现、发明、实用新型和工业品外观设计的研究、设计、开发和试验成果的有关资料,以及保护发明人、专利所有人及工业品外观设计和实用新型注册证书持有人权利的有关资料的已出版或未出版的文件(或其摘要)的总称。该教程指出:专利文献是指各国专利局以及国际性专利组织,在审批专利过程中产生的官方文件及其出版物的总称。专利文献有广义和狭义之分。狭义的专利文献是指专利局公布的专利说明书和权力要求书;广义的专利文献包括各种与专利有关的文献,如专利公报、专利文摘、专利索引等。与其他科技文献相比,专利文献具有集技术、法律经济信息为一体、数量庞大、内容广博、内容新颖、著录规范、经审查的专利技术内容可靠等特点。

2. 专利文献的检索途径

(1) 号码途径。主要通过申请号、专利号检索特定的专利。

(2) 名称途径。主要通过发明人、专利权人、专利申请人或专利权受让人(包括自然人和法人)的名称查找特定的专利。

(3) 主题途径。主要通过选取关键词查找相关技术主题的专利。

(4) 分类号途径。通过所查技术主题的国际专利分类号来查找专利。国际专利分类的主要依据是《国际专利分类表》(International Patent Classification,IPC)。

3. IPC

IPC分类是唯一的国际通用的专利文献分类和检索工具。目前已有70多个国家和组织采用这种分类法。1968年第一版IPC分类表公布生效,以后每5年更新一次。从2006年1月1日起到2010年12月31日有效的IPC分成核心板(Core)和高级版(Advanced)两个版本。2011年1月1日起,不再区分核心版和高级版,每年都更新。

IPC采用等级结构,把整个技术领域按部、大类、小类、大组、小组分5级进行分类。

(1) 部(Section)。部是分类系统的一级类目,共分为8个部,每个部都有部名及部号,用字母A～H表示。每个部又包含若干个分部,8个部共包含20个分部。分部只有分部名而没有分部号。

(2) 大类(Class)。每个大类都有类名和类号,大类号由部类号加上两位阿拉伯数字组成。如:A61 医学和兽医学、卫生学。

(3) 小类(Sub-Class)。每个小类都有类名和类号,小类号由大类号加上一个大写英文字母组成。如A61N 电疗、磁疗、放疗。

(4) 大组(Group)。大组号由小类号加上一个 1～3 位阿拉伯数字及"/00"组成。如：A61N1/00 电疗装置。

(5) 小组(Sub-Group)。小组号由小类号加上 1～3 位的阿拉伯数字后加上一斜线"/",斜线之后再加上 2～4 位阿拉伯数字(/00 除外)所组成。如 A61N1/26 电疗刷、电疗按摩器。

一个完整的 IPC 分类号应由部、大类、小类、大组、小组五个等级的符号依次组成。如,电疗按摩器的 IPC 号如下所示：

部　A 人类生活需要

大类　A61 医学或兽医学;卫生学

小类　A61N 电疗;磁疗;放射疗

大组　A61N1/00 电疗装置;其所用的线路

小组　A61N1/26 电疗刷,电疗按摩器

6.2.3　国外专利文献检索

1. 国外专利手工检索

《世界专利索引》(WPI)

由英国德温特出版公司出版。德温特出版公司是专门从事专利文献报道的私营出版商。德温特出版公司创刊时仅出版《英国专利文摘》,20 世纪 70 年代开始以题录形式全面报道十多个国家和两个国际组织(欧洲专利公约和国际专利使用条约)的专利文献。目前,德温特出版公司专利文献的报道范围已扩展到 30 多个国家、两个专利组织及英国《研究公开》和美国《国际技术公开》两种刊物上的专利,形成一套世界性专利检索刊物,即《世界专利索引》。《世界专利索引》除印刷版外,还以缩微、光盘、联机数据库、网络数据库等形式出版发行。

WPI 目录周报印刷版于 1999 年停版,文摘周报每周出版一期,2000 年分 P、Q、EPI、CPI 四个分册,2000 年后,此四个分册均更名为 Derwent Alerting Abstracts Bulletin。各分册中专利文摘正文的编排顺序一样,均以德温特分类号顺序编排,同一类下按专利的国别代码字顺,同一国按专利号大小排序。

每期文摘正文后都有下列三种索引。

(1) 专利权人索引(Patentee Index)

其著录项目为:专利权人代码;专利权人名称,多为公司或单位名称,少数是个人名称。2000 年及以前的专利权人索引均以专利权人代码字顺排列专利权人索引。2001 年的文摘周报中专利权人索引开始以专利权人全称形式排列。

(2) 登记号索引(Accession Number Index)

著录项目包括:入藏号;德温特分册号;同族专利号;专利登载的年、周号。

按入藏号顺序编排。由于德温特公司把同族专利编为同一入藏号,所以该索引集中反映同族专利。通过它我们就可以检索到同一专利的所有文献。所谓同族专利,是指同一专利的不同表现形式,包括基本专利、补充或修订的专利以及在不同国家申请的专利(即相同专利)。

(3) 专利号索引(Patent Number Index)

按专利号顺序编排,著录项目只有专利号、入藏号和专利权人代码。

2. 国外专利网络检索

(1) 美国专利与商标局网络数据库

① 数据库简介

美国专利与商标局(USPTO)(http://www.uspto.gov)通过 Internet 提供书目和全文专利数据库检索,是非常重要的专利信息源。该数据库收录美国专利的时间范围从 1790 年至当前最近一个星期;其报道速度很快(每周更新一次,一般在周四)。Internet 用户可免费检索该数据库,并可浏览检索到专利的题目、文摘及包括附图在内的专利说明书等信息。数据库中的每一个记录所包含的内容都与官方公布的专利原文相同。

单击网址 http://www.uspto.gov 进入 USPTO 主页,单击主页左侧“Patents”下的“Application process”,出现很多选项,单击 Search for patents 即可进入专利数据库检索界面,如图 6-3 所示。USPTO 数据库可提供 USPTO Patent Full-Text and Image Database(PatFT)(授权专利数据库)、USPTO Patent Application Full-Text and Image Database(AppFT)(专利申请数据库)和 Global Patent Search Network (GPSN)等多种资源。其中授权专利数据库提供 1976 年以来公布的美国专利全文库以及 1979 年以来公布的专利页面图像;专利申请数据可提供 2001 年 3 月 15 日以来尚未被批准的专利申请的全文及页面图像。两部分的检索方法基本相同,我们以授权专利数据库为例介绍 USPTO 的检索方法。

② 检索方法

两部分数据库都提供三种检索方式,即快速检索、高级检索和专利号检索。

a. 快速检索(Quick Search)

快速检索模式,如图 6-4 所示,提供两个检索词输入框(Term1 和 Term2)以及两个对应的字段选择下拉列表框(Field1 和 Field2)。两个检索词输入框之间可以用布尔逻辑算符进行组配。输入框下方还设有检索年代范围选择(Select years)下拉列表框,以限定检索时间范围。检索时,在“Term1”框中输入检索词或短语,在对应的“Field1”中选择所要检索的字段。进行多词检索时在“Term2”中输入检索词,在对应的“Field2”中选择字段,同时选择适当的运算符。然后单击“Search”按钮进行检索。注意其中 1790—1975 年的专利只能以专利号和当前的美国专利分类号进行检索。

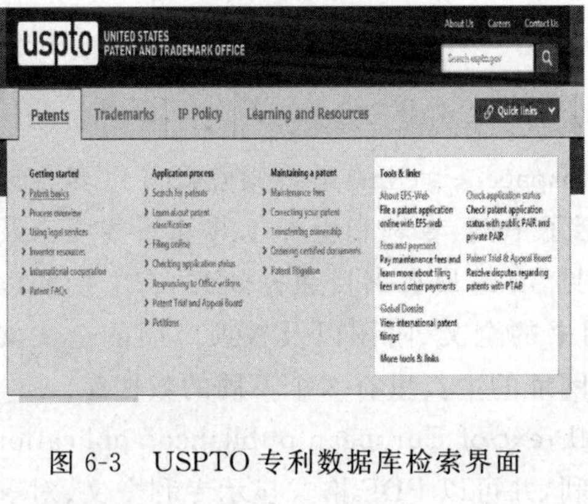

图 6-3　USPTO 专利数据库检索界面

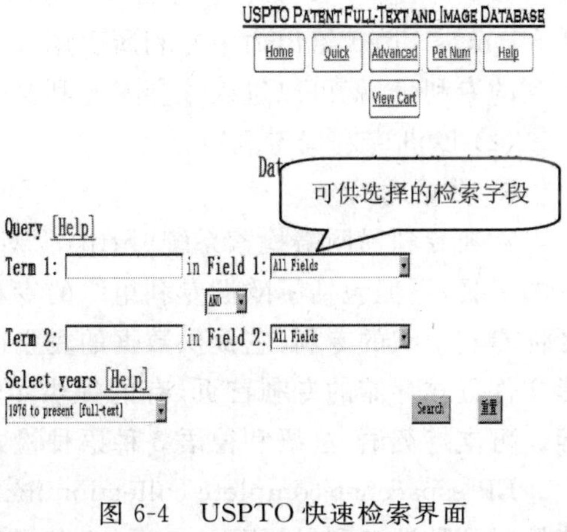

图 6-4　USPTO 快速检索界面

b. 高级检索(Advanced Search)

高级检索模式如图 6-5 所示。检索时,在检索提问输入框“Query”中输入单词或短语,检索年代范围选择 Select Years 下拉菜单和 USPTO 数据字段代码(Field Name)对应表。检索时,用户可使用命令行检索语法构建一个复杂的检索提问式。命令语法包括布尔逻辑关系式、词组检索、字段限定检索、截词检索等。然后选择年代检索范围,最后单击“Search”按钮即可。

c. 专利号检索

专利号检索界面如图 6-6 所示。检索时在“Query”输入框中输入一个或多个专利号,单击“Search”按钮即可。输入多个专利号时可用空格或逻辑算符“OR”隔开。号码中有无逗号和字母是否大小写都不影响检索结果。

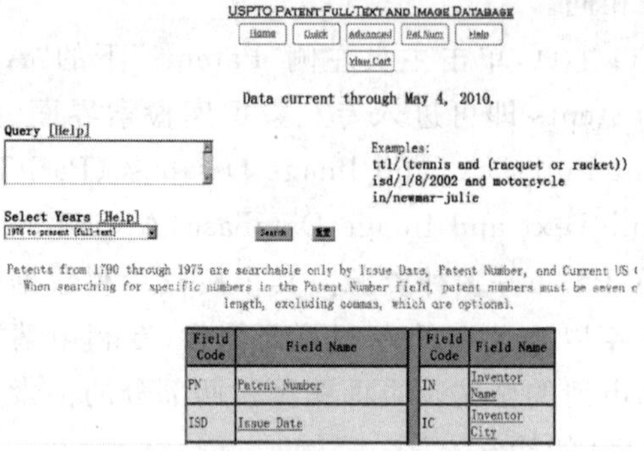

图 6-5 USPTO 高级检索界面

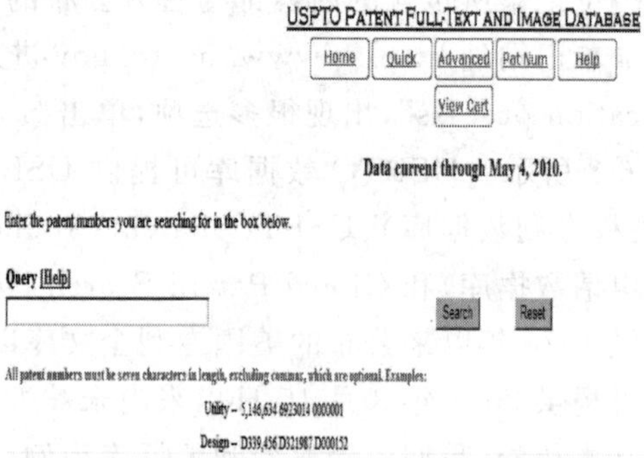

图 6-6 USPTO 专利号检索界面

③ 检索结果

执行检索命令后,在检索结果窗口列出专利数量、专利号和名称,每页显示 50 条记录,并按照从新到旧的顺序(序号)显示出来,用户通过浏览标题确定专利是否切题。如果检索结果数量过多,可利用界面上的 Refine Search(精确检索)对话框,再次输入检索式,进行二次检索,以缩小检索范围。

单击专利号或篇名可以得到文本格式的全记录。单击全文浏览屏上的“Image”按钮,可以显示 TIFF 图像格式的专利全文。这种格式的全文浏览需安装“alterna-tiff”插件,并可以利用插件的保存功能进行专利全文的保存。

数据库提供“参考专利文献”和“引文检索”的链接,可链接到原文。专利全文页面通过 References Cited 给出命中专利所引用过的专利文献,其中对美国专利提供了链接。单击美国专利的专利号,就可以进入该参考专利文献的全文页面。

(2) 欧洲专利局专利数据库

① 数据库简介

欧洲专利局网络检索系统(http://worldwide.espacenet.com)是检索欧洲及世界各地专利的工具,不但包括了欧洲专利组织的专利,也包括了 PCT 专利和世界上其他一些国家及地区性专利组织的专利;它提供数据的完整度详略互见,有的只有书目数据,有的有文摘和以图形文件方式存储的专利首页,有的提供了专利说明书的全文、附图以及权项声明的全文文本等。可支持英语、法语和德语 3 种语种检索。在该网址的主页里有 3 个不同的数据库。

EP-espacenet-complete collection including full text of European published applications,能检索到欧洲专利局(EPO)最近 24 个月公布的专利,并可以 PDF 格式显示专利全文;对 WIPO 专利申请中那些以英、德、法 3 种语言书写的,而且进入 EPO 区域的申请也以 PDF 格式显示全文。EPO 新专利从原件公布起一个星期即可收入进该数据库。

WIPO-espacenet-complete collection including full text of PCT published applications,可检索到 WIPO 最近 24 个月公布的以 PDF 格式全文显示的 PCT 专利。WIPO 新专利在原件公布后一个星期即可收入进该数据库。

Worldwide- collection of published applications from 90＋countries，可检索世界各国专利数据库。其中包括了 58 个国家的专利以及非洲地区工业产权组织（African Regional Industrial Property Organization）、欧亚专利组织（Eurasian Patent Organization）、欧洲专利组织（European Patent Organization）、非洲知识产权组织（African Intellectual Property Organization）、WIPO 等 5 个国际组织的专利。该数据库对专利文献的著录遵守最少数 PCT 成员文献原则，即对 EP、WO、FR、GB、DE、CH、US 等代码代表的国家和组织的专利文献全文著录，对日本、俄罗斯（JP、RU/SU）的专利除了书目数据外还著录文摘，其余国家只著录书目信息。

② 检索方法

该系统提供了智能检索、快速检索、高级检索、号码检索和分类检索 5 种检索方式。

a. 智能检索

最多输入 20 个检索词，而每条书目数据最多包含 10 个检索词。各检索词之间可以使用布尔逻辑算符。智能检索不能选择单个数据库，只能跨库检索。

b. 快速检索

用户选择需要检索的专利数据库，提供标题或文摘、个人或组织名称两个检索类型，在检索框输入检索词，单击"Search"按钮即可。

c. 高级检索

在高级检索界面，为用户提供了发明名称、发明名称或摘要、公开号、申请号、优先权号、公开日、申请人、发明人、欧洲专利分类号 ECLA、国际专利分类号 IPC 共 10 个检索入口。用户可以根据检索课题的具体情况，选择适合的检索方式及检索字段进行检索。

d. 专利号检索

单击主页左侧的"Number Search"，进入号码检索界面，在检索框中输入申请号、专利出版号、优先申请号等专利号码即可。

e. 分类检索

单击主页左侧的"Classification Search"，进入分类检索界面，可在检索框中输入分类号进行检索，或逐级单击打开分类表，选择类目。

（3）Delphion 公司专利检索

http://www.delphion.com/simple。Delphion 是由原 IBM 公司的 IPN 与 Derwent、ISI、IP 等公司联合重组形成的。通过该网站可检索到世界范围内的专利信息情报，范围涵盖了收集的专利信息，包括美国申请专利（2001 年 3 月至今）、美国授权专利（1790 年至今的专利文摘和全文）、欧洲授权专利和申请专利（由欧洲专利局提供 1979 年至今的欧洲申请专利和 1980 年至今的欧洲授权专利原文题录和典型图像）、世界知识产权组织 PCT 出版物（由世界知识产权组织提供 1978 年至今的 100 多个成员国的专利文摘和全文图像）和 INPADOC 专利家族与法律状态（1968 年至今）等内容。

该公司提供简易检索、逻辑检索和高级检索 3 种检索方式。其中简易检索是免费的，包括快速检索和专利号检索两种检索方式，但它的检索范围有限，仅能获得专利文摘；如果是注册用户，系统提供布尔逻辑检索和高级检索界面及专利全文的浏览、下载，并且可使用 Delphion 提供的专利分析功能。

（4）德温特（Derwent）专利数据库

http://www.derwent.com。将德温特世界专利索引（Derwent World Patent Index）和德温特专利引文索引（Derwent Patent Citation Index）的内容整合在一起，用户可以检索到全

球40多个专利机构授权的发明的记录及其引用信息。目前德温特的一系列出版物已成为查找世界主要国家专利文献的最权威和最系统的检索工具。该数据库为商业数据库。

(5) 世界知识产权组织网上专利数据库(WIPO)

http://www.wipo.int。该数据库收录了1997年以来的PCT国际专利,包括专利说明书扉页的所有内容。1997年之前的PCT专利只能从欧洲专利局专利检索系统的"world-wide"数据库中进行检索。

检索系统提供有简单检索、高级检索和结构化检索等检索界面,数据每周更新。

(6) 加拿大知识产权局专利数据库

http://www.ic.gc.ca/opic-cipo/cpd/eng/introduction.html。该数据库的专利由加拿大知识产权局提供,有英语和法语两种检索界面,提供基本检索、专利号检索、布尔检索和高级检索4种检索方式。该数据库输出结果采用网页的形式,主页面内容为专利名称、摘要、发明者、申请和授权时间、优先权等基本信息,可以通过链接选择显示或下载专利申请书的各项内容,另外,该数据库还可以查询到该专利授权的当前状态。

(7) 日本工业产权数字图书馆专利数据库

该数据库的日语网址为http://www.ipdl.inpit.go.jp/homepg.ipdl。它提供1922年至今日本专利和实用新型说明书,有日语和英语两种界面。

该数据库有多种查询方式,其中日本专利文摘查询方式比较方便。日本专利英文文摘检索系统(PAJ)的检索界面设有3组检索框。第一组是申请人(Applicant)、发明名称(Title of invention)、文摘(Abstract),第二组是申请公布日期(Date of publication of application),第三组是国际专利分类(IPC)。

(8) 世界知识产权检索

http://www.wiosglobal.com。世界知识产权检索(Worldwide Intellectual Property Search,WIPS),又称WIPS专利检索与分析数据库。是韩国世界知识产权检索有限公司开发的专利检索系统,包含了1亿多项专利,包括日本专利(JP Publ.和PAJ)、美国专利(Us Publ.和US Grant)、欧洲专利(早期公开申请EP-A和已授权专利EP-B)、世界知识产权组织出版的专利PCT、国际专利文献中心出版的专利(INPADOC)、韩国专利(KR Publ.和KPA)、中国专利(CN PAT)和包含了英国、德国、法国及瑞士专利的数据库(G-PAT)。除检索功能外,WIPS还提供了多种专利分析功能,例如聚类分析、引证分析和关联专利申请分析。

(9) DPM Apublikationen数据库

http://publikatinen.dpma.de/DPMApublikationen/start.do。是德国专利商标局(DP-MA)的官方公布平台,提供英文和德文两种检索界面,可以检索1877年至今德国的专利信息,包括专利、实用新型、商标、工业设计信息,还提供专利公报、商标公报、外观设计公报的电子在线版本。

(10) 韩国专利局网站专利检索

http://eng.kipris.or.kr。提供1948年至今审定/授权公告的及1983年至今公开的发明、实用新型专利申请的著录项目、摘要、附图、说明书全文、法律状态等专利信息检索,包括韩国专利、实用新型的英文专利文摘(KPA)、韩国外观设计和商标专利的英文检索。

(11) IBM专利数据库

http://www.ibm.com/ibm/licensing。IBM专利数据库是IBM公司提供的免费专利信息检索数据库,包括美国专利、世界知识产权组织(WIPO)的PCT数据、欧洲专利局(EPO)的

EP-A 和 EP -B 专利。

(12) Delphion-IPN

http://www.delphion.com。Delphion 是由因特网资产组(Internet Capital Group,ICG)和 IBM 联合组建的新公司,它的专利网站名为 Delphion-知识产权网(The Intellectual Property Network,IPN),收录范围包括:美国专利(US patents,1971 年至今)、德温特世界专利索引(Derwent WPI,1963 年至今)、欧洲专利(EP-A 1979 年至今,EP-B 1980 年至今)、国际专利文献中心同族专利和法律状态(1968 年至今)、日本专利文摘(JP,1976 年至今)、瑞士专利(CH,1990 年至今)和世界专利(WIPO PCT Publications,1978 年至今)。

6.2.4 国内专利文献检索

1. 中国专利手工检索

中国专利检索工具分专利公报、文摘、索引 3 种。

(1) 专利公报

中国专利局从 1985 年 9 月 10 日起,陆续出版发行《发明专利公报》《实用新型专利公报》《外观设计专利公报》几个分册,分别公布各类型专利申请、审查和授权有关的内容、事项和决定,以下主要介绍发明专利公报。

发明专利公报是专利公报中最主要的一种,报道发明专利申请、授权等有关事项,内容包括:发明专利申请公开;发明专利权授予;发明保密专利;发明专利事务;申请公开索引;授权公告索引等部分。

(2) 文摘

中国专利局出版有《中国发明实用新型专利年度分类文摘》,相当于专利公报有关部分的年度累积本。文摘按 IPC 分类体系中的 8 个部(大类)(A～H)分别编辑出版,各部又分为若干分册。文摘按 IPC 分类体系排列,各部均包括文摘正文和索引两部分。文摘正文及索引的格式与专利公报中基本相同。

(3) 索引

中国专利局还出版有《中国专利索引》,包括两个分册,即《分类年度索引》(第一分册)和《申请人、专利权人年度索引》(第二分册)。1986 年创刊,原为年刊,1993 年起改为半年刊。

该索引的著录项目包括:IPC 分类号、公开号(或授权公告号、专利号)、申请号、申请人(或专利权人)、发明名称或实用新型名称、外观设计产品名称及登载该专利申请的专利公报的卷、期号等项。

此外,还有《中国专利索引—申请号/公开(告)号对照表》,1990 年创刊,年刊。

《中国专利索引》和《中国专利索引—申请号/公开(告)号对照表》实际上就是专利公报中相应索引的年度或半年度累积本,与三种专利公报配套使用,可帮助使用者迅速查到所需文献并提取说明书。除印刷版外,中国专利局等单位还出版有相应的机读版(包括光盘版、联机版、网络版)等。

2. 中国专利网络检索

(1) 中华人民共和国国家知识产权局专利检索系统

http://www.sipo.gov.cn。本检索系统现提供专利检索和分析。收录了 103 个国家、地区和组织的专利数据,以及引文、同族、法律状态等数据信息,其中涵盖了中国、美国、日本、韩国、英国、法国、德国、瑞士、俄罗斯、欧洲专利局和世界知识产权组织等。提供有常规检索、表格检索、药物专题检索、检索历史、检索结果浏览、文献浏览、批量下载等功能。

(2) 中国专利信息网

http://www.patent.com.cn。中国专利信息网始建于1998年5月，该网是我国因特网上第一个全方位提供专利信息检索与专利技术及产品信息服务的专利网站。其中，“中国专利数据库”集中了我国自1985年实施专利制度以来的全部发明专利和实用新型专利，记录内容包括专利的完整题录信息和文摘。专利数据库提供19个检索入口，提供逻辑检索、简单检索和菜单检索3种检索方法。

(3) 中国知识产权网

http://www.cnipr.com。中国知识产权网由中华人民共和国国家知识产权局知识产权出版社主办，提供中国专利、中国商标、中国版权的知识产权信息和服务。该网的专利检索系统收录了1985年以来公布的全部中国专利信息以及1970年以来瑞士、德国、英国、法国、美国、日本、欧洲专利局和世界知识产权组织的专利信息。专利检索栏目分为基本检索和高级检索。与其他中文专利检索系统比较，该系统有二次检索、过滤检索、同义词检索，并可保存检索表达式的功能。

中国知识产权网专利检索系统可免费浏览、下载中国专利公开时的著录项目、摘要、主权项和授权时的著录项目、摘要、主权项、引证文献，以及国外专利的著录项目、摘要和附图，获取全文需交纳一定的费用。

(4) 万方数据资源系统专利技术数据库

该数据库收录了我国从1985年至今受理的全部发明专利、实用新型专利、外观设计专利的数据信息。系统提供了25个检索入口，检索方法和万方的其他数据库基本相同。

(5) CNKI的中国专利数据库(知网版)

CNKI的中国专利数据库(知网版)主要收录1985年以来的所有中国专利文献，专利类型为发明专利、实用新型专利和外观设计专利3个子库。国家知识产权局知识产权出版社提供数据。

系统提供了16个检索入口，检索方法和CNKI的其他数据库相同。

该数据库的特点是每条专利集成与该专利相关的最新文献、科技成果和标准等信息，可完整地展现该专利产生的背景、最新发展动态和相关领域的发展趋势，并可浏览发明人和发明机构更多的论述及在各种公开出版物上发表的信息。

6.3 标准文献

6.3.1 标准文献概述

1. 标准文献的概念

1983年，我国在GB 3935.1—1953《标准化基本术语第一部分》将标准定义为：标准是对重复性事物和概念所做的统一规定。它以科学、技术和实践经验的综合成果为基础，经有关方面协商一致，由主管机构批准，以特定形式发布，作为共同遵守的准则和依据。简单地说标准是对工农业产品和工程建设的质量、规格、检验方法、包装方法及储运方法等方面所制定的技术规格。

中国于1957年成立国家标准局，次年颁布第一批国家标准(GB)。标准文献是指由国际或国家专门的标准化组织所公布实施的正式规范文件，它对工农业产品和工程建设的质量、规格及其检验方法等方面做出严格的技术规定。具体地，标准文献是指按照规定程序制定并经权威机构批准的，在特定范围内执行的规格、规程、规则、要求等技术性文件。标准文献有狭义和广义之分，狭义的标准文献是指带有标准号的标准、规范和规程等技术文件；广义的标准文献除包括标准、规范和规程外，还包括标准检索工具、标准宣传手册、各种档案资料等。

2. 标准文献的类型

(1) 按照标准的内容分为：

① 基础标准。指那些具有广泛指导意义或作为统一依据的最基本的标准。

② 产品标准。指对产品的质量和规格所做的统一规定，是衡量产品质量的依据。

③ 方法标准。是指为一些通用的试验、分析、检验、抽样等制定的标准。

④ 经济管理标准。如工资标准、价格标准、利率标准等。

⑤ 组织管理标准。如生产能力标准、资源消费标准、组织方式标准。

(2) 按照标准的使用范围分为：

① 国际标准。指由国际标准化或标准组织制定并公开发布的标准。国际标准在世界范围内具有适用性。对所有的国家来说，最终的统一状态是采用相同的标准。对促进国际贸易及便利技术人员交换技术资料来说，国际标准有极大的价值。例如，国际标准化组织标准(ISO)、国际电信联盟标准(ITU)、国际电工委员会标准(IEO)、国际乳制品联合会标准(IDF)、联合国教科文组织标准(UNESCO)、世界知识产权组织标准(WIPO)等。

② 区域标准。指由某一区域标准或标准组织制定并公布的标准。例如，欧洲标准化委员会(CEN)制定的欧洲标准(EN)、欧洲电工标准委员会(CENELEC)制定的标准、欧洲广播联盟(EBD)制定的标准等。

③ 国家标准。指由国家标准团体制定并公开发布的标准。它适用于一个国家统一采用的标准。国家标准在全国范围内适用，其他各级标准不得与之相抵触。

④ 行业标准。指由行业标准化团体发布在某行业范围内统一实施的标准，又称为团体标准。如，石油学会标准(API)、机械工程师协会标准(ASME)、美国的材料与试验协会(AsTM)、英国的劳氏船级社标准(LR)等都是国际上有权威性的团体标准，在各自的行业内享有很高的信誉。

⑤ 地方标准。指是对没有国家标准和行业标准而又需要在省、自治区、直辖市范围内统一的产品安全、卫生要求、环境保护、食品卫生、节能等有关要求所制定的标准，它由省级标准化行政主管部门统一组织制订、审批、编号和发布。国家标准、行业标准公布实施后，相应的地方标准即行废止。

⑥ 企业标准。有些国家又称其为公司标准，是指由企事业单位自行制定、发布的标准。也是对企业范围内需要协调、统一的技术要求、管理要求和工作要求所制定的标准。

(3) 按标准的成熟程度分为：

① 法定标准。指完成标准全部审批过程、公开颁布执行的标准。这种标准具有法规性，有关部门必须执行。

② 推荐标准。指正式审定、公开颁布执行的标准，但它不是强制性的标准，只建议参照执行。

③ 试行标准。指内容不够成熟，有待在实践中进一步修订、充善的标准。修订后可成为

推荐标准或法定标准。

④ 草案标准。指审批前由草案提出机构或草拟者拟订的供讨论并征求有关方面修改意见的标准。

(4) 按标准的法规性分为：

① 强制性标准。指依靠国家法律、法规和行政手段保证执行的标准。

② 非强制性标准。除强制性标准外，其他标准均属于非强制性标准。

③ 标准文献表现形式

标准文献除了以标准命名外，还常以规范、规程、建议等名称出现，国外标准文献常以standard(标准)，specification(规格、规范)，rule、instruction(规则)，practice(工艺)，bulletin(公报)等命名。

6.3.2 国内标准文献检索

我国于1956年开始制定标准，1978年5月成立国家标准总局。1979年7月国家标准总局颁布《中华人民共和国标准管理条例》将我国的国家标准分为四个等级：国家标准、行业标准、地方标准和企业标准，国家标准和行业标准又分为强制性和推荐性两种。强制性国家标准代号为"GB"，推荐性国家标准代号为"GB/T"。国家标准的年限一般为5年，过了年限后国家标准就要被修订和重新制定，此外，随着社会发展，国家需要制定新的标准满足人们生产、生活的需要。因此，标准是一种动态信息。

1. 中国标准文献手工检索

(1)标准目录

①《中华人民共和国国家标准和行业标准目录》，国家技术监督局标准化司编，中国标准出版社出版、该目录是查找我国国家标准和行业标准的重要工具书。

②《中华人民共和国国家标准目录》，国家标准局编，中国标准出版社出版，不定期。

③《中华人民共和国国家标准和部标准目录》(1977)，技术标准出版社编辑出版。

④《中华人民共和国工农业产品国家标准和部标准目录》，技术标准出版社出版，不定期，有1975年、1980年、1982年等版本。

(2) 标准汇编

①《中国国家标准汇编》，中国标准出版社1983年起编辑、出版。汇编以国家标准顺序号为序编排，以每分册约150万字的篇幅和精平装两种形式、分册陆续出版发行。包括国家所颁布的全部国家标准。

②《中国国家标准分类汇编》，1993年开始出版。该汇编根据国家标准清理整顿工作结果，按专业分类进行出版。

③《公共标志图形符号国家标准汇编》，全国图形符号标准化技术委员会秘书处编，中国标准出版社出版。该汇编收集公共信息图形符号、安全、交通、包装等标准。可满足各部门对基础性、公共性及标志图形符号标准的需求。

(3) 标准年鉴及其他刊物

①《中国标准化年鉴》，中国标准出版社出版，现由国家技术监督局编。1985年创刊，该年鉴逐年介绍我国标准化工作基本情况及主要成就。其中，国家标准目录收录上一年度新批准发布的所有国家标准，按顺序号和分类两种方式编排，相当于一本完整的国家标准目录，可作为查找国家标准的专门工具。

②《中国标准报》，中国标准出版社出版，1992 年 6 月创刊，双月刊，是检索我国标准信息的重要工具之一。

2. 中国标准文献网络检索

(1) 中国标准服务网

http://www.cssn.net.cn。中国标准服务网是国家级标准信息服务门户，于 1998 年 6 月 25 日开通，是世界标准服务网的中国站点，中国国家标准数据直接从国家质量技术监督局标准化司获取，国外标准数据从国外标准组织获取，确保信息的完整性和权威性。可提供国际标准(ISO)、欧洲标准(EN)、欧共体法规(EC)、美国标准(ANSI)、中国国家标准(GB)、英国标准(BS)等 60 多个标准数据库的检索，目前，标准文献题录数据量已达 130 万余条。

网站提供分类检索、标准检索、高级检索及 ASTM 检索。

(2) 标准网

http://www.standardcn.com。标准网是由国家发展和改革委员会产业协调司主管，机械科学研究总院中机生产力促进中心维护的我国工业行业的标准化门户网站。在其中可以查询国家标准(GB)、中国 19 个行业的行业标准、国际标准(ISO)、国际电工标准(IEC)、欧洲标准(EN)、德国标准(DIN)、英国标准(BS)、法国标准(NF)、日本工业标准(JIS)、美国标准(ANSI)、美国保险商实验所标准(UL)、美国机械工程师协会标准(ASME)、美国材料与试验协会标准(ASTM)、美国电气与电子工程师协会标准(IEEE)等标准的题录信息。

(3) 万方中外标准数据库

http://www.wanfangdata.com.cn。该数据库收录了国内的大量标准，包括中国国家发布的全部标准、某些行业的行业标准以及电气和电子工程师技术标准；收录了国际标准数据库、美、英、德等的国家标准以及国际电工标准；还收录了某些国家的行业标准，如美国保险商实验所数据库、美国专业协会标准数据库、美国材料实验协会数据库、日本工业标准数据库等。

(4) 国家标准化管理委员会

http://www.sac.gov.cn/templet/default/index.isp。中国国家标准化管理委员会(中华人民共和国国家标准化管理局)是国务院授权的履行行政管理职能，统一管理全国标准化工作的主管机构。该网站提供国家标准目录、国家标准计划、废止国家标准目录、行业标准代号及主管部门的信息查询。在其中可以免费下载中国国家强制性标准全文。

(5) 中国国家标准咨询服务网

http://www.chinagb.org。中国国家标准咨询服务网提供中国国家标准、行业标准、地方标准及国际标准、外国标准的咨询服务，包括标准信息的免费在线查询、标准有效性的确认、标准文献翻译、标准培训等各种相关服务。

(6) CNKI 的中外标准数据库

http://www.cnki.net。CNKI 的中外标准数据库，数据来源于中国标准化研究院标准馆，提供标准号、中文题名、英文题名、中文关键词、英文关键词、发布单位、摘要、被代替标准、采用关系等检索字段进行检索。采用国际标准分类法和中国标准分类法，可根据各级分类导航进行分层浏览；数据每月更新。

中外标准数据库的特点为可检索与标准相关的文献、成果等信息，即每条标准集成了与该标准相关的最新文献、科技成果、专利等信息，可完整地展现该标准产生的背景、最新发展动态、相关领域的发展趋势，可浏览发布单位更多的论述及在各种出版物上发表的信息等。

CNKI 的标准数据库有 4 个，分别为：国家标准全文数据库(SCSF)、中国行业标准全文数据库(SCHF)、中国标准数据库(SCSD)、国外标准数据库(SOSD)。

6.3.3 国际标准文献检索

国际标准是指由国际性组织所制定的各种标准。其中主要是由国际标准化组织制定的ISO标准和由国际电工委员会制定的IEC标准。

1. 国际标准文献手工检索

(1)ISO标准及其标准文献检索

ISO成立于1946年10月14日,我国于1978年9月加入该组织。ISO的主要任务是制定国际标准,促进各国标准化工作的开展,协调涉及范围内的标准化工作。ISO每年制定500~700个标准。1971年前,ISO标准以推荐标准(IHI/R)形式公布,1972年之后直接以ISO+顺序号+年代号形式公布出版,标准每五年复审一次,因此,使用时应注意利用最新版本。

ISO标准的主要检索工具是ISO Catalogue(国际标准目录)。它是英文、法文对照版,每年出版一次,每季度出版一次补充目录。

目录的正文部分是分类目录,1988年以前其分类号以"TC"(国际标准专业技术委员会)字母代号。1988年后,开始采用全新的分类体系,类目基本上按十进分类号的顺序排列,共39个大类(一级类目),每一大类设若干小类(二级类目)。一级、二级类目分别用三位和四位数字标记。39个大类均同时加注对应的国际十进分类号(UDC分类号)和ISO标准分类号。

检索途径有三种:主题途径检索、TC分类号检索和国际十进分类号检索。

(2) IEC标准及其标准文献检索

IEC是国际电工委员会(International Electronic Commission)的简称。该组织正式成立于1906年,主要负责制定和批准电工、电子技术领域的各种国际标准。IEC现设有84个技术委员会(TC)和128个技术委员会分会(SC)。

IEC标准的主要检索工具——《IEC国际电工标准目录》(Catalogue of IEC Publication)该目录创刊于1906年,专门收录国际电工方面的标准,每年出版一期,有英文、法文两种文本。该目录正文之前有目录表,按顺序编排,TC号后列出标准名称和页码,按页码指引即可在正文中找到相应的标准。正文部分是"IEC出版物序号表",按IEC出版物序号编排。每条标准均列出IEC标准序号、标准名称、所属技术委员会的TC号内容简介。正文后有"主题索引"、著录有标准号和说明语。读者可按主题途径,利用"主题索引"查出标准号,再利用"IEC出版物序号表"查出标准的名称和内容。

ISO标准和IEC标准都有中文版目录。

2. 国外标准文献网络检索

(1) ISO在线

http://www.iso.ch/iso/cn/ISOOnline.frontpage。国际标准化组织(International Organization for Standardization,ISO)是全球性的非政府组织,也是国际标准化领域中十分重要的组织。ISO正式成立于1947年2月23日,总部设在瑞士的日内瓦,我国在1978年9月加入该组织。ISO的任务是促进全球范围内的标准化及其有关活动,以利于国际产品与服务的交流,以及在知识、科学、技术和经济活动中发展国际的相互合作。ISO所有标准每隔5年将重新审定一次,所以使用时应注意利用最新标准版本。ISO标准号的结构形式为:标准代号+顺序号+年代号。

在线网设有 ISO 介绍、产品和服务、ISO 会员专用、信息中心等栏目。它具有国际标准数据库的全文检索和标准号功能检索，同时提供国际标准的分类目录浏览，并介绍各成员国、产品与服务等信息。ISO 提供快速检索和高级检索两种检索方式。

(2) IEC 网站

http://www.iec.ch。国际电工委员会(International Electrotechnical Commission, IEC)起源于 1904 年在美国圣路易召开的一次电气大会上通过的一项决议。根据这项决议，1906 年成立了 IEC。它是世界上成立最早的标准化国际机构之一，其任务是负责有关电气工程和电子工程领域中的国际标准化工作。目前 IEC 涉及的领域由单纯研究电气设备、电机的名词术语和功率等问题扩展到电子、电力、微电子及其应用、通信、视听、机器人、信息技术、新型医疗器械和核仪表等电工技术的各个方面。IEC 每年在世界各地召开一百多次国际标准会议，世界各国近 10 万名专家参与 IEC 的标准制定、修订工作。

IEC 与 ISO 有许多共同之处。它们都是制定国际标准的机构，使用共同的技术工作导则，遵循共同的工作程序。在信息技术方面，ISO 与 IEC 成立有联合技术委员会，负责制定信息技术领域中的国际标准，秘书处工作由美国标准学会(ANSI)担任。该联合技术委员会是 ISO 和 IEC 中最大的技术委员会，发布的国际标准占 ISO 和 IEC 的三分之一，且更新更快。

该网站设有 IEC 介绍、公众信息通过、技术委员会信息中心、数据库搜索等栏目。在该网站主页上单击"WEB STORE"下的"Search & buy standards"进入 IEC 标准的检索界面。IEC 提供了快速检索(Quick access)、原文检索(Text Search)、综合检索(Compound reference Search)3 种检索方式。

检索获得 IEC 标准号、语种、题名、出版日期、委员会编号、文摘等信息，我们可以通过 IEC 的国家委员会和在各国销售代理获取标准全文，IEC 在中国的销售代理是中国标准信息中心。

(3) IEEE Standards

http://standards.ieec.org。它是 IEEE 标准主页，给出了美国电气与电子工程师协会(IEEE)发布的有关标准的信息，主要有如下链接：标准协会、标准产品等，用户可免费进入进行查询。

(4) PERINORM 标准数据库

http://www.cssinfo.com 。该数据库包含世界上 45 万余条工业技术标准文献及规范，包括 ISO、IEEE 等组织制定的标准，其中约 5 000 条标准为 PDF 格式的标准全文，可直接下载。该库提供快捷检索和高级检索两种检索方法。

(5) 国际电信联盟

http://www.itu.int/ITU-T/index.html。国际电信联盟(International Telecommunication Union, ITU)目前有 191 个成员国和 700 多个部门成员及部门准成员，该网站为 ITU 的门户网站，可以检索 Radio communication (ITU-R)、Standardization (ITU-T)、Development (ITU-D)的标准信息。

(6) IEEE XPlore

http://ieeexplore.ieee.org/Xplore/guesthome.jsp 。IEEE XPlore 为美国电气电子工程师学会(Institute of Electrical and Electronics Engineers, IEEE)和英国工程技术学会(The Institution of Engineering and Technology, IET)共同出版的标准全文信息系统，提供 IEEE 和 IET 1988 年至今出版的期刊、会议论文集及 IEEE 工业标准的电子全文，数据量超过 200 万篇，内容涉及电子工程、计算机工程、空间技术、生物工程等多个学科领域，平均每月增加

50 000页新资料。

(7) 全球标准化资料库

http://www.nssn.org。全球标准化资料库(NSSN)是美国国家标准化组织(ANSI)、美国各私营标准组织、政府机构及国际标准组织合作创建的一个标准搜索引擎,可以搜索全球超过 600 家标准组织与专业协会制定的将近 300 000 个现有的和被提案的标准。

6.4 会议文献

6.4.1 会议文献概述

1. 会议文献的类型

会议文献是指在各种学术会议上宣读的论文、会议记录等形式的文献,主要包括会议前参会者预先提交的论文文摘、会议上宣读的论文、会议讨论的问题和交流的经验等经整理而出版的正式出版物。

会议文献按其召开地域范围、组织形式和规模,可分为国际性会议文献、地区性会议文献、国家级会议文献、区域性会议文献和基层性会议文献。按照出版时间的先后分为三种类型。

(1) 会前文献。一般是指在会议进行之前预先发给与会者的论文或论文摘要,包括征文启事、会议通知书、会议日程表、预印本和会前论文摘要等,大多不对外发行,没有正式出版物。

(2) 会中文献。是指会议期间发给与会者的文献,包括开幕词、演讲词、讨论记录、会议决议等行政事务性资料以及在会议期间发给与会者的论文文摘和预印本。

(3) 会后文献。会后文献经过了会议的讨论和作者的修改和补充,内容比会前文献更准确、更成熟。会后文献包括:会议录(Proceedings)、会议论文集(Symposiums)、学术讨论论文集(Colloquium Papers)、会议论文汇编(Transactions)、会议记录(Records)、会议报告(Reports)、会议文集(Papers)、会议出版物(Publications)、会议辑要(Digest)等,其中会议录是会后将论文、报告及讨论记录整理汇编而公开出版或发表的文献。会后文献的出版周期比会中文献要长些,但它排版规整,又往往附有著者及主题索引,所以便于读者查找使用。一般所说的会议文献主要是指这类文献。

2. 会议文献的出版形式

会议文献的出版形式主要有以下几种。

(1) 图书。以图书形式出版的会议文献,通常为会议录(Proceedings),多数以会议名称作为书名,也有另加书名,将会议名称作为副书名的。

(2) 期刊。除以图片形式出版的会议录以外,相当部分的会后文献在有关学术期刊上发表,特别是有关学会、协会主办的学术刊物,如美国的机械工程师协会、电气与电子工程学会等均出版有固定的期刊,专门刊登单篇的科技会议论文。这些期刊往往以"Transaction"(汇刊)的形式命名。

(3) 科技报告。部分会后文献被编入科技报告,如美国四大科技报告。

(4) 视听资料。国外有些学术会议直接将开会期间的录音、录像等视听资料在会后发售,以达到及时传递信息的目的。

(5) 在线会议。当前许多学术会议都在互联网上开设了自己的网站,有的学术会议直接通过互联网召开。

3. 会议文献的特点

会议文献内容新颖、针对性强、学术价值较高、能及时传递科技信息，反映某一学科领域的新进展和新成果，是重要的学术信息源。它与期刊文献、专利文献等文献相比，其特点有：

① 内容新颖、专深、专业性强

很多新发现、新进展和研究成果都以会议文献形式公布，其内容专深，针对性强，往往反映某一学科或专业的发展水平和最新趋势。

② 因会议文献大多由会议主办机构根据会议日期来确定出版时间，随意性大，故会议文献与图书文献和期刊文献相比，无确定的出版日期或按照一定出版周期出版，收集较困难。

6.4.2 国内会议文献检索

1. 国内会议文献手工检索

(1)《中国学术会议文献通报》

《中国学术会议文献通报》创刊于1982年，原名为《国内学术会议文献通报》，1987年改为现名。由中国科技信息研究所主办，月刊。

通报由目次、文摘和年度主题索引组成。目次以《中图法》大类为序给出本期报道的会议名称和所在的页次，正文文摘在会议名称下按《中图法》分类号顺序排列文献篇名和文摘。

《中国学术会议文献通报》在每年末附年度主题索引，主题词按拼音字顺排列，其后给出文摘号，使用时可根据主题词下的文摘号，逐一回查正文中的文摘以确定是否正确。

(2)《国际科学技术会议和国际展览预报》

由中国科学技术信息研究所编辑，不定期出版。

2. 国内会议文献网络检索

(1) 万方数据资源系统——会议论文类数据库

万方数据股份有限公司是国内一家集信息资源产品、先进检索算符技术和信息处理方案为一体的综合信息服务商。中文会议论文全文(文摘)数据库是其产品之一。

中文会议论文全文(文摘)收录中国科技信息研究所提供的国家级学会、协会、研究会组织召开的各种学术会议论文，学科涵盖自然科学、工程技术、农林、医学等领域，有四个子库。

①“中文会议论文全文数据库”收录国家级学会、协会、研究会组织、部委和高校召开的全国性学术会议及国家级会议论文全文。

②“中国学术会议论文文摘数据库”收录国际和国家级学会、协会、研究会组织召开的各种学术会议论文文摘。

③“中国医学学术会议论文文摘数据库”收录医学学术会议文献文摘。

④“中文会议名录数据库”收录国家级学会、协会、研究会，以及各省、部委和集团公司组织召开的全国性学术会议文摘。

(2) 中国重要会议论文全文数据库(CPCD)

此数据库由清华同方编制，收录了我国自2000年以来国家二级以上学会、协会、高等院校、科研院所、学术机构等单位的论文集，年更新10万篇。数据库将其中会议文献按照学科分为十大专辑：理工A、理工B、理工C等。各专辑又分为168个专题和近3600个子栏目。

(3) 国家科技图书文献中心中外文会议论文数据库

它是国家科技图书文献中心提供的“文献检索与原文提供”服务项目之一，其中《中文会议论文数据库》收录了中文科技会议论文 43 万多条，《外文会议论文数据库》收录了外文会议论文 180 多万条。该库提供的检索途径有普通检索、分类导航检索、期刊检索、馆藏单位检索、文献类型检索和高级检索等。

(4) 中国学术会议在线

http://www.meeting.edu.cn。中国学术会议在线是经教育部批准，由教育部科技发展中心主办，面向广大科技人员的科学研究与学术交流信息服务平台，分阶段实施学术会议网上预报及在线服务、学术会议交互式直播、多路广播和会议资料点播三大功能，为用户提供学术会议信息预报、会议分类搜索、会议在线报名、会议论文征集、会议资料发布、会议视频点播、会议同步直播等服务。

(5) 中国科学技术信息研究所的学术会议数据库

http://www.istic.ac.cn。数据库提供中外文会议文献的检索，内容包括工程技术、农业科学、医药卫生、社会科学及基础学科等学科领域。中文会议文献从 1982 年开始收集，累计收藏近 5 万册，年增量近 3 000 册；外文会议文献从 1968 年开始收集，累计收藏 10 万余册，年增量 3 000 余册。

(6) 上海图书馆、上海科技情报研究所会议资料数据库

http://www.library.sh.cn/skjs/hyzl。数据库提供与上海图书馆合并的上海科技情报所 1986 年至今约 40 万件资料网上篇名检索服务，包括国内各科学技术机构、团体和主管机关举办的专业性学术会议及一些地方小型会议，每年新增数据 3 万条。

(7) 中外会议论文摘要

http://www.nstl.gov.cn。"中外会议论文摘要"库是 NSTL 数据库产品之一，分为两部分：(1)"中文会议文献"数据库收录 1985 年以来我国国家级学会、协会、研究会，以及各省和部委等组织召开的全国性学术会议论文文摘。重点收藏自然科学领域，数据每季或月更新。(2)"外文会议文献"数据库收录 1985 年以来世界各国主要学会、协会和出版机构出版的学术会议论文文摘。重点收藏工程技术和自然科领域，数据每周更新。

6.4.3 国外会议文献检索

1. 国外会议文献手工检索

(1) 印刷版《科技会议录索引》(Index to Scientific & Technical Proceedings，ISTP)

ISTP《科技会议录索引》是目前最著名的会议论文专用检索工具。其详细介绍见 3.3 节。

(2)《会议论文索引》(CPI)

《会议论文索引》原名为近期会议预报(Conference Papers Index，CPI)，CPI 创刊于 1970 年，由美同坎布里奇科学文摘社编辑出版，月刊。1978 年改为现名。CPI 专项报道世界上已经召开或即将召开的各种学术会议上宣读或递交的学术论文，其报道范围涉及自然科学、工程技术和医学等诸多领域，年报道量约 10 万篇。是目前检索会议文献的最重要的专用检索工具之一。CPI 虽名为"文摘"，但其实是一种题录式检索工具。

除印刷版外，CPI 还同时发行机读数据库，可通过联机检索系统或因特网进行检索。

CPI 由正文和索引两大部分组成。

(3)《世界会议》(World Meeting)

《世界会议》是一种专门预报学术会议的工具，还不能算是会议论文的专用检索工具。但是，知道了要召开哪些学术会议，检索会议文献就有了重要线索，因此，在检索会议论文时，《世界会议》仍不失为一种有用的工具。

《世界会议》创刊于1963年，现为季刊，由美国世界会议情报中心股份公司(World Meeting Information Center, INC.)编辑，麦克米伦公司(Macmillan Publishing Co.,Inc.)出版。目前，《世界会议》以4个分册出版。

《世界会议》的四个分册的编排结构相同，每期由主要条目索引和辅助索引组成。正文部分按会议登记号顺序编排，其后著录有会议名称、地址、时间、主办单位、内容摘要、联系人、参加人数、截止日期、论文出版情况等会议的基本情况。

2. 国外会议文献网络检索

(1) CPCI会议文献引文索引数据库。美国科学情报研究所(ISI)基于ISI Web of Knowledge检索平台，将科学技术会议录索引ISTP(Index to Scientific & Technical Proceedings)和社会科学及人文科学会议录索引ISSHP(Index to Social Science & Humanities Proceedings)两大会议录索引集成为CPCI(Conference Proceedings Citation Index)数据库。CPCI汇集了全世界1990年以来60 000个会议的会议录资料、包括专著、丛书、预印本及来源于期刊的会议论文，提供了综合全面、多学科的会议论文资料及其引用情况。其分为以下两个子库。

CPCI-S(Conference Proceedings Citation Index—Science)：原科学技术会议录索引ISTP的新版，涉及农业与环境科学、生物化学与分子、分子生物学、生物技术、医学、工程、计算机科学、化学、物理等自然科学和工程技术的所有领域。

CPCI—SSH(Conference Proceedings Citation Index-Social Sciences& Humanities)：原社会科学及人文科学会议录索引ISHP的新版，涉及心理学、社会学、公共卫生、管理学、经济学、艺术、历史、文学、哲学等社会科学、艺术及人文科学的所有领域。

(2) IEEE Conference Search

http://www.ieee.org/conferencesearch。此网页提供了由IEEE主持的有关学科领域里10年内已经召开或即将召开的会议时间、地点、内容和联系方式等信息。用户通过该网提供的会议的关键词、召开的时间、城市、国家、主办单位等检索入口进行检索。

(3) ISO的标准化会议预告

http://www.iso.ch/cale/calendar.html。该网页提供了ISO下属的各级组织即将召开的国际标准化会议的具体时间、地点、内容等信息。

(4) Euresco Conferences

http://www.esf.org/euresco。该网站主要提供欧洲各国、各组织、各学科已经召开或即将召开的会议的信息及内容。

(5) 国际会议预告

http://www.papersinvited.com/Calendar/CalendarMain.htm。国际会议预告发布每日更新的有关学术会议、研讨会、专题讨论会、博览会、培训等信息。

(6) 全球学术会议发布网

http://www.allconferences.com。在全球学术会议发布网上可以按学科检索或者浏览会议信息，可链接至会议网站，还可以免费上传会议信息。

(7) 技术会议信息中心

http://www.techexpo.com/events。技术会议信息中心提供会议的名称、主题、主办单位、国家、城市或州等检索途径，以便于查找会议信息。

(8) Conference A1erts

http://www.conferencealerts.com。提供世界上即将召开的学术会议日程信息，可以按学科主题或国家进行浏览，也可以进行检索，还可以免费订制最新的相关学科会议日程信息。

(9) 国际工程会议网

http://services.bepress.com/eci。国际工程会议网提供该会议2002年至今专题会议论文的全文。

(10) OCLC的会议论文和会议录索引(OCLC PapersFirst数据库)

OCLC PapersFirst数据库由OCLC(Online Computer Library Center,Inc,OCLC)创建，覆盖从1993年至今的会议文献，涵盖大英图书馆文献提供中心(The British LibraryDocument Supply Center,BLDSC)收集的已出版的会议论文，包括世界范围的会议、座谈会、博览会、研讨会、专业会、学术报告会上发表的论文索引等。

OCLC FirstSearch检索系统中有两个数据库：一是PapersFirst(国际学术会议论文索引)；二是Proceedings(国际学术会议录索引)。PapersFirst中的每条记录对应着Proceedings数据库的某个会议记录，Proceedings是PapersFirst的相关库，收录世界范围内举办的各类学术会议上发表论文的目次，利用该库可以检索"大英图书馆资料提供中心"的会议记录。数据每周更新两次。

除了以上介绍的以外，我们还可以从收录有会议文献的其他类型数据库中查找，如CA等。还可以通过国外一些学会、协会的网站了解各种会议信息，包括会议名称、时间、地点以及会议论文等。

6.5 学位论文

6.5.1 学位论文概述

学位论文是高等院校及科研机构的学生为获得学位资格而提交并通过答辩委员会认可的学术性研究论文。它是随着学位制度的实施而产生。根据学位制度，学位论文包括学士学位论文、硕士学位论文和博士学位论文。通常硕士和博士学位论文的研究水平较高，受到教学、研究等众多领域的研究人员的极大关注，其参考利用价值较高。

学位论文是在专业导师指导下撰写的本学科前沿性的理论或应用方面的课题文章，论文中对问题阐述比较详细和系统，实验数据详细可靠，内容新颖、独创，专业性强。论文对其研究的学科专业背景有所介绍，文后附有详细的参考文献，可以对相关文献进行追踪检索。因此学位论文作为一种重要的信息资源，越来越受到科技工作者的重视。学位论文多数不公开出版发行，只在授予学位的院校或研究机构的图书馆和按国家规定接受呈缴本的图书馆保存有副本。随着网络的发展，许多授予学位的院校和研究机构都把学位论文放在了网站上，因此，因特网就成为查询和获取学位论文的最方便也是最重要的途径。

6.5.2 国内学位论文检索

1. 国内学位论文手工检索

(1)《中国学位论文通报》

它是中国自然科学类学位论文的权威性检索工具。1985年创刊，由中国科学技术情报研究所编辑，科学技术文献出版社发行。题录和文摘按《中国图书资料分类法》的分类顺序编排。

文摘的著录内容有：分类号、顺序号、论文题目、学位名称、文种、著者姓名、学位授予单位、总页数、发表年月、文摘、图表及中国科学技术情报研究所馆藏索取号等。主要检索途径为分类途径，可根据馆藏号向中国科学技术情报研究所索取原文。

(2)《中国博士科研成果通报》

国务院学位委员会编辑，北京理工大学出版社 1991 年 4 月出版。该书以介绍科研成果的形式报道博士论文。收入 1981—1987 年我国 130 个博士生培养单位的 1055 位博士的 1056 个(其中一位为双科博士)科研成果。

另外，国内许多博士培养单位(研究所或大学)一般都编有本单位博士生学位论文摘要，如：《中国科学院博士学位论文文摘》《清华大学博士学位论文摘要汇编》(1983—1988)等，可用来查找学位论文。

2. 国内学位论文网络检索

(1) 中国学位论文数据库

该库为万方资源系统的一部分，包括《中国学位论文文摘数据库》和《中国学位论文全文数据库》两部分。它是由国家法定学位论文收藏机构中国科技信息研究所提供，并由万方数据加工建库，文摘数据库收录了自 1977 年以来中国自然科学领域博士、博士后及硕士研究生论文；全文数据库内容涵盖了人文社会科学、工程技术、医学、农业及自然科学各个领域，几乎涉及我国高校及科研机构的所有学位点。本数据库是万方数据库中最具特色的数据库。

(2) 中国优秀博硕士论文全文数据库

此数据库由清华同方公司编制。《中国博士学位论文全文数据库》至 2010 年 4 月 2 日，累积收录了全国 380 家博士培养单位的博士学位论文全文文献 12.4 万多篇。《中国优秀硕士学位论文全文数据库》至 2010 年 4 月 2 日，累积收录全国 530 多家硕士培养单位的优秀硕士学位论文全文文献 94.3 万多篇。

数据库将其中学位论文分为 10 个专辑：理工 A、理工 B、理工 C、农业、医药卫生、文史哲、政治军事与法律、教育与社会科学综合、电子技术与信息科学、经济管理等。在 10 个专辑下又分为 168 个专题和 3600 个子栏目。

本数据库与之前介绍的《中国学位论文全文数据库》都属于学位论文检索系统，但由于编制单位不同，所以它们的不同在于其中所收录的文献并不都来自相同的学校、领域，而是各有所选择，有其特色。因此，在进行国内学位论文数据库检索时，最好分别从这些数据库中检索同一主题的内容，这样可得到较多的不同检索结果。

(3) CALIS 高校学位论文数据库

CALIS 高校学位论文数据库是 CALIS 数据资源的一个部分，内容涵盖自然科学、社会科学、医学等各个学科领域，是在博硕士学位论文文摘数据库基础上建成的一个集中检索、分布式全文获取的我国高校博硕士学位论文文摘与全文数据库。目前，已有 97 000 条学位论文数据(1998 年至今)上网并提供试检索服务。该库提供简单检索、复杂检索、学科浏览和参加馆浏览 4 种检索功能，检索方法与 CALIS 其他中文数据库相同。

(4) 国家图书馆博士论文库

http://res4.ncl.gov.cn。国家图书馆学位论文收藏中心是国务院学位委员会指定的全国唯一负责全面收藏和整理我国学位论文的专门机构，也是人事部专家司确定的唯一负责全面入藏博士后研究报告的专门机构。20 多年来，国家图书馆收藏博士论文近 12 万种，此外，该中心还收藏部分院校的硕士学位论文、我国台湾地区的博士学位论文和部分海外华人华侨的学位论文。现提供10万余种博士论文的展示，用户可以免费浏览论文的详细目录信息、论文的完整提纲和前24页的内容。

(5) 中国科学技术信息研究所的学位论文数据库

http://www.istic.ac.cn。中国科学技术信息研究所同时收藏中外文学位论文，中文学位论文从1963年开始收藏，是我国自然科学领域硕士以上学位论文法定收藏单位，累计收藏学位论文114万余册，年增量20万余册；国外学位论文从1983年开始收售，累计收藏11.4万余册，年增量1万余册。

(6) 香港大学学位论文数据库

http://sunzil.lib.hku.hk/hkuto/index.jsp。香港大学学位论文数据库(Hong Kong University Theses Online)提供香港大学1941年至今的博硕士学位论文，涵盖艺术、人文、教育、社会科学、医学、自然科学等领域。收录的学位论文主要用英文写作，部分为中英双语，一部分用中文写作。数据库为全英语检索界面，提供部分论文的全文。

(7) 国家科技图书文献中心的学位论文数据库

http://www.nstl.gov.cn。国家科技图书文献中心(NSTL)的学位论文数据库包括“中文学位论文”和“外文学位论文”。《中文学位论文》收录1984年以来中国高等院校、研究生院及研究院所发布的硕士、博士和博士后的论文，学科范围涉及自然科学各专业领域，并兼顾社会科学和人文科学，数据每季更新。《外文学位论文》收录美国ProQuest公司博硕士论文资料库中2001年以来的优秀博士论文，学科范围涉及自然科学各专业领域，并兼顾社会科学和人文科学，数据每年年底更新。

(8) 中国台湾华艺的中文电子学位论文库

http://www.cetd.corn.tw。中文电子学位论文库(Chinese Electronic Theses and Dissertations Service,CETD)是中国台湾华艺数位股份有限公司于2005年推出的整合中国内地及香港、澳门和台湾地区大专院校博硕士论文于一个统一平台的学术性数据库，提供全文下载。该系统检索功能有快速检索、进阶检索(高级检索)和院校浏览，中文字不区分简体和繁体，提供论文名称、作者等检索字段。在检索结果列表中，提供论文摘要、目次、参考文献浏览。在文摘信息页面，除有博士论文摘要的基本信息外，还增加了论文目次和参考文献内容。

6.5.3 国外学位论文检索

1. 国外学位论文手工检索

《国际学位论文文摘》(Dissertation Abstracts International,DAI)

DAI由美国国际大学缩微品公司出版发行。DAI的历史可以追溯至1938年，最初只收集和整理美国各大学的学位论文的题目和摘要，后来又收录了一部分加拿大的学位论文。从1969年第30卷起改为现在的名称。DAI目前共有三个分册。

A辑：人文和社会科学，月刊。主要报道美国和加拿大的500多所大学的人文和社会科学方面的博士论文。

B辑：自然科学和工程技术，月刊。主要报道美国和加拿大的500多所大学的自然科学和工程技术方面的博士论文。

C辑：世界范围，季刊。原为欧洲文摘，现收入世界范围各学科领域的博士及博士后学位论文，但仍以报道奥地利、比利时、德国、瑞士、西班牙、法国、匈牙利、荷兰、瑞典、英国等西欧国家的学位论文为主，内容既包括人文和社会科学领域，也包括自然科学和工程技术领域。

DAI 主要报道美国、加拿大 500 多所大学的博士学位论文,100 多所欧洲大学及少量其他国家的相关论文。DAI 出版形式有印刷型、缩微胶片、磁带光盘、和网络数据库(PQDD)。

DAI 有三种检索途径:

(1) 分类途径。利用每期的目次表,查得所需类别后,根据类别所在页码查找。

(2) 主题途径。使用关键词索引,根据关键词和篇名选择所需文献。

(3) 著者途径。根据著者姓名,利用著者索引检索。

2. 国外学位论文网络检索

(1) 美国博士学位论文全文数据库(ProQuest)

① 数据库简介

2002 年,CALIS 组织国内 70 多所高校和文献收藏单位联合引进 ProQuest 公司的博士学位论文全文,将其做成数据库放在网上,提供共享服务。凡购买了该数据库的高校用户可通过 CALLS 镜像站(http://proquest. cails. edu. cn)、上海交通大学镜像站(pqdd. lib. sjtu. edu. cn/umi)及中国科学技术信息研究所镜像站(http://168. 160. 16. 198/umi)检索学位论文,该库目前收录国外博硕士学位论文逾 21 万篇,年增 1 万多篇。

② 检索方法

该数据库提供基本检索、高级检索以及数据库分类浏览三种检索方式。

a. 基本检索

检索界面如图 6-7 所示。在输入框中输入检索词,在字段选择列表处选择检索字段,可选择逻辑运算符,并进行年代限制,最后单击"查询"即可。

b. 高级检索

检索界面如图 6-8 所示。在该框中输入检索词或使用布尔逻辑算符、位置算符等技术方法构建一个完整的检索表达式进行检索。检索表达式可以在输入框中输入,也可以通过字段增加选择列表和逻辑算符选择列表的帮助来完成表达式的构建。

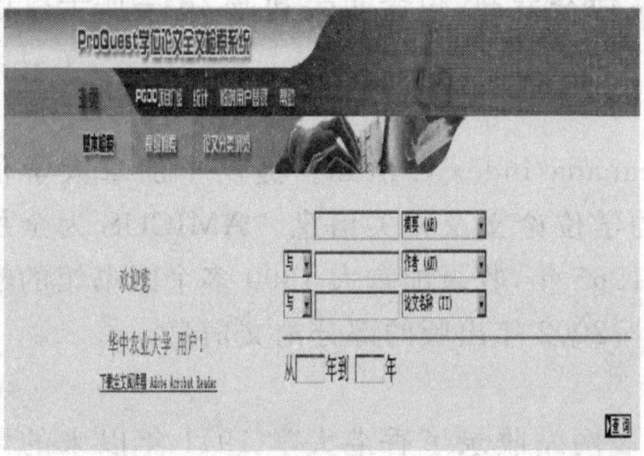

图 6-7 ProQuest 基本检索界面

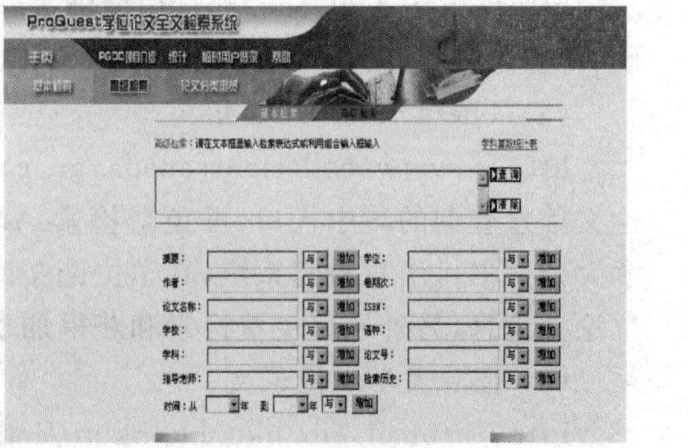

图 6-8 ProQuest 高级检索界面

c. 分类浏览

选择检索系统上方的"论文分类浏览",进入树状主题浏览,可以看到 11 个主题大类,每个类目下又可以划分到二级、三级,到三级后单击类目名称即可看到该类下的所有论文。

执行检索命令后,得到题录列表,内容包括论文题目、作者、学位级别等。单击"全文+文摘"进入全记录。在全文字段处浏览并下载全文。

(2) 美国博硕士学位论文文摘数据库(PQDD)

PQDD(ProQuest Digital Dissertations)是由美国 ProQuest Information and Learning 公司(原为 UMI 公司)提供的"国际学位论文文摘"数据库的网络版。它是目前世界上独一无二的最具权威性的博士、硕士学位论文检索数据库,收录了美国、加拿大和欧洲 1 000 余所大学的 160 多万篇学位论文的题录和文摘,其中 100 多万篇有印刷型或缩微型原文收藏。该数据库每周更新一次数据,每年大约新增 4.7 万篇博士论文和 1.2 万篇硕士论文。与其对应的书本式检索工具有:Dissertation Abstracts International(DAI),American Doctoral Dissertations,Comprehensive Dissertation Index (CDI),Masters Abstracts International;对应的光盘数据库为 Dissertation Abstracts Ondisc(DAO)。其收录年限从 1861 年开始,内容覆盖理工和人文社科等广泛领域。其中 1997 年以来绝大多数的学位论文可以看得到前 24 页原文,同时提供网上订购全文的服务。PQDD 提供基本检索和高级检索两种方法进行检索。

(3) Networked digital 1ibrury of theses and dissertations

http://www.ndltd.org/serviceproviders/scirus-etd-search。简称 NDLTD,是由美国国家自然科学基金支持的一个网上学位论文共建共享项目,利用了 Open Archieves Initiative (OAI)的学位论文联合目录。目前.全球有 200 多家图书馆、7 个图书馆联盟、29 个专业研究所加入了 NDLTD、包括我国的上海交通大学和厦门大学的图书馆,其中 20 多个成员已提供学位论文文摘数据库 7 万条、可以链接到的论文全文大约有 3 万篇。用户可以免费浏览学位论文的文摘,还有部分可获取全文(根据作者的要求,NDLTD 链接到的部分全文分为无限制下载、有限制下载、不能下载 3 种)。

和 ProQuest 学位论文数据库相比,NDLTD 学位论文库的主要特点是学校共建共享,可以免费获取。另外由于 NDLTD 的成员馆来自全球各地,可以覆盖的范围比较广,有德国、丹麦等欧洲国家和中国香港、中国台湾等地区的学位论文。但是由于文摘和可获取全文都比较少,适合作为国外学位论文的补充资源利用。

(4) Australian Digital Theses Program

http://adt.caul.edu.au。由澳洲大学图书馆员协会发起,包含澳大利亚 40 余所大学的硕、博士论文,涵盖各个学科。

(5) The Theses Canada

http://www.collecionscanada.gc.ca/thwsescanada/index-e.html。提供了加拿大学位论文信息查询的集中入口,可免费检索 AMICUS 的学位论文及相关信息。AMICUS 为全加拿大公共书目信息检索系统,其学位论文库建立于 1965 年,收录加拿大 1300 多个图书馆的学位论文信息,另外还可免费检索和获得加拿大 1998—2002 年出版的部分论文信息。

(6) 香港大学学位论文

http://sunzil.1ib.hku.hk/hkuto/index.jsp。该网站收录了香港大学 1941 年以来的博士和硕士论文,涉及人文、教育、社会、医学和自然科学等多学科,部分论文可以查到原文。

思考题

1. 列出一些 Internet 上检索科技报告的网站。

2. 检索你所在学校本年度申请专利情况。列表记录相关专利的类型、发明名称、申请人、专利号/申请号以及国际专利分类号。

3. 检索与本专业有关的我国国家标准。

4. 国外会议文献原文的获取有哪些途径?

5. 利用PQDD数据库检索与自己专业相关的博士学位论文,并列表记录相关文献信息——论文题目、作者、指导教师、学位授权单位及完成时间。

第 7 章　信息检索综合利用

随着全球信息化大数据、云计算、移动互联网、物联网时代的来临，第四次科技革命带来的世界格局的剧烈变化正在席卷全球。在文献信息量呈爆炸式增长的时代，如何快速获取有用信息成为人的学习能力的重要体现。“开展信息素养教育，培养读者的信息意识和获取、利用文献信息的能力”是我们当代高校图书馆的五项重要任务之一。信息检索和文献利用能力的培养也成了当代大学生一项必备的信息技能，因此本章将从科技查新的基本概念、常用文献管理文献的使用功能特点以及科技论文、学位论文的撰写等方面对信息的综合利用进行阐述。

7.1 科技查新

随着我国创新驱动发展战略的实施、科技创新体系的逐步建立，科技查新已成为我国科技创新体系的重要组成部分。科技查新不但可以为我们的科研系统提升科技创新能力，促使新技术、新产业及新业态加快成长提供重要的信息支撑，而且在科学研究开发、科研项目管理和国民经济建设中承担着重要角色。

1914 年，美国国会图书馆国会服务部成立，为议员及国会代表提供信息服务，其中关于科技方面的科技评估，就是科技查新的早期代表，此举让美国成为最早开展科技评估的国家。20 世纪 80 年代，德国、日本、法国、加拿大等国也逐步开展了科技评估的服务。我国的科技评估查新工作始于 1985 年，原卫生部决定把部级招标项目交给中国医学科学院情报所进行查新预审，拉开了我国科技查新的序幕。1990 年 10 月，原国家科委印发了《关于推荐第一批查新咨询科技立项及成果管理的情报检索单位的通知》，标志着我国科技查新工作的正式起步。2000 年 12 月，科学技术部发布了国科发计字〔2000〕544 号文件，标志着我国科技查新逐步进入规范化、法制化的轨道。我国科技查新工作经过三十多年的努力，形成了多系统并行（如科技、教育、卫生、机械等）、多层次深入（如国家、省、市、县等各级科技信息部门，高等院校图书馆、中科院图书馆、化工等部门情报站）的行业格局。

7.1.1 科技查新的概述

1. 科技查新的定义

2000 年 12 月 8 日，科学技术部颁布的《科技查新规范》对科技查新的定义为：“查新是科技查新的简称，是指查新机构根据查新委托人提供的需要查证其新颖性的科学技术内容，按照本规范操作，并做出结论。”

2. 科技查新的意义及作用

科技查新是现代科技管理工作的一个重要环节和内容,它是伴随着我国科技管理体制改革而发展起来的,主要在科技项目的立项、项目验收、成果鉴定、专利申请、科技奖励申报以及技术引进等科研活动中发挥信息评价作用。

(1) 为科研课题选择和立项提供客观依据,避免重复研究

科研人员在选题、科研管理,项目评定部门在课题审批过程中,首先要清楚、准确地了解该课题国内外的相关研究概况。通过查新可以了解该科学技术的发展水平,是否已有研究开发,研究的深度及广度,已解决或者待解决的问题所在,对于所选择课题的新颖性的判定提供客观依据。有效防止重复研究,造成人力、物力、财力及科研时间的损失浪费。

(2) 为科研人员进行研究开发提供可靠而丰富的文献信息

随着社会的发展,文献载体多样化,学科类别细分化、交叉化,为了保证文献的全面性和专业性,文献的检索通常要占用科研人员大量的时间。科技查新机构以其大量的数字资源作为基础,借助专业的检索技术,凭借查新员熟练的查新能力,可以帮助科研人员节省大量的科研时间。科技查新的本质是建立在文献检索基础之上的信息咨询服务。为科研人员提供从一次文献到二次文献的全面服务,也是查新文献检索的服务范畴。因此科技查新在提供科研项目新颖性判断的同时,也可以为科研人员提供丰富的文献信息。

(3) 为科技成果的鉴定、评估、验收、转化、奖励等提供客观依据

当前,我国科技成果的鉴定、验收、转化、奖励等多采取同行专家评审的方式进行,但是专家同行评审不可避免会存在一些主观性,科技查新所涵盖的文献信息和结论,可以作为专家评审的有益补充。

3. 科技查新的性质

(1) 查新是对科技项目的新颖性做出结论

《科技查新规范》对于科技查新界定为"新颖性"做出结论,与授权专利的条件或者"具有创造性、实用性和创造性"的专利审查原则有所不同。

(2) 科技查新有别于文献检索

文献检索针对具体课题的需要,仅提供文献线索和文献,对课题不进行分析和评价,侧重于相关文献的查全率。查新是文献检索和情报调研相结合的情报研究工作,它以文献为基础,以文献检索和情报调研为手段,以检出结果为依据,通过综合分析,对查新项目的新颖性进行情报学审查,写出有依据、有分析、有对比、有结论的查新报告。

(3) 科技查新有别于专家评审

查新是以通过检出文献的客观事实来对项目的新颖性做出结论。专家评审主要是依据专家本人的专业知识、实践经验以及所了解的专业信息,对被评对象的创造性、先进性、新颖性、实用性等做出评价。另外,查新站提供的查新报告对项目的查新结论只是文献检索、情报调研等方面的结论,只是较系统、较准确的客观依据和情报学评价,而不是全面的成果评审结论。

4. 科技查新的新颖性及其判断

科技查新的新颖性的判断是科技查新的核心内容,所以新颖性概念的界定及其判断方法和原则的讨论就显得尤其重要。

(1) 科技查新项目新颖性的定义

科技查新的新颖性是指在查新委托日以前查新项目的科学技术内容,部分或者全部没有在国内外出版物上公开发表过,即查新项目的新颖性是有"出版物公开"作为判断标准。

(2) 新颖性的判定标准

新颖性的判定标准:通过出版物公开的科学技术内容被认可为查新意义上的"现有科学技术"。

出版物包括各种印刷的纸质文件,例如,科技杂志、科技书籍、学术论文、专利文献、教科书、技术手册、正式公布的会议记录或者技术报告、报纸、小册子、产品说明书等,还包括采用其他方法制成的各种有形载体,如用电、光、照相等方法制成的各种缩微胶片、磁带、光盘、机检数据库等,也包括网络资源。

(3) 查新新颖性的判断原则

① 相同排斥原则

同样的项目是指科学技术领域和目的相同、技术解决手段实质上相同,预期效果相同的项目。在查新中,对"同样的项目"采取"相同排斥原则"。查新项目的科学技术领域和目的相同,技术解决手段实质上相同,预期效果均与现有科学技术相同,那么,该项目缺乏新颖性。反之,则新颖性成立。

② 单独对比原则

应当将查新项目的科学技术要点与每一份对比文献中公开的与该查新项目相关的科学技术内容单独地进行比较,不得将其与几份对比文献内容的组合进行比较。

③ 具体(下位)概念否定一般(上位)概念原则

在同一科学技术主题中,具体(下位)概念的公开即可使一般(上位)概念的查新项目丧失新颖性。

④ 突破传统原则

若在现有技术公开的某个数值范围是为了告诫所属技术里的技术人员不应当选用该数值范围,而查新项目却正是突破这种传统而确立该数值范围,则该项目具有新颖性。

5. 科技查新的基本原则

查新委托人在处理查新委托事务过程中、查新站在从事查新活动中、查新咨询专家在提供查新咨询服务过程中应当遵循以下基本原则:

(1) 自愿原则

① 在遵守《科技查新规范》的前提下,查新委托人有权选择查新站;查新站有权接受或者拒绝查新委托;

② 在遵守《科技查新规范》的前提下,查新站有权选择查新咨询专家;专家有权接受或者拒绝担任查新咨询专家。只有在双方自愿和合法的基础上,双方的聘请关系才能真正确立。

(2) 依法查新原则

依法查新是开展查新业务的一项重要原则。从事查新的机构应当是具有查新业务资质的信息咨询机构。未经科学技术部认定或者授权认定,任何单位和个人不得从事面向社会服务的查新活动。查新站承办的一切查新业务都要以法律、法规为准绳,其所有活动都应当在法律、法规规定的范围内进行。涉及查新有关各方的行为活动应当遵循《科技查新站管理办法》和《科技查新规范》。

对于因违法违纪不适宜继续执业的查新人员,查新站应当按照法律、法规、规章和机构章程予以解聘或除名。

(3) 独立、客观、公正原则

① 独立原则

查新站、查新员、查新审核员、查新咨询专家应当是与查新项目无利害关系的第三者。查新站应当严格按照国家的有关法律、法规,《科技查新站管理办法》和本规范等的规定,独立处理查新业务;查新咨询专家应当严格按照国家的有关法律、法规和本规范等的规定,独立地向查新站提供查新咨询意见。查新站、查新咨询专家从事的具体查新、查新咨询活动不受任何行政部门控制,也不受其他机关、社会团体、企业、个人、查新委托人等的非法干预;查新咨询专家提供查新咨询意见时不受查新站的非法干预。

如果查新站、查新咨询专家认为其独立性受到损害,则可以拒绝进行查新、查新咨询,或中止相应的查新、查新咨询活动,或在查新报告、查新咨询专家意见表中声明。

② 客观原则

查新站应当依据文献,客观地为查新委托人完成查新事务。查新报告中的任何分析、技术特点描述、每一个结论,都应当以文献为依据,符合实际,不包含任何个人偏见。

③ 公正原则

查新站在处理查新事务的过程中,应当站在公正的立场上,公正地为查新委托人完成查新事务。查新站不可因收取查新费用而偏袒或者迁就查新委托人;查新咨询专家也不能因收取查新咨询费用而迁就查新站。

(4) 确定检索年限和方法的一般原则

检索文献的年限应当以查新项目所属专业的发展情况和查新目的为依据,一般应从查新委托之日前推 10 年以上,对于新兴学科、高新技术项目,前推年限可酌情缩短;对于较成熟的技术产品、工艺和专利查新等,前推年限应酌情延长;对于查新合同中有约定的,按约定执行,一般不少于 5 年。这里所说的查新合同是指,查新委托人和查新站约定,由查新站处理查新委托人的查新事务的合同。

查新站在选择检索方法时应当遵循的一般原则是:应当根据查新委托人对检索的要求,查新项目所属学科特点和查新站自身的检索条件等具体情况来确定。

(5) 查新收费原则

① 查新业务实行有偿服务。

② 查新站收取的任何与查新事务有关的费用或者有价之物,都应当在查新合同中注明。查新站及其工作人员不得以任何方式收取查新合同中注明的费用或者有价之物以外的其他一切费用和有价之物。

③ 查新站按合同约定收取查新费用,查新费用不应随最终查新结论而变动。

(6) 订立和履行查新合同的原则

订立和履行查新合同,应当遵守以下基本原则:

① 遵守法律、法规。

② 资源、平等、公平、诚实信用。

③ 维护公共秩序、遵守社会公德。

④ 有利于科学技术进步,促进科技成果转化。

⑤ 受有关法律调整。

查新合同应当采用书面形式,查新合同双方应当在查新合同上签字(盖章)。

(7) 解决查新争议的原则

当查新合同当事人之间对合同是否成立、是否有效、有无履行、有无违反合同、违反合同的责任由谁来承担、承担责任的方式及大小等发生争议时,应当遵循以下原则加以解决:

① 以事实为依据,以法律为准绳的原则

在处理查新争议时,应当实事求是,如实反映事实真相,全面地、客观地认定争议事实和客观情况,以有关法律、法规的规定和当事人的约定作为评判是非、确定责任的标准和尺度。目前与查新有关的主要法律有:

a.《中华人民共和国科学技术进步法》

b.《中华人民共和国促进科技成果转化法》

c.《中华人民共和国合同法》

d.《中华人民共和国民法通则》

e.《中华人民共和国民事诉讼法》

f.《中华人民共和国行政诉讼法》

g.《中华人民共和国仲裁法》

h.《中华人民共和国保守国家秘密法》

i.《中华人民共和国行政处罚法》

② 以政策为指南的原则

在处理争议时,应当按照我国司法实践的一贯原则,有法律,依法律;无法律,依政策。目前与查新有关的主要政策除本规范外,有:

a.《关于加强技术创新,发展高科技,实现产业化的决定》

b.《国家科学技术奖励条例》

c.《科学技术保密规定》

d.《关于促进科技成果转化的若干规定》

e.《科学技术成果鉴定办法》

f.《关于正确处理科技纠纷案件的若干问题的意见》

g.《科技查新站管理办法》

③ 在适用法律上一律平等的原则

在处理查新争议时,查新当事人之间不论经济性质、行政级别、规模大小,不论是法人、自然人还是其他组织,都有权参与辩论,论证自己的主张,驳斥对方的主张,提供有关证据。

7.1.2 查新工作程序

《科技查新规范》规定查新程序:查新委托和受理、检索准备、选择检索工具、确定检索方法和途径、查找、完成查新报告、提交查新报告、文件归档几大步骤。

1. 查新委托

(1) 根据《科技查新机构管理办法》和本规范的有关规定,查新委托人自我判断待查新项目是否属于查新范围。

(2) 查新委托人根据待查新项目的专业、科学技术特点、查新目的、查新要求以及需要查证其新颖性的科学技术内容,自主选择查新机构。

(3) 向查新机构提交在处理查新事务时所必需的科学技术资料和有关材料。

2. 查新受理

(1) 根据《科技查新机构管理办法》和本规范的有关规定,查新机构判断待查新项目是否属于查新范围;判断查新项目所属专业是否属于本机构承担查新业务的受理范围。

(2) 确定查新员和审核员。

(3) 初步审查查新委托人提交的资料是否存在缺陷;是否符合查新要求。判断查新委托人提交的资料内容是否真实、准确。

(4) 判断查新委托人提出的查新要求能否实现。

(5) 确认能否满足查新委托人的时间要求。

(6) 初步判别查新项目的新颖性。

(7) 若接受查新委托,查新机构按照本规范的关于查新合同的要求与查新委托人订立查新合同。

3. 检索准备

(1) 查新员认真、仔细地分析查新项目的资料,查新委托人提出的查新点与查新要求;了解查新项目的科学技术特点。

(2) 在检索前,还要做好以下几项工作:

① 明确检索目的。

② 根据检索目的确定主题内容的特定程度和学科范围的专指程度,使主题概念能准确地反映查新项目的核心内容。

③ 确定检索文献的类型和检索的专业范围、时间范围。

④ 制定周密、科学而具有良好操作性的检索策略。

4. 选择检索工具

在分析检索项目的基础上,根据检索目的和客观条件,选择最能满足检索要求的检索工具。

(1) 手检时,根据专业对口、语种适合、收录完备、报道及时、编排合理、揭示准确的原则,选择检索工具书。

(2) 机检时,在检索前根据查新项目的内容、性质和查新的要求选择合适的检索系统和数据库。

5. 确定检索方法和途径

(1) 根据查新项目所属专业的特点、检索要求和检索条件确定检索方法。

(2) 确定检索途径。

① 在手检条件下,文献的检索途径就是检索工具书中的目次、正文和辅助索引提供的途径。检索工具书提供的检索途径主要有:分类途径、主题途径、文献名称途径、著者途径、文献代码途径以及其他特殊途径。分类途径和主题途径是手检的主要途径。

② 在机检条件下,为了确定检索途径,先弄清数据库采用的是规范化词表还是自由文本式词表;指示主题性质的代码是标准的还是任选的;提问式如何填写;再将表达检索提问的各概念依照数据库采用的词表转换成检索语言,即主题词、分类词、关键词等。

6. 查找文献

(1) 查找时,以机检为主、手检为辅。

(2) 除利用检索工具书和数据库外,必要时还需补充查找与查新项目内容相关的现刊,以防漏检。此外,还应当注意利用相关工具书如手册、年鉴等。

(3) 在得出最终检索结果之前,有时会出现查到的文献极少甚至根本没有查到文献,或者查到的文献太多的情况。还需要对每次检索结果进行检验和调整,以扩检或者缩检。

7. 完成查新报告

查新员按照下述步骤完成查新报告:

(1) 根据检索结果和阅读的需要，索取文献原文。

(2) 对索取得到的文献，根据查新项目的科学技术要点，分为密切相关文献和一般相关文献，并将相关文献与查新项目的科学技术要点进行比较，确定查新项目的新颖性，草拟查新报告。

(3) 聘请查新咨询专家。在必要时，根据查新项目的所属专业和科学技术特点以及其他实际情况，选聘若干名同行专家担任查新咨询专家。

(4) 审核员根据本规范、相关文献与查新项目的科学技术要点的比较结果，对查新程序和查新报告进行审核。

(5) 查新员填写查新报告。

(6) 查新员和审核员在查新报告上签字，加盖“科技查新专用章”。

(7) 查新报告由查新机构按年度统一编号，并填写“查新完成日期”。

(8) 整理查新报告附件。附件包括密切相关文献的原文的复印件、一般相关文献的文摘。查新员应当对所有附件按相关程度依次编号。

8. 提交查新报告

查新机构按查新合同规定的时间、方式和份数向查新委托人提交查新报告及其附件。

9. 文件归档

查新员按照档案管理部门的要求，及时将查新项目的资料、查新合同、查新报告及其附件、查新咨询专家的意见、查新员和审核员的工作记录等存档；及时将查新报告登录到国家查新工作数据库。

7.1.3 科技查新案例

【课题中文名称】微博舆情分析与监控方法研究

【课程英文名称】The research on public opinion analysis and monitoring for the microblogging method

【查新目的】高等学校博士学科专项科研基金项目申请

【课题的技术要点】

(1) 从复杂系统复杂网络理论的角度出发，对微博中的话题和用户分别进行分析，将话题之间的关系、用户之间的关系抽象为复杂网络，在这个网络中确定关键节点。话题关键节点代表了容易被转发以及发生衍变的话题，用户关键节点代表了在舆论传播中发挥重要作用的用户。对这两个关键节点进行分析和监管有利于对微博舆情发展的整体性把控。

(2) 利用改进的隐马尔科夫模型，对微博中的话题的发展和衍变进行时间衍变分析。隐马尔科夫模型已经被证实是一种时间序列建模的有效工具。微博话题的发展和衍变也是随着时间的变化而逐步推进的，因此采用隐马尔科夫模型对于微博话题建模是合理可行的。通过对微博话题的时间衍变性进行分析，可以判定一个话题的质变点(从中性言论到不良言论)，大大提高监管效率。

【查新点】

基于复杂网络理论的微博用户和话题相结合的微博舆情分析与监控。

基于改进的隐马尔科夫模型的微博话题衍变分析方法。

【查新点分析】查新点 1 侧重于复杂网络理论，将微博用户和话题结合；查新点 2 侧重于改进的隐马尔科夫模型的话题衍变研究。

【委托人给出的检索词】

中文检索词：舆情，复杂网络，隐马尔科夫。

外文检索词：public opinion，complex networks，hidden markov

【检索词分析】

确定了查新点后，查新人员先根据课题背景和用户提供的检索词进行试检索。根据检索结果分析，舆情概念虽然较新，但是近几年的研究发展迅猛，检索出来的文献太多，有些文献相关度不高。而该查新课题更侧重于微博舆情、舆情网络，选用这两个检索词，检索结果相关度有所提高，于是确定这两个词作为检索词。在检索文件的相关文献中还发现了复杂网络的同义词"复杂系统"，隐马尔科夫科夫模型还有简写"HMMF""时间序列"与本项目关系也比较大，检索结果比较符合。英文关键词，除了和舆情相对应的 public opinion 这个词外，buzz 和 tweet 这两个英文单词和舆情语义有相似性，也确定为外文检索词。

【最终确定的检索词】

中文检索词：微博舆情，网络舆情，复杂网络，隐马尔科夫，HMMF，时间序列。

外文检索词：public opinion，buzz，tweet，complex networks，complex system，hidden markov，HMMF，time series。

【检索式】

中文检索式：(舆情 OR 网络舆论) AND (复杂网络 OR 复杂系统 OR 隐马尔科夫 OR HMMF OR 时间序列)

外文检索式：(public opinion OR buzz OR tweet) AND (complex networks OR complex system OR hidden markov OR HMMF OR time series)

【检索范围】

中文数据库选择 CNKI、万方、维普，基本涵盖了国内的期刊、学位论文、会议论文，科技成果、专利、标准等。外文数据库选择 EI、INSPEC、SCI、CPCI-S 等文摘数据库，选择 IEL、ACM、Springer、Elsevier 等与计算机学科相关的全文数据库，选择 PQDT 国外学位论文数据库，选择 EI 平台上的 US Patents、European patents 国外专利数据库，选择 Dialog 联机检索数据库，进行检索。

【相关文献的选择】

对以上数据库检索出的文献进行筛选，结合查新点找出密切相关文献。因为是立项申请，在密切相关文献类型的选择上，侧重于期刊论文、会议论文、学位论文和专利文献。

【相关文献的筛选原则】

相关文献尽可能全。

相关文献内容与委托项目技术内容尽可能贴切。

最密切的相关文献不能少。

不要冗余文献。

【查新结论】

查新结论是查新报告的精髓和归结，也是评审专家或上级部门对项目审定和成果鉴定时的必读部分和决策依据之一。查新结论对查新点的新颖性做出判断，文字表述应该客观、公正、准确、简明、严谨，应以检索结果中的相关文献内容为依据，不得带有倾向性的个人色彩的描述，更应避免赞誉之辞和广告性用语。

应针对查新点结合相关文献逐一进行对比分析，不可不加拆分地笼统对比。对确具有新颖性的查新点，应说明其与相关文献的区别；对不具有新颖性的查新点，应说明其与相关文献相似或相同的理由。

查新结论的结构：针对查新点分析对比。通过对检索到的中英文密切相关文献进行分析对比，中文文献 1 将舆情网络的页面视为节点，链接关系作为边，而该查新课题以话题为节点，以传播关系为边，并考虑到传播途中用户之间的转发关系；中文文献 2 对网络舆情的传播规律进行了实证分析和理论研究，而该查新课题项目着重分析热点话题的衍生关系以及用户之间的转发关系，侧重于舆情信息的传播态势；中文文献 3 已确定群体性事件舆情信息传播的演化机理，而该查新课题不限制于突发群体事件。英文文献 1 利用小世界理论模型对舆情信息的产生进行分析，而该查新课题侧重于微博舆情信息的传播途径；英文文献 2 研究舆情形成及传播过程中个人属性、环境影响以及信息流所起的作用，而该查新课题侧重于从众多舆论话题和传播者中找出关键热点信息和传播关键节点；英文文献 3 的分析方法适用于博客等普通的网络传播方式，而该查新课题项目侧重于微博舆情的传播，6 篇文献均与查新点 1 有所区别。

文献 4 提出了一种基于马尔科夫链的舆情热度趋势分析模型，而该查新课题的研究内容是舆情内容的衍变；中文文献 5 建立相应的预测模型，预测网络舆情的发展趋势，而该研究课题引入隐马尔科夫模型，从时间和内容两个方面研究话题衍变；中文文献 6 针对战争舆情演化仿真需求，提出了构建战争舆情演化模型的思路，而该查新课题涉及的话题不限制于战争舆情，且采用隐马尔科夫模型进行建模；英文文献 4 利用隐马尔科夫模型对网络舆情的发展进行预测，互联网舆论的状态表示为隐藏状态的隐马尔科夫模型，而该查新课题将微博舆论的时间状态表现为可见状态的隐马尔科夫模型，将微博舆论的危害性表现为隐藏状态的隐马尔科夫模型进行分析预测；英文文献 5 提出基于时间序列的网络舆论预测模型，而该查新课题利用隐马尔科夫模型对整个开放平台中的话题进行预测，5 篇文章均与查新点 2 有所区别。

综合分析检索到的国内外相关文献，并与委托项目的查新点进行对比分析，得出结论，本次查新在国内外公开发表的中英文文献中，未检索到基于复杂网络理论确定微博和话题关键点，并且利用改进的隐马尔科夫模型对微博话题进行时间衍变分析的微博舆情分析与监控方法的文献和报道。

【案例小结】

该查新课题的研究内容很符合社会的需求，属于传播学和计算机科学交叉研究的范畴。该查新的难点在于检索词的选择上，大量的时间投入在开始阶段的背景了解、和委托方沟通以及在数据库里面试词检索上，确定了检索词后，根据逻辑关系分析检索词之间的关系也是难点。在文献对比分析上，注意各个查新点的对应，突出该查新课题的查新点。

7.2 文献信息管理工具应用

科研工作者在从事论文撰写、项目申请及专利申报等科研工作时，常常会搜集大量的文献，而现代科技信息资源大数据时代的到来，增加了文献收集、整理、查阅及参考文献管理的难度。以前完全依靠依人工编辑管理文献(例如参考文献的插入和整理)，这种方式低效、烦琐，往往会占用科研人员的精力和时间。科研工作者迫切需要一种工具管理各种文献资源，于是文献管理软件应运而生。文献管理软件又叫书目管理软件，它是一种具有文献检索与整理、引文标注、按格式要求生成参考文献列表等强大功能的软件，可嵌入文字处理软件中使用，还可以直接通过在线数据库下载文献题录并对其进行统计分析。

文献管理软件的开发最早始于20世纪80年代初期，是由美国的Niles和Associates公司率先推出基于苹果电脑Macintosh的参考文献邮件定制服务，此为个人文献管理工具的雏形。1991年，Niles公司发布首款基于苹果个人电脑的桌面文献管理软件EndNote，目前该软件已经更新到X7版。国内对文献管理软件的研发始于2004年，是由北京金叶天翔科技有限公司开发的医学文献王，它是国内第一款医学个人文献管理软件。2005年，北京爱琴海软件公司开发的NoteExpress文献检索与管理系统成为目前国内最知名、使用用户最多的文献管理软件。文献管理软件从诞生到繁荣，历经了二十多年的市场竞争与淘汰，现存的知名品牌仍有十几种，国外软件有EndNote、Reference Manager、Pro Cite、Ref-Works、Biblioscape、Zotero、Mendeley等；国产软件如NoteExpress、Power Ref、Note First、医学文献王、E-study等。我们选择国内外比较知名、功能比较强大、具有代表性、实用频率比较高的两款文献管理工具进行具体介绍。

7.2.1 NoteExpress

1. 概述

"开展信息素养教育，培养读者的信息意识和获取、利用文献信息的能力"是我们高校图书馆的五项重要任务之一。现在单纯的数据库信息检索、数据输送已不是关注重点，如何利用信息管理工具高效地利用电子文献资源，减少学术、学位论文的中文中注释及参考文献的添加难度，提高科研效率成为信息教育的热点内容。NoteExpress（简称NE）是北京爱琴海软件公司开发的专业文献检索与管理系统，它以完全支持中文、方便快捷的界面设计，核心功能涵盖了"知识采集、管理、应用、挖掘"等知识管理的所有环节，而被广大高校学生及科研者所喜爱。

NoteExpress主要包括以下功能：

(1) 检索：支持数以百计的全球图书馆书库和电子数据库，如万方、维普、期刊网、Elsevier Science Direct、ACS、OCLC、美国国会图书馆等。一次检索，永久保存。

(2) 管理：可以分门类管理百万级的电子文献题录和全文，独创的虚拟文件夹功能更适合多学科交叉的现代科研。

(3) 分析：对检索结果进行多种统计分析，从而使研究者更快速地了解某领域里的重要专家、研究机构、研究热点等。

(4) 发现：与文献相互关联的笔记功能，能随时记录阅读文献时的思考，方便以后查看和引用。检索结果可以长期保存，并自动推送符合特定条件的相关文献，对于长期跟踪某一专业的研究动态提供了极大方便。

(5) 写作：支持Word和Latex，在论文写作时可以随时引用保存的文献题录，并自动生成符合要求的参考文献索引。软件内置3 000种国内外期刊和学位论文的格式定义。首创的多国语言模板功能，可以自动根据所引用参考文献语言不同差异化输出。

2. 题录信息的导入

(1) 手工输入

手工输入主要针对我们已经查阅了很多文献，希望借助于NE进行更加便捷、科学、规范的管理。

如图7-1所示，我们在NE题录列表中右击，选择"新建题录"，选择文献类型就可以输入该文献的信息。

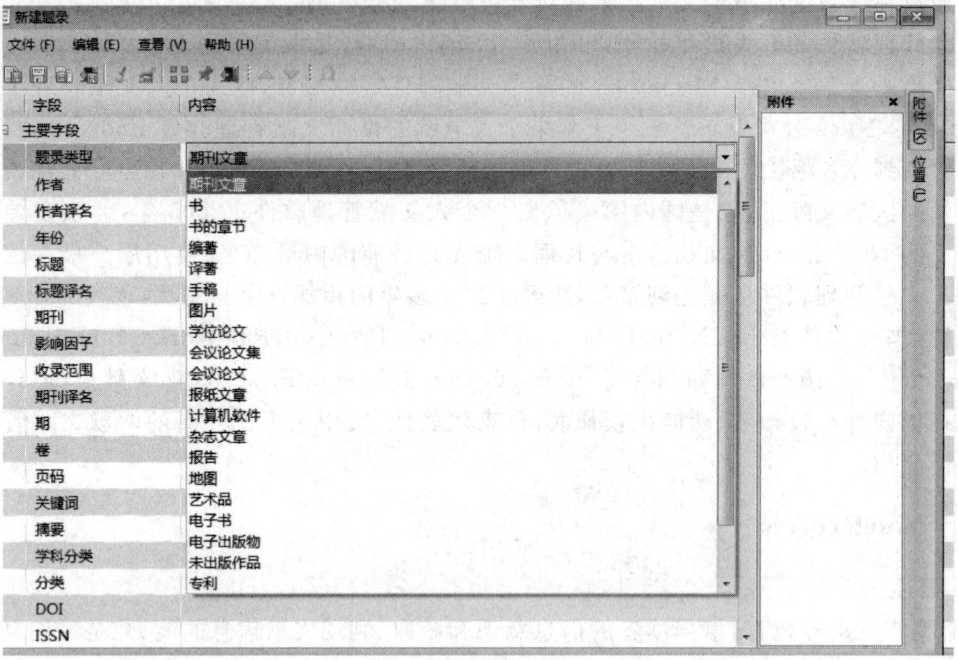

图 7-1　新建题录文献类型

(2) NE 的在线数据库导入功能

在 NE“在线搜索”按钮下“选择在线数据库”命令如图所示我们以国内应用比较广泛的 CNKI 为例如图 7-2 所示，输入检索条件“文献检索”并单击“开始检索”按钮(如图 7-3 所示)，再勾选结果中的题录并导入 NE 数据库(如图 7-4 所示)。打开题录页面，会有详细的题录信息，页面右上角有全文数据链接网址，单击即可全文下载页面。

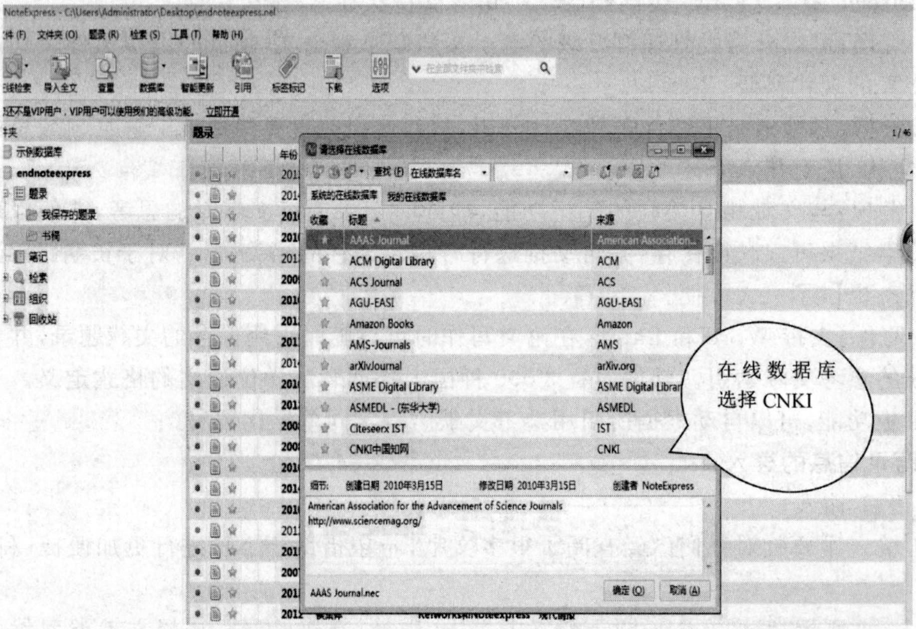

图 7-2　在线数据库选择

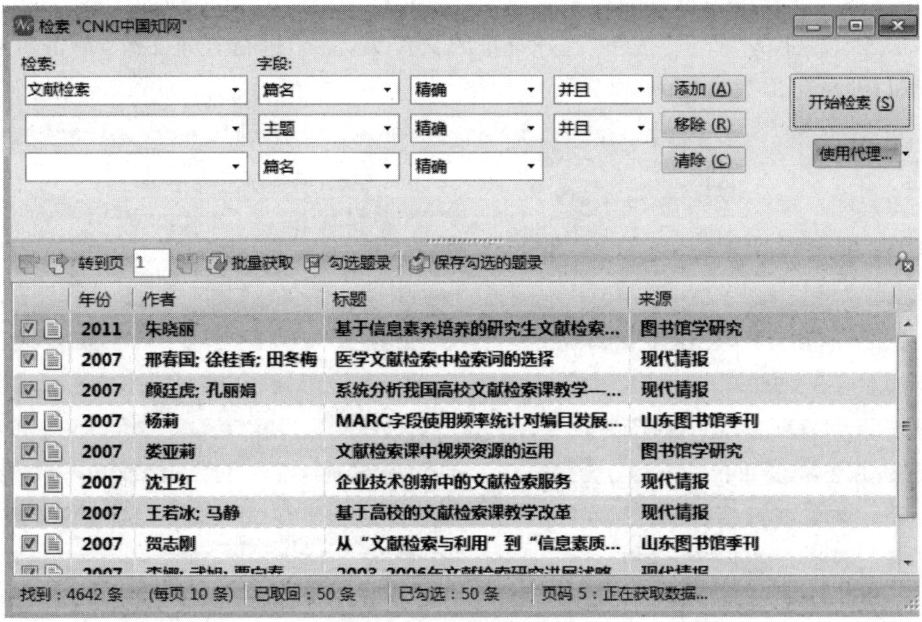

图 7-3　CNKI 检索设置

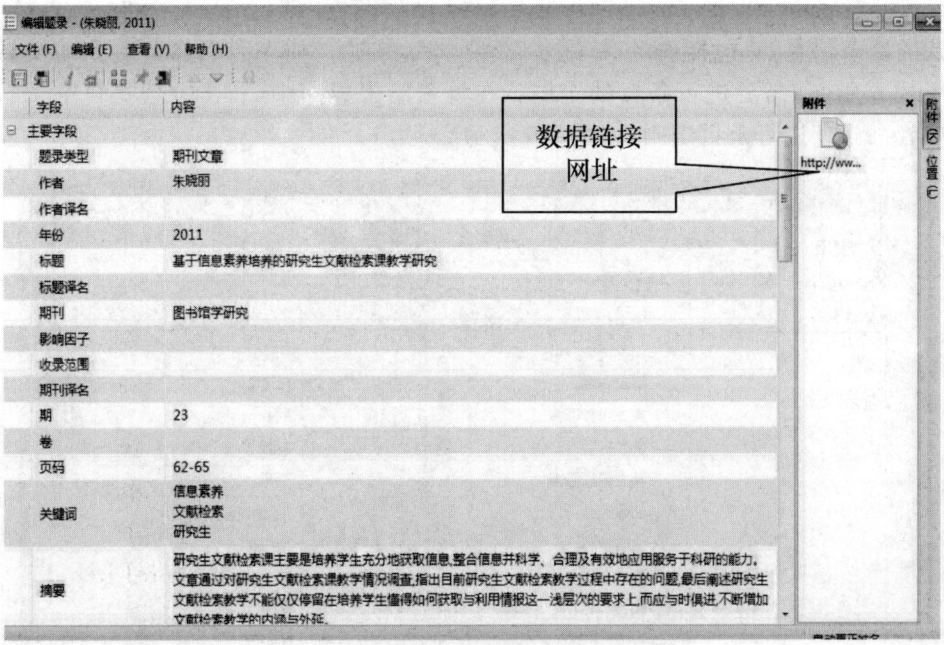

图 7-4　题录详细页面

3. 题录的管理

利用文献管理工具导入的仅仅是文献的题录信息，而非文献本身。针对这些题录信息我们会涉及一些管理问题和方法。

（1）查重功能

针对相同的检索"主题"或者"检索式"，为了提高文献的查全率和查准率，我们常常会多个数据库同时检索，就会出现重复的题录信息，去重也是一个重复而烦琐的工作，EN 具有查重功能。单击工具栏上方“查重”按钮，选择查重的文件夹，就会进行查重工作，单击重复的文件前方的按钮，即可排除重复题录。

期	卷数	页码	年份	作者	标题	来源
02		82-83+98	2007	杨莉	MARC字段使用频率统计...	山东图书馆季刊
02		82-83+98	2007	杨莉	MARC字段使用频率统计...	山东图书馆季刊
03		47-50	2007	贺志刚	从“文献检索与利用”到...	山东图书馆季刊
03		47-50	2007	贺志刚	从“文献检索与利用”到...	山东图书馆季刊
05		56-58	2007	娄亚莉	文献检索课中视频资源的...	图书馆学研究
05		56-58	2007	娄亚莉	文献检索课中视频资源的...	图书馆学研究
23		62-65	2011	朱晓丽	基于信息素养培养的研究...	图书馆学研究
23		62-65	2011	朱晓丽	基于信息素养培养的研究...	图书馆学研究
03		195-196	2007	颜廷虎; 孔丽娟	系统分析我国高校文献检...	现代情报
03		195-196	2007	颜廷虎; 孔丽娟	系统分析我国高校文献检...	现代情报
06		186-188	2007	沈卫红	企业技术创新中的文献检...	现代情报
06		186-188	2007	沈卫红	企业技术创新中的文献检...	现代情报
08		212-214	2007	王若冰; 马静	基于高校的文献检索课教...	现代情报
08		212-214	2007	王若冰; 马静	基于高校的文献检索课教...	现代情报
11		129-132	2007	李娜; 武旭; 贾向春	2003-2006年文献检索研...	现代情报
11		129-132	2007	李娜; 武旭; 贾向春	2003-2006年文献检索研...	现代情报
11		211-213	2007	张澎	专利竞争性情报与文献检...	现代情报
11		211-213	2007	张澎	专利竞争性情报与文献检...	现代情报
01		136-137	2007	邢春国; 徐桂香; 田冬梅	医学文献检索中检索词的...	现代情报
01		136-137	2007	邢春国; 徐桂香; 田冬梅	医学文献检索中检索词的...	现代情报

图 7-5　重复题录页面

（2）条目定制

默认的题录信息，只包括作者、标题、年份和文章来源。如果我们需要更多的文献信息在文献结果栏显示，就需要进行条目的定制。在检索结果界面中，右击，“选择自定义”，就可以“添加”或者“删除”进行条目定制（如图 7-6 所示）。

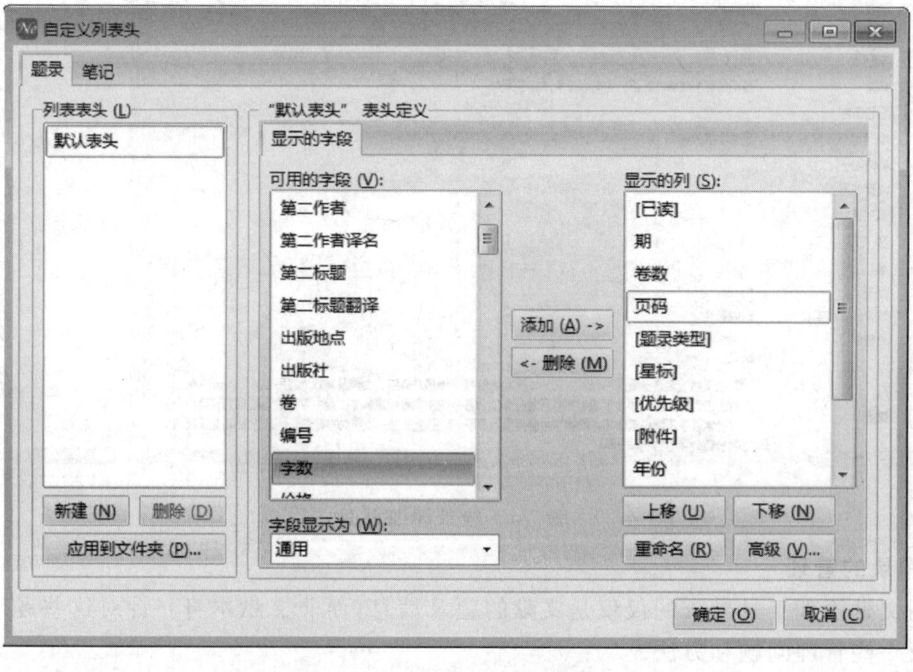

图 7-6　列表表头管理器页面

另外，我们阅读文献时会觉得某一些文献对于我们工作学习比较重要，阅读的频率会比较高，需要给某些文献做上特殊的标识，缩短我们查找的时间。可以单击文献题录，设置优先级，增加阅读的方便程度，如图 7-7 所示。

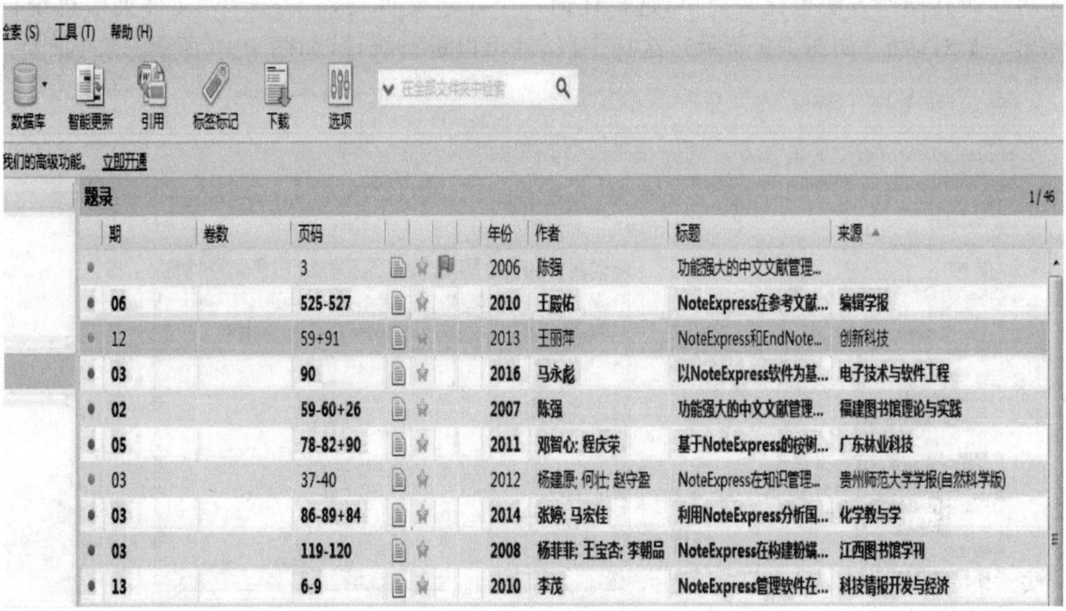

图 7-7　设置文献等级

4. 题录的应用

文献题录的输入、保存和管理，最终是服务于文献的有效利用。NoteExpress 具有以下三方面的功能。

（1）单篇文献的管理应用

可以根据自定义设定的文献细节内容，快速了解题录的概要信息。另外，在题录相关信息栏能够获得该篇文献的综述概要（如图 7-8 所示），提高阅读的效率。

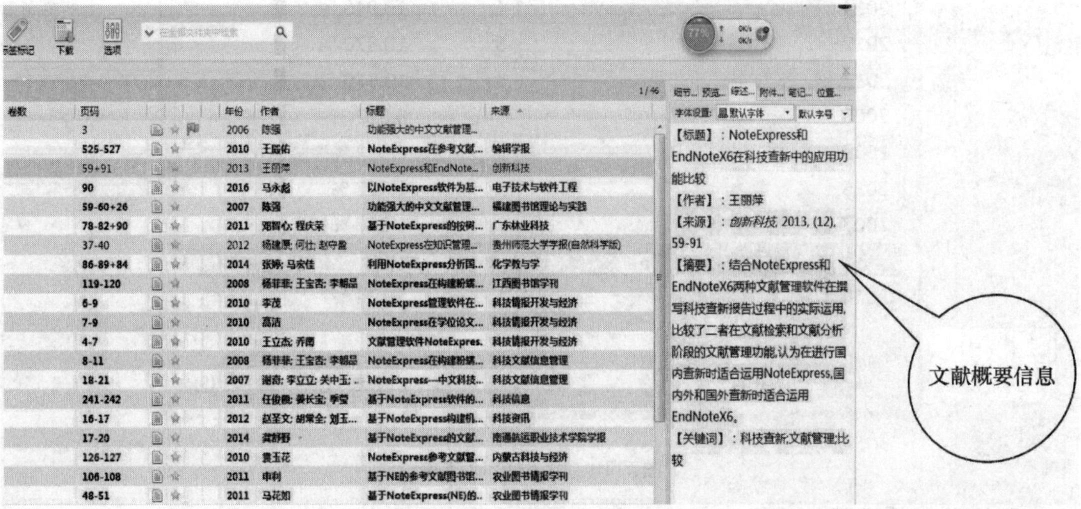

图 7-8　题录对应的文献概要

（2）系列文献分析功能

NoteExpress 提供了文献的统计分析功能，这一功能对于综述文章的撰写，具有不可小觑的作用。而其操作方法也比较简单，选择任何一个题录文件夹，右击选择“文件夹信息统计”，会弹出一个对话框（如图 7-9 所示），选择字段，就可以进行统计（如图 7-10 所示）。

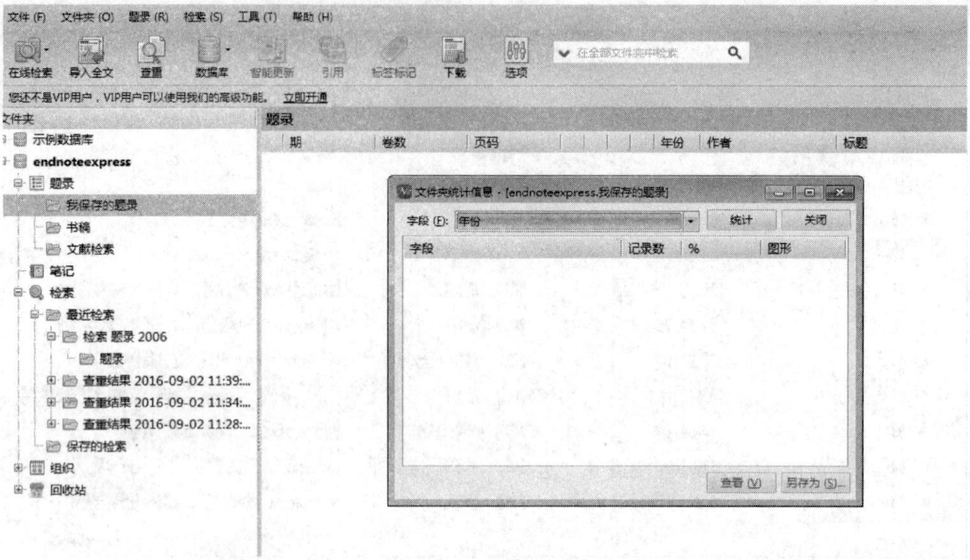

图 7-9　选择统计字段窗口

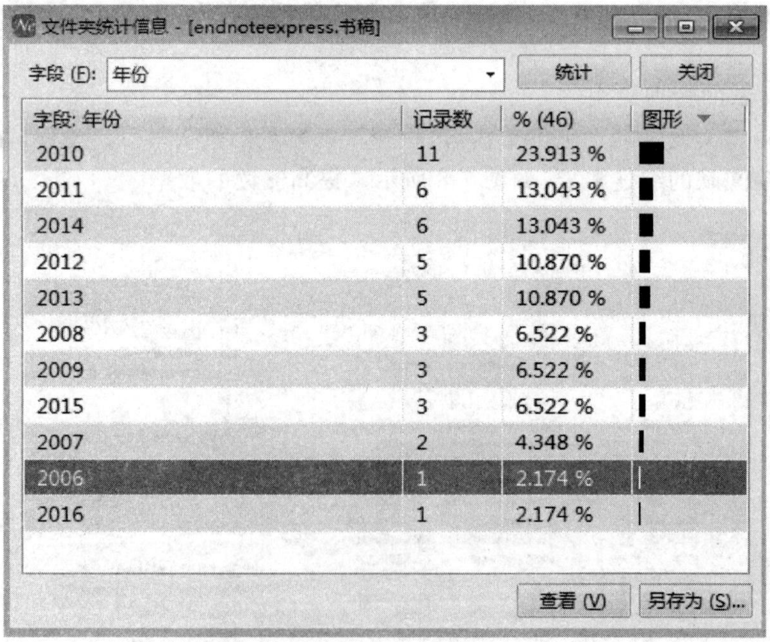

图 7-10　年份统计结果

（3）辅助文献撰写的功能

NoteExpress 的辅助文献撰写功能主要体现在参考文献的插入以及不同期刊规范模板的提供上。NE 软件本身嵌入了许多国内外的学术期刊及学位论文的规范格式，具有自动形成论文格式的功能。

安装 NoteExpress 软件后，当一个 Word 文档被打开，在左上角菜单栏会出现一个 NoteExpress 的按钮，在文档中选择需要插入文献的地方，后选择转到 NoteExpress 按钮，选择要插入文献的题录，选择的参考文献会自动生成（如图 7-11 所示）。

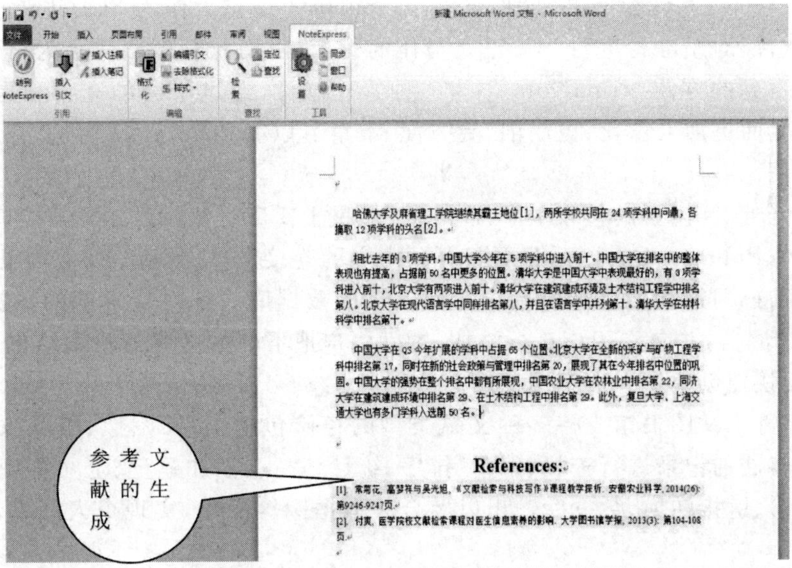

图 7-11　文献插入后的效果

不同期刊所要求的论文格式不同，NoteExpress 提供不同期刊规范的自动形成的论文格式。具体操作选择“工具”菜单中的“期刊管理器”命令，单击后，弹出期刊管理器对话框，在搜索框内搜索期刊的名字或者缩写，选择具体的编排方式即可。本文以“图书馆”为检索词，搜索结果如图 7-12 所示。

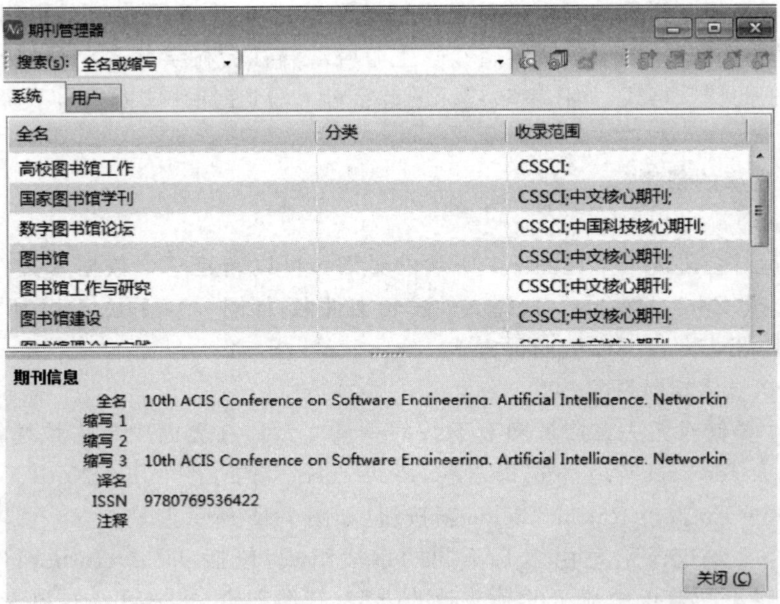

图 7-12　期刊管理器搜索页面

7.2.2 EndNote

1. 概述

20 世纪 80 年代，汤姆森公司首次推出 EndNote 文献管理软件，其支持国际期刊的参考文献格式有 3 776 种，写作模板几百种，涵盖各个领域的杂志。作为 SCI（Thomson Scientific 公司）的官方软件，对于准备进行 SCI 论文写作的作者，采用此管理软件会为自己的文章撰写带来许多意想不到的方便。EndNote 作为一种管理软件，经过不断的完善和提高，版本更新到了 X7，操作界面更加人性化、更简洁、更方便，本章节以 EndNote X7 为例，介绍一下其基本功能和实际应用。

① 资源整合：EN 内置的搜索引擎提供了互联网上 1 500 多种数据库的接口，包括著名的 Web of Science、Pubmed、Ovid 等，只要打开预定义的连接文件，就可以方便地进行在线搜索。支持 Z39150 标准，可以检索全球所有支持此标准的数据库。针对检索到的数据，EN 提供了 600 多个导入过滤器，并允许用户自行添加，帮助用户把不同数据库的检索结果直接导入应用程序之中，从而快速创建个人数字图书馆。

② 文献管理：EN 图书馆支持多种文献类型的存储包括书目、图像、PDF 文件等，并且可以根据需要对存储的记录进行查找、编辑、排序、统计、查重、添加笔记、全文管理（PDF、图片、表格、其他文件）、链接转换、数据库输出以及合并数据库等操作，实现个人图书馆的有效组织和管理。

③ 论文模板：EN 提供了内建的 Word 模板，该模板预先定义好了包括 EN 的格式引用、参考文献和图形列表等在内的一篇完整稿件需要具备的所有关键元素，能够协助用户进行稿件的创建，帮助用户通过出版商严格的稿件要求。EN 目前提供了 180 多种刊物的论文模板供用户选择使用。

④ 文献引用：EN 与 Word 无缝集成，利用“cite while you write”技术可以在 Word 文档中定位引用参考文献，自动生成引用标记和规范的、符合出版版式的参考文献格式，并可即时查看生成的参考书目。到目前为止，EN 已提供了超过 2 800 种重要期刊的引用及参考文献著录格式，涵盖了如人文科学、生物医学、物理、生命科学和社会科学等多个领域，并可以轻松处理一些参考文献的特殊格式，如作者名或标题首字母大写，在同一文献编号下降多个参考书目编组等。

2. 文献数据库的创建

（1）建立一个新的 library

EndNote 运行会出现一个如图 7-1 所示的界面。可以新建一个数据库文件，也可以在程序的主界面，选择“File”→“New”，选择文件编辑文件名，如图 7-13 和图 7-14 所示。

（2）建立 EndNote 数据库的四种方式

① 手动录入参考文献题录

这种方式主要针对无法直接从网上下载的少量文献。在界面中单击快捷键 New Reference，也可以在 References 菜单下选择 New Reference。除此之外，EndNote X7 的 Reference 窗口增加了 Show Empty /Rating Fields 新按钮，如图 7-15 所示。

输入的每条文献记录信息由多个不同的字段组成，包括 Title、Author、Journal 等。在 References Type 下拉菜单中显示的是文献的类型，有期刊论文、书籍及专利等不同的文献类型，根据不同的文献类型，它所显示的字段名称、多少都会有所不同。

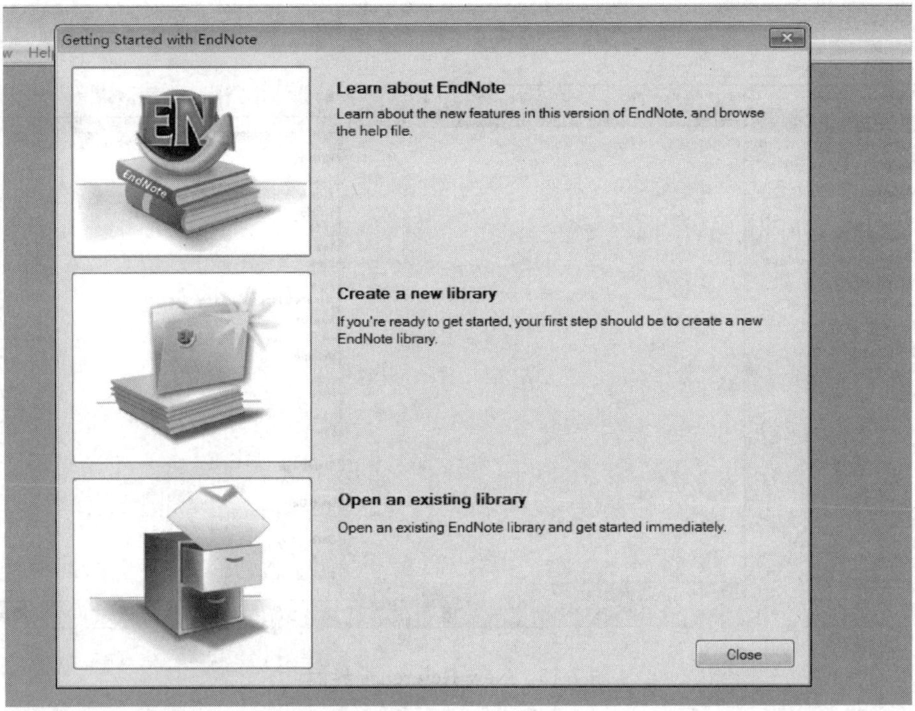

图 7-13　新建 library

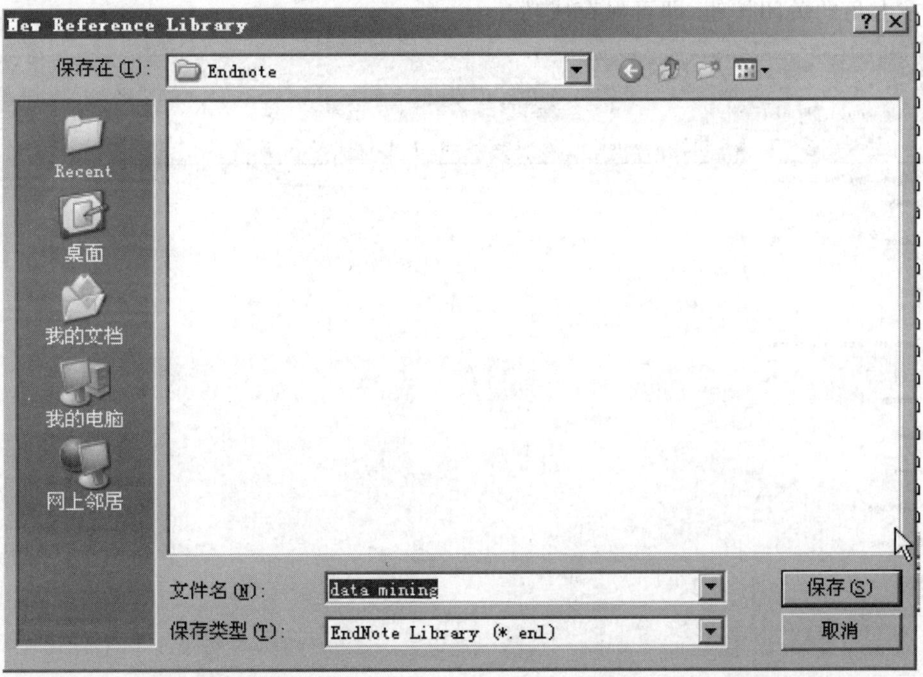

图 7-14　命名文件

手动输入文献信息的方式比较简单,根据所选择的文献类型,输入相应的信息。字段输入的多少根据自己对文献的需求而定。输入 Author 字段时应注意国家人名书写的不同,另外,

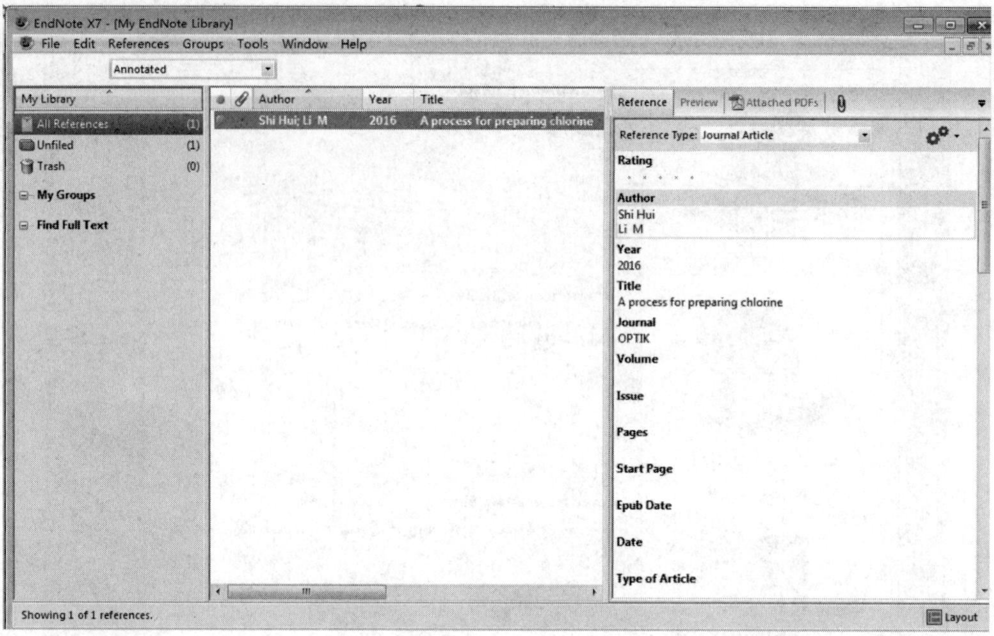

图 7-15 New Reference 界面

人名的位置必须一个人名占一行，关键词也是如此。首次输入的人名、期刊名、关键词会显示红色，如图 7-16 所示，储存在 term list 里，下一次输入相同字段时会自动跳出。字段输入完毕，单击右上角的关闭按钮，即可保存成功。

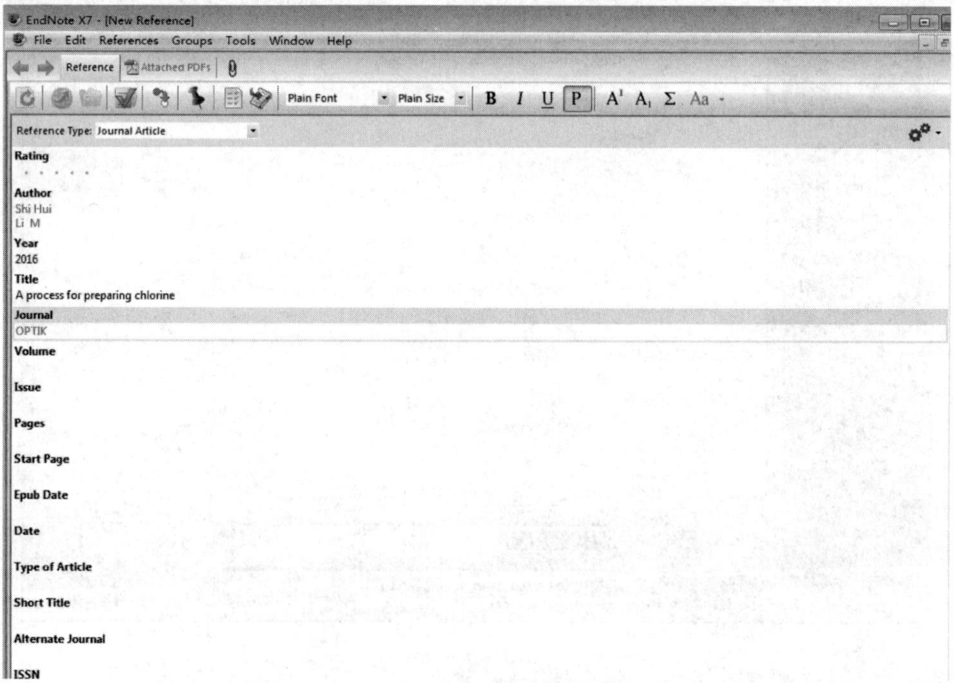

图 7-16 输入文献信息窗口

② 利用文献管理软件内置的在线检索功能直接添加数目数据

在 Tool 菜单中选择 Online search 命令，弹出 Choose A Connection 对话框，选择需要的链接源，实施检索并将适合的检索结果导入，如图 7-17 所示。

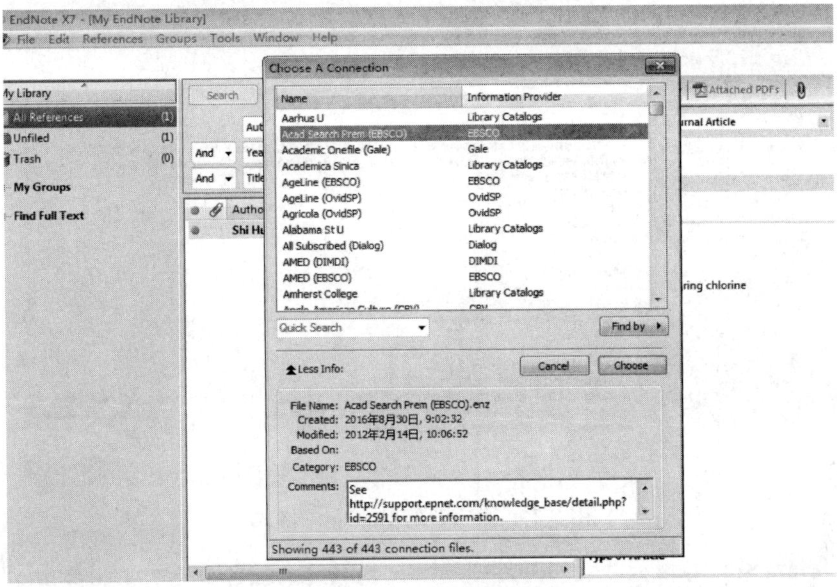

图 7-17　数据库链接界面

③ 在线搜索下载题录文件

目前，许多的网上数据库商都提供直接输出文献到文献管理软件的功能。国内的 CNKI、维普和万方，国外的 Web of Science 都可以直接将检索结果直接输入 EndNote。Pubmed 需要通过格式转换才能正确导入。而 Engineering Village、Scifinder 的检索结果可保存为 RIS 格式。下面以 CNKI、百度学术、Web of Science 和 Engineering Village 为例进行说明。

CNKI 数据库，在检索页以“计算机软件”为检索词，CNKI 输出结果如图 7-18、图 7-19、图 7-20 所示。

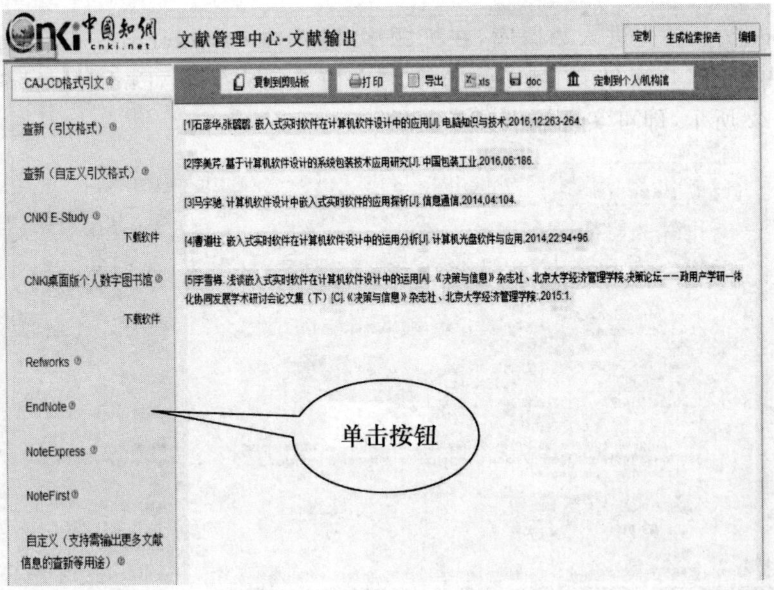

图 7-18　CNKI 存盘页面

图 7-19　CNKI 的 EndNote 格式

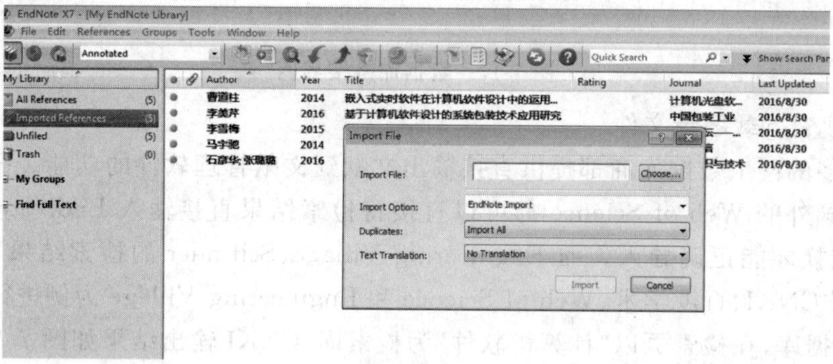

图 7-20　导入 EndNote

Web of Science，首先进入数据库，在标题中，输入"Computer software development"，后进入检索结果页面，检索结果 56 条，选择其中三条，保存至"EndNote desktop"选项，如图 7-21、图 7-22 所示，即可实现输出参考文献。

图 7-21　Web of Science 中检索结果

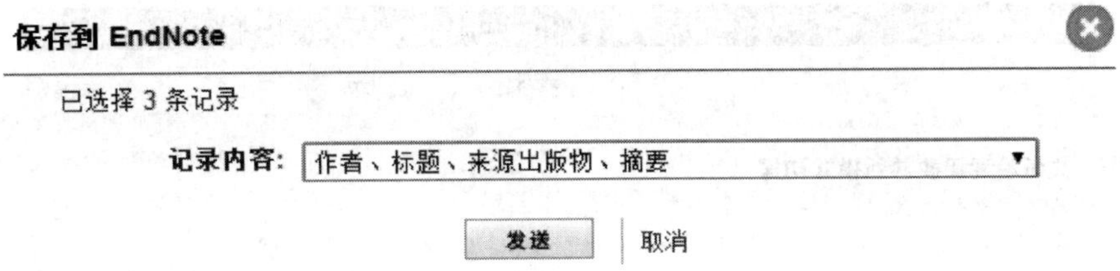

图 7-22　Web of Science 题录保存

EI 数据库,同样在标题中输入“Computer software development”,后进入检索结果页面,检索结果 397 条,选择其中 4 条,输出结果页面如图 7-23 所示。

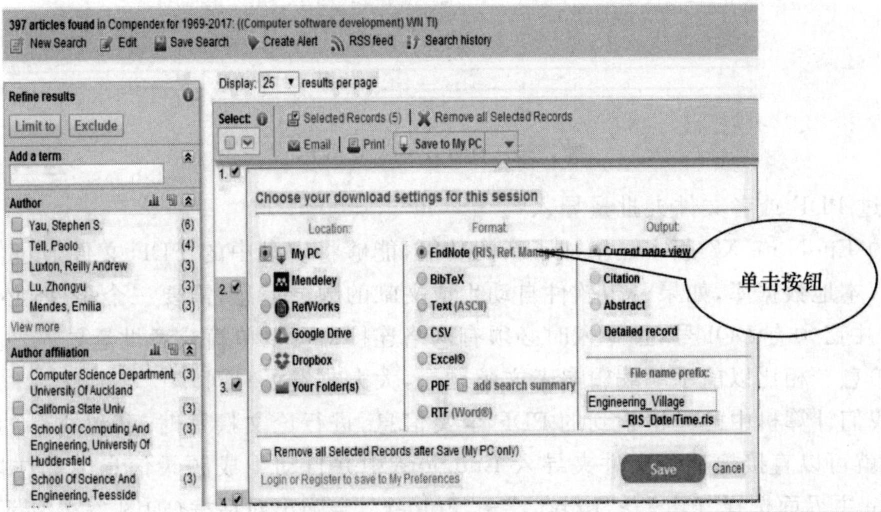

图 7-23　EI 数据库输出结果

百度学术,Google 学术也提供文献的学术搜索,对于所检索的题录信息也可以保存在 EndNote 里。因为我们通过百度搜索使用频率较高,所以举用百度学术文献导出为例。在搜索结果页面,选择想要导出的文献右侧单击“批量导出”,进行选择(如图 7-24 所示),后单击文献后方蓝色的导出按钮进行导出操作(如图 7-25 所示)。根据需要“导出至”EndNote 即可。

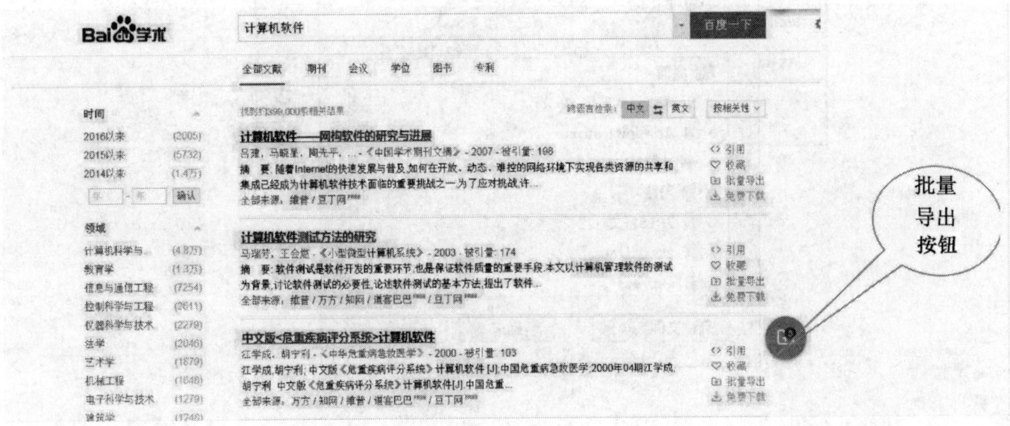

图 7-24　百度学术检索

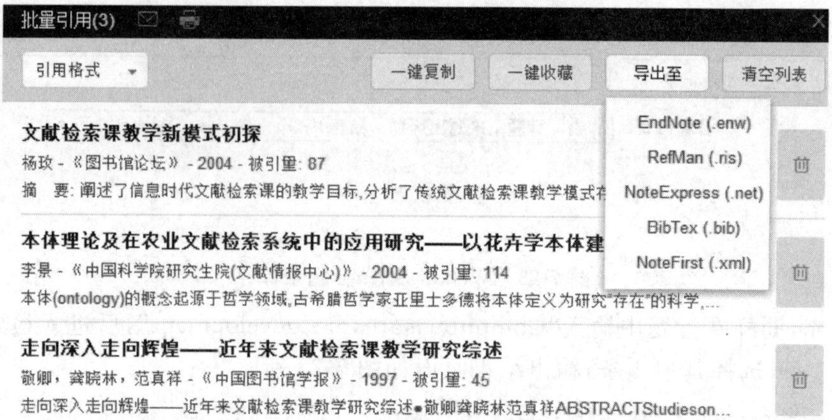

图 7-25　百度学术批量导出

④ 通过 PDF 或者文件夹批量导入

目前的 EndNote X7 版本还增加了新的功能，能够将硬盘中的 PDF 文件通过 Import 命令直接导入本地数据库，如果希望软件自动生成文献的题录信息，需要三个条件：必须是 PDF 文档，PDF 中必须有 DOI 号，且导入时必须有网络连接。可以单篇或者批量导入，并能生成基本的题录信息。相比以前手动编辑参考文献题录，大大节省了时间。

对于我们计算机中已经检索到的 PDF 全文信息，进行论文撰写时，参考文献的编辑非常麻烦，我们就可以直接把整个文件夹导入 EndNote 中并自动生成题录信息。具体操作如下：在 EndNote 主界面选择“File”→“Import”→“Folder”，会弹出对话框(如图 7-26 所示)，选择需要输出的文件夹，单击确定即可完成，如图 7-27 所示。

图 7-26　输出文件夹对话框

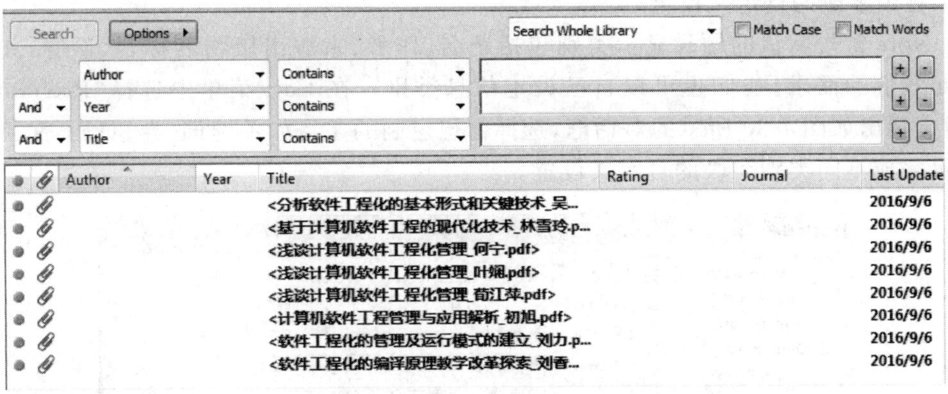

图 7-27　文件夹文献导入生成题录

3. 管理文献功能

EndNote 管理软件中文献可能涉及 PDF 全文、Word 文档、图片、表格等，对这些文献的管理使用会涉及以下两种方式：一种是将附件的地址记录在 EndNote 中，需要时打开地址链接即可；另一种是将文件复制到 EndNote 相应的数据库文件夹下面。

(1) 文献阅读区分

例如，我们从 CNKI 导入了 5 篇文献，当我们单击某篇文献进行阅读后，该篇文献将不再以粗体显示，文献前的圆点也变为空心圆，如图 7-28 所示。

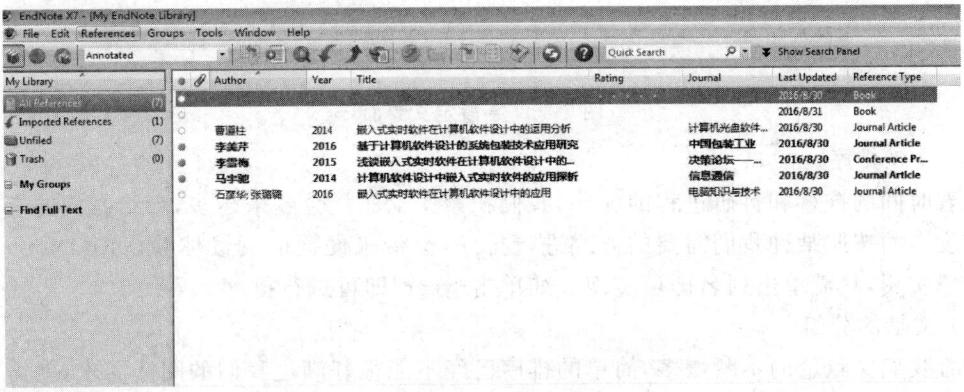

图 7-28　文献阅读页面区分页面

(2) 文献的优先等级标注

文献的阅读撰写过程，不同文献信息重要性会有所不同，所以，有效的标识有利于有的放矢地阅读文献。标注的方法很简单，选择题录信息，单击后选择“Rating”，就会出现星级标识，根据文献重要性选择星级等级(如图 7-29 所示)。

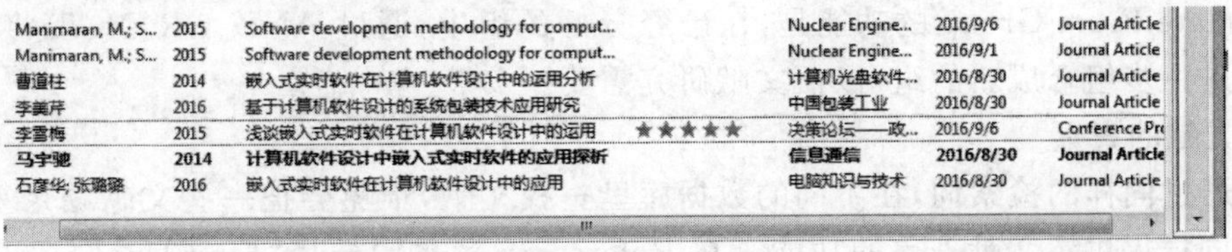

图 7-29　文献星级标注

(3) 题录字段的自定义设定

EndNote 常规默认的题录显示类别包括题名、作者、来源出版物名称、年份等，如果不能有效满足我们的需求，我们也可以自己设定信息类别。在 Edit 菜单中选择"Preferences"命令，此时会弹出如图 7-30 所示的对话框，选择你想定制的条目如关键词、卷、页码等，然后单击确定即可完成不同类别字段的自定义设置。

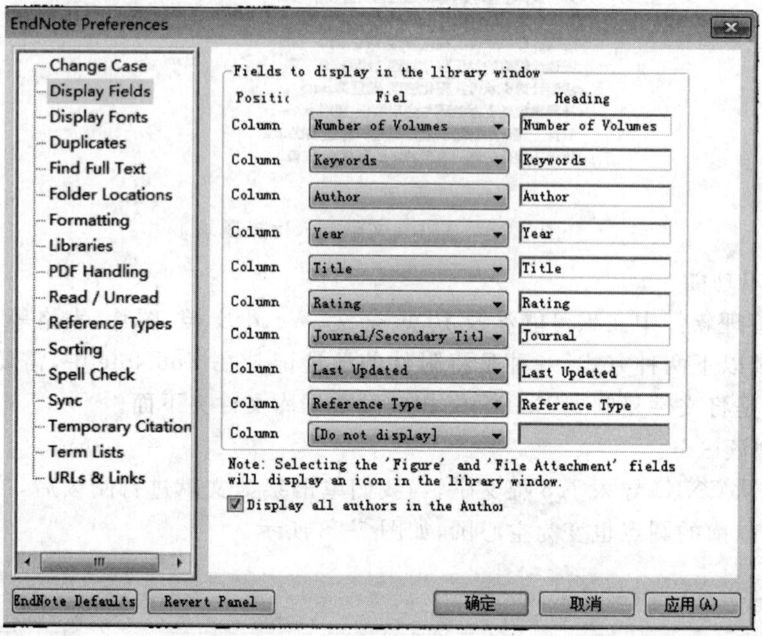

图 7-30　字段定义界面

(4) 文献排序

随着时间的推移和科研进程的深入，我们积累文献的量会越来越多，会给我们的有效阅读增加难度。而按照某种我们需要的方式进行排序，会带来便捷的阅读体验。EndNote 的排序功能简单实用，只需单击列名即可实现。如单击"year"即可进行排序。

(5) 文献的分组

随着我们文献量的不断增多，简单的排序已经不能很好满足我们的阅读需求，就需要对文献进行分组操作。分组功能又分为普通组和智能组两种。

我们在菜单栏中可以见到"Group"，菜单中可以看到，有"Create Group ""Create Smart Group""Create From Group "。"Create Group"又称普通组，可以直接把文献归类到此组中。"Create From Group "又称智能组，通过设置不同的分组条件，可以自动加入与之相匹配的文献，即可建组成组。操作如下：单击菜单栏"Group"按钮，选择"Create From Group "命令框，设置"标题"，如图 7-31 所示。

而 Create From Group 的功能是，在已经分好的组中，通过 AND、OR、NOT 将群组中的文献结果进一步组合成新的组，以便文献研究需要。

(6) 文献的查重

我们通过同样的检索词，在不同的数据库里查找文献，难免会把一些文献题录重复导入，EndNote 同样提供了文献查重的功能。在 References 菜单中选择"Find Duplicates"命令，会自动识别出重复记录，从而达到查排出重复目的，如图 7-32 所示。

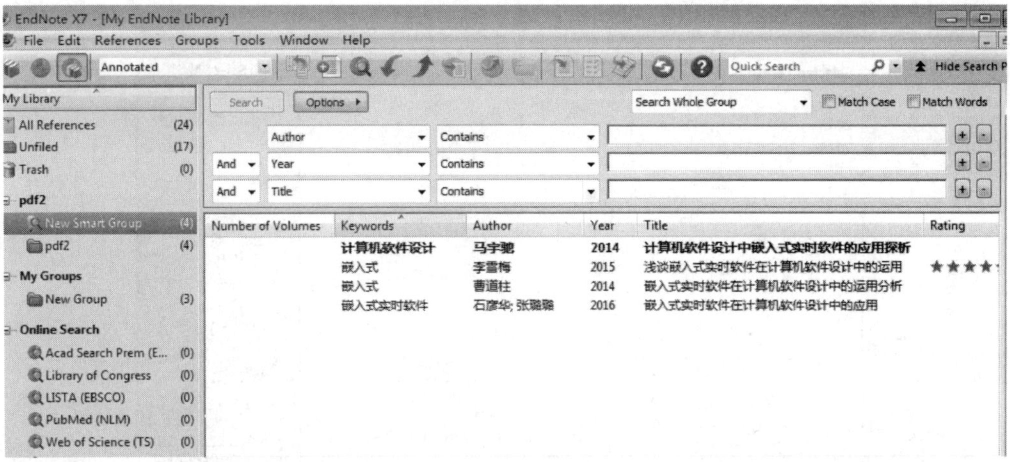

图 7-31　智能建组

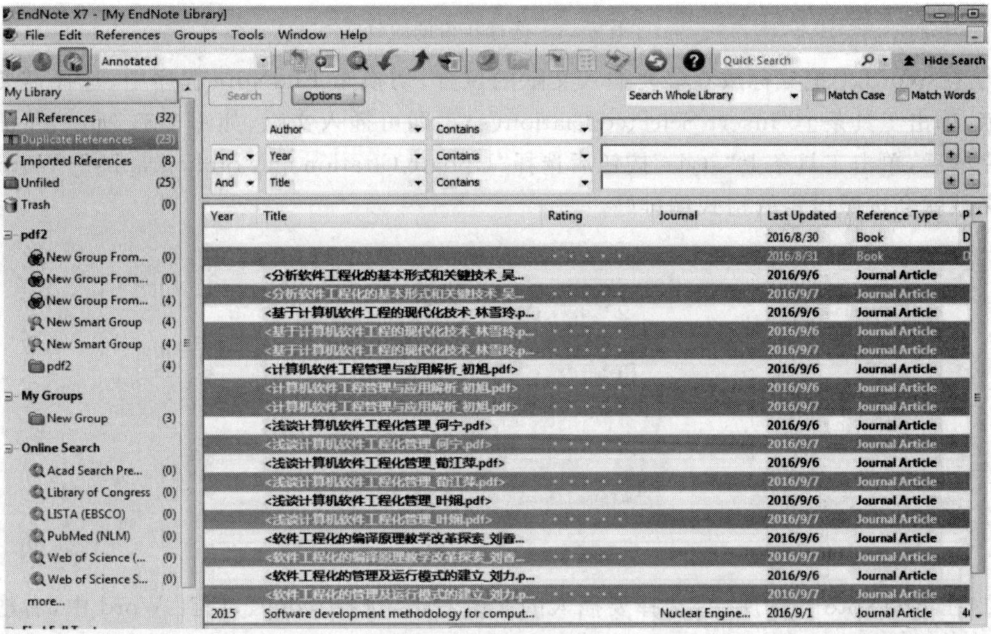

图 7-32　题录查重

(7) 文献的分析功能

EndNote 也提供文献分析功能，有助于文献综述的撰写。在“Tools”中选择“Subject Bibiography”命令就可以选择统计分析(如图 7-33 所示)。

4. 个人数据库的应用

文献的管理是为了帮助我们更高效地利用信息，其功能主要体现在参考文献的插入及期刊论文模板的生成。

(1) 参考文献的导入

安装 EndNote 后，Word 中会出现 EndNote 标识。当我们需要插入参考文献的时候，插入文献的方式有以下几种。

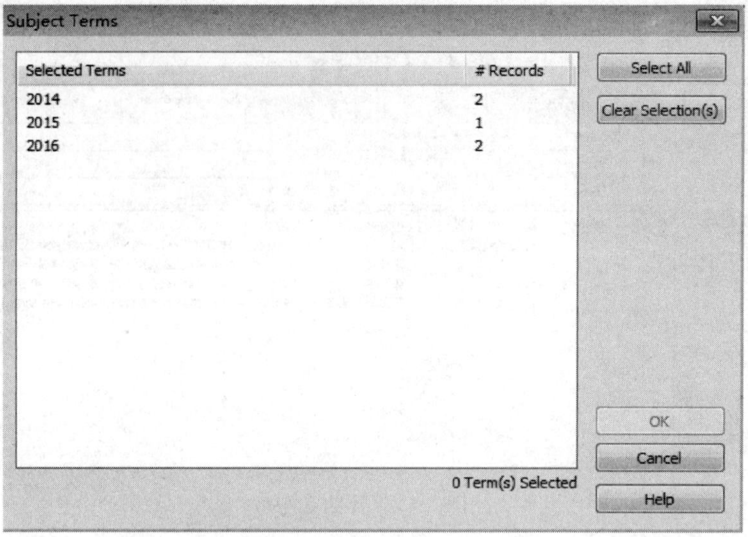

图 7-33　选择年份的统计

① 在 Word 中把鼠标放在需要插入文献的位置，切换至 EndNote 程序中，选择需要插入的文献，单击工具条上"Insert Selected Ciation(s)"，即可插入文献，如图 7-34 所示，所需文献插入完毕后，单击工具条上"style"按钮后选择"Update Citation and Bibliography"，Word 中的参考文献就会按照设定的格式编排好。

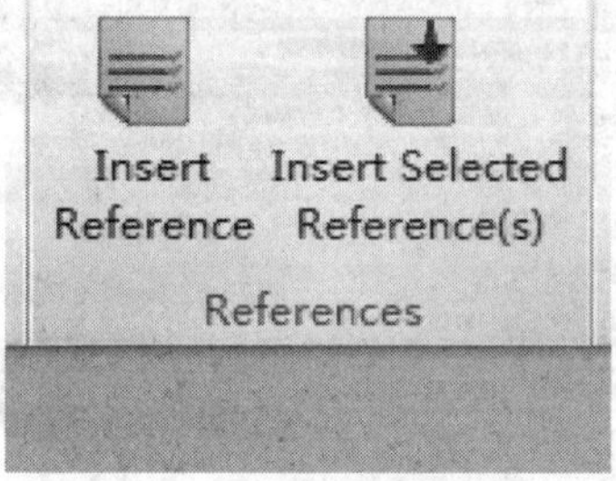

图 7-34　插入文献选项

② 在 EndNote 数据库中，选择要插入的文献右击，选择"copy"，回到 Word 中，右击插入文献的位置，然后粘贴，选择"Insert Selected Ciation(s)"即可完成。

③ 利用快捷方式也可以同时插入多篇文献。单击"Insert Citation"右下方的按钮，会弹出一个下拉菜单，选择"find Citation"，后出现一个对话框，寻找插入。也可以选择 EndNote 中的 CWYW/Add-in 快捷工具条实现引文插入。

文献全部插入完毕后，按照第一种方式选择期刊，即可完成所有文献指定格式的修改。

另外，EndNoteX7 Word 文后参考文献加标题分类。还增加了一些新的功能可在 PPT 中插入参考文献，插入方式和 Word 中基本相同，故不单独阐述。

(2) 利用论文模板撰写论文

EndNoteX7 显示 Output Styles 增加至 5 978 种，Import Filters 增加 482 种。如果你选择这些期刊投稿，只需要按照模板填入信息。下边以《Science》杂志为例，进行展示。

选择"Tools"按钮，选择"Manuscript Template"，选择拟投稿的期刊。选择"Science Magazine"(如图 7-35 所示),后进入如图 7-36 所示的界面,按照要求输入标题、作者等即可。

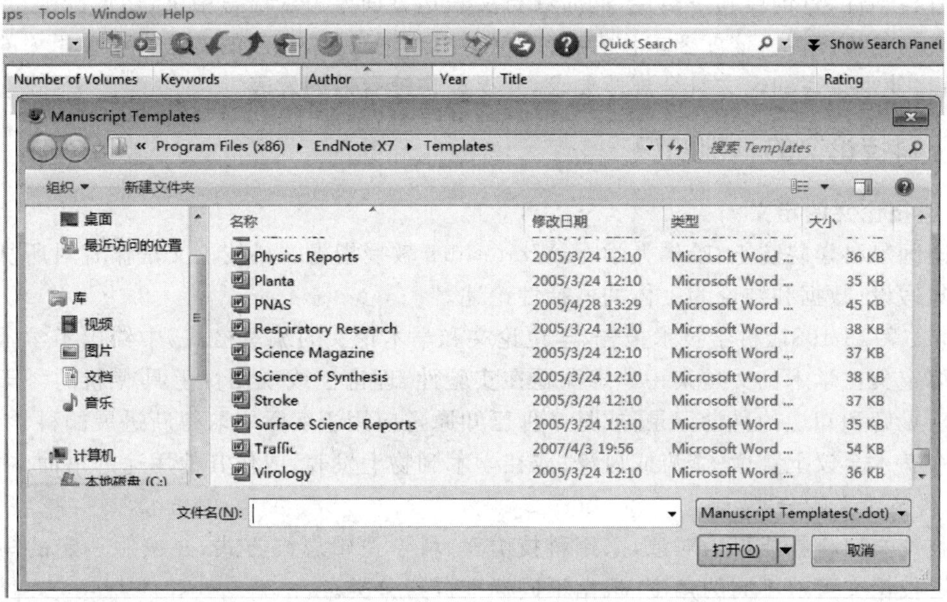

图 7-35 选择所需期刊

[Insert Title of Article, 29 characters per line, 3 lines maximum]

[Insert Names of Author(s)]

[Insert Affiliation information here]

[Insert Author Address information here]

[Insert one sentence summary]

图 7-36 输入文献信息

当然,不同的文献管理工具都有其不同的特点,除了本文介绍的比较有代表性的两个文献管理软件工具以供参考外,大家也可以根据自己的需要选择更适合自己的文献管理工具,如 Note First、医学文献王、E-study 等。虽然文献管理软件可以帮助我们科学、高效管理文献,但是管理仅仅只是手段而不是目的,我们管理文献目的是为了更好地利用文献资源,为我们的工作学习、教学科研争取更多的时间和精力。

7.3 科技论文撰写与投稿

科技论文是在科学研究、科学实验的基础上,对自然科学和专业技术领域里的某些问题或现象进行专题研究,运用概念、判断、推理、证明或反驳等逻辑思维手段,分析和阐述,揭示出这些现象和问题的本质及其规律性而撰写成的一种文体,并通过公开发表的形式得到同行的认可并加以利用。科技论文是国内外学者进行学术交流的重要媒介,为了促进科学工作的进展,方便所需要者进行查找和阅读，科技论文必须按照规范的格式进行撰写。科技论文在内容上必须具有科学性、首创性和逻辑性，同时在行文表达方面要力求语言精练、用词准确、行文流畅且具备较高的可读性。这就要求作者必须掌握一定科技论文写作的方法，熟悉相关的国家标准和规定，使得撰写的论文符合规范要求，并得以快速有效的发表。

7.3.1 科技论文的基础知识

1. 科技论文的定义

美国国家科学院院士、哈佛大学 G. Whitesides 教授指出："科技论文是作者对所从事的研究进行集假设、数据和结论为一体的概括性论述。"

GB/T 7713-1987《科学技术报告、学位论文和学术论文的编写格式》中给出了学术论文写作的具体定义："学术论文是某一学术课题在实验性、理论性或观测性上具有新的科学研究成果或创新见解和知识的科学记录；或是某种已知原理应用于实际中取得新进展的科学总结，用以提供在学术会议上宣读、交流或讨论；或在学术刊物上发表；或作其他用途的书面文件"。

2. 科技论文的分类

科技论文以科技成果为对象，采用科技语言、科学逻辑思维方式，并按照一定的写作格式撰写。科技论文可从不同的角度、根据不同标准进行分类。

(1) 依据写作目的和发挥的作用划分

科技论文可分成论证型、研究报告型、发现发明型、计算型和综述型五种。

① 论证型

用于数学、物理、化学等基础学科领域的原理、定理、定律等的讨论及证明的论文。

② 研究报告型

针对科学技术领域的某一课题进行调查与考察、实验与分析，得到系统而全面的事物现象和完整的实验数据等原始资料，通过对其进行进一步的加工整理，运用已有的理论进行分析、讨论，做出最新的判断，得出新的结论。

对于研究报告型论文，选题应具有一定的科学性和先进性，有独到的见解，素材充分、准确、可靠，足以证明所给出的结论。这类论文最多，涉及新技术、新方法、新方案、新算法、新工艺、新材料等。

③ 发现发明型

发现自然界固有的客观存在，首次发现并予以证明；用于揭示事物的现象和本质、特征、规律，记述新发现事物的背景、现象、本质、特性及其运动变化所遵守的规律及使用前景；阐述发明的设备、系统、工具、材料、工艺形成或方法的性能、特点、原理及使用条件等。

④ 计算型

数理或其他领域的一些不同类型的数值计算方法或其他运算法则，计算机对数据的不同处理方法及各种算法语言，对一些事物的稳定性、精确度分析等均属计算型。计算型论文以数学运算及数学解析为主，常常用到较多的定理、公理、推论、推导、证明等。要求方法正确，数据真实可靠，计算正确无误。

⑤ 综述型

对某一科学技术领域在一定时期内的发展状况进行回顾、梳理和总结，对现状进行分析和评价，对未来进行预测及展望，提出建议，指出方向。这种类型的论文不一定具有首创性，但要有指导性，能对科学技术的发展起到承前启后的作用。

综述型论文应是作者在博览群书的基础上，综合介绍、分析、评述该学科（专业）领域里国内外的最新研究成果、最新发展趋势，并表明作者自己的观点，做出学科发展的预测，提出比较中肯的建设性意见和建议。它与一般科技论文的主要区别在于综述型文章不要求在研究内容上必须具备创新性，但一篇好的综述性文章也常常包括某些先前未曾发表过的新资料或新思想，它要求撰稿人在综合分析和评价已发表过的资料基础上，提出涉及该专题在特定时期发展演变的规律和趋势。综述型的论文撰写要求比较高，基本要求是：资料新而全，作者立足点高、眼光远，问题综合恰当、分析在理，此类论文往往对所讨论的专题或学科的进一步发展起到引导作用。

(2) 依据研究对象和写作内容划分

科技论文也可分为学术型和技术应用型两类。这种分类方法所包括的论文的范围更广，判别相对更容易些。基础研究和应用基础研究多产生学术型论文，应用研究和技术开发研究多产生技术应用型论文。

① 学术型

这类论文侧重于理论分析、数学推导，在于揭示现象或事物的规律性、普遍性、原理性。因此它具有探索性、前瞻性。学术型论文以现实为基础，但又超越现实，在一定范围内、一定程度上和一定时期内可能脱离现实。其研究思路和研究方法可能会对同行起到启发和引导作用。对研究成果来说，会形成一种飞跃，而用于指导现实。这里的现实是指科学研究与探索。一项成果有理论高度，才会有普遍意义，思想锐利、见地深刻，才会有学术价值。

学术性论文解决的是“为什么”“是什么”和“为什么”“怎么办”的问题。“为什么”“是什么”是揭示物质和现象的本质、特征、特点、规律及普遍意义。而“为什么”“怎么办”则是以理论分析和普遍规律去启发、指导实践活动。这就是应用基础研究的特定意义之所在。

② 技术应用型

该类论文内容直接来源于生产实践或人类的其他社会活动，具有很强的时代感和现实针对性。其研究直接源于现实，又直接应用于现实，具有明显的实用性。很多发明创造表现其中，其强调的是具体应用性和特殊性。专业性期刊或技术应用性期刊刊登的多是此类文章。

技术应用型论文一般立足于“怎么办”的问题，提出具体的解决办法和改进措施。这类成果很多不必进行二次开发，即可直接应用于实践。一些技术改革和创新的内容都具备此特点，便于推广和移植。某些指导类，经验介绍类，新技术、新设备、新器件、新工艺介绍类的论文也可归为这一类。

学术型和应用型会互相渗透，可兼而有之，关键是研究课题的性质和写作的侧重点。无论是学术型还是应用型，二者均是以现实为基础，也就是以目前人类的认识范围和实践活动为基础。向上即是学术研究，向下即是应用研究，应用研究经过资料积累和研究的不断深入，由感性到理性，使成果有一个飞跃和升华，也即转化为学术型。

(3) 按内容性质和研究方法的性质划分

① 理论型论文

理论型论文，指的是自然科学各学科、专业的研究人员针对本学科专业范围内的某一课题，通过严密的理论推导和理论分析，将感性认识上升到理性认识，对研究成果进行理论概括和总结，提出自己的思想、主张、观点和见解的理论性论文。理论型论文的重点在于理论证明和分析。

在自然科学领域里的各学科门类，尤其是数学、物理等基础学科及所属各专业，理论型学术论文占了较大的比重。有的纯粹以抽象的理论问题为研究对象，运用理论推导和假设、模型、形式化、数学化、公理化等方法，一般不涉及实验、观测等科学实践活动，如数学、理论物理、理论化学、理论天文学等学科的学术论文。有的是综合运用本专业的基础理论、专门知识和基本技能，采用新的思想和方法，或从新的角度，重新证明某一概念、定义、定理、定律等。有的是对本学科专业范围内某一理论、定理、定律重新进行理论推导和论证，阐明它的意义和局限，或肯定、或修正、或补充、或质疑。有的是研究本学科专业范围内的某一理论、原理、定律在实践中的具体运用，其中有的还要建立数学模型或给出计算方法等。有的虽以实验、观测、调研所搜集的资料为研究对象，但它只是作为理论推导的依据和假设的出发点，或作为结论的佐证，不是论文的宗旨所在，目的在于对这些资料进行分析、综合、抽象、概括、提炼、归纳，提出新的见解和新的理论。换言之，理论型学术论文是正面阐明理论、思想、观点和见解的论文，它重在理论分析和理论认识，强调逻辑效应和以理服人。

② 实验型论文

实验型论文的前提是实验，就是在一定的研究目的下，运用相应的实验设备、手段等，主动模拟、干预和控制，以便在特定条件和典型环境获得科学事实的一种探索活动，以书面的形式如实记录实验的过程和创造性的结果，并进行总结、归纳和分析，向社会公布、发表，就是实验型论文。它也可分两种：一种是以介绍实验本身为目的，重在说明实验装置、方法和内容；另一种是通过对实验结果的分析和讨论，从而认识客观规律。实验型论文的正文结构与理论型论文不同，主要是由实验报告的结构演化而来，并已形成一定约定俗成的格式，一般有材料和方法、结果和讨论等三部分。此三部分仍可做适当调整，其重点内容则必须对实验做说明和分析。

③ 描述型论文

描述型论文的重点是对研究对象进行描述和说明，向读者介绍新发现的某种客观事物 或现象，重在说明事物或现象。描述型论文的结构通常由描述和讨论两大部分构成。如论述动物、微生物新物种，描述新发现的地质现象，新发明仪器等的论文属之。

④ 设计型论文

设计型论文是指对新产品、新工程等最佳方案进行全面论述的书面技术文件，一般由设计说明和设计图纸组织而成。其内容有理论或实验，也有设计的描述说明（包括图纸）。如建筑工程、工艺设计等方面的论文。

上述学术论文的四分法是相对的。理论型论文中也可能有描述，也会引用一些实验材料；实验型论文中也有必要的理论分析和描述；描述型论文也不是全无理论分析。各种论文之间会相互渗透，兼而有之，应视情况而定。

无论哪一类论文，必须具有科学性，要有参考价值，要有新意，能给读者以新的启迪、新的思路、新的视野、新的观念，也就具有发表意义。

3. 科技论文的特点

科技论文不能凭主观臆断或个人好恶随意取舍素材或得出结论，它必须有足够的、可靠的和精确的实验数据、现象观察或逻辑推理为依据。整个实验过程可以复核验证，论点的推理要求严密、正确、可信。

(1) 首创性

要求论文所揭示的事物现象、属性、特点以及事物运动时所遵循的规律，或者这些属性、特点以及运动规律的运用，必须是前所未有的、首创的，或者部分是首创的，而不是对他人工作的复述或解释。

(2) 逻辑性

要求论文脉络清晰、结构严谨、推论合理、演算正确、符号规范、文字通顺、前后呼应、自成体系,无论文章所涉及的专题大小如何,都应该有自己的前提或假说、论证素材和推断结论,而不应该是数据的堆砌和现象的描绘。

(3) 有效性

只有经过相关专业领域的同行专家审阅,并在一定规格的学术会上答辩通过并存档、归档,或者在正式的文献上发表的科技论文才被认为是完备的、有效的。它所揭示的事实及其成果才能方便地为他人所用,成为人类知识宝库中的一部分。

4. 科技论文的作用和意义

(1) 科技论文的写作是科技工作者进行科学技术研究的重要手段,是科学技术研究工作的重要组成部分。科学技术研究是一个不断思考、不断研究、不断修正、不断改变的开拓过程。借助论文写作的方式,让用文字符号把思考的过程一一记录下来,让它们在纸面上视觉化、具体化,便于反复琢磨与推敲研究过程,使凌乱的、抽象的、飘浮的思维清晰起来、抓住稍纵即逝的灵感,开阔了研究思路,并使其具体化和条理化。写作和研究同时进行、相辅相成、互相促进,从而最终提高研究效率,促进研究方案的重大调整、完善。

(2) 科技论文的写作与发表有利于科学知识的积累、交流、传承和延续。科技论文写作是把科学有效的知识信息用有形的符号和文字进行书面记录保存,通过论文的发表,将研究成果作为文献保存下来,并传递到世界的各个角落,促进国内外学术交流。有效地减少了重复性研究的弊端,为同时代的人和后人提供科学技术知识,将超越时空的限制,成为世界人类科学技术宝库的重要组成部分。

(3) 科技论文是考核和发现人才的重要方式,也是进行技术鉴定、评审技术成果和科研院所进行重大决策的重要依据。作为评价某一学术团体和科技工作者学术水平的重要标准之一,也是科技人员申请学位和评定技术职称的依据之一。

5. 科技论文的写作要求

科技论文写作的最基本要求是严谨、严密地阐述科研实践和逻辑推理的主要内容,准确地剖析研究命题,体现科技论文的科学性。

(1) 措辞严谨、科学客观

科技论文不必要讲求辞藻华丽,但要求思路清晰、合乎逻辑,内容务求客观、科学、完备,应尽量利用事实和数据说理。

(2) 语言精练、明确具体

科技论文要求语言明快、主题突出、清楚明白。对于事物的描述应挑选唯一能正确表达事物本质特征的词语,做到言简意赅、凝练文字。同时,句子要符合语法,防止片面化、绝对化,用语简明准确,避免词不达意。

(3) 图文并用,设计合理

凡是用简要语言能够讲述清楚的内容,使用文字陈述,用文字不容易说明白或说起来比较烦琐的,可用图或表来说明。图或表要具有自明性,即图表本身给出的信息就能够表达清楚要说明的问题。避免用图和表反映相同的数据。图和表要精心地选择和设计,删去可有可无的或重复表达同一内容的图和表。

(4) 引用规范，标注准确

引用的资料，尤其是引用他人的成果应注明出处。切忌用教科书式的方法撰写论文，对已有的知识避免重复论证和描述，尽量采用标注参考文献的方法。对用到的某些数学辅助手段，应防止过分注意细节的数学推演，必要时可采用附录的形式供读者选阅。撰写中涉及的量和单位、插图、表格、数学式、化学式、数字用法、语言文字和标点符号、参考文献等，应符合有关国家标准的要求。

7.3.2 科技论文的撰写

科学技术的发展使得越来越多的人涉足科技论文的写作领域。一篇完备的科技论文，应该按一定的格式书写，具有科学性、首创性和逻辑性；还应按一定的方式发表，即有效出版。从目前国内外科技论文写作发展趋势来看，为便于科技论文的发表、利用、管理和流通，科技论文的撰写格式正逐渐走向规范化和标准化。下面结合相关国际、国家标准以及对文献的要求，具体讨论如何规范化地撰写科技论文。

1. 写论文前的准备

论文的撰写是一个严密的逻辑推理过程。一篇论文的结构是一个统一的整体，从开始到结束，要首尾连贯、层次分明、逻辑严密、条理清楚。论文应有一个完整的构思，绝不可概念混淆，表达不清，让人看后莫衷一是。在论文撰写过程中必须认真研究所取得的实验数据，从论点的提出、实验过程、数据处理、结果分析和论据的佐证等都必须进行谨慎周密的推论和验证。因此撰写科技论文必须经过以下几个步骤。

(1) 拟订论文提纲

从写作程序上，拟订论文提纲是论文写作前的必要准备，不可忽视。从提纲本身来讲，它是作者构思谋篇的具体体现。所谓构思谋篇，就是组织论文的篇章结构。科技论文需要用大量的资料，较多的层次，严密的推理来展开论述，从各个方面来阐述理由、论证自己的观点，因此，构思谋篇就显得非常重要，于是必须编制写作提纲，以便有条理地安排材料、展开论证。依据上述论述，对自己的研究课题首先需要拟出具体大纲，即完整的大框架，然后再划分出若干小框架。通过拟定提纲可初步酝酿形成自己的思路、观点、想法等，用文字记录下来，构思成论文蓝本，使文章结构设想合理。接下来，进一步根据题目的要求，审思全文的布局、观点和佐证材料的安排；对相关资料进行取舍、增删、调整，将资料整合成一个层次清楚、逻辑关系严密的理论体系。为论文的写作打下坚实的基础。

(2) 精选已有资料，力求具体、典型

论文提纲拟定后，应将研究过程中直接获取的第一手资料进行整理。原始材料常常是随机的、零乱的，撰写论文前应对有关记录、数据进行分类统计、核算，找出各项因素之间的关系，归纳总结出对该题目研究的总结性意见。经过整理材料使其逐渐具有连续性和系统性（在科技写作活动中对材料的连续性和系统性要求很高），然后进行分析比较，精选那些真实、确凿、典型、恰当的足以证明论点正确的论据资料，找出规律性的东西，提出观点、方法、模式、对策，指出存在的问题，得出结论。同时，科技论文撰写时，应尽可能使用数理统计的方法将实验结果绘制成图表来表达，因为图表描述分析典型事例，有利于对实验结果进行比较、分析、解释和讨论，让人觉得简洁明了，能起到文字难以起到的作用，以撰写出富有新意的论文。

如果是介绍科技成果的实验型科技论文，一般要将实验装置（包括材料和方法）、实验结果和讨论写明白：在实验装置与方法部分将实验装置、原理和方法的要点详细介绍，以便别人能重复这些实验，并对文中实验结果做出检验。主要阐述实验的经过，自变量的操纵，相关因子的控制，因变量的测定，实验结果和分析。叙述实验过程应遵循研究过程的逻辑顺序和连贯性。实验结果是论文的素材，用事实材料和数据来表述，作为分析的科学依据，对实验研究结果应进行定性、定量及深入的理论分析。对实验结果如数据处理方法、从结果探索到的规律及误差分析等，应逐项进行分析和探讨。

2. 科技论文基本组成

科技论文的组成大体包括：题名、作者、摘要、关键字、引言、正文、结论（讨论）、致谢、参考文献与附录等部分。一般情况下不必项项具备，可根据论文表达的内容选择所需的项目。下面根据科技论文通用的基本格式具体谈谈如何撰写。

(1) 题名

题名又叫文题、题目、标题，是论文的总纲，是反映论文最重要的特定内容的最恰当、最简明的词语的逻辑组合。题名应准确、简洁、确切，概括文章的要旨并有助于选择关键词，中文题名一般不宜超过20个汉字，且一般不用标点符号，如果有些细节必须放进标题中，必要时可加副题名。外文（英文）题名应与中文题名含意一致。题名应避免使用非公知公认的缩写词、字符、代号，尽量不要出现结构式和数学式等。

如果论文有层次标题，应按照国家标准对科技论文的章、节进行划分和编排。编号和排列均应采用阿拉伯数字分级编写，不用中文数字如一、二、三等表达。即一级题名的编号为1，2，…；二级题名的编号为1.1，1.2，…，2.1，2.2，…；三级题名的编号为1.1.1，1.1.2，…。

题名是科技论文的必要组成部分。GB/T 7713—1987指出，论文题名是“以最恰当，最简明的词语反映报告、论文中最重要的内容的逻辑组合”。

题名是论文的标签，是读者识别论文和判别是否需要阅读的依据之一。读者对论文需求的判读程序为“题名→关键词→摘要→正文”，题名是读者取舍论文的首要因素。一个好题名可以使科技界的同行对论文的内容一目了然，透过题名看到论文的创新点，引发阅读兴趣。

编写科技论文题名的主要规则是“突出主题、简明精练、题不成句”。

① 突出主题

创新性是科技论文的主要特点，题名必须准确地反映论文的内容、创新点，突出主题。题名中的词语是关键词选用的主要对象，应具有可检索的实用信息。主要体现在：题不离创新点，题文必须相扣，不可小题大做。

② 简明精练

题名必须确切、简练、醒目，用字控制在25字以内，要字字斟酌，精益求精。长题名需要转行时，应该在词语的停顿处转行，不可把一个词拆开后排在两行中。

科技论文需要分篇连载时，可以在题名后标注连续序号“（上）”“（中）”“（下）”或“(1)”“(2)”“(3)”等，并在分篇的文末标注“（待续）”，最后一篇的文末标注“（续完）”。

题名的语意未尽时，可以用副标题予以补充。分篇连载时，也可用副标题区分各分篇的内容差异，但总题名须相同。

如果对题名有重要信息需要说明，如“属于国家××项目”“属于省级×× 项目”“在××处获××奖”等，可利用脚注予以注释。总之，题名力求简练，避免题不达意，谨防题意模糊。

③ 题不成句

题名是词汇的逻辑组合，不是一个完整句子。显然，题名只起标示作用，不做判断式结论。“题不成句”是编写科技论文题名的一个重要原则，一般只用名词、形容词、介词、冠词和连词作为题名要素，不使用包含主语、谓语和宾语的完整句子作为题名。总之，题名不应成句，题中慎用标点，题内少用符号。

(2) 作者署名

作者署名是论文的必要组成部分，作者系指在论文主题内容的构思、具体研究工作的执行及撰稿执笔等方面的全部或局部上做出主要贡献的人员，是论文的法定主权人和责任者。记录了作者辛勤劳动及其对人类科学技术事业所做出的奉献。

因此，发表论文必须签署作者姓名。

① 署名规则

科技论文集构思、研究、撰稿之大成，或是个人行为，或是集体贡献。科技论文的作者须是论文的直接贡献者。合作论文的署名人数不可太多，以 2～3 人为宜，一般不要超过 6 人。排序决定于署名人对论文的贡献程度，贡献大的人员署名靠前。间接参与科技论文工作的人员不应以作者身份署名，可在文末对他们予以致谢。

中文期刊的作者署名分为汉字和拼音两部分，国家标准(GB/T 16159—1996) 规定：汉语人名按姓和名分写，姓和名的开头字母大写，如：Lu Xun(鲁迅)，Mei Yanfang(梅兰芳)，Dongfang Shuo (东方朔)，Zhuge Kongming (诸葛孔明)等。

国外期刊一般会尊重作者对自己姓名的表达方式，大多倾向于大写字母只限于姓和名的首字母。但是中文拼音中易混淆的如“朱吉安”的英文，正确的表达为 Ji-an Zhu 或者 Ji'an Zhu，如果错误表达为 Jian Zhu，则作者名字会被误认为“朱坚”。

作者署名要尊重他人劳动，共享成果。有两种不良署名倾向值得注意：一是强加于人；二是取代前人。强加于人，是指在低劣科技论文的作者中包含了知名学者的名字，有拉大旗作虎皮之嫌，其实是在给知名专家抹黑；取代前人，是指在论文的署名中排除了研究项目的先期开创者，后人取代了前人，这是不讲科研道德的行为。因此，优秀科技论文的署名反映了作者的科学道德，应经得起时间的考验。

② 作者信息

科技论文应提供作者的姓名、性别、学历、单位名称、职务和职称、研究领域、通信地址、邮政编码和电子邮箱等有效信息。

不同期刊标注作者署名与作者信息的格式不完全相同。作为送审稿件，通常只需在题名下方列出作者姓名，在首页下面的脚注处标注作者的详细信息。合作论文应给出所有作者的信息。若某作者有重要背景材料，如获国家级成果奖等，也可在作者信息中列出。

③ 科技论文作者署名的条件

a. 署名者必须参与本项研究的选题、设计和开创工作(即参与论证)。

b. 署名者必须参与获取原始数据的试验和实验工作(即参与研究)。

c. 署名者必须参加过论文的撰写工作(即参与写作)。

d. 署名者必须能够对取得的数据和结论加以解释(即能够答辩)。

e. 署名者必须阅读过全文、同意发表，并承担学术、道义和法律的责任(即承担责任)。

只有满足上述条件的人，亦即实质性地参与论证、研究、写作、能够答辩和承担责任的人才有资格成为署名作者。仅参加了其中部分工作的合作者，对研究工作提供便利条件的帮助者，以及委托进行部分分析检验等辅助工作者等，均不应作为署名作者。

按照著作权规定，个人的研究成果以个人署名，集体的研究成果以集体署名，署名的先后应按照对研究工作的贡献大小顺序排列。

(3) 摘要

摘要又称提要，是论文核心思想的缩影，是论文必要的附加部分，只有极短的文章才能省略。摘要应包含论文的全部信息，通过阅读摘要可以使读者尽快从浩如烟海的信息资源中筛选到有用资源。摘要以提供论文内容概要为目的，不加评论和补充解释。摘要应具有独立性和自明性，不应出现图表、数学公式和非公知公用的符号、缩写语和参考文献的序号。

中文摘要编写应遵照 GB 6447—1986 的规定，篇幅以 100～300 字为宜，一般应写成报道性文摘，也可以写成指示性或报道指示性文摘。

报道性摘要 (informative abstract)：也称作信息型摘要或资料性摘要，其特点是全面、简要地概括论文的目的、方法、主要数据和结论。

指示性摘要 (indicative abstract)：也常称为说明性摘要、描述性摘要(descriptive abstract)或论点摘要(topic abstract)，只简要概括论文的主题。

报道-指示性摘要 (informative-indicative abstract)：以报道性摘要的形式表述一次文献中的信息价值较高的部分，以指示性摘要的形式表述其余部分。

以报道性摘要为例：

① 目的

点明研究、研制、实验等课题所涉及的范围和所要解决的问题。这一部分回答两个问题即可：为了解决什么范围内的什么问题。这两个“什么”用专业术语或短句代替，就能基本表达论文的主题和研究目的，既简捷又明确。

作者往往将研究的背景材料、基础知识、目前存在的问题及所研究课题的重要性写得很多(这应是前言中的内容)，而论文中的关键内容却写得很少、太笼统，体现不出论文的新颖之处，有些喧宾夺主、本末倒置，摘要的开头不要简单重复论文题目，也不要把前言中的同行共知的背景材料写入摘要中。

② 方法

介绍所采用原理、理论、思想、技术、条件、材料、工艺、结构等，如何创建的新理论、新技术、新方法、新材料、新工艺、新结构等。这部分内容是最重要的，但也是最容易被遗漏的。一个主题可能会有很多人在研究，也会提出不同的理论、思路和方法，因此摘要要体现论文的创新之处，也就是要将论文的“新颖、独特”的方法和思想写到摘要中。必须重视该部分所含内容，不能过简或缺少。因为这是体现论文创新性的关键。这一部分写得好，可以充分提高结果结论中内容的可信度，增大论文对读者的吸引力。

③ 结果

客观地给出研究的结果、所得数据、被确定的关系以及得到的效果和性能等。

④ 结论

对结果进行分析、比较、升华后所得到的具有普遍意义的规律和适用范围。

结果和结论这两部分简要写出研究所得即可，结论是作者对结果的分析、研究、比较、评价、应用、提出的问题等，是结果的总结，显示研究结果的可靠性、实用性、创新性，体现论文研究的价值与学术水平，是决定论文被检索的重要条件。尽量要有定性、定量的表述，尽量避免“广告词”，必须基于独特的方法，写出体现论文特点和特色的结果结论。因为方法中的内容才更能代表论文的特点特色(即创新点)，如果写得很少，甚至只字不提，这就使得所写的结果结论不足以服人，缺乏可信度，成了无根之木、无源之水。论文摘要不是广告词，只“看疗效”是不够的，必须要有“配方、制造工艺和治疗机理”才是完整的。摘要与论文的结论不同，论文的结论只是摘要中的一部分，摘要中的结果结论要更简练、更明确。这四大要素是简明扼要、全面准确地表述论文关键内容的必要条件，缺一不可。

综上所述，摘要可归纳总结为一种格式，供读者参考："为了什么，做了什么，如何做的，结果如何，得出什么结论"。

撰写中文摘要时应注意以下事项：

a. 摘要中应排除本学科领域常识性内容，不应把在引言中出现的内容写入摘要，也不要对论文内容做诠释和评论。

b. 不应简单重复题名中已有的信息。

c. 用第三人称。建议采用"对……进行了研究""报告了……现状""进行了……调查"等记述方法，尽量不要使用"本文""作者"等作为主语。

d. 应使用规范化的名词术语。

e. 一般不用数学公式和化学公式，不出现插图和表格。

f. 不用引文，除非该文献证实或否定了他人已出版的著作。

(4) 关键词

关键词是 20 世纪 60 年代初出现的一种检索语言，它是现代科技论文编制二次文献、建立数据库的重要检索标识和参考依据。关键词是将论文中起关键作用的、最能说明问题的、代表论文内容特征的词选出来，在摘要的配合下，可使读者准确、迅速、科学、全面地获取科技信息。

关键词是科技论文的必要组成部分。GB/T 7713—1987 指出，关键词是"为了文献标引工作从报告、论文中选取出来用以表示全文主题内容信息款目的单词或术语"。

关键词十分重要，读者可以通过对关键词的检索初步判断论文的技术范畴。选编关键词应注意代表性、通用性和序贯性。

- 代表性：关键词是从论文的正文、摘要、题名中抽取的表征论文特征内容的技术词汇，如果说摘要是摘论文之要，题名是摘要之摘要，则关键词是以单词或术语形式摘论文内容之要，是论文的技术代表性词汇。
- 通用性：关键词主要用于标引或检索，必须选用具有通用性的、为同行熟知的专业用词。
- 序贯性：如何把关键词有序排列，目前尚无明确的规范加以约束，常见的有频度法排序、拼音首字母法排序、技术配套关系排序。

① 关键词与主题词的关系

关键词包括主题词和自由词两部分。主题词是专门为文献的标引或检索而从自然语言的主要词汇中挑选出来的，并加以规范化了的词或词组，即为满足计算机查全、查准的要求而限定的标识词。主题词又称叙词（即正式主题词），在标引中用以表达文献的主题，在检索中用它构成提问式，以表达检索的要求。自由词则是未规范的还未收入主题词表中的词或词组。自由词又称非叙词（非正式主题词），它是为标引或检索文献提供的一种引导词，用以指引到正式使用的主题词。

② 标引方法

从论文文题和摘要中可以选出绝大部分关键词。据统计，关键词在论文题中出现的概率一般在 85%以上，在摘要中出现的概率约为 90%，仅有 10%～15%的关键词从正文中提炼。所以，作者应在认真研究论文题目、摘要、正文内容及文中各种图表的基础上，提炼主题概念，选用能准确反映论文主题思想和特征内容的规范化词语。如果所选关键词没有包含在文题、摘要甚至文中小标题中，这样的关键词就不能说选的很准，或者说文题的拟定有问题。未被普遍使用或未被专业上公认的缩写词不可选为关键词。如有英文摘要时，应选标准英文关键词，并注意中英文关键词的一致性。

③ 标引原则

a. 标引数量

按照国家标准 GB 3179—1992 规定，每篇科技论文都应在论文摘要后面给出 3～8 个关键词，关键词太少不能起到检索论文全部内容的作用，太多则往往出现一些非关键词也充斥其中的情况。

b. 以主题词为主，以自由词为辅

首先要选取列入《汉语主题词表》和专业性主题词表中的规范性词。对那些确能反映新技术、新学科而尚未被列入主题词表的名词术语，可用非规范的自由词标出，以便更好地表述论文的主题内容及补充关键词个数的不足。使用新的自由词也应看其是否具有独立的检索意义，是否是新的学科或技术发展的需要，是否被国内外科技文献的检索工作接纳和兼容，能否与国际上著名检索机构关键词的选用接轨。

④ 关键词选取的注意事项

a. 关键词个数应不少于 3 个。

b. 中文关键词尽量用中文，英文缩写不能超过半数，并且英文缩写必须是众所周知的，如 IP、WTO、CATV 等。

c. 关键词原则上不用商品名、公司名。如论文中采用 GSK 公司的抗生素，商品名为“复达欣”，通用名为“头孢他啶”，关键词用“GSK”或者是“复达欣”都是不适宜的，应该用“头孢他啶”。

d. 关键词应严格围绕论文主题选取。

e. 不能用一句内容全面的短语作关键词。

f. 关键词应具有独立的检索意义。

总之，科技期刊论文摘要的写作水平和关键词的标引是影响期刊总体质量的重要因素之一。期刊出版数字化、现代化和国际化对科技期刊论文摘要的写作和关键词的标引提出了更高的要求，这在很大程度上决定着论文的传播效果与期刊的知名度，对文献的交流及再次利用关系重大。

(5) 引言

作为论文的开端，提出文中要研究的问题，引导读者阅读和理解全文，引言（也称前言、序言、概述）主要回答“为什么研究”这个问题。引言作为论文的开场白，如 GB/T 7713—1987 指出用于“简要说明研究工作的目的、范围、相关领域的前人工作或知识空白、理论基础和分析、研究设想、研究方法和实验设计、预期结果和意义等”，引出本文的选题给读者以引导。简明扼要的介绍本研究的结果、意义和前景，但不用展开讨论。在表述这些内容时，作者务必注意参考最近的研究成果，引用最新发表的科技论文。这样才能有力地体现选题的科学性、新颖性和时代性。一篇论文如果对其来源、历史与现状交代不清，且仅有的几条参考文献又是多年前的研究，其新颖性无疑会大打折扣。

引言的层次序号为“0”或“1”。对于比较短的论文，可用小段文字起引言的作用，此时可不用层次序号，也可省略“引言”两字。

引言的写作应注意以下几点：言简意赅，突出重点；开门见山，不绕圈子；尊重科学，不落俗套;如实评述,防止吹嘘自己和贬低别人。下面就科技论文引言撰写时普遍存在的问题、书写内容和要求分别予以讨论。

① 引言的内容

a. 研究的理由、目的、背景。包括问题的提出,研究对象及其基本特征,前人对这些问题做了哪些工作,存在哪些不足,希望解决哪些问题,该问题的解决有什么作用和意义,研究工作的背景是什么等。

要回答的问题比较多,只能采取简述的方式,通常用一两句话即把某一个问题交代清楚,无须赘言。

b. 对论文中的理论依据,实验基础和研究方法,如果是沿用已知的知识,只需提及一笔,或注出有关文献;如果要引出新的概念和术语,应加以定义或阐明。

c. 要自然、概括、简洁、确切地给出预期的结果及其地位、作用和意义等。

② 引言的撰写规则及要求

a. 引言在论文中起定向引导作用,不宜太长,一般应控制在200～300字。

b. 言简意赅,突出重点。引言要写的内容较多,而篇幅有限,这就要根据研究课题的具体情况确定阐述重点;应以简短的篇幅介绍论文的写作背景、目的、相关领域前人所做的工作和研究概况,找出相关领域研究中存在的未解问题,引出论文要解决的问题。

c. 直接阐述研究内容、研究方法,起笔开始就切题,避免用过多的语言阐述研究的过程,人所共知或显而易见的专业知识不必赘述,突出重点。论文的每一项选题都有其渊源,都有立题的过程,在引言中应点到为止,应删繁就简,切忌拖沓冗长,更不应该展开讨论。

d. 对于常识性的内容不应过多叙述,教科书的基本原理,实验方法或推导公式,前人文献中已有的不必细写,应重点介绍研究领域中未解决的问题,挖掘其研究热点,引起读者的注意力,快速推广科研成果。

e. 对于引文和摘要的内容要严格区分。引言作为论文的开端,是向读者提出文中要研究的问题,引导读者理解全文;摘要是以提供文献内容概要为目的,不加评论、解释,记述文献重要内容的短文,使读者了解论文内容,并为科技情报人员和计算机检索提供方便。因此,引言的内容不能与摘要重复。

f. 引言应与结论相呼应,在引言中提出的问题,在结论中要有解答,这样才能使论文逻辑严谨、有始有终、前后照应。

g. 引言中不用插图列表和有关公式、结构式。因为引言是作者提出问题,而这些内容是为了形象、直观地表达学术思想和技术知识,是论文中着重说明的部分,应在正文中安排。

h. 不要夸大论文的意义,避免使用"国内外文献未见报道""前人没有研究过""填补了国内空白""达到国内(或世界)先进水平"等词语。

i. 尊重科学,不落俗套。有的作者在论文引言部分对自己的研究工作或能力表示谦虚,寻几句客套话来说,如"限于时间和水平""时间仓促,经费有限""不足错误之处在所难免""敬请批评指正",其实不必,科技论文水平高低、质量好坏,应由读者去评论。

③ 撰写引言可能会存在的问题

a. 重点不突出。引言中用大量篇幅讲述立题、选题的背景及研究过程,罗列一大堆与论文无关或关系不大的材料,忽视了引言的真正目的。

b. 不交代与论文有关的国内外研究概况,看不出来龙去脉。

c. 引言的内容与摘要有雷同之处,将摘要与引言混为一谈,不知其各自的概念与界限。

d. 引言与结论混淆，互不照应。引言是引出本文的主题给读者以引导；而结论是整篇文章的最后总结，两者不可混淆。另外，有些作者不能兼顾文章的整体性，写作线索不清晰，在引言中提出的问题，在结论中没有解答，找不到对应的地方。

e. 在引言中出现插图、列表、数学公式。不清楚引言的写作要求和规范。

(6) 正文

正文是论文的主体，介于引言与结论之间，占论文篇幅的绝大部分，用于分层次、有条理、有重点地论述命题的研究内容。由于论文作者的研究工作涉及的学科、选题、研究对象和研究方法、工作进程等有所差异，具体内容可能会有所不同。

实验研究报告类论文正文格式相对统一，一般应涵盖的内容包括：调查与研究对象，实验和观测方法，仪器设备，材料原料，实验和观测结果，计算方法和编程原理，数据资料，经过加工整理的图表，形成的论点和导出的结论等。因此，要求正文内容充实，论据充分、可靠，论证有力，主题明确，突出一个"新"字。另外为了做到层次分明、脉络清晰，正文部分常常被分成若干个大的段落。每一段落可冠以适当标题(分标题或小标题)，但一般不超过 4 级，编号采用阿拉伯数字。下面就实验研究报告类论文为例来具体说明：

① 段落内容划分

段落内容的划分应视论文性质与内容而定。一般常见的划分方式有：

a. 实验原材料和材料/实验方法/实验结果和分析。

b. 理论分析/实验装置和方法/实验结果比较与分析。

根据论文内容的需要，还可以灵活地采用其他的段落划分方案。一般而言，大体上应包含实验部分和理论分析部分的内容。

② 写好"材料和方法"

应给出诸如实验所用原料或材料的技术要求、数量、来源以及制备方法等方面的信息，如果采用通用材料，设备和通用方法，只需简单提及。如果采用特殊材料，就应较详细地加以说明。实验方法应介绍主要的实验过程，要抓主要环节，从复杂的事物中，理出脉络，按其发展变化顺序写。这样做的目的主要是使读者按论文这一部分提供的信息，可以重现文中的试验及其结果，即达"再现性""可重复性"或"确证性"的要求。缺少论文写作经验的人，容易将该部分写成实验报告，将实验过程一一罗列，这样易使那些重要内容淹没在冗长的文字中。因此，应当阐述主要的、关键的和非一般常用的内容，如果引用他人之法，标出参考文献序号即可，不必详述，如有改进，应将改进部分加以详述。

③ 图和表

图和表是表达实验数据直观而简洁的方式，科技论文中常用图(或照片)和表来更明确更直观地说明问题。它便于显示变化的规律性和对不同变化条件进行相互对比，非常直观。有专家建议"在表达实验结果时尽量用图，不用表格或少用表格"。图需少而精，每图(表)都应有简明的名和序号。图的横、纵坐标必须标明物量的标准符号和单位，且图、表中所采用的缩写词和符号必须与正文一致。照片图应清晰美观，层次分明，主要部分要鲜明突出。照片上尽可能不写字，必要时可加箭头等标注，并在图注中加以说明。表格要精心设计，使之具有自明性。

科技论文一般采用三线表。表格是罗列研究方案设计和实验数据的较好方法，每个表格都要有一简明确切的表题和序号。表头中的名称、代号和单位应与正文一致。需说明的细节在表下加注。

(7) 结论和讨论

在科技论文的结论中,应给出主要论点、重要结果、应用价值和发展方向。这部分内容是科学论文最终和总体的结局。它是在理论分析和实验结果的基础上,通过严密的逻辑推理而得出的富有创造性、指导性、经验性的结果,是作者认识上的升华。

① 结论的作用

科技论文有自己的固定格式,若按照古诗词起承转合来比照的话,那"起"就是相当于摘要绪言,"承"与"转"相当于正文部分,"合"相当于结论。所以结论起到总结全文、提纲挈领的作用。便于读者查阅文献,便于做笔记卡片,便于专业摘要。写好结论有助于读者加深论文的印象,明确论文的主要内容与作者的主要工作。同时对于想短时间了解论文梗概的人,比如论文检索等,结论与摘要具有窗口的重要作用。

② 结论的内容

结论的字数不要太长,一般为 300～500 字为宜,应主要包括如下内容:

a. 采用的研究路线、方法:虽然研究目的相似,但是作者采用了不同的方法,得到了有益的结果。

b. 研究工作的主要特点:也就是说作者的研究方法区别于他人的主要特点。

c. 得到的主要结果。

③ 应注意的问题

对于新发现、创见的表达要肯定、准确,或者是只讲事实让读者去评价,不要用"或许""可能""大约"之类模棱两可的词。更忌言过其实,对不能完全肯定的内容,在措辞上要留有充分的余地。介绍研究工作的结果,这种结果应该是客观的事实,而不是空洞的评价,必须注意完整性、准确性、简洁性和客观性。

(8) 致谢

国外的论文一般都单独设一个致谢章节,我国的很多科技杂志论文没有这个章节,所以感谢的内容也可以放在结论里,注意致谢内容要简洁朴实。

如果有必要,可以在结论之后,撰写一段致谢语,按照 GB 7713—1987 的规定,致谢语句可以放在正文后,体现对下列方面致谢:国家科学基金、资助研究工作的奖学金基金、合同单位、资助和支持的企业、组织或个人;协助完成研究工作和提供便利条件的组织或个人;在研究工作中提出建议和提供帮助的人;给予转载和引用权的资料、图片、文献、研究思想和设想的所有者;其他应感谢的组织和人。

需要着重指出:科技论文中不要使用表示谦虚之类的客套话。

(9) 参考文献

为了向读者提供论文中引用过的文献的出处,应在论文的结论之后列出参考文献。著录参考文献,是作者尊重科学、尊重他人研究成果的表现,同时也可为读者提供更多的信息资源,否则就有可能引起窃取他人成果,侵犯他人知识产权的纠纷。

参考文献表中所列的文献,应该是作者阅读过的最主要的、发表在正式出版物上的技术资料。未公开发表的资料不宜列入参考文献,可紧跟引用内容之后加以注释(通常将注释内容置于括号内,并且以"注:"起头),也可以采用脚注,脚注置于相关页的下面,脚注与正文之间用一条细线分开,线的长度为版面宽度的四分之一,置于页面左侧,通常采用带半圆括号的阿拉伯数字从 1 开始对全文中的脚注连续编号,即 1)、2)、3)等。在需要注释的词或句子后应该使用与脚注相同编号的上角标。除了采用阿拉伯数字作为脚注编号外,如全文的脚注较少,也可用一个或多个星号＊、＊＊、＊＊＊等作为标记。参考文献的插入，可以手工撰写，也可通过数据库输出，当然也可以应用文献管理软件，更加方便快捷，具体操作可以参考7.2节。

① 参考文献的作用及重要性

a. 在论文中著录参考文献，反映出作者具有实事求是的科学态度和对他人劳动成果的尊重，且不侵犯原文的著作权和版权。

b. 明确地标示出引用他人的学术思想、理论、成果和数据，并给出其来源，反映出论文具有真实、广泛的科学根据，体现科学的继承性和严肃性。

c. 有利于研究相同或相近标题的读者从参考文献中了解情况或受到启发。

d. 方便把论文作者的成果与前人的成果区别开来，为评价和鉴别论文的价值水平提供依据。

e. 有利于节省论文篇幅，提高论文信息量。作者在论文撰写中主要篇幅应阐述自己所做的工作，自己做出的成果或提出的见解是什么，创新之处在哪里。对于前人的成果不可能都予以详尽叙述，在正文中将主要引用文献做出明确地标示，既节省论文篇幅又便于读者检索查阅。

f. 参考文献能起到索引的作用，有助于科技情报人员进行情报研究和文献计量学研究。

② 参考文献著录原则

a. 只著录最必要、最新的参考文献。著录的文献要精选，仅限于著录作者在论文中直接引用的文献。

b. 只著录公开发表的文献。公开发表是指在国内外公开发行的报刊或正式出版的图书上发表。在供内部交流的刊物上发表的文章和内部使用的资料，尤其是不宜公开的资料，均不宜作为参考文献著录。

c. 采用规范化的著录格式。论文作者应熟练掌握、严格执行国标GB/T 7714—1987《文后参考文献著录规则》，采用"顺序编码制"。顺序编码标注制是按引用文献出现的先后顺序，在文献的著者或成果叙述文字的右上角用方括号标注阿拉伯数字编排序号，在参考文献表中按此序号依次著录。

此外，作者有责任确保著录文献的准确性，尽量引用准确的原文或一次文献，千万不能著录有错误的文献资料，既误导自己，又殃及读者。

③ 列举参考文献的要求

a. 按参考或引证文章和资料的先后顺序排列。

b. 列举的参考文献一般应为正式出版物(包括书籍，期刊，报纸，杂志等)。

c. 要标明序号，作者(编者，译者)姓名，书名或报纸杂志中的篇名，出版单位(或报纸，期刊名等)，出版时间(杂志期数，报纸版数)等。

④ 参考文献的著录项目和著录格式

a. 著录项目

主要包括：主要责任者、题名、文献类型标识、其他责任者、版本、卷、期、年、月、出版项、文献标准编号。其中，文献类型标识、其他责任者、文献标准编号是可选择的著录项目。

b. 规范的参考文献格式

• 根据GB 3469规定，以单字母方式标识以下各种参考文献类型：

参考文献类型	专著	论文集	报纸文章	期刊文章	学位论文	报告	标准	专利
文献类型标识	M	C	N	J	D	R	S	P

• 对于专著、论文集中的析出文献，其文献类型标识建议采用单字母“A”；

• 对于其他未说明的文献类型，建议采用单字母“Z”；

• 对于数据库(Database)、计算机程序(Computer Program)及电子公告(Electronic Bulletin Board)等电子文献类型的参考文献，建议以下列双字母作为标识：

电子参考文献类型	数据库	计算机程序	电子公告
电子文献类型标识	DB	CP	EB

• 电子文献的载体类型及其标识

对于非纸张型载体的电子文献，当被引用为参考文献时，需要在参考文献类型标识中同时标明其载体类型。本规范建议采用双字母表示电子文献载体类型：

磁带(Magnetic Tape)－MT

磁盘(Disk)－DK

光盘(CD-ROM)－CD

联机网络(Online)－OL

并以下列格式表示包括了文献载体类型的参考文献类型标识：

[文献类型标识/载体类型标识]

例如：

磁带数据库(Database on Magnetic Tape)－DB/MT

磁盘数据库(Database on Magnetic Tape)－DB/DK

光盘数据库(Database on on CD-ROM)－DB/CD

联机网上数据库(Database Online)－[DB/OL]

磁带图书(Monograph on Magnetic Tape)－M/MT

磁盘图书(Monograph on Disk)－M/DK

光盘图书(Monograph on CD-ROM)－[M/CD]

联机网上图书(Monograph Online)－M/OL

磁盘软件(Computer Program on Disk)－[CP/DK]

光盘软件(Computer Program on CD-ROM)－CP/CD

联机网上软件(Computer Program Online)－J/OL

磁带期刊(Serial on Disk)－J/MT

联机网上期刊(Serial Online)－[J/OL]

联机网上电子公告(Electronic Bulletin Board Online)－[EB/OL]

以纸张为载体的传统文献在引作参考文献时不必注明其载体类型。

c. 参考文献著录格式及示例

• 专著著录格式

[序号] 著者. 书名 [M]. 版本(初次出版省略). 出版地：出版者，出版年. 起止页码.

例如：

[1] 王元太. 清香型白酒酿造技术[M] 北京：中国轻工业出版社，2009：20-21.

[2] 张龙翔，张庭芳，李令媛. 生化实验方法和技术 [M]. 2 版. 北京：高等教育出版社，1997：138-140.

［3］ Rogers P，Chen J S，Zidwick M J. Organic Acid and Solvent Production ［M］. The Prokaryotes. 2006：511-755.

• 期刊著录格式

［序号］ 作者. 题名 ［J］. 刊名，出版年份，卷号(期号)：起止页码.

例如：

［4］ 边银丙,宋小亚. 几种新型 DNA 分子标记及其在食用菌研究中的应用［J］. 食用菌学报,2006,13(1):78-81.

［5］ Balamurugan K，VenkataDasu V，PandaT. Propionic acid production by whole cells of *Propionibacterium freudenreichii* ［J］. Bioprocess Eng，1999，20：109-116.

注:英文基因名、菌种名用斜体。

• 论文集著录格式

［序号］ 作者. 题名 ［A］. 见(英文用 In)：主编. 论文集名 ［C］. 出版地：出版者，出版年. 起止页码.

例如：

［6］ 朱小田. 乡村史研究的社群视野［A］. 见:王思明,姚兆余. 20 世纪中国农业与农村变迁研究［C］. 北京:中国农业出版社,2003.

［7］ MaTingxi,Lu Xueshu. Computer aided analysis of the penetration of mounted tillage implement［A］. In:Zhang Wei,Guo Peiyu,Zhang Senwen ,eds. Agricultural Engineering and Rural Development:［C］. Beijing:International Academic Publishers,1992:157-160.

• 学位论文著录格式

［序号］ 作者. 题名 ［D］. 保存地点：保存单位，年

例如：

［8］ 王恒伟. 铵离子对大肠杆菌 BL21(DE3)表达重组蛋白及过程放大影响的研究 ［D］. 上海市:华东理工大学，2008.

［9］ Young L C. The application of orthogonal collocation to laminar flow heat and mass transfer inmonolith converters［D］. Washington:University of Washington,1974.

• 科技报告著录格式

［序号］ 作者. 题名 ［R］. 报告题名及编号，出版年

例如：

［10］ Gough P S. Theoretical modeling of the interior ballistics of the electrothermal gun ［R］. AD-A268583,1993.

• 国际或国家标准著录格式

［序号］ 标准编号，标准名称 ［S］

例如：

［11］ GB/T 12740—1991，织物透湿量测试方法 ［S］.

• 专利著录格式

［序号］ 专利所有者. 专利题名 ［P］. 专利国别：专利号，出版日期

例如：

［12］ 陈安磐,龚熹. 梳棉机道夫传动装置［ P］. 中国专利：88217670. 6,1989-06-21.

• 电子文献著录格式

［序号］作者. 题名［电子文献/载体类型标识］. 电子文献的出处或可获得地址,发表或更新日期/引用日期

例如：

［13］萧钰. 出版业信息化迈入快车道［EB/OL］. http://www.creader.com/news/200112190019.htm，2001-12-19/2002-04-14.

说明：

• 参考文献应是公开出版物,须按在论著中出现的先后用阿拉伯数字连续排序。
• 参考文献中外国人名书写时一律姓前,名后,姓用全称,名可缩写为首字母(大写),不加缩写点。
• 参考文献中作者为3人或者少于3人应全部列出,3人以上只列出前3人,后加"等"或者"*et al*"。

(10) 附录

有些材料编入正文,可能会导致论文结构不紧凑,主题不突出,有损编排的条理性和逻辑性。如有必要,可将这些材料作为附录置于文末。附录是对论文主题内容的补充部分,不是必要部分。对于短篇论文,一般不设置附录。

a. 附录的内容

主要包括:提纲外素材、复制性素材、非必读素材、辅助性素材等。

b. 附录的编排

科技论文附录序号用拉丁大写字母A, B, C,…编序号,采用层次排序法。只有一个附录时,编为"附录A"。附录的章节号前应带有附录序号字母,顶行编排。下扩的条、款号前不带附录序号,退后2个字位编排。

附录的章节条的标题编写原则与正文标题相同,其中的数学式、图与表的编号前也应带有附录的序号字母,如公式(A1)、图B2、表C5等,并且附录与正文连编页码。后续附录另起一页编排。

3. 科技论文的写作要领

科技论文 = 科学 + 文学 + 美学。没有科学性、准确性,就不能称之为"科技";没有文学、可读性,就不能称为"论文";没有美观性、系统性,就不可能达到文图式表并茂的境界。科学、文学和美学的功底是需要日积月累的。所谓的"写作技巧"就是日积月累的写作经验的总结。

科技论文写作的基本要领包括慎重选题、拟定提纲、规范行文、反复修改。只有不断实践,才能提高写作水平。

(1) 慎重选题

选题是科技论文写作的第一步,是关系到论文成败的关键之一。有人说,选题选得好,等于成功了一半,这种说法毫不为过。科技论文的选题应该遵循以下原则：

① 客观性原则

所谓客观性原则,是指论文的选题要紧密联系客观实际,符合事物的发展规律。论文的撰写工作是学术研究、理论探讨的尝试与总结,本身即属于科学研究范畴。论文的选题是确定这种研究、探讨的范围。这种范围是客观存在的,是具体的,因此,就应该在客观现实存在的事物中选题,例如选择科研和生产实践中具体的研究问题。

② 创新性原则

创新性原则是指论文的选题要有现实价值、历史价值和科学研究价值。首先,创新性原则要求作者应选择那些对大部分科研工作者(或读者)有现实意义的题目,要使读者读了你的论文以后,感到论文的论点不错,总结得也好。这就要求我们要有严肃的科学态度和对事业、工作高度的责任感。其次,选题的创新性原则要求论文应在前人的基础上有所突破,提出新的见解。这就要求我们应该认真查阅资料,积累知识,了解国内外的发展动态,主要了解他人在这个研究领域已经有了哪些发现,哪些成果。不重视这一点,即使辛苦了很长时间,写出来的论文都还是别人研究过的东西或别人论述过的观点,就谈不上创新。

③ 可能性原则

由于每个人的知识水平、兴趣爱好、实践经验、资料占有情况等都是各不相同的,因而应从个人的实际情况出发来确定科技论文的选题。选题要有利于发挥自己的知识特长,根据自己的具体情况而定,要选择论题容易展开,也容易深入的课题。选题还要考虑收集和查找资料的可能性,无论是自己调研获得的资料、亲自做实验或实践得到的资料以及图书资料,都是写作科技论文不可或缺的。

(2) 编好提纲

提纲是撰写科技论文的纲要,根据提纲进行写作可以做到提纲挈领,纲举目张,逻辑周密,平衡协调全篇论文的基本骨架,使论文的结构完整统一;就能分清层次,明确重点,周密地谋篇布局,使总论点和分论点有机地统一起来;也就能够按照各部分的要求安排、组织、利用资料,决定取舍,最大限度地发挥资料的作用。无提纲写作势必层次不清,资料杂乱。所以要逐渐养成撰写提纲的好习惯。提纲的写作应内含行文计划,对于研究型科技论文,研究项目开始时,就应编写论文提纲,使论文的编写工作与研究项目同步进行。随着研究工作的进展,可按需对提纲进行反复修改,不少作者把研究工作与编写论文分裂开来,到研究工作结束后才开始编提纲写论文,其结果是研究工作不到位,论文质量也不高。

提纲要围绕行文要素,将重要的论点、数学式、图表、数据等以目录或程序图的形式把它们有序组合起来。提纲应确定行文权重,科技论文要突出重点,不能按照研究工作的时间顺序编写"流水账",应开门见山,给关键内容以最大的写作权重。

① 目录式提纲

以编写章节条款为基础的写作提纲,目录式提纲可粗可细,根据作者写作经验确定。

② 程序式提纲

以程序图的形式表达论文的写作提纲。程序式提纲可简可详,简单的程序式提纲只列出写作程序和章节的主要内容,详细的程序式提纲可在各程序框内列入段落、数学公式、图表的编排关系。

(3) 规范行文

科技论文是科技人员进行技术交流的主要平台,是创造性的研究工作成果的论述,是理论性、实验性或新知识的科学记录,是科研工作中取得新进展、新成功的科学总结。科技论文是进行学术交流的主要工具及载体,是获得科技信息、进行学术交流、促进科学技术发展的交流途径。鉴于此,科技论文写作的规范化问题显得尤为重要,作为一个重要的载体。就要有规范化的写作表现方法,写作是一门特殊的艺术和语言,只有大家共同遵守这个规则,作为主要载体的科技论文才能快速发挥他的学术交流及促进科学技术发展的重要作用。

除了遵循规范行文的基本准则外,还应该运用一些行之有效的写作方法。这些方法犹如行文的润滑剂，有助于提高章节段落的连贯性。

(4) 反复修改

经过编辑的处理，作者拿到了论文的修改意见，首先应认真阅读修改建议，并做到：充分尊重专家的建议，认真修改；认真、翔实地逐条答复，不能以“已改”来简单答复。当然，凡事不是绝对的。在确认自己无误的情况下（可以征求诸多专家意见），可以委婉地坚持自己的意见。除了按专家的建议修改外，还应注意：按编辑的建议修改；修改后通读 2～3 遍；给出联系方式，如电话、手机号码、E-mail 地址等，其中 E-mail 最好，经济快捷、方便实用。

7.3.3 科技论文投稿指南

1. 投稿

论文定稿后，面临如何选择投稿目标期刊的问题。选择原则是根据自己论文水平，在争取发表的同时，获得最大的投稿价值。所谓投稿价值是指论文发表所产生影响的总和。最高的投稿价值可概括为：论文能够以最快的速度发表在尽可能级别较高的刊物上；能最大限度地为需要的读者所检索到或看到；能在最大的时空内交流传递。为了达到上述目的，应尽可能多地了解相关目标刊物的相关信息，如征稿启事和作者须知等，并通过浏览目标刊近期已发表论文的目录和内容等获得目标刊的动态和变化情况，有利于选择投稿期刊。

(1) 选择投稿的期刊

在选择拟投稿的期刊时需要考虑以下四个方面。一是稿件的主题是否符合期刊所规定的范围。在“读者须知”中有关于刊登论文范围的说明。二是期刊的声誉，它是各利益相关者（作者、读者、广告客户等）根据所掌握的直接或间接的经验或信息对科技期刊所做出的总体评价，它反映了各利益相关者对科技期刊信任与尊敬的程度。我们可以通过引证指标（影响因子、总被引频次）和期刊在科学界的影响力（同行的看法）来判断期刊的声誉。三是出版周期，即稿件自接收至发表的时间。四是否收取版面费。

期刊在某年的影响因子（Impact Factor）是指该年引证该刊前 2 年论文的总次数与前 2 年该刊所发表的论文总数之比。如：某期刊 2003 年和 2014 年所发表的论文总数为 500 篇，2011 年上述 500 篇论文被引总次数为 200 次，则 2015 年该期刊的影响因子为：200/500 ＝ 0.400。

影响因子表示期刊在近 2 年所发表论文的平均被引率，它在一定程度上客观反映了期刊的相对学术水平和学术影响。影响因子的计算基于论文在发表后的 1～2 年达到被引高峰。综述类期刊通常具有较高的影响因子。不同学科期刊的影响因子没有可比性。期刊的影响因子是一个动态指标。

总被引频次（Total Citations）根据中国科学技术信息研究所 2007 年 10 月发布的《2007 年版中国科技期刊引证报告（核心版）》第 7 页的“名词解释”，其相关名词的定义是：总被引频次，指该期刊创刊以来所登载的全部论文在统计当年被引用的总次数（包括期刊自引）。这是一个非常客观实际的评价指标，可以显示该期刊被使用和受重视的程度，以及在科学交流中的作用和地位。

(2) 稿件的录入与排版

严格遵循“征稿启事”“投稿须知”和“作者须知”的规定：严格按照期刊所提供的论文模板撰写稿件，模板一般在“下载中心”等地方可以下载；尊重拟投稿期刊所惯用的论文结构；图表的选择和设计应必要、美观；参考文献的引用应准确、适当；文法正确、量和单位的使用妥当；投稿的份数要足够。符合论文格式要求的稿件容易给编辑和审稿人的一个好的印象，好的印象往往是成功的开始。另外很多文献管理软件可以根据所选择的期刊，自动生成期刊标准模板，也可参考使用。

撰写完毕后，在做最后的检查时，作者本人一定要仔细阅读打印稿。投稿前请一位或多位同事阅读稿件(检查一下稿件中是否还有拼写错误或表达不够明白的地方)；如果是英文稿件，如有可能，请英语国家的合作者或朋友阅改，以便提高文字的表达质量，看是否符合西方人的思维及语言习惯。

投稿前需要检查的项目包括：

① 通讯作者详细的通信地址、E-mail 地址、电话号码。

② 论文的字数、摘要的格式等是否符合刊物的要求，如期刊要求表格和插图分别单独打印，并按其在论文中出现的先后顺序连续编号，是否做到。

③ 确保参考文献目录中的各著录项准确且完整无缺，并且在正文中分别有引用标注。

④ 其他目标期刊要求提供的材料。

投稿一般注意事项：

① 务必遵照期刊的要求将期刊投寄给指定的收稿人或收稿单位(期刊的编辑部、编委会、主编、执行编委或助理编辑)。

② 仔细检查稿件内容并确保满足目标期刊的全部投稿要求(投稿前需要检查的项目)。

(3) 投稿信(cover letter)的写作

好的投稿信有助于稿件被送到合适的编辑(对于多编辑的期刊而言)或可能的评审人手中。没有投稿信的稿件可能会给编辑造成一些困惑，特别是还没有开通在线投稿的杂志社。是新稿还是修改稿？如果是修改稿的话，是哪位编辑负责的？如：这篇稿件是投给哪个栏目或者专栏？如果这篇稿件有多位作者的话，哪一位是通讯作者？其联系地址是哪一个等等。

为节省编辑的时间，投稿信要尽量写得简短明了、重点突出，最好不要超过一页。内容大致包括：

① 所投稿件的栏目类型。有些期刊在作者须知中还鼓励或建议作者在投稿信中提供合适的审稿人或提出需回避的审稿人。

② 如果稿件是系列论文中的一篇，或者与以前发表的文章有密切关系，投稿信中要提及这方面的内容(包括刊名、文章题名、发表时间等)，必要时，还需附上发表过的论文，以免编辑或审稿人发生误解。

③ 不可遗漏期刊所要求的有关说明或声明，如果需要事先与编辑说明有关文稿学术意义或其他细节问题(如有关图表的制作软件等)，也须在投稿信中交代清楚。对于综合性刊物或本领域的顶尖期刊，在投稿信中最好简要说明一下稿件的广泛兴趣性或重要性，以及为什么要给该刊投稿。

④ 通讯作者和详细的联系地址尤其重要，通讯作者还应将其电话号码、E-mail 地址和传真号码详细的列在投稿信或稿件的题名页(首页)中。

(4) 如何推荐审稿人

通常说来，许多期刊建议作者在投稿的同时提供 3～5 个的审稿人。首先我们应该了解杂志这样做的目的。针对每篇来稿，编辑部尽可能地让稿件送审到同行专家手中评阅。目前评阅人主要来自三个方面：一是杂志的编委会成员；二是世界上的同行、专家学者(编辑部通过关键词检索到近似文章，然后联系文章的通讯作者)；三是作者提供的审稿人。通常编辑部如果能够找到合适的审稿人，就不会采纳作者提供的审稿人。

如何选择审稿人？一是对你的研究领域很熟悉的最具分量的科学家；二是选择相同或类似领域的同行，如国内外的合作单位，或者国际国内会议上结交的同行等；三是来自参考文献，这是一种最简单但不是最好的办法。需要提请注意的是尽管编辑部没有对审稿人的职称有具体的要求，大家最好还是选择有副教授及其以上职称的人员。

编辑部要求你提供审稿人姓名的同时，还会要求你提供他们的工作单位、地址、电话、传真以及 E-mail。其中 E-mail 要求一定要正确，而且能够联系得上，因为编辑部主要通过 E-mail 与你的审稿人联系。确定审稿人的基本信息可以通过查阅最近文献上的记载或者查询审稿人工作单位或实验室主页来确定。

(5) 同行评议的内容

同行评议是文稿处理过程中的一个步骤。一般说来，期刊在接受一份新投稿后，将组织编委会或顾问组中相关领域的专家对所投稿件进行审阅和评价。编委会或顾问组的评议意见是期刊是否录用一份文稿的重要参考依据。

同行评议的内容包含稿件的内容是否新颖、重要，实验描述是否清楚、完整，讨论和结论是否合理，参考文献的引用是否必要、合理，还有文字表达与图表使用是否正确。

2. 与编辑的联系

如果投稿 2～3 周后，没有收到期刊的“收稿回执”，可再通过 E-mail 或电话询问编辑部；如果 2 个月后没有收到是否录用的决定，可以询问编辑部。

审稿结果有三种：一是无须修改即可录用；二是修改后录用；三是退稿(或改后再审)。

如何处理“改后录用”的稿件？首先应仔细阅读并思考审稿人或编辑提出的修改意见；其次就是修改信，在修改信中应逐条说明按要求修改的内容，如果认为审稿人或编辑的修改建议不合理，可坚持己见，但一定要有充足的理由；最后要尽快返回修改稿。

如果收到的是一封退稿信，认真思考审稿人或编辑提出的退稿意见，我们可以做以下选择：暂时不再投稿；修改稿件，重投到同一份期刊，并解释为什么；修改稿件，改投其他期刊。不要将不做任何修改的原稿件转投他刊。

7.4 学位论文的写作与规范

7.4.1 概述

学位论文是表明作者具有创造性研究成果或在研究工作中具有新的见解，并据此申请学士、硕士或博士学位的重要文献资料，是一篇(或由一组论文组成的一篇)系统的完整学术论文。要求作者应有优良的思想品德和学术道德以及实事求是、严谨治学的科学作风。

1. 学位论文的定义

学位论文是表明作者从事科学研究取得创造性的结果或有了新的见解，并以此为内容撰写而成的、作为提出申请相应的学位时评审用的学术论文。顾名思义，学位论文是为了取得学位而撰写的论文。这是国家标准管理委员会在《科学技术报告、学位论文和学术论文的编写格式》GB 7713—1987 所做出的申述。学位论文是论文答辩委员会用来决定是否通过并建议是否授予学位的重要依据。

2. 学位论文的分类及要求

学位论文是高等院校毕业生用以申请授予相应学位而提出作为考核和评审的文章。学位论文分为学士、硕士、博士三个等级。

(1) 学士论文的要求

学士论文是合格的本科毕业生撰写的论文。根据《中华人民共和国学位条例暂行实施办法》第三条的规定，学士论文作者应能表达作者确已较好地掌握了本门学科的基础理论、专门知识和基本技能，并具有从事科学研究工作或担负专门技术工作的初步能力。作者运用自己在大学里所学到的基础理论和知识，去分析解决某一不太复杂的科研课题，然后加以总结，写成申请学士学位的论文。学士论文一般为1.2万～2.0万字，时间一般为半年左右，是首次在教师指导下进行的科学研究的实践活动。至少应阅读与选题有关的一定数量的参考文献（中文不低于15篇，外文不低于5篇），但不能是别人研究成果的简单归纳，应该在论点和论据上有一些自己的见解。

(2) 硕士论文的要求

硕士论文是攻读硕士学位研究生的毕业论文。根据《中华人民共和国学位条例暂行实施办法》第八条的规定，硕士论文应能表明作者确已在本门学科上掌握了坚实的基础理论和系统的专门知识，并对所研究课题有新的见解，有从事科学研究工作或独立担负专门技术工作的能力。硕士学位论文工作一般是在硕士生完成培养计划规定的课程学习后开始，其工作内容因学科的性质不同而有所差异，一般包括文献阅读、开题报告、拟定并实施工作计划、科研调查、实验研究、理论分析和文字总结等工作。

硕士论文是攻读硕士学位研究生的毕业论文，其具体要求为：

① 硕士学位论文应在指导教师指导下，由研究生本人独立完成。

② 论文中有自己的新见解（或在上述某一方面有所改进、革新）。

③ 论文工作有一定的工作量，用于论文工作的时间一般不低于一年。

④ 硕士论文的篇幅为5万字左右，论文正文一般应不少于3万字。

(3) 博士论文的要求

博士论文是攻读博士学位的研究生为申请博士学位准备的论文。根据《中华人民共和国学位条例暂行实施办法》第十三条的规定，博士论文应能表明作者确已在本门学科上掌握了坚实宽广的基础理论和系统深入的专门知识，具有独立从事科学研究工作的能力，在科学或专门技术上做出了创造性的成绩。博士论文必须独立完成。博士论文应是一本独立的完整的科学著作。

博士学位论文内容：对本课题研究历史与现状、预备知识、实验设计与装备、理论分析与计算、经济效益与实例、遗留问题与前景、参考文献与附录等，均要有系统的叙述。

独立性：博士研究生必须独立完成研究工作。独立选题、独立调研、独立设计技术线路和研究方案、独立建立实验条件、独立撰写论文，从而培养自己独立进行研究工作的能力、创造性思维能力和开拓精神。导师仅仅对博士生的科学目标与实施计划给予指导。

创造性：创造性是博士学位论文的灵魂。

① 发现有价值的新现象、新规律、建立新理论、纠正别人的不妥之处。

② 设计实验技术上的新创造、新突破。

③ 提出具有一定科学水平的新工艺、新方法，并在生产中获得重大经济效益。

④ 运用现有知识、理论，解决前人没有解决的工程关键问题。

博士论文的篇幅应该8万字以上，甚至多达十几万字，应是一本独立的科学著作。论文工作时间一般在3年左右。

7.4.2 学位论文的选题

1. 学位论文的选题特点

本科生和硕士研究生还不能完全独立选题；博士研究生也往往要在导师的指导下，在专业研究方向范围内选题。选择的研究题目要满足教学要求，培养学生的科研工作能力和处理问题的方法。选择的研究题目要在限定时间内完成。大学生毕业论文一般在3～6个月内完成；研究生论文一般在1～3年内完成。

2. 学位论文的选题程序

(1) 初步设想

在确立题目之前，首先有一个初步设想，有人将这种设想称为"假说"或"初始意念"。尽管这种设想是初步、肤浅而且粗糙的，却是非常可贵的，它不但是科研的起步点，而且是发展科学理论的桥梁。这种初始意念不是凭空想象的，大多是根据作者来自于科研或生产第一线的知识，再通过深入分析、广泛联想、认真思考和充分酝酿而形成的。有时作者的一些设想也可因听取学术报告或阅读文献而受到启发。

(2) 调查研究

有了初步的设想，就要着手开展广泛的调查研究，检查和论证选题的内容。主要是查阅相关文献，用于修正或完善选题。

(3) 最终立题

在确认所选题目的充分性和必要性之后，就可最终将研究选题确定下来。

3. 学位论文的选题途径

(1) 在前人研究成果的基础上进行选题

任何创造性的思维都不是凭空臆想，它来自坚实的基础。任何新成就的取得都不是从天而降的恩赐，而是对前人成果的继承与发展。对前人成果的继承，一方面是指在对前人知识与研究成果深刻了解与掌握的前提下，去选取那些"前沿性"的课题；另一方面是指从前人思想与研究中获得启迪。有勇气去研究前人刚刚开始接近却还没有解决或提出的问题，这是选题的一个重要思路。

(2) 在人们忽略的地方进行选题

人类对自然及自身的认识并不是一次就可以完全透彻的，永远处在一个不断深入与发展的过程之中，前人的认识自然有其不足之处，同代人也会由于不同角度或其他因素而出现一些偏差与空白。选题时不要轻易放过别人忽略的地方，要在这些地方寻找到矛盾，发现问题，深入下去。被别人忽略的地方是大量存在的，从这些地方发现课题除了要具备胆略、学识外，更多地需要认真与细心，需要有锲而不舍、深入探索的精神。

(3) 在新的科研领域中选题

一部科学发展史就是一部不断开拓新领域、不断产生新学科的历史。现在人们认为风马牛不相及的事物，也许不久后科学家们就会揭示它们之间重要的内在关系。要敢于从自己熟知的学科跨入到生疏的学科，特别是一些边缘学科或横断学科，以揭示自然界物质和运动形式的新的规律性。

(4) 在意外中选题

确切的目标和周密的计划在研究过程中经常会因为某种偶然的启迪而发生偏离或改变。

当这种偏离或改变发生时，不要急于去纠正它、排斥它。如果它确实带给我们新的启发和新的想法，可以追踪下去，往往会产生意外的有价值的课题。

4. 学位论文的选题来源

(1) 学生自我选题

结合学生的学习专长自选题目。有些学生在大学学习期间，对某一方面学有心得，并有钻研或有所专长，希望能有机会自行选题并立题研究，在征得指导老师的同意后，可以立题研究。

(2) 依据学生的家庭或社会背景选题

有些学生希望结合家庭或社会背景的特殊情况自行选题并立题研究，在征得指导老师的同意后，就可以开始立题研究。

(3) 结合学生就业方向自选题目

有些学生在论文研究开始前已联系好毕业后的工作单位，而工作单位又要求学生作某方面的项目研究，或已交给学生某方面的课题，经过指导教师认可，认为可以做出合格的毕业论文，则可做这方面题目。在这种情况下，学生积极性高，责任心也较强，能学以致用，一般论文的质量也比较好。

(4) 指导老师帮助学生选择课题。

有科研项目的老师从项目中选取本科生能完成的模块或分割成小的子课题，交给学生作为毕业论文来进行，然后以一定的形式写成论文。

(5) 根据社会需求，选择题目。

老师指导学生做社会需求的题目。

5. 学位论文的选题原则

(1) 题目要小，范围要窄

经过研究，把问题讲深讲透，有自己的独立见解，并从中学会分析和解决问题的科学方法，培养了科研能力。

(2) 根据实际条件选择题目

考虑各方面的可能性，主观条件包括个人知识、技能、特长、兴趣、爱好等；客观条件包括科学发展程度、人员、资金、设备、材料、期限等。所选题目应尽可能把学过的知识都应用起来。

(3) 具有创造性

创造性是科研的精髓。学位论文应把继承性与创造性有机结合起来，力求有新的思想、新的观点、新的规律、新的研究方法、新的结果等。这里的创造性是指：在原有理论和实践的发展基础上，把研究工作向前推进一步；更新已有的科学研究成就，或对现有科学学术观点进行争鸣或商榷；填补某一科研领域的空白。

(4) 社会客观需要

学位论文应根据专业实际情况尽可能地结合当前的生产实际、科研实际和实验室建设的任务进行。一项科学研究，只有当它转化为现实生产力的时候，它的研究目的才算达到。

6. 学位论文的结构

答辩委员会成员或委员会外的专家对硕士、博士论文作鉴定、写评语，有一个内容是就论文结构表态。一篇合格的学位论文，要求结构合理。肯定的评语是：本文结构合理、逻辑严谨、层次清晰。什么叫"结构合理"？结构合理就是指论文的"层次清晰""逻辑严密"。这就要求了解论文的一般结构。

学术论文的结构包括：目录、序言、导论、本论、结论、参考文献目录、后记等。

上述结构中，导论、本论、结论三部分构成论文的本体；目录、序言、参考文献目录和后记，是附属部分。最重要的当然是本体。一篇完整的学位论文，其本体由导论、本论、结论三部分构成。有没有特殊的？有特殊的，所谓特殊，无非是在一般结构基础上省略了其中的某个部分，或者省略结论，或者省略导论，但无论如何不能省略本论。如果以重要性为标准进行划分，则导论和结论属于组成部分，本论属于本质部分。省略了导论、结论，不影响学术论文的本质，但学术论文的完整性大大受到损害，专家作鉴定会写上一句：结构不完整。当然，学术论文不可能没有本论，假设没有本论，就不称其为学术论文。

可见，本论部分特别重要，答辩委员会成员评价学位论文结构合理不合理，注重的是本论部分。

7. 学位论文的写作要求

(1) 文题

要求表达确切，鲜明突出，文字简练。具体要求有：有特异性(先进性)，尽量不与前人的文题重复。将自己论文的新发现(改进)、新技术、新观点或新记录尽量在文题中反映出来，以突出其先进性；高度概括论文的内容、性质、对象和方法；尽量应用专业主题词规范词语；尽量不用副题；尽量不用标点符号和缩略语(已被公认习用的除外)；字数一般限定在25个字以内，但不能因怕字数多而造成文题表达不清或错乱；文题下方一律不附研究生姓名和导师姓名及工作单位，除论文首页文题外，其他地方文题一律不附英文标题。

(2) 中文、英文摘要

要求突出本论文的创造性成果或新见解，语言力求精练、准确。具体要求有：一般按照结构式表达，按“目的(Objective)、方法(Methods)、结果(Results)、结论(Conclusions)”这四项内容表达；摘要的信息量应与论文内容相等；不用图表和参考文献，不评论，不解释，不引申；以第三人称撰写，中英文的内容应对应或基本对应；中文、英文摘要以阐述清楚为原则，中文摘要字数一般为500～800个字；标引3～10个关键词。关键词尽量选用专业主题词，不能完整标引时才用自由词。关键词的排列按词条的外延从大到小排列，关键词之间用分号隔开。

(3) 前言

学位论文的前言与一般期刊不同，允许有较长的综述段落。但也不宜过长，一般包括如下三个方面。

① 研究背景：阐述本研究领域的国内外现状及该研究工作在经济建设、科技进步和社会发展等方面的实用价值与理论意义。

② 研究目的：交代本文的主要研究目的或拟解决的关键问题。

③ 研究内容：交代本文的主要研究内容。

(4) 正文

因正文是论文的主要组成部分，要求层次清楚，文字简练、通顺，重点突出。正文的写作学科专业不同、选题不同，可以有不同的写作方式。但一般应包括以下几个方面内容。

① 材料与方法：材料与方法部分是交代本文研究的受试对象、处理因素和研究方法，是论文科学性的基石，必须详述。实验材料，如试剂、药品、配制方法及实验方法(包括实验步骤、程序、观察方法、记录方法以及实验环境条件等)和受试对象的基本情况均应详细、准确地描述。对于随机方法(包括随机抽样、随机分配)、所用的统计分析方法和所用统计分析软件，也应详述。在叙述层次上，要求先述材料后述方法。

② 结果：能用文字说明的尽量不用表格，能用表格表达清楚的一般就不用图，反之亦然，

必要时可图表并用。表和图要求符合统计学制表和制图原则。一般用黑白图,条件允许可用彩色图。要求随文附图,染色法、放大倍数等可作为图例,放在图中适当位置。

③ 讨论:讨论是学位论文的重要组成部分。讨论的主要目的是论证文题与结果之间的逻辑关系,亦即论证其论文假说的必然性。简单地说就是论证自己实验结果的可靠性,是将实验或观察结果提高到理论上来认识,为论文的结论提供理论依据。讨论也可以是对本研究重大意义的阐明、解释、引申及建议等。

④ 小结:小结部分重点阐述本文得出的主要结论。

(5) 参考文献:按学位论文中所引用文献的顺序,列于文末(书写格式详后)。

(6) 文献综述:包括文题、正文及参考文献。学士学位论文要求不少于 3 000 字,硕士学位论文要求不少于 5 000 字,博士学位论文要求不少于 8 000 字。综述内容要求必须与学位论文课题密切相关。

(7) 致谢:是对论文指导教师、参与课题研究人员及帮助本人完成学位论文的其他人员和单位表示感谢。

(8) 附录:包括论文中的缩写词、调查表、计算机程序、过分冗长的公式推导、方便他人查阅的辅助性数学工具,以及在校期间的科研情况,包括发表的学术论文、专著(按"参考文献"格式列出,不附原文)、主持或参与的课题、获奖成果等。

7.4.3 学位论文的撰写

对于学位论文书写格式,国家标准 GB 7713—1987 中对学位论文的规范形式也做出了明确的规定,即规范的学位论文必须由以下四部分及其相应内容构成:前置部分,主体部分,附录部分,结尾部分。我们对这四部分内容的书写分别做介绍。

1. 前置部分

(1) 封面

学位论文的封面是学位论文的外表面,必须提供一些主要信息,同时起到保护整个论文纸张的作用。学位论文封面必须有统一的格式。它包含以下 8 个方面的内容:

① 分类号:在左上角注明分类号,便于信息交换和处理。一般应注明《中国图书资料分类法》的分类号,同时应尽可能注明《国际十进分类法 UDC》的类号。

② 本单位编号:一般标注在右上角。

③ 密级报告:论文的内容,按国家规定的保密条例,在右上角注明密级。如是公开发行,不注密级。

④ 题名和副题名:题名应以最恰当、最简明的词语反映论文中最重要的特定内容的逻辑组合。题名所用每一词语必须考虑到有助于选定关键词并为编制题录、索引等二次文献提供检索的特定实用信息。题名应该避免使用不常见的缩略词、首字母缩写字、字符、代号和公式等。题名一般不宜超过 25 字。题名用大号字。外文题名一般不超过 10 个实词。题名语意未尽,用副题名补充说明报告论文中的特定内容;报告、论文分册出版,或者一系列工作分几篇报道,或者分阶段的研究结果,各用不同的副题名区别其特定内容。

⑤ 责任者姓名:责任者包括学位论文的作者、导师、评阅人、答辩委员会主席以及学位授予单位等。必要时可注明个人责任者的职务、职称、学位、所在单位名称及地址。

⑥ 申请学位级别:应按《中华人民共和国学位条例暂行实施办法》所规定的名称进行标注。

⑦ 专业名称：专业名称是指学位论文作者主修专业的名称。

⑧ 工作完成日期：包括论文提交日期，答辩日期，学位的授予日期。

(2) 题名页

题名页是对报告、论文进行著录的依据。在没有要求的情况下可以不写，题名页上包括了封面上的所有内容，还要有：单位名称和地址；在封面上未列出的责任人的职务、职称、学位、单位名称、地址；参加部分工作的合作者的姓名。

(3) 原创性声明，版权页（本科毕业论文不作要求）

在此页的上半部分是原创声明，标明作者学位论文中不包含任何其他个人或集体已经发表或撰写过的研究成果，作者将为此论文承担法律责任。此页的下半部一般是版权授权协议。

(4) 序或前言（本科毕业论文不作要求）

序并非必要。研究生论文可以有序，特别是博士论文，可以在目录前由作者或他人为论文作序。序主要是对论文及其写作过程中的有关事项进行评价、议论、介绍和解释；对本篇论文基本特征的简介，如说明研究工作缘起、背景、主旨、目的、意义、编写体例，以及资助、支持、协作经过等；也可将作者简介写入序中，以使论文评阅人、答辩委员、学位评审委员等对学位申请者的简历、个人情况、科研成果等有所了解，有效拉近读者与作者的距离。如果有“序”，致谢的内容可以提前放在“序”中说明。

(5) 摘要

摘要是科技交流和文献检索的需要。摘要一般应说明研究工作目的、实验方法、结果和最终结论等，而重点是结果和结论。摘要应具有独立性和自含性，即不阅读报告、论文的全文，就能获得必要的信息。在摘要中有数据、有结论，是一篇完整的短文，可以独立使用，可以引用。摘要的内容应包含与报告、论文同等量的主要信息，供读者确定有无必要阅读全文，也供文摘等二次文献采用。

中文摘要一般不宜超过 1 000 字；外文摘要不宜超过 1 500 个实词。如遇特殊需要字数可以略多。在摘要中不用图、表、化学结构式、非公知公用的符号和术语。学位论文的摘要一般置于题名和作者之后、正文之前。

联合国教科文组织规定：“全世界公开发表的科技论文，不管用何种文字写成，都必须附有一篇短小精悍的英语摘要”。英文文摘的内容：研究的目的是指为什么要做该研究；研究的方法指本研究采用的方法和途径；研究的结果是介绍所取得的事实、数据、结果等；结论或意见是介绍对研究结果的分析、结论或看法。文摘应采用第三人称、被动语态撰写；文摘应使用一般现在时、现在完成时、一般过去时、过去完成时、一般将来时撰写。

(6) 关键词

关键词是从论文中选取出来，用以表示全文主题内容信息款目的单词或者术语。学位论文可选取 3～10 个词作为关键词。如有可能，尽量用《汉语主题词表》提供的主题词，并应标注与中文对应的英文关键词。

(7) 目次页

学位论文可以有目次页。目次页由论文的篇、章、条、款、项、附录、题录等的序号、名称和页码组成，另页排在序或者前言之后。目录应层次分明，章、节、页号清晰，且要与正文标题保持一致。

(8) 插图和附表清单（必要时）

报告、论文中如图、表较多，可以分别列出清单置于目次页之后。图的清单应有序号、图题和页码。表的清单应有序号、表题和页码。

(9) 符号、标志、缩略词、首字母缩写、计量单位、名词、术语等的注释说明汇集表应置于图表清单之后。

2. 主体部分

(1) 引言

写引言的目的是向读者交代本研究的来龙去脉，其作用在于唤起读者的注意，使读者对论文先有一个总体的了解。

前言的内容：前人研究的结果与分析；本研究的目的和意义；采用的方法和研究途径；最重要的研究成果。

(2) 正文

正文的内容包括材料、仪器设备与方法，还有结果与分析。

① 材料、仪器设备与方法

试验所用材料和仪器设备指的是试验样品、试验仪器、试验设备、化学试剂、试验工具等。应写清楚所用原料或材料的技术要求、数量、来源，所用化学试剂的纯度、性质、规格以及所用试验工具的性能、规格、型号等。

试验方法包括试验设置方法、测量方法、测定方法、数理统计方法、分类方法、观察方法、取样方法、试剂制备方法，以及将参考文献中别人使用的方法经过改进后的方法等。

② 结果与分析(结果与讨论)

结果是实验过程所观察到的现象和数据。有五个方面写作要求：第一数据必须准确可靠；第二数据充分，重复性好；第三科学处理和选择实验数据；第四实验结果按一定的逻辑顺序排列；第五尽量使用图、表、照片、公式表达。

分析是感性认识提高到理性认识的逻辑推理过程。应该采取客观认真的态度。讨论是对实验方法和结果进行综合分析研究。内容包括：应用已有理论和知识对实验结果进行综合分析；与别人有关的实验结果进行比较，说明本实验的结果与他人的结果有何不同，有何新的发展；异常结果的分析讨论；本研究的材料、方法、手段、结果中尚存在的不足及其改进的设想；根据本实验结果得出结论，或提出假说或者学说；本实验结果在理论研究或生产实践中的价值和意义；由实验结果提出哪些新的待进一步进行研究的问题；分析和讨论必须以实验结果为基础，理论为依据。

(3) 结论

结论是论文要点的归纳和总结。只有经过充分论证，能断定无误的观点，才能写入结论中。结论写作要十分严谨，不能模棱两可。解决了什么问题，得出了什么规律，存在什么问题，都要有明确的回答。

对结论的要求：概括准确，措辞严谨；明确具体、简短精练；不作自我评价；对今后研究工作的设想和建议，可以作为单独一条列入结论的最后一段。

(4) 致谢

致谢的对象是曾经帮助过自己进行研究而又不符合论文作者署名条件的那些团体和个人。主要包括：

① 参加过本研究的部分工作但不是主要工作的人员。

② 参加过讨论或提出过指导性、建设性意见的人员。

③ 承担实验工作的人员。

④ 提供实验材料、仪器设备及给予其他方便的人员。

⑤ 对学位论文写作提供过指导或帮助的人员。

⑥ 其他应该感谢的组织或个人。

⑦ 国家科学基金、资助研究工作的奖学金基金、合同单位、资助或支持的企业、组织或个人。

⑧ 给予转载和引用权的资料、图片、文献、研究思想和设想的所有者。

对被感谢者可以直书其姓名,也可以贯以敬称,如"某教授""某博士""某工程师""某学长""父母""妻子""某师兄"等,注意一定要将他们的工作单位和姓名书写正确。

(5) 参考文献

参考文献是指撰写论著而引用的有关图书资料。科学有继承性,研究成果绝大多数是前人工作的发展和继承,所以学术论文必然要引用参考文献。

引用参考文献的目的:便于查阅原始资料中的有关内容;有利于缩短论文的篇幅;表明论文有其真实的科学依据;尊重他人的研究成果;参考文献对于读者能起到检索的作用。

参考文献的著录项目和著录格式具体详见 7.3.2 节。

3. 附录部分(必要时)

附录是论文主体的补充项目,并不是必需的。附录与正文连续编页码,每一附录均另页起。下列内容可以作为附录编于报告、论文后。

(1) 为了整篇学位论文材料的完整,但编入正文又有损于编排的条理和逻辑性,这一类材料包括比正文更为详尽的信息、研究方法和对技术更深入的叙述,对了解正文内容有用的补充信息等。

(2) 篇幅过大或取材于复制品而不便于编入正文的材料。

(3) 对一般读者并非必要阅读,但对本专业同行有参考价值的资料。

(4) 某些重要的原始数据、波谱图、数学推导、计算程序、框图、结构图、注释、统计表、术语符号的说明等。

附录段置于参考文献表之后,依次用大写正体 A,B,C。…编号,如以"附录 A""附录 B"做标题前的导词。

附录中的插图、表格、公式、参考文献等的序号与正文分开,另行编制,如编为"图 A1""图 B2""表 B1""表 C3""公式(A1)""公式(C2)""文献[A1]""文献[B2]"等。

4. 结尾部分(必要时)

结尾部分可以包括分类索引、著者索引、关键词索引等,其目的是将学位论文迅速存储入计算机提供有关输入数据。

学位论文的撰写需要我们不断摸索、不断总结、不断学习,有位学者总结了四句诗来做了个很好的总结:"科研论著寻选题,窄小精深新特奇。信达雅畅齐清定,文章传道解惑迷。"其中"窄小精深新特奇"这七个字是针对论文选题,确定了论文选题的方法和范围,即学位论文选题要范围窄、角度小、选材精、论证深、内容新、有特色、立意奇;第三句"信达雅畅齐清定",则是要求学位论文要内容真实、独立完成、不作弊、不抄袭、准确为信,平正通达,文字优雅,语言流畅,主辅文、图表齐全完整,稿件清楚优秀,定稿达出版水准;第四句是讲学位论文的主要宗旨。

7.4.4 学位论文的答辩

1. 定义

学位论文的答辩主要是指答辩委员会对毕业生提交的毕业论文评阅后，就学位论文中阐述不清楚、不详细、不完善、不确切之处提出问题，由学位申请人当场说明、阐述或略做准备之后再做回答的一个过程。

2. 学位论文答辩的目的

组织毕业论文答辩，通过学生的口述及对答辩委员会委员们所提问题做出的答复，来考核学生的专业素质、工作能力、口头表达能力及应变能力，就该课题的发展前景和学生的研究思路、研究方向进行交流，然后据此对学生毕业论文的质量做出合理的评价，考核学生是否掌握本学科的基础理论、专业知识和基本技能，最后给申请人下总的评语，以此作为是否授予学位的依据。

3. 学位论文答辩委员会的组成及职责

委员会设主席一人，秘书一人，一般由 3～5 名答辩委员组成，答辩委员由院（系）学术委员会负责聘请，答辩委员应具有讲师、副教授、教授或工程师、高级工程师职称，其中，至少一人具有高级职称。

答辩委员会的主要职责是：审阅所呈送毕业论文的书面材料；对学生的答辩资格给予认定；组织并主持论文的答辩；讨论并确定最后成绩和评语。

4. 学位论文的答辩程序

学位申请者首先将学位论文和指导教师对论文的评语送交学位审查委员会，由两位学位论文评阅人审阅并写出评语，待学位审查委员会认可后，就可以参加由答辩委员会主持的学位论文答辩会进行答辩。

论文答辩主要程序：

(1) 答辩委员会主席宣布有关事宜。

(2) 答辩人做学位论文报告。

(3) 请答辩委员会成员及与会者对论文发表意见和提出问题，答辩人进行答辩。

(4) 宣读评阅人的评语。

(5) 暂时休会，主席召开答辩委员会议，委员根据论文学术水平、答辩情况、参考导师和评阅人的评语以及学习成绩等，写出答辩委员评语，以不记名投票方法表决，做出是否同意授予相应学位的决议。

(6) 复会，由主席宣布答辩委员会评语和决议，答辩人讲话。

大学本科生毕业论文答辩时间总计为 15～20 分钟，其中自述 10～15 分钟；研究生答辩时间总计为 40～60 分钟，其中自述为 30～40 分钟。

5. 学位申请者在论文答辩时应做的准备工作

学位申请者在论文答辩时应做好以下几个方面的准备工作。

(1) 提前准备一份学位论文报告

答辩开始前要撰写一篇 2 000～3 000 字的学位论文报告（演讲稿），以便在答辩时向答辩委员及所有参加答辩的人员讲述毕业论文的主要内容。讲述时间正好等于或略长于规定的自述时间。

(2) 提前准备与学位论文有关的挂图、插图、表格、照片、实物等。

(3) 提前准备一个电脑演示文档(Powerpoint)。

(4) 提前反复试讲。

(5) 做好回答问题的准备。

答辩委员会成员在答辩中所提到的问题,一般只限于论文本身所涉及的学术问题,如有关的基本理论知识,各种结果的比较分析、研究工作的某些细节等。归纳起来,常涉及以下几个方面。

① 考察论文工作是否为本人所做,有无造假或有别人代笔,本人对所撰写论文工作的理解、掌握程度和治学方法。

② 引导论文作者对论文中创造性工作及新见解做进一步阐述和发挥。

③ 询问论文中存在的错误、含糊、未详细展开之处,以及本人未认识到的重要发现或工作。

④ 请本人对论文工作做自我评价和今后继续开展此项工作的打算;

⑤ 提出与论文答辩有关的问题,考查学生的学术水平、治学态度、解决问题能力及表达能力等。

在答辩会前应围绕论文所涉及的问题,进一步阅读相关资料,把答辩委员们可能提出的问题写出来,并准备好答案,做好回答问题的准备。参加答辩会要带上论文的底稿和主要资料,以备查阅。还要带笔记本和笔,认真听取提问,做好记录。

思考题

1. 文献管理工具 EndNote 与 NoteEpress 管理功能有何不同?
2. 科技论文的写作与其他文体写作有何异同?
3. 科技论文选题应该遵循哪些原则?
4. 科技论文定稿后,如何选择最佳目标刊?

第 8 章　网络免费信息资源导航

网络信息资源是指借助于网络环境可以利用的各种信息资源的总和。目前,网络信息资源已经成为教、学、研活动的主要信息资源之一。本章依学科聚类,选取有一定代表性和影响力且功能性应用较全面的部分网络免费信息资源做简要介绍。

8.1　工学网络资源

8.1.1　机械类资源

1. 美国机械工程师学会网(www. asme. org)是美国机械工程师学会的官方网站。美国机械工程师学会成立于 1880 年。该网站提供美国机械工程师学会(American Society of Mechanical Engineers,ASME)的规范和标准、出版物、会议信息、继续教育和专业发展计划等内容服务,是会员沟通与交流的平台。现今已成为一家拥有全球超过 125 000 会员的国际性非营利教育和技术组织。该学会每年召开约 30 次大型技术研讨会议,并举办 200 个专业发展课程,制定众多的工业和制造业行业标准。现在 ASME 拥有工业和制造行业的 600 项标准和编码,这些标准在全球 90 多个国家被采用。自成立以来,ASME 已成为主要在技术、教育及调查领域内世界性的工程学机构,领导了机械标准的发展,从最初的螺纹标准开始到现在已发展了超过 600 多个标准。此外,ASME 还是 ANSI(美国国家标准学会)五个发起单位之一。由于工程领域各学科间交叉性不断增长,ASME 出版物也相应提供了跨学科前沿科技的资讯。涵盖的学科内容包括基础工程、制造、系统设计等方面。

2. 中国机械工程学会网(www. cmes. org)是中国机械工程学会的官方网站。中国机械工程学会成立于 1936 年,是我国成立较早、规模最大的工科学会之一。现有 31 个专业分会,18 万名会员,其中有 3 000 余名高级会员,500 余名通讯会员,还有 4 000 余个团体会员。学术交流是学会的基本职能,学会每年举办数以百计、丰富多彩的学术会议。特别是每年一度的中国机械工程学会年会,是集成各类专题活动的大型综合性会议。年会包括主旨报告大会、专题学术会议、科技进展发布、论坛、讲座、展示、颁奖等多项活动,内容丰富,在行业内外乃至全国都产生了很大影响。网站设有新闻资讯、用户论坛、专家专栏、在线会议、分会导航、企业导航、我的地盘、会员天地、学术交流、出版信息、继续教育、表彰奖励、展会预报、资格认证、教育认证、科学普及和国际交流等栏目。

3. 中国工程机械信息网(www. 6300. net)始创于 1999 年,是在行业有关主管部门支持下创立的重工行业产业链互联网信息服务机构。网站提供的内容包括资讯、产品、市场、服务等四大板块。其中资讯板块下设资讯中心、行业动态、企业动态、上游资讯、6300视线、专题聚焦、人物访谈、工程建设、宏观经济等栏目;产品板块下设整机平台、产品中心、品牌专区、产品口碑、产品图库、用户故事、代理商、配件新闻、配件交易等栏目;市场板块下设商贸机会、企业商铺、租赁信息、下载中心、行业标讯、产销统计、数据统计、二手设备、上市公司等栏目;服务板块下设人才招聘、网上书城、求职信息、行业知识、行业展会、行业标讯等栏目。

4. 中国机械网(www.jx.cn)由杭州中机工业信息研究有限公司运营。网站对贸易机会、产品及企业信息过滤,按照机械各行业类别分类整理、发布,提供机械行业资讯、机械招标资讯、会议展览资讯和相关贸易服务。提供商务推广服务、网站建设服务、电子商务解决方案服务,提供各类机械产品信息。网站致力于为企业提供专业化、个性化、人性化的服务,是国内外企业、经贸公司开拓国际市场的贸易平台。包括产品大全、企业名录、行业分站、产品求购、产品供应、行业资讯、招标信息、采购助手、会议展览和精彩栏目。

5. 中国化工机械网(www.chemm.cn)创建于2004年,是化工机械行业的门户网站,由中国化工机械网主办、化工机械行业商界知名人士协办。目前已发展成为信息丰富、功能强大的行业B2B电子商务服务平台,是化工机械行业权威的信息发布平台。每日向会员提供众多的商业信息和推荐大量信用良好的资信企业,为化工机械的行业经济活动提供参考。中国化工机械网设有求购信息、产品展示、企业库、资讯频道、技术频道、展会信息、人才交流、专题等栏目。

6. 中国轻工机械协会网(www.clima.org.cn)由中国轻工机械协会在1996年创建。中国轻工机械协会成立于1989年,是中国唯一的全国性轻工机械行业社团组织。中国轻工机械协会的会员,包括在中国境内从事轻工机械(主要包括造纸、橡胶塑料、酿酒饮料乳品、皮革、日用玻璃、服装、洗涤、陶瓷、木工家具、制糖、刀片等专用设备)生产、销售、设计和检测的企事业单位,大专院校和科研院所,以及地方行业协会和其他与轻工机械行业有关的跨地区、跨行业社团组织。中国轻工机械协会网设有中文和英文两个版本,建有造纸、塑料、酿酒、饮料、乳品、包装、食品、皮革、服装、陶瓷、制糖、洗涤、日化、日用玻璃、木工家具、刀片、钟表、五金、照明、制盐等20个专业装备子网站。网站设有协会概况、行业资讯、协会工作、展会专区、宣传平台、下载中心等板块。向中外用户提供轻工机械协会简介、协会章程、协会动态、行业资讯、行业标准、政策法规、展会信息等。

8.1.2 电气信息类资源

1. IEEE通信协会会议预告(www.comsoc.org/confs)是美国电气与电子工程师学会(IEEE)下属通信协会的Web页面,网页设有关于我们、会议、出版物、职业教育、会员等内容导航。IEEE通信协会会议网不仅提供了由IEEE主持的有关学科领域中的即将召开的会议时间、地点、内容,也给出了自1996年以来已召开的会议信息及有关会议资料。

2. 国际工程技术学会(IET)(www.theiet.org.cn)。国际电气工程师学会IEE(www.iee.org)创建于1871年,最初名称为电报工程师协会(Society of Telegraph Engineers),1888年改为电气工程师学会(IEE),2006年3月,国际电气工程师学会(IEE)和国际企业工程师学会(IIE)合并,更名为国际工程技术学会(IET)。目前,IET学会在全球37个国家拥有15万以上会员。是学会所涉及的领域范围内,欧洲规模最大、全球第二的国际专业工程学会。国际工程技术学会每年都在全球各地举办大量国际会议和其他国际交流活动,出版500多种出版物。

国际工程技术学会拥有的 Inspec 全球工程技术文献索引可供查询全球的工程技术及科研类学术论文摘要，是占世界主导地位的英文工程出版物索引，提供专业资讯索引服务，资讯涵盖全球范围内 800 万篇科技论文，专业技术杂志以及其他多种语言的出版物，内容涉及电子、电气、制造、生物、物理、电信、资讯技术等多个工程技术领域。

3. 中国电器工业协会网(www.ceeia.com)是由中国电器工业协会主办的电工行业门户网站。中国电器工业协会有下属 42 个分支机构，5 700 余家会员单位；在国外，它与美国、日本、德国、韩国、印度等海外协会也有着友好的合作关系。网站设置：关于协会、协会动态、综合新闻、行业纵横、技术前沿、会展信息、标准化、风电设备、智能电网、电线电缆、信用体系建设等内容导航。不仅报道国内的行业信息、热点焦点问题，为供应商展示产品及价格，采购商查询、对比、订购电器产品及价格提供，同时还向国内外企业提供企业形象宣传及业内咨询等服务。

4. 中国工控网(www.gongkong.com)面向自动化应用的设计、采购、维护用户以及学习者，提供自动化厂商、产品、技术、应用、新闻、在线采购、技术支持和专业培训等全方位资讯与互动服务。依托由网络、平面、多媒体、WAP 等组成的立体媒介，以及由市场研究、营销传播、营销策划与实施、电子商务、售后服务和人才服务等构成的综合服务体系，面向自动化产品供应商、代理商、系统集成商、培训机构、维修企业等全产业链提供全营销服务。

5. RFID 世界网(www.rfidworld.com.cn)是面向 RFID(射频识别技术)行业的综合性行业网站。RFID 世界网专注于电子标签与智能卡及相关领域的行业资讯收集、市场研究、企业推广、客户咨询等服务，努力促进 RFID 行业的社会推广、信息共享、行业链的交流与合作。作为电子标签的行业门户，RFID 世界网面向行业用户提供业内新闻、企业、产品、供求、技术文章、解决方案、工程案例和展会信息等全方位资讯。作为媒体企业，RFID 世界网依托由市场宣传、市场策划、市场研究、市场咨询和人才招聘构成的综合服务体系，面向电子标签和智能卡的企业提供基于市场营销的模块式解决方案。

6. 中国自动化网(www.ca800.com)有中英文两个版本，是集网络、期刊、展会活动为一体的立体网络媒体。它于 2000 年投入商业运营，其业务总部分布于以深圳、北京和上海为中心的华南、华北和华东并向外辐射，是中国自动化领域领先的网络媒体。网页设有新闻、视频、专题、专访、展会、企业、产品、供求、媒体、招聘、组织、征文等 12 个栏目。同时，还设有产品线、行业线、资讯线、应用服务四个板块，下设若干小类。

7. 21IC 中国电子网 (www.21ic.com)由爱奇新星(北京)信息科技有限公司主办，其宗旨是向中国电子工程师提供最新电子技术和产品信息、应用设计思路、市场和行业动态、器件资料等工程师所需求的信息，同时也是工程师之间相互交流、学习和表达的友好社区。网站开办的栏目包括阅读、技术、论坛、课程、外包、资源、厂商、活动等。

8. 中国电子技术信息网(www.ec66.com)是一个专业的电子技术网站，提供全面电子信息的平台。网站为管理人员、代理分销商乃至客户提供行业动态和市场信息。网站提供技术资料、电子市场、在线工具、网络商店、用户中心、产品开发等信息。网站特别开辟了网上购物系统，为大家提供一些开发工具和使用产品资料。

9. 通信世界网(www.cww.net.cn)是由工业和信息化部主管，人民邮电出版社主办经营的中国通信领域的综合信息服务平台，1999 年成立。网站目前下设有运营、技术、融合、终端、企业网、光通信、会展、专家库等专业频道，提供的信息覆盖解决方案、传输接入、网络交换、移动通信 、无线通信、光通信、卫星通信、运营支撑、专网通信等众多专业领域。

10. 互联网实验室(www.chinalabs.com) 由方兴东、谢文、王俊秀等人创建于 1999 年 8

月。提供互联网、电信、电子政务、企业信息化调查报告以及互联网增值服务。网站内容丰富，设有合作机构、专家资源、发展里程碑、研究与服务、服务模式等栏目，为用户提供个性定制数据、报告和资讯的在线服务等。

11. eNet 硅谷动力(www.enet.com.cn)是IT产品信息与商业流通门户，1999年6月创立。涵盖电脑、笔记本、手机、通信产品、数码产品、家电产品等全线IT领域，设有互联网工具+、互联网思维+、互联网生态+、eNews四大栏目。

12. 中国自控网(www.autocontrol.cailiao.com)是国内自动化领域领先的门户网站，面向工业控制自动化领域，提供全面的资讯、产品、厂商、供求、人才等信息。中国自控网设有供应信息、产品展示、新闻中心、荣誉资质、人才中心、在线留言等栏目，提供自动控制、工业控制、仪器仪表、传感器、嵌入系统、工业以太网、现场总线、PLC、变频器、接口与通信、低压电器、数据采集、汽车电子、智能建筑、组态软件、管控一体化等方面的厂商介绍已有两万多家，上万种商品介绍，技术产品应用文章等。

8.1.3 能源动力类资源

1. 中国新能源网(www.newenergy.org.cn)由中国科学院广州能源研究所主办。中国新能源网是一个涵盖能源领域各方面信息的综合网站，是以互联网作为信息平台，主页设会展信息、太阳能、风能、生物质能、海洋能、小水电、天然气水合物、学术动态、产品与技术、政策法规、节能减排、产业信息等导航内容。以中国在新能源和可再生能源领域内的行业政策、技术与产品、能源资源以及能源百科等信息作为主要内容，致力于提供行业最新、最权威的资讯产品，为政府机关、能源企事业单位、科研院所、行业协会、学会提供资讯服务、咨询服务、专业培训、资本运作、项目合作等综合服务。提供有关新能源的各种信息：包括政策、科技、企业、机构、文献、专家等。

2. 国际能源网(www.in-en.com)是集全球能源技术、能源政策、能源数据统计、信息快递、市场分析、企业服务和电子商务等相关业务为一体的全球能源类门户网站。网站下设新能源网、光伏网、电力网、风电网、新能源汽车网、节能环保网、煤炭网、石油网、燃气网。国际能源网主页提供：能源政策、能源技术、能源财经、资本、能源人物、能源统计、观察、能源百科等内容。

3. 中国空调制冷网(www.chinahvacr.com)成立于1998年10月。是中国制冷、空调、暖通行业第一家门户网站，也是国内现阶段本行业内影响较大的信息交流平台。主要栏目：行业资讯、政策标准、采购招标、企业产品、技术中心、示范项目、会展培训、专题、E问一答。

4. 冷暖空调网(www.rhvacnet.com)创建于1999年，前身为津岛协力成套安装工程公司。曾于2001—2006年出版《中国制冷暖通空调黄页》《中国制冷暖通空调网报》，2007年后为适应互联网需求改为黄页软件以及黄页网。2008年冷暖空调网成功转型，由制冷暖通空调自控媒体网站转变为电子商务门户网站，致力于创建全球最大的制冷暖通空调自控产品库，并为企业、设计院人士、采购人员等提供选型、安装的全程教学，本网产品库内产品覆盖大多数行业网站内企业，覆盖行业内各类品牌的产品。网站包括产品、商机、帮忙、企业、资讯等五个大栏目。

5. 上海热处理网(www.shrcl.org)发起单位是上海市热处理学会，由上海热处理学会、上海市热处理协会、上海市机械工程学会热处理专业委员会、上海市金属学会热处理专业委员会合作开发。网站是热处理行业的网上平台。设有联合会简介、行业信息、政策法规、会员动态、产品供求、技术资料、行业论坛、在线调查等栏目。

8.1.4 仪器仪表类资源

1. 仪器信息网(www. instrument. com. cn)开通于 1999 年 5 月,是中国第一家科学仪器专业门户网站,也是中国分析测试协会、中国仪器仪表学会分析仪器学会唯一指定专业门户网站。2001 年 9 月,中国分析测试协会正式参与投资仪器信息网,并开始举办常设自助式"网上仪器展览"(www. netshow. com. cn)。仪器信息网自 2002 年开始面向会员不定期出版发行网刊《仪器快讯》。仪器信息网特色栏目有:新品、仪器展、行业应用、网络讲堂、仪器论坛等。"仪器展"是仪器信息网的专门频道,目前汇集 400 多家国内外参展商的数千台仪器的图片、详细资料及数万篇应用文章,并开设了分析仪器、实验室设备、物性测试、生命科学、环境监测、耗材配件、试剂标物等栏目。

2. 中国仪器仪表网(www. 21yibiao. com)是国内专业的仪器仪表行业门户,汇集了仪器仪表优秀供应商,覆盖仪表、仪器、流量仪表、电力电工仪表、科学仪器、实验仪器等产品领域,并得到全国众多仪器集团参与的大型仪器行业服务网站。网站提供商务智能化的仪表企业战略规划设计,提供给用户一个无限空间的产品选型平台、成套方案设计平台、技术服务发布平台、信息共享交流平台。在这四个平台上用户与生产商之间、生产商与生产商之间可以直接通过互联网进行面对面的交流,包括使用过程中的技术指导和方案设计过程中的各种讨论。网站栏目:供应信息、求购信息、招标中心、企业库、仪表商城、行业资讯、行业展会等。

3. 中国仪器仪表学会网(www. cis. org. cn)是中国仪器仪表学会的官方网站。中国仪器仪表学会成立于 1979 年 3 月 29 日,目前拥有个人会员近 4 万名,其中团体会员 1 400 多个;下属专业分会 41 个,联系指导地方学会 29 个,另有特设工作委员会 10 个,主办 7 种仪器仪表及测量控制学术、技术类期刊。中国仪器仪表学会 2012 年 5 月荣获中华人民共和国民政部授予的中国社会组织评估等级 5A 级科技社团。中国仪器仪表学会的业务范围包括:会员服务、学术会议与展览、媒体与出版、教育培训、技术咨询、市场调研、信息网络、科技评价、科技奖励。网站设置有:学会介绍、资讯动态、社会职能、学术交流、科学普及、展览展示、国际交流、表彰奖励、刊物丛书、会员天地等栏目。

8.1.5 生物工程类资源

1. 美国国家生物技术信息中心(www. ncbi. nlm. nih. gov)是美国国家生物技术信息中心的网站,是全球最有影响的生物学网站之一。美国国家生物技术信息中心是美国国家医学图书馆(*NLM*)的一部分。网站提供大量生物科学领域的信息及数据资源链接,提供 Entrez、BLAST 等工具可对国际分子数据库和生物医学文献进行检索和分析。

2. 中国生物论坛(www. biooo. com)设有资讯(学术快递 、新闻综合、特别关注、期刊导读、产业报道等),企业黄页(仪器设备、生化试剂、技术服务实验耗材、工程技术),公司产品发布(实验器材、实验药品、软件服务),论坛等栏目。

3. 生物医学大数据中心(www. biosino. org)由上海生命科学研究院生物信息学中心创办。网页目前设数据、工具、新闻三大栏目。提供关于生物方面的最新动态、相关知识介绍、在线测试、分析案例、在线服务等内容。

4. 北京大学生物信息中心(www. cbi. pku. edu. cn)由北京大学生物信息中心创办,是欧洲分子生物学网络组织 EMBnet 的中国国家节点。提供生物科学领域的专业信息与数据库检索等服务。

5. 生物通(www.ebiotrade.com)设有今日动态、生物通商城、人才市场、核心刊物、特价专栏、生物直通车、正牌代理商、中国科学人、新技术专栏、技术讲座、技术期刊、会展中心、仪器龙虎榜、表观遗传等栏目。

6. 中国微生物资源数据库(micronet.im.ac.cn/sdbbak)是中国科学数据库的一个专业子库。从1975年开始中国科学院微生物研究所信息网络中心一直致力于微生物信息资源的收集、整理和网络共享，建立一系列微生物资源数据库。数据库包括:中国经济真菌多媒体数据库、中国真菌物种编目数据库、中国灵芝数据库、中国微生物菌种数据库、弧菌编码签订数据库、西藏真菌数据库等。

8.1.6 化学工程类资源

1. 中国化工网(china.chemnet.com)是浙江网盛生意宝股份有限公司经营的专业化工商务网站。网站主页设有产品、企业、商机、资讯、人才、专家、会展、论坛、REACH、法规、助手等栏目。还包括中国涂料网、中国农化网、化工设备网、化工包装网、中国橡塑网、中国水工业网、中国化工试剂网、中国环保设备网、中国食品添加剂网、中国植物提取物网10个行业细分站。

2. 化工在线(www.chemsino.com)是一家石化行业信息服务的专业型网站，由上海华化信息技术有限公司运营，化工在线是中文领域最早的石化行业信息服务提供者之一。化工在线的服务内容主要包括:每日行业信息、《化工在线周刊》、化工产品月报、重点化工产品月度进出口分析、产品价格数据库、重点化工产品年度分析报告等。

3. 化工世界(www.chemworld.com.cn)是大型的化工行情交易信息平台，是企业原料寻购、产品销售、网上贸易最佳的化工行业服务性电子商务网站。化工世界提供化工市场动态、生产动态、进出口信息、当地报价，各地行情、库存、企业出厂价、外盘、船货信息，生产现况，下游产品报价和近期走势分析预测等。同时 chemworld 专门为化工企业设立了供求信息栏目。

4. 有机化学论坛(bbs.organicchem.com)是国内热门有机化学 BBS，聚集大批合成工作者，涉及实验技巧、合成技术、网络资源、数据库密码、文献原文提取等多方面内容。包括技术交流区、悬赏求助区、分类信息区、信息分享区、新闻资讯、其他信息区、建议公告区。

5. 中国聚合物网(www.polymer.cn)开通于2003年8月，是中国第一家高分子聚合物领域的专业门户网站。网站以高分子聚合物为主线，内容涉及化工贸易、产业发展、会展信息、科学研究、实用网址、人才交流、产品展厅、群英聚首、个人会员、表征技术、学术论文、聚合论坛、咨询等方面，又涵盖了树脂、塑料、橡胶、纤维、复合材料、涂料、油墨、黏合剂、热塑性弹性体、功能高分子、橡塑加工设备、仪器仪表等产品应用的市场信息，并及时发布业界政策、市场导向的新闻动态、市场趋势和专家评述。

6. 中国日用化工技术网(rh030912.sm160.com) 于2006年在西安高新技术产业开发区正式创办。中国日用化工技术网以日用化工新技术介绍转让为起点，全方位地展示日用化工新技术动态和发展。主要日用化工生产新技术包括:洗涤剂类，护肤日用品类，洗发日用品类，化妆日用品类，口腔日用品类，芳香日用品类，驱虫灭害日用品类，瘦身、丰胸日用品类，其他日用品生产新技术类。共计数万项日用化工生产技术及设备，涵盖日用化工生产各个领域。

8.1.7 材料工程类资源

1. 材料工程科学会议目录(dir.yahoo.com/Science/engineering/material_science /con-

ferences/)是雅虎提供的一个有关会议超链接的英文目录，由此可了解到许多工程材料科学方面的会议信息及内容。

2. 日本国立材料科学研究所材料数据库(mits. nims. go. jp/db_top_eng. htm)提供日语和英语查询。数据库包括 Basic Properties、NIMS Structural Materials Data Sheet Online、Engineering、Applications 四个方面的数据信息。数据的来源是于各地 1 000 多个科学期刊及 1900 年以来 15 万种出版物。这些数据是由国际上经验丰富的科学家通过精确数据评估加工而成。

3. 欧洲纳米技术信息中文站(www. nano7. com/aboutus. asp)由英国学子有限公司(Students United)运营，英国纳米技术协会(Insitute of Nanotechnology, ION)提供信息支持。英国纳米技术协会是致力于向世界的纳米企业、科研和政府机构全方位地提供纳米技术各类活动信息的非营利性专业组织。英国纳米技术协会是全球最早提供纳米技术信息的媒介之一，是当今全球纳米信息交流领域的领导者。网站主页设有纳米技术介绍、欧洲纳米课程、纳米技术报告、海外市场推广、纳米会员等栏目。

4. 中国材料研究学会(www. c-mrs. org. cn)是中国材料研究学会的官方网站。中国材料研究学会(Chinese Materials Research Society, C-MRS)于 1991 年成立，是中国科协的组成部分，挂靠在中国科学院。中国材料研究学会是国际材料研究学会联合会(International Union of Materials Research Society, IUMRS) 的发起单位之一，并代表国家身份作为该会的成员。中国材料研究学会网站设有关于学会、学术活动、期刊出版、科技奖励、会员天地、科普及产业、科技动态、二级分会等栏目。

5. 中国硅酸盐学会(www. ceramsoc. com)是中国硅酸盐学会的官方网站。网站设学会介绍、组织机构、学术活动、国际交流、编辑出版、科普教育、展览展示、会员天地、学风建设、下载中心等栏目。

6. 纳米科技基础数据库(www. nano. csdb. cn)是中科院计算机网络信息中心承担建设的综合科技信息数据库的重要组成部分，由中科院纳米科技中心合作建设。纳米科技基础数据库规划有 7 个方面的数据内容，包括纳米材料性能数据库、纳米测试技术数据库、纳米器件数据库和纳米公众信息数据库，全部数据实现数据共享网络服务功能。目前，完成数据开发超过 10 GB 的物理容量，数据记录 70 000 多条。

7. 中国功能材料网(www. chinafm. org. cn)主要报道中国功能材料领域的现状、动态与信息。开辟的栏目有新闻资讯、期刊信息、会议信息、学术论文、行业协会、学会、科研成果、产品展示、标准、检测、专家库等。发布有关功能材料的各种政策、科技、行业信息；宣传和推荐中国功能材料领域的科研机构、高等院校、企事业单位的科技成果、科技产品、科技专家和企业家等；提供包括科技信息、技术咨询、学术交流、科普教育、国际合作等在内的全方位的综合性服务。

8.1.8　食品工程类资源

1. 食品质量信息网(www. foodqualitynews. com)是国外的一个食品行业网站。主要提供欧洲地区食物、饮料、营养、医药、化妆品、包装等方面信息。

2. 中国食品工业网(www. cfiin. com)是由中国食品工业协会主办，面向国内外食品行业的大型综合类门户网站。目前，中国食品工业网已开设了行业新闻、部委信息、食品安全、食品消费、食品认证、法规标准、科学技术、行业经济、企业之窗、食品强县、行业专家、管理培训、行情资讯、品牌展示、会展信息、机械包装、食品物流、招商项目、食品期刊、会员服务、行业标准、中国食协、食品论坛等 23 个专栏，同时按地区设置地方频道。

3. 中国食品科技网(www. tech-food. com)成立于 1999 年，由特科富电子商务有限公司投资建设。中国食品科技网由资讯中心、商贸信息、产品展销、食品展会、会员社区、食品博客、水处理设备、烘焙设备、杀菌设备、包装机械、干燥机械、检验检测、食品机械、食品原料、包装材料、实验用品、食品添加剂、知识资料、搜索引擎和食品论坛等几个频道构成。

4. 中国食品产业网(www. foodqs. com)是食品行业门户网站，内容涵盖整个食品产业链，设有：资讯、企业、商机、招商、专题、搜富、展会、行情、报价、经销商、品牌、精品、技术、专家、交易、人才等 16 个栏目。另外网站还包括行业频道和其他频道两个特色板块。

5. 中国食品信息网(www. zgspxxw. roboo. com/)于 1998 年 10 月开通，包括资讯平台、商务信息平台、产品交易平台、美食知识等内容，是中国食品行业门户网站，具体栏目有：食品资讯、消费指南、食品安全、食品加工、美食厨房等 6 个板块。食品频道包括：粮食、食用油、蔬菜、果品、水产、畜禽、茶叶、糖、酒水、饮料、深加工产品、食品添加剂、机械包装、其他等栏目。

6. 中国食品安全资源数据库(www. fsr. org. cn)是在国家"十五"重大科技攻关项目"食品安全关键技术——进出口食品安全风险控制技术研究"的研究成果的基础上创建的。网站涵盖了大量的专业数据资料，内容涉及农兽药数据库、食品添加剂数据库、天然毒素数据库、微生物数据库和其他来源化学危害物数据库，另外，网站还包括相关法律法规、检测机构介绍、优秀企业展示等方面内容。

8.1.9 环境工程类资源

1. 联合国环境规划署(www. unep. org)是联合国环境规划署官方网站。网站提供联合国环境规划署的各种机构信息，环境保护相关资料、新闻动态、出版物资料、奖项信息等内容。

2. 中国环境生态网(www. eedu. org. cn)创建于 2004 年 4 月 22 日，是中国目前环境学、生态学的非营利性、公益性、综合性门户网站。网站发布环境学、生态学及环保有关方面的信息和资料。并通过网站、论坛与博客互动发展的模式，为广大网友提供各类国内外最新的动态信息、内容丰富的资料文献。网站包括活动、资讯、环境、生态、市场、各地、产业、文库、生活等栏目。

3. 中国环保网(hbw. chinaenvironment. com)开通于 1999 年，是中国较早开通的环保行业门户网站。提供行业资讯、专题报道、整合传播、电子商务、产业分析等多元互联网产品服务，涉足工业节能、水处理、固体废物、大气治理、环境监测、环境修复、新能源、生态城等 20 多个垂直专业领域。网站设资讯、市场、专栏、专家、文库、公益、品牌企业、活动、专题等栏目。业务板块主要为行业门户、智慧环保、移动互联、绿色金融、环保科创五大板块。

4. 中国环境标准网(www. es. org. cn)提供环境质量标准、污染物排放标准和环境管理标准制(修)订，环境标准技术支持，国内外环境标准、基准研究，环境保护技术政策、技术法规研究与制定，排放达标技术示范与评估，环境标准相关培训，以及相关技术咨询与服务。包含的具体栏目有：环境标准所、工作动态、标准发布、标准文本、标准管理、标准理论、修改与解释、环境法规、地方标准、技术政策、达标技术、宣传与培训等。

8.2 理学网络资源

8.2.1 化学类资源

1. ChemFinder(www. chemfinder. com)是免费注册使用的网上化合物性质数据库。可通过分子式、化学物质名称、分子量或化合物的结构片段来检索,检索结果包括化合物的同义词、结构图形及物理性质,如熔点、沸点、蒸发速率、闪点、折射率、CAS登记号、比重、水溶性质等。

2. ChemCenter(www. ChemCenter. org)是由美国化学学会(ACS)创建,组织ACS出版部及化学文摘社(CAS)的主要Web资源。现在可提供访问的有:内容目录、ACS杂志主页、Journal of Physical Chemistry、Biochemistry和Environmental Science & Technology杂志全文、几份ACS出版物的热点文章等,其中有些是免费的。

3. ChemWeb(www. chemweb. com)建于1997年4月,是目前世界上最大的化学在线社区,提供免费注册,注册后的用户可检索到来自不同出版商的350种期刊和18个数据库,部分期刊可免费下载全文。

4. ChmiFinder化学类数据库(chemfinder. cambridgesoft. com)是专门的化学类数据库站点,提供化学名称、化学分子式、化学分子量和CAS号检索,可获得文献的题目、出处和作者等信息,并列有相关化学信息资源链接。而且还有大量的化学类软件免费下载。

5. chin化学学科信息门户(chemport. ipe. ac. cn)是中国科学院知识创新工程科技基础设施建设专项"国家科学数字图书馆项目"的子项目,其建设的目标是面向化学学科,建立并可靠运行Internet化学专业信息资源和信息服务的门户网站,提供权威和可靠的化学信息导航,整合文献信息资源系统及其检索利用,并逐步支持开放式集成定制。网站重点对Internet上重要的化学资源进行系统的索引和组织,为重要的资源建立摘要信息或信息简介,提供资源原址链接、相关信息链接,并尽可能给出该资源新的进展情况。网站包含动态及相关信息、Chem-DB Portal、帮助、论坛等栏目。

8.2.2 材料物理类资源

1. 材料科学(www. osti. gov/EnergyFiles)站点收集了世界上500多个有关能源科学与技术的数据库和相关网络页面链接,以物理科学为重点,包括精彩文献集锦、学科分类导航等。可选择数据库进行分布式检索,也可直接找到相关学科资源。

2. 物理学会网站(www. iop. org)是国际物理学会的网站。物理学会(The lnstitute of Physics)是一个国际性的组织,主要的站点在英国。该网站提供会员、资讯、出版物、教育、活动、专业、政策、资源等一系列免费服务。网站将图形的数量保持在最低限度,确保能以最快的速度下载复杂资料。HTML的使用也已简化,可让更多使用各种不同浏览器的人得以访问物理学会网站。

3. 挪威物理网站(physicsweb. org)主要提供全球的物理新闻和物理信息服务,它的搜索功能相对好用,可以搜索物理站点、物理学术会议、物理链接、关键词和物理工作等。在主页中包含如下主要栏目:新闻资讯、博客、多媒体、深度报道、工作、事件等栏目。其所有内容均可以全文浏览，没有任何限制。如果在该网站注册，则会得到电子邮件信息服务，而且选择的范围和方式很广。如果查寻会议或物理站点，这是一个令人相当满意的站点。

4. 美国物理协会网站(www.aps.org)主要包含以下内容：物理期刊、物理资源、物理会议、物理日历、物理教育。物理期刊：主要是由美国物理协会主办的各种物理期刊，所有的文章均可以全文查询，而且内容相当丰富。物理资源：此物理资源是指非美国物理协会的物理资源，可按此链接查找其他的物理资源。这部分包含的内容很多，基本上把美国的一些主要的物理资源都列出了，另外还有部分欧洲的站点，并且有链接。其范围列出如下：物理研究机构，物理类出版物(包括期刊和书籍)，物理类站点，世界主要国家的物理学会等。物理会议：此栏目把1～2年的物理会议主题及承办单位和具体情况列出，可以方便地查找物理会议。物理日历：此栏目把一至两年的各种物理活动主题及承办单位和具体情况列出，从这里你可以方便地查找美国物理协会在未来的时间里将有哪些物理活动。物理教育：了解美国物理教育的一个较佳窗口。

5. 欧洲物理学会网站(www.eps.org)提供每年欧洲的物理会议查询，以及欧洲物理协会的物理文献和对整个欧洲物理学的发展和研究工作进行跟踪研究内容。网站设有关于我们、会员、荣誉、事件、支持、教育、出版物、政策、资源等栏目。

6. 中国科学院物理研究所网(www.iop.cas.cn)是中国科学院物理研究所官方网站。提供所内新闻、科研动态、综合新闻、项目通知等信息。设有所况简介、机构设置、研究成果、人才队伍、研究生教育、党群园地、科学传播、学术期刊、信息公开等栏目。

8.2.3 数学类资源

1. ArXiv(arxiv.org/archive/math)这是设立在美国洛斯阿拉莫斯国家实验室(Las Alamos National Lab)的ArXiv数学预印本网库。按类别设32个细分类目，供用户查询检索。

2. 数学世界(mathworld.wolfram.com)这个网站属于著名的数学软件公司Wolfram Research(他们的产品是Mathematica)。这个被称为“网络数学百科全书”的网站收录了一万余条信息、近十万条参考文献(网址或图书杂志)、几千幅彩色图片和实时动态模拟软件。在这样一个庞大的数学数据库中，数学工作者都可以在浏览搜寻中学到新的知识，了解到新的动态。

3. 数学评论网络数据库(www.ams.org/mathscinet)由全世界数学研究文献中的有价值的评论和摘要组成，是检索世界领域数学文献的重要工具。

4. 中科院数学与系统科学研究部网站(www.chinamath.cn)是由中科院数学与系统科学研究院主办，中国数学会、中国系统工程学会、中国运筹学会、国家基金委数理学部协办的综合性全国数学与系统科学信息交换的门户网站，旨在为科研人员和数学教师服务，提供与数学研究和数学教学有关的一切有价值的信息和国内优秀数学专业期刊网络版的信息检索(免费)、全文下载(计费)服务。包含的栏目有中国数学会、中国运筹学会、中国系统工程学会、数学学报(中、英)、应用数学学报(中、英)、系统科学与数学(中)、系统科学与复杂性(英)、计算数学(中、英)、数值计算与计算机应用、系统工程理论与实践、数学译林、代数集刊、数学的实践与认识。

5. 中国数学会网(www.cms.org.cn/cms/index.htm)是中国数学会的官方网站。中国数学会于1935年7月在上海成立，中国数学会下属的学科分会有计算数学分会、概率统计分会、数学史分会、均匀设计分会、生物数学专业委员会、组合数学与图论专业委员会等。中国数学会网主要栏目有学会简介、学会章程、组织机构、学会档案、学术期刊、学会三个奖项、会议纪要、年度活动、专业分会、专栏、会员管理等栏目。

8.3 社会学网络资源

8.3.1 经济学类资源

1. EconPapers 经济论文数据库(econpapers. repec. org)提供经济领域内的 31 万余篇论文、48 万余篇期刊文献、近 2 000 份软件、4 000 余本图书、1 万余篇节选,该数据库为英语界面,可通过 Formerly EconWPA (http://129. 3. 20. 41/wpawelcome. html) 按专业领域分类检索,需支付国际流量费。

2. World Bank Data 世界银行公开数据库(data. worldbank. org. cn/)提供了世界各国多方面的权威经济数据,有英文、中文、阿拉伯等 17 种语言的界面。其栏目有数据、研究、培训、新闻、项目、出版物、国家、专题等。

3. 经济和自由文库(www. econlib. org)是由美国自由基金会公司(Liberty Fond ,Inc.)建立的网站。集原始信息资源与搜索引擎于一体,提供经济学、市场和民主自由方面的信息及线索。网站内的经典经济学图书和文集可直接单击到原著的全文,供免费阅读,并不断增加新书。还有大量的现期期刊和网站资源信息供用户浏览。其主要栏目有:Articles、EconLog、EconTalk、Books&Videos、Encyclopedia、Guides、Search。

4. 美国经济学会网(www. aeaweb. org),美国经济学会于 1923 年 2 月 3 日正式成立。从 1885 年至大约 1910 年,学会的成员主要由大专院校的经济学教师组成。21 世纪以来,随着人们对经济学的普遍关注,美国经济学会吸引了越来越多的来自商业和专业的人士加入。迄今,本学会会员数约为 18 000 人。网页下设 Journals、Annual Meeting、Careers、Resources、EconLit 等栏目,是一个有参考价值的专业搜索引擎。

5. 中国经济信息网(www. cei. gov. cn)简称中经网,是国家信息中心组建的,以提供经济信息为主要业务的专业性信息服务网络,于 1996 年 12 月 3 日正式开通。网站利用自主开发的专网平台和互联网平台,为政府部门、金融机构、高等院校、企业集团、研究机构及海内外投资者提供宏观经济、行业经济、区域经济、法律法规等方面的动态信息、统计数据和研究报告,帮助其准确了解经济发展动向、市场变化趋势、政策导向和投资环境等方面内容。同时,中经网组织建设的宽带自治域专用网络,物理上连接了全国 150 多个城市和地区的地方经济信息中心。其主要有综合频道、宏观频道、金融频道、行业频道、区域频道、国际频道 6 个栏目。

6. 中国宏观经济信息网 (www. macrochina. com. cn)简称"中宏网",是宏观经济专业网站,是由国家计委所属的中国宏观经济学会、中宏基金等机构联合创建。中宏数据库由 19 类大库、74 类中库以及 500 类细分库组成,每日更新。内容涵盖 20 世纪 90 年代以来的宏观经济、区域经济、产业经济、金融保险、投资消费、世界经济、政策法规、统计数据、研究等方面的详尽信息。数据库根据读者对象提供多种专业版,如银行版、证券基金版、政府版、高教版等。网站包含的栏目有:中国宏观经济学会、中国战略思想库、中国经济学奖、中宏研究平台、中宏百人团。

7. 中国经济网(www. ce. cn)是经济日报社主办的国家级重点新闻网站,是以经济报道和经济信息传播为主的新型网络媒体。中国经济网致力于成为中国规模最大、功能最齐全的经济类综合门户网站和中国最权威的在线经济数据中心。中国经济网目前已经拥有包括金融证券、产业市场、时政社会、电视、论坛、专稿、文化、亲子、会展、食安网、商用车、中俄网十二大板块39个精品频道,覆盖包括汽车、地产、家电、通讯、医药、服装服饰等中国主要经济产业、CE指数、CE图表、中经社区、名人聊天等特色内容。

8. 国务院发展中心信息网(www.drcnet.com.cn/www/integrated/)是国务院发展研究中心信息网的简称,创建于1998年3月,是国务院发展研究中心信息中心主办、北京国研网信息有限公司承办的集理论研究、形势分析、政策解读、数据发布、辅助决策于林的大型经济类专业信息网络服务平台。国研网有内容丰富、检索便捷、功能齐全的大型经济信息数据库,如《国研报告》《宏观经济》《金融中国》《世界经济与金融评论》《中国行业经济》《国研数据——十余种行业统计数据库》《高校管理决策参考》等。此外,针对金融机构和高校用户的需求特点研发了两个专业版产品。网站主页设参考信息、专家论坛、合作专区、会员服务等四大板块。

8.3.2 法学类资源

1. 因特网法律资源指南(www.ilrg.com)是美国得克萨斯大学法学院研究生院建立的数据库。收集了238个国家、岛屿、地区的4 000多个与法律相关的网站(侧重于美国)。内容分为法律、法学和法律研究。另收入法律期刊(仅揭示目次)。提供参考网站链接。

2. 发现法律网站(www.findlaw.com)是美国北加利福尼亚法律图书馆建立,目的是为因特网用户查找美国和其他国家法律信息提供网络导航。西方法律名录提供上百万的西方律师和律师事务所的名单和地址。FindLaw文库提供美国联邦政府、律师事务所、出版机构出版的文献和法律的全文和摘要。包含的栏目有:Lean about the law、Find a lawyer、Findlaw answers、Legal forms、News、Blogs。

3. 英国法律在线(www.justis.com)是由Conext电子出版商和出版软件提供商创建的。是一个侧重英国和欧盟的法律、官方和商业方面的法律信息的数据库。数据库定期更新,内容较全面,也是比较权威的法律信息库。文献揭示层次类型为文摘和全文。

4. 中国法律信息网(service.law-star.com)是北京中天诺士达科技有限责任公司主办的专业性法律网站。该网站于1998年开通。该网站开设有最新法规、法规查询、法律论文、案件追踪、热点专题、中国律师、谈法论道、法律博客、法律图书、产品服务、支付帮助等栏目。还包括36个细分栏目。

5. 中国法学网(www.iolaw.org.cn)是中国社会科学院由法学研究所设立、建设和管理的法学专业网站,旨在拓展法学研究所及其员工存在和发展的虚拟空间,展示科研成果,传播法学信息,提供法律服务,开展在线法学教育,引导网上法学研究和交流活动。该网站由法学研究所各职能部门和科研人员提供信息,尤其鼓励研究人员建立个人网页,发布个人有价值的学术信息。在全所职工共同努力下,该网正在成为具有鲜明时代特色的学术交流新空间,成为法学所继续保持学术前沿地位的新平台。现有主要栏目包括本网首发、最新作品、建言献策、对外交流、学术会议、学术讲座、法学杂志、法学教育、成果推介、推荐阅读、学者文集、法律新闻、研究动态、民国图书、领奖等栏目。

6. 中国保护知识产权网(www.ipr.gov.cn)由商务部主办,设有中英文双版。中文版立足于商务部承担的职责,全面反映商务部在知识产权方面的各项工作动态和政策法规,为社会各界遵守世界各国知识产权制度与维护自身合法权益提供指导与帮助,为中国企业"走出去"提供服务。网站现已开通国际、国内新闻、中国知识产权国际合作、海外维权、保知指南、数据资料、政策法规、案例数据库、在线咨询等多个栏目，普及、宣传、推广和保护知识产权，维护人们合法的知识产权权益。

7. 北大法律信息网(www.chinalawinfo.com)是北大英华公司和北大法制信息中心共同创办的大型综合性网站。网站设有法律新闻、法学在线、专题、网刊、法宝V5、法宝V4、地面培训、远程培训、法宝周视点、北大法学院、律师天下、Wells商城、行业研究等板块，下设若干子栏目，是一个综合性法律信息网站。

8. 中国法院网(www.chinacourt.org)是唯一经最高人民法院批准成立，经国务院新闻办公室批准从事登载新闻业务的综合性新闻网站，也是中国最大的法律网站之一。中国法院网与中国人民最高法院、人民法院报、人民法院出版社网站直接链接，可以为读者提供最新最权威的法律动态。主要有：新闻、审判、执行、评论、时讯、法学、地方法院、论坛、博客、大法官、图片库等栏目，现在已经开通中国法律博客。

9. 中国政府法制信息网(www.chinalaw.gov.cn)设有机构职能、新闻中心、法规快递、地方信息、法制监督、行政复议、机关工作、意见征集、法制图书、网站地图等栏目。

10. 国信中国法律网(www.chinalaw.net)设有新法规联机查询、国家法规数据库、律师事务所名录等栏目，为读者提供较全面的新法规查询。

8.3.3 社会学类资源

1. 社会学在线(www.sociologyonline.co.uk)提供大量社会学研究资源，是一个适合不同层次学生的英国社会学网站。包含的主要栏目有：Quizzes and Crosswords、Max Weber、Introducing Sociology、The Classics、Sociology News、Socio Quote、Article of the Week等。

2. 社会学视野网(www.sociologyol.org)由中国人民大学社会学理论与方法研究中心主办。设有社会学动态、社会学研究、社会学评论、课堂内外、电子资源等栏目，有大量学者的研究论文。还包括新闻消息、公告启事、学术沙龙、升学留学、招聘信息、推荐阅读、学术专题、学界人物、论文辑览、书刊推介、佳作评介、社会评论、教学信息、电子课堂、课外辅导、毕业论文、调查数据、网上调查等细分栏目。

3. 中国社会学网(www.sociology2010.cass.cn)是由中国社会科学院社会学研究所主办的学术性网站，为社会学界的专家、学者、相关研究机构、政府工作部门提供丰富的社会学(含：社会文化人类学、社会心理学、人口学和民俗学)研究成果以及一个学术交流及资源共享的平台。开设了"社会关注"即重大问题的社会学分析和"学术讨论"即不同学术观点的讨论两个动态专栏，旨在希望社会大众在社会重大问题方面能够听到社会学家的声音，也为学术争鸣开辟个窗口。网站提供学术沿革、机构团体、学术动态、社会学人、学术成果、学术资源、人才培养、方法工具、读者交流、就业信息等10个栏目。

4. 社会学人类学中国网(www.sachina.edu.cn)主要提供社会现象、学科学界、文章争鸣、读书、文献服务、数据服务、中心网刊、网上调查、blog、社会论坛等多种服务。并提供用户注册权利，注册网友可以向本站提交个人作品，供参考、学习、交流与批判之用。网站的论坛更为大家提供了一个讨论的平台。网站还重点推荐了书库、期刊和数据资源。

5. 社工中国网(www.swchina.org)由中国社会工作联合会主办，中国社会工作联合会成立于1991年7月，1992年7月加入国际社会工作者联合会，成为正式会员。目前下设19个工作(行业)委员会、9支专项基金、11个职能部门、3个直属单位。主页设有关于联合会、新闻聚焦、理论前沿、政策法规、实务探索、队伍建设、行业发展、公益园区、社工之家、沙龙互动栏目,下设 33 个子栏目。

8.3.4 体育类资源

1. 国家体育总局网(www.sport.gov.cn)是国家体育总局的官方网站。由国家体育总局体育信息中心承办,提供中国体育发展权威的相关信息和政策。除了有体育总局的信息外,网站设立了政务公开、新闻资讯、全民健身、竞技体育、青少体育、体育产业、体育宣传文化、办事服务、网络问政等栏目。

2. 中国高校体育网(www.chinagxty.com)创办于 2005 年,是为高校体育界提供全方位信息服务而建立的专业性门户网站,网站共设 27 个频道和栏目,旗下拥有大学生体育爱好者同盟会(www.dxsty.cn),中国校园吉尼斯联盟(www.schoolguinness.com),网站为 300 多所高校建立了新闻专题,及时报道高校的新闻动态,开设了"高校体育网址、体育网址大全、高水平运动队、体育人物"等专题资料。

3. 中国大众体育网(www.chinasfa.net)由中华全国体育总会群众体育部主办、国家体育总局体育信息中心承办,网页设有政府公务、新闻中心、政策法规、科学健身、专题报道、异域风采、网站地图等栏目。

4. 中国体育资讯网(www.sportinfo.net.cn)是国家体育总局体育信息中心建立的专业体育信息研究与资讯服务网站。网站设立了奥运信息、竞技体育信息、体操信息、反兴奋剂动态、群众体育信息、体育产业信息、体育用品信息、体操信息、专题报告、竞赛成绩库、运动训练库、体育产业库、政策法规库、大众体育库等众多栏目,每个栏目的信息都相当丰富。

5. 中华全国体育总会网站(www.sport.org.cn)是全国体总的官方网站。中华全国体育总会宗旨是联系、团结运动员和体育工作者,努力发展体育事业,普及群众体育运动,提高全民族的身体素质;不断提高运动技术水平,攀登世界体育高峰;促进社会主义物质文明和精神文明建设,为建设有中国特色的社会主义服务。网站设有协会公告、体育产业、体育要闻、全民健身、竞技体育、地方体育、政策法规、精彩图片等栏目。

8.4 管理学网络资源

8.4.1 管理科学与工程类资源

1. 中国管理研究国际学会网(www.iacmr.org)是中国管理研究国际学会的网站。网站设有中文、英文两个版本。中国管理研究国际学会是由美籍华人、国际管理学界的顶级学者和华人管理研究的杰出领袖徐淑英(Anne S. Tsui)教授于 2001 年开始发起筹备的会员制的大型国际学术组织。该网站的内容主要包括关于学会、学会会议、学会刊物、培训活动、新闻资讯、学术奖项、资源分享、职业生涯、会员服务。

2. 中国管理科学学会网(www.mss.org.cn)是中国管理科学学会的官方网站。中国管理科学学会作为我国第一批成立的全国性、综合性管理科学社团组织,具有多学科、跨部门、跨行业、横向联系广泛的特点。中国管理科学学会网站提供关于学会、学会动态、学会文库、管理科学奖、东沙湖论坛、管理荟萃等资讯服务。

8.4.2 工商管理类资源

1. 世界经理人网站(www.cec.globalsources.com)是一个商业管理杂志网站,设有领导力、企业战略、销售与营销、职场攻略、人力资源、运作管理、技术与应用、金融财务、尚品人生、论坛博客、制造2025等栏目。另外,这个网站最重要的一点是可以免费获赠每月一期的《世界经理人》杂志。只要如实填写你的会员注册内容,你便会每月按时收到他们寄赠的一期高质量的商业月刊《世界经理人》,和世界经理人网站类似的还有《财富中文》,也提供杂志免费寄送。

2. 中华企管网(www.qg.com.cn)始创于1996年,为企业学习培训、提升经营管理能力、建立学习型组织提供的专业服务。设有管理资讯、推荐专题、热门顶客栏目,下设热点专题、热门推荐、网络前沿、调查投票、产品和信息化等若干板块。

3. HR管理世界网站(www.hroot.com)是HR管理世界的网站。HR管理世界是一家领导业界的管理媒体公司,HR管理世界为人力资源经理提供资讯,并为服务供应商提供综合的市场推广服务。主页设有新闻、视频、人力资本管理、知识库、工具箱、劳动法、论坛、原创、推荐、企业专栏、职场、员工关爱、高端访谈、卓悦会、中国人力资本论坛、SHRE栏目。

4. 中国营销传播网(www.emkt.com.cn)由深圳市麦肯特企业顾问有限公司建立并运营,于2000年7月开通。网站开设了营销动态、文库、知识、求职招聘、社区、培训等多项相对独立、相互依托、动态交流的频道。营销文库:汇集了近万篇营销相关文章。营销动态:即时更新的营销新闻动态,按行业分类。营销知识库:按照现代的营销理论体系建立的一个完整的树状知识库,体系的每个分支都包含了相关概念、基础知识、发展动态、相关论文、相关书籍等。营销社区:营销人讨论交流的空间。培训课程:提供各种相关培训与资讯信息。

5. 马甲网(www.majia.net)是网络营销资讯门户。目前已经开通的栏目分别有:营销资讯、营销策划、营销方式、营销教程、营销知识、营销资料、营销案例、营销战略、营销宝典、营销资源、营销工具、营销热点等,其中几大特色栏目分别有营销资讯:第一手资讯、IT业界、网络播报等子级栏目;营销方式:筛选了互动营销、社区营销、博客营销等详细的文档与技巧;营销宝典:有大量的网络营销相关的营销知识、网络推广、SEO技巧、搜索引擎等。

6. 中华人民共和国财政部网(www.mof.gov.cn)是国家财政部官方网站。网站主页设政务信息、在线服务、公众参与三大板块。下设本部概况、人事管理、财政新闻、热点专题、图片报道、两学一做、政策发布、建议提案、政策解读、经验交流、通知公告、国际财讯、财政数据、财经视点、财经论坛、财政文告、政府采购、办事指南、在线申报、在线查询、下载中心、音频视频、报刊年鉴、网送文告、部长信箱、网上信访、在线访谈、投诉举报、图文直播、网上调查、意见征集、咨询反馈等32个栏目。

7. 中国会计网(www.canet.com.cn)网站设资讯、会计、税务三大板块。资讯板块下设会计新闻、会计网校、会计商城、财务管理、财务软件、审计、社保查询、会计培训、会计继续教育、财会公文、专题、财经法规等栏目;会计板块下设会计学习、会计基础、会计科目、财务报表、会计分录、固定资产、成本核算、会计电算化、出纳工作、行业会计、会计实务答疑;税务板块下设税务学习、税务知识、税收政策、增值税、营改增、企业所得税、个人所得税、出口退税、报税、税务咨询、涉税会计、税收筹划等栏目。

8. 中华会计网校(www.chinaacc.com)是正保教育旗下的网站。提供各层次会计师、经济师、税务师考试试题指导,涵盖会计资讯、会计文苑、会计人生、财经法规、专题、理财、招聘、书店、论坛、答疑、邮箱、税务网校、实务操作、实务咨询、银行从业、证券从业、职称英语、中级审计师、内审师、经济师、AICPA、ACCA、会计从业、初级职称、中级职称、注册会计师、注册税务师、高级会计师、资产评估师、造价师、会计继续教育、注会后续教育等内容。

8.4.3 公共管理类资源

1. 各国政府网站资源导航(lib. umich. edu/govdocs/foreign. html)是一个网络资源目录类的网站,由美国密歇根大学图书馆国际资源部负责开发维护。该站点链接了世界各国的官方网站,包括各国使馆、联合国代表团、旅游机构、其他许多非官方机构等。还包括地区与国际组织的网站以及一些地方政府网站。该网站还与许多带有政府背景资料的数据库链接。此外,还能查到许多国家的宪法、法规条约、新闻网站等。

2. 哈佛大学肯尼迪政府学院(www. ksg. harvard. edu)美国哈佛大学公共管理学院最初成立于1936年。20世纪60年代中期,学院开设公共政策课程。大约同一时间,在美国哈佛大学的教授和政治学会(IPO)的推动下,更名为纪念肯尼迪总统的肯尼迪政府学院。网站包括机构介绍、课程大纲和相关学习资源。

3. 中华人民共和国中央政府网 (www. gov. cn) 简称“中国政府网”,2006年1月1日正式开通,是国务院和国务院各部门,以及各省、自治区、直辖市人民政府在国际互联网上发布政府信息和提供在线服务的综合平台。中国政府网设有国务院、总理、新闻、政策、互动、服务、数据、国情等栏目,面向社会提供政务信息和与政府业务相关的服务,逐步实现政府与企业、公民的互动交流。

4. 马克思主义研究网(myy. cass. cn)由中国社会科学院马克思主义研究院主办。该网站有多个研究平台,如研究导向平台、文献检索平台、资料查阅平台、成果发布平台、学术交流平台和信息整合平台等。人们可通过这些平台对网站内的所有信息进行动态管理和全文检索。目前,该网站根据马克思主义研究的基本内容分成:马研学部、马研院简介、当代中国研究所简介、研究人员、人才培养、课题研究、通知公告、图片轮显、首发文章、经典语录、著作推荐、著名专家学者、成果快递、马克思主义大讲堂、马克思主义基本原理、马克思主义发展史、马克思主义中国化、国外马克思主义、思想政治教育、中国近现代史基本问题与当代中国、经典导读、科学无神论、理论动态、热点评论、思想争鸣、国际共产主义运动、中共党史与党建、马研院创新工程信息、马研院内部信息发布、有问必答、国情调研、人物故事、期刊与年鉴、讲坛与论坛、研究中心等35个频道。同时,根据不同内容,网站分别设置栏目。

5. 中国现代国际关系研究院网(www. cicir. ac. cn)由中国现代国际关系研究院主办,中国现代国际关系研究院研究领域包括:世界各国、地区的政治、经济、外交、军事和社会问题;涉及我国台港澳问题;国际战略,世界政治,世界经济,全球和地区安全等问题。研究成果以研究报告、专题资料等形式提供给有关政府部门,或通过学术刊物公开发表。中国现代国际关系研究院接受国内政府部门委托研究,也同国内外有关研究机构就共同感兴趣的课题进行合作研究。主要栏目包括机构设置、出版物、研究动态、时政评论、对外交流、专家访谈、研究生教育等。

8.5 人文科学网络资源

8.5.1 中国语言学类资源

1. 语言文字网(www. yywzw. com)是一个专门针对语言文字、中文信息处理等资源进行整合的网站，用户可以参加论坛、推荐新闻、发表作品、转载文章等。网站有会员园地、新闻采风、语文漫谈、汉字大典、语言理论、书同文字、专栏专题、井田汉字、在线投稿等栏目。

2. 中国语言文字网(www.china-language.gov.cn)由国家语言文字工作委员会主办，教育部语言文字应用研究所承办。网站内容主要包括工作机构、法规/标准、语文工作、科研工作、学术交流、培训/测试、语文博物馆、媒体视点、语言生活动态、名家讲坛、中文信息处理、语文知识、推普宣传、图片/视频、网上服务等。

3. 中国汉语水平考试网站(www.hsk-org.com)1984 年由北京语言学院(今北京语言大学)开始研制，1990 年通过专家鉴定，1991 年推向海外，1992 年国家教委第 21 号令确定其为国家级考试。现在，HSK 已经形成了一个包括 HSK[基础]、HSK[初、中等]和 HSK[高等]的水平由低到高的，完整的考试系统。网站包括中心简介、考试介绍、考试安排、考点信息、在线服务、科研成果、新闻动态、网上交流、下载中心等 9 个栏目。

4. 国学网站(www.guoxue.com)包括国学宝典、国学论坛、国学司南、国学人物、国学书苑、国学投稿、国学入门、国学专题、国学产品、国学图库、国学官博、国学官微、电子定本等栏目。

5. 孔子学院总部/国家汉办网站(www.hanban.edu.cn)致力于为世界各国提供汉语言文化的教学资源和服务，最大限度地满足海外汉语学习者的需求，为携手发展多元文化，共同建设和谐世界做贡献。网站设关于我们、新闻中心、孔子学院、汉语教师、志愿者、教学资源、汉语考试、新汉学计划、奖学金、汉语桥、交流合作、业务中心等栏目。

6. 在线新华词典(xh.5156edu.com)该站收录汉字 20 971 个、词语 52 万个。在搜索框内输入条件，单击检索，就可以找到相应汉字的拼音、部首、笔画、注解、出处。

7. 汉语教育网(www.zhyww.cn/zwhy/Index.html)是国家新闻出版业发展项目，由语文报主办。网站设国学、实用汉语、趣味汉语、主题汉语、基础汉语、经典汉语、HSK 题库、教材等栏目。

8.5.2 外国语言学网络资源

1. Dictionary.com(www.dictionary.com)网站由美国 Lexico 集团开发。它包括词典数据库 Dictionary.com 和同义词反义词数据库 Thesaurus.com。收录 60 万条词汇。词典检索的结果包括词的读音、释义、词源、短语等信息，检索结果都说明出处。在同义词反义词检索部分，提供各种词义的同义词和反义词。此外，还可在 Other Dictionararies 中查阅其他词典；在 Language Resources 的 Word FAQs 中查找词义的比较。

2. AllWords.com(www.allwords.com)是一个具有语言查询能力的免费在线英语词典，提供基于检索词前端、后端、包含、精确等多种检索方式，可查询英语、荷兰语、法语、德语、意大利语、西班牙语的单词，所有英语单词均配置可发音的“WAV”文件。

3.《牛津英语大词典》的网络版(www.oed.com)于 2000 年首次上线，用户通过付费方式查阅，每 3 个月更新一次，加入新词和词语新的释义。包括了 20 卷本的 OED 第 2 版，3 卷本的补编(Additions Series)，以及第 3 版中的材料。《牛津英语大词典》网络版收录 6 000 万词组，是目前网上最大、最权威的英语参考工具书，保留了印刷版的全部内容，并不断增加新的词汇，有各种英文资料中的例证，以及英、美拼法等。

4. 外语学习网(en.examw.com)设有英语、日语、韩语、法语、德语、意大利语、西班牙语、俄语、葡萄牙语、其他语言等栏目，各栏目又下设若干子栏目。

5. 韩语学习网(kr. tingroom. com)提供韩语入门、韩语语法、韩语词汇、韩语听力、韩语口语、韩语阅读、韩语视频、韩语考试、学习经验、韩国文化、韩国娱乐、留学韩国、韩语背单词、韩语下载、口语陪练等内容。

6. 德语学习网(de. tingroom. com)是德语学习的专业网站,网站设有德语听力、德语阅读、德语语法、德语口语、德语词汇、德语考试、德语视频、德语歌曲、德国留学、德语下载、德语背单词等栏目。

7. 法语学习网(fr. tingroom. com)网站提供法语听力、法语口语、法语词汇、法语语法、法语考试、法语阅读、走进法国、法语歌曲、法语视频、趣味法语、法国戏剧、法语国家、法语背单词等栏目。

8. 日语学习网(jp. tingroom. com)提供日语入门、日语听力、日语口语、日语阅读、日语词汇、日语语法、日语考试、日语视频、走进日本、日语歌曲、影视动漫、日语下载、日语背单词等栏目。

8.5.3 艺术类网络资源

1. 中国美术家网(www. meishujia. cn)始创于 2002 年,网站栏目有新闻、展览、会员、专题、交易、知识、工具、服务、论坛、加盟等,下设若干子栏目。

2. 中国艺术设计联盟(www. arting365. com)成立于 2001 年,专注于数字、艺术设计、游戏动漫等相关创意产业的服务。是一个公益服务于中国乃至全球设计领域的行业门户网站。联盟网站的行业会员主要由数字领域的领军人物、制作人员、设计师、企业厂商、艺术院校师生以及广大的社会艺术设计爱好者组成。联盟网站内容包括文章分类、特色频道、专栏、专题、灵感、创意擂台、培训怀旧等板块,下设若干子栏目。其中网站特色板块有设计看点、Goods 好样、Stream 流派、图新鲜。

3. 华夏艺术网(www. artsweb. cn)于 1998 年开通,是国内最早和最大的书画艺术门户网站之一,由四川省美术家协会、四川省书法家协会、四川省诗书画院、成都画院、四川省政协书画研究院等授权主办。目前有数百位著名书画家的个人信息资料及大量上网交易的艺术品数据库,并且推出了国内首家艺术品网上交易系统。华夏艺术网吸引了来自全国各地的知名书法家、国画家、油画家加盟。设有新闻、专题、评论、人物、画廊、展览、拍卖、交易、视频、图书、杂志等栏目。

4. 美术论坛(bbs. art86. cn/index. php)包括画廊专卖一区、美术馆群落、美术资讯、美术互动、书法互动、硬笔书苑、西部风采、美术展馆、现代艺术探索、服务专区、艺术沙龙、艺术新人交流讨论区、书画商城等栏目。

5. 美术家网(www. shw. cn)提供新闻、文摘、艺术展厅、艺术名家、工艺美术、摄影、雕塑、版画、水彩、油画等栏目。

6. 中国文艺网(www. cflac. org. cn)由中国文学艺术界联合会主管主办。中国文艺网由原中国文联官方网站中国文联网升级扩建而来,依托全国各级文联组织的强大资源优势 ,设置 300 余个专业频道,全面覆盖所有文艺门类,网站设新闻、视频、评论、维权、文化、人物、文艺评奖、公益事业、文艺等主体栏目。其中文艺栏目下设戏剧、音乐、舞蹈、杂技、电影、电视、美术、书法、摄影、文学、民间文艺、曲艺、文艺评论、综艺。

8.6 考研、就业网络资源

8.6.1 研究生考试网络资源

考研信息资料主要包括：国家发布的研究生招生指导文件、招生单位联合名录、公共课程和专业课程考试参考书等；招生单位（或招生专业）的发展概貌、指导教师队伍状况、招生单位（专业）的历届报名人数、上线率和录取率；各类研究生考试的试题辅导资料等。网络有关考研的信息很多，不同网站各有侧重。

1. 研究生招生信息综合网站。这类网站涵盖的内容较全，主要是国家发布的研究生招生政策、指导文件、招生单位联合名录、公共课程和专业课程考试参考书等内容，发布研究生招生过程中的各类信息，如调剂、复试、录取等。

（1）中国研究生招生信息网（yz. chsi. com. cn）是隶属于教育部的以考研为主题的官方网站，是教育部唯一指定的研究生入学考试网上报名及调剂网站，它将电子政务与社会服务有机结合，贯穿研究生招生宣传、招生咨询、报名管理、生源调剂、录取检查整个工作流程，实现了研究生招生信息管理一体化。

（2）中国教育在线考研频道（kaoyan. eol. cn）是中国最大的综合教育门户网站——中国教育在线的一个频道，是一个专业的考研教育服务网络平台。主要提供考研报考指南、院校专业选择、全国各地研究生招生信息、复习资料、录取调剂等考研全方面信息指导及咨询服务。

（3）中国考研网（www. chinakaoyan. com）是专业的考研信息门户网站。提供考研报名、研招网、考研真题、招生单位、考研调剂、考研论坛、复习备考、考研问答、网络课程等内容。

（4）考研帮（www. kaoyan. com）由原"考研网"更名而来。考研网创办于1999年，主要包含资讯网站和社区两大模块。2013年年底好未来全资收购考研网，并于2014年年初推出集院校资讯、考研经验、备考资料、考研社区于一体的手机App考研帮。2016年4月19日，原"考研网"正式更名"考研帮"，全面向移动端转移。截至2016年4月，考研帮网站用户量突破800万，APP用户量突破200万。考研帮主页设报考、备考、复试调剂、论坛、学堂五个大板块。每个板块下设若干细分栏目。

（5）中华考研网（www. zhonghuakaoyan. com）为考生提供考研报考招生简章、考研报考指南、考研成绩查询、考研复试、考研调剂、考研复习指导、考研录取等多层次的内容。设有考研动态、招生简章、报考指南、考研常识、政治、英语、数学、专业课、综合辅导、分数线、复试指导、调剂信息、调剂指导、考研论坛、考研问答、考研故事、院校信息等17个栏目。

2. 各个学校专业设置、招生信息、导师情况。国内各大学、科研院所和其他研究生招生单位，都设有专门的Web站点，提供了大量的信息资料，如学校概况、课程设置、招生信息、导师研究方向、科研成果及硕士、博士学位论文等，甚至有的还包括往年的考研试题等。如登录郑州轻工业学院主页，单击进入研究生招生网站（yjsc. zzuli. edu. cn），有详细的招生信息、导师风采等栏目。

3. 考研试题辅导。网上有为数不少的研究生考试专门辅导的网校、网站。如文登考研网（www. wendeng. com. cn）是文登教育集团的网站。文登教育集团是一所综合性的研究生考试考前辅导机构。网站提供考研辅导班信息，考研辅导，考研成绩查询，历年试题分析、讲解等。启航教育网(www.qihang.com.cn),提供最新考研信息及各类考研资料。考研教育网(www.cnedu.cn)提供考研政治、考研英语、考研数学和考研复试等考研辅导,提供考研大纲、考研真题、考研资料、考研视频、考研辅导班信息等。还有各个学校的专门考研辅导资讯网站。

8.6.2 就业信息网络资源

就业信息网络资源按照就业信息网站的服务对象、服务范围主要分为两大类:

1. 提供各级、各类就业信息服务的网站。此类网站由各级人才管理机构、公司企业主办,主要面向全国提供国家就业政策及各行业的人才供需信息,为企事业机关单位提供组织诊断与辅导、岗位安置、招聘与选拔、定岗定编、培训与职业生涯规划等服务。此类网站内容全面、服务项目齐全、信息量大。这类网站为各级、各类人才的求职提供服务,高校毕业生就业信息服务只是其中的一部分、一个板块。从主办单位看可细分为三种:

(1) 国家部委下属机构主办的网站。如"中国国家人才网"(www.newjobs.com.cn)是人事部全国人才流动中心主办的全国性中高级人才网站,它提供个人求职、单位招聘、HR资讯、政策法规、大学生就业、人才测评、全国网络招聘会、专业人才库、企业经营管理人才库、猎头服务、考试培训、新闻资讯、活动预告、职场指南、热点招聘等全方位的服务。

(2) 各省、市人才服务机构主办的就业信息网。如"中国青年人才网"(www.54job.com)成立于1998年,作为资深人才网站,是大中华地区最具影响力的人力资源网站之一,提供个人求职、企业招聘、猎头服务、教育培训、职场资讯、热点招聘、推荐职位、委托招聘等信息服务栏目。"南方人才网"(www.job168.com)由广州市人事局具体管理的华南地区规模最大的人力资源专业服务机构——中国南方人才市场主办。提供招聘、求职、猎头、培训、报纸招聘、名企高薪、校园招聘、HR Club、E刊、论坛、公司动态等服务栏目。

(3) 公司、企业主办的商业服务网站。"中华英才网"(jobsearch.chinahr.com)是一家为国内外知名企业提供高水准人才招聘服务、人力资源管理咨询服务的专业化公司。面向企业提供简历查询、职位发布、简历订阅、人才猎寻、校园招聘、政策法规查询、人才测评、智聘系统及企业培训等服务;面向个人,提供简历存储、职位搜索、职位订阅、人才测评、职业技能和管理技巧培训等服务,"中国人才网"(www.zhonghr.com)是中国国际人才开发中心主办提供以人力资源服务为主,包括科技、经济交流与合作的人才专业网站,网站以中国国际人才开发中心整体实力为依托,为国内、外企业和个人提供企业招聘、个人求职、猎头服务、企业管理顾问咨询、国际交流、人才培训、人事代理、外企服务、政策咨询等服务,为人力资源的合理配置和使用提供综合服务的信息互动平台。"中国人才热线"(www.cjol.com)由深圳市希捷尔人力资源有限公司主办,是商业运作较为成功的人才网站,为全国性的求职招聘提供培训、人力资源管理资讯等服务。"前程无忧网"(www.51job.com)由前程无忧公司主办,是国内第一个集多种媒介资源的专业人力资源服务系统。它集合了传统媒体、网络媒体及先进的信息技术,加上一支经验丰富的专业顾问队伍,提供招聘猎头、培训测评和人事外包在内的全方位的人力资源服务。另外还有"网易求职"(www.163.com)、"搜狐求职"(www.sohoo.com)等。

2. 主要面向各级、各类毕业生,为其提供就业信息、就业指导服务的网站。此类网站数量很多,针对性较强。按其主办机构具体可分为三种:

(1) 国家部委机构主办的行业性网站。如"全国高校毕业生就业信息网"(www.gradnet.edu.cn),是中国大学生网的子网,由教育部学生司主管,是服务于全国高校毕业生就业主管部门、高校毕业生和用人单位的政府网站,也是全国各类高校毕业生就业信息网的主网。网站的主要栏目有：就业动态、求职顾问、职位搜索、我的简历、求才平台、院校之窗等，是高等院校展示人才培养水平生源信息的窗口。“中国高校毕业生就业信息网”（www. myjob. edu. cn），由中华人民共和国教育部主办，包括求职技巧、就业测评、就业政策、就业指导、人才搜索、职位搜索等栏目。

（2）各省市地区教育主管部门主办的就业网站。如“北京高校毕业生就业信息网”（www. bjbys. net. cn），由北京高校毕业生就业指导中心主办，为高校毕业生就业供需双方提供信息服务，建设和发展毕业生就业市场，开展毕业生就业指导和培训，与北京各高校校级就业网构成既统一又独立的就业信息两级平台，形成就业信息共享、互动的一体网络。“江苏毕业生就业网”（www. jsbys. com. cn/guideall. aspx），是由江苏省高校招生就业指导服务中心负责具体管理的人才网站。现主要设有服务指南、业务导航、学历学位认证、流动党员、注册推荐表、留言咨询等栏目，为毕业生就业提供全方位服务。“河南省毕业生就业信息网”（www. hn-bys. gov. cn）是由河南省教育厅、河南省大中专毕业生就业指导工作领导小组办公室主办的大型毕业生就业专业信息网站，也是河南省服务大中专毕业生就业的唯一官方网站。其主要栏目有：文件通知、就业要闻、网上大厅、高校动态、招聘信息、双选会、创业教育、就业指导等。

（3）各高校主办的就业信息网站。这类网站数量众多，由高校的学生就业指导部门主办，主要服务于本校的各级、各类毕业生，提供各种求职招聘信息、就业指导的针对性较强。如“北京大学学生就业指导服务中心”（scc. pku. edu. cn），是由北京大学就业指导中心创办的，服务于各层次的毕业生。此外，还有“中国人民大学就业指导网”“南开大学就业信息网”“吉林大学就业信息网”“北京科技大学就业信息网”“郑州轻工业学院就业信息网”等。目前教育部已规定，所有本科院校必须开通自己的就业信息网与国家互联网互通，为高校大学生就业服务。

此外还有高校主办的面向全国高校毕业生服务的网站，如“校联人才网”（www. job9151. com）在国家教育部高教学生司批准和指导之下，由教育部直属高校——“武汉理工大学”就业部门创办的一家全国性毕业生就业指导信息专用网站。为实现高校毕业生就业信息网络化建设，为全国用人单位提供院校人才网上招聘系统，提供全国高校就业网站地址。

思考题

1. 结合自己所学专业，请列出三个本专业学科门户网站。
2. 请列举五个考研指导网站。
3. 就业信息网站按照服务对象、服务范围主要分为哪几类？请分别举例说明。

第9章 信息法规与学术规范

在信息化社会环境中，信息无处不在，信息利用紧紧伴随着我们，成了我们日常生活的一部分。特别是随着数字图书馆的蓬勃发展，互联网的不断普及以及国家对国民文化信息素质教育的日益重视，信息资源共享可谓占尽了“天时、地利、人和”，仿佛我们信手拈来都可以找到并利用各种信息。但是，没有规矩无以成方圆，在信息利用过程中，还有信息法规与信息道德的制约。只有在遵守信息法规、维护信息道德的基础上，我们才能最大限度地获取信息利用的自由。本章也将介绍包括学术规范在内的信息利用规范。

9.1 信息法规

本节在介绍信息法规基础知识的基础上，重点介绍与大学生日常信息利用相关的信息法规。

9.1.1 信息法规概述

1. 信息法规的概念

乌家培先生认为信息法规是由信息法律(Legislation)和信息规章制度(Regulation)共同构成的。即信息法规是通过法律程序对各项信息政策予以确立，使之规范化，具有约束力，是保障信息政策得以贯彻、实施的重要法律手段。也有学者指出，信息法规是指用以调整有关信息的生产、处理、流通、使用和保护的各种社会关系的法律规范的总称。

2. 信息法规的内容

从20世纪60年代以来的美国、丹麦、德国、法国等国的立法来看，信息法规一般包括以下内容：

(1) 信息基本法

信息基本法是规范和调整整个信息化活动和信息化关系的法律总称，它以宪法为依据，对信息法律的立法宗旨、基本原则、调整对象及范围、信息化法律关系、奖惩原则等做出明确的规定。信息基本法是信息法规体系的基础和准则，对各种具体法律法规的制定起指导作用。

(2) 信息产业法律制度

制定以《信息产业法》为主体的信息产业法律制度是信息产业发展的迫切需要。如信息产业发展法、信息产业投资管理条例、信息技术法、信息工程建设投资管理条例、信息设备制造法等。信息产业法是信息产业可持续发展的根本法律保障。

(3) 信息技术法律制度

信息技术在科学技术中占有独特的位置,影响越来越大、越来越复杂,信息技术活动在信息化社会中也越来越占据重要的位置。因此,将信息技术区别于其他的科学技术,将有关信息技术的立法纳入信息法体系具有重要意义。

(4) 信息资源管理法律制度

在信息资源法律制度的构建中,应重点制定《信息资源法》,规定政府信息和其他公用信息开发利用的具体规则,促进和保护合法信息的开发利用;规定新闻出版与信息的传播具体规则,约束非法信息的传播;规定信息传输与数据交换的具体规则,确保信息传输过程中的物理安全等内容,如新闻法、广告法、信息传播法、电信法、数据通信法、计算机信息网络的国际联网管理规定等。

(5) 信息市场管理法律制度

保证信息流通渠道畅通和信息市场秩序是发展信息经济的重要环节。在加强对已有法律修改完善的同时,还应以规范信息市场主体、维护信息市场体系和秩序为出发点,健全信息市场管理法律制度,改变目前信息市场无章可循、无法可依的局面。

(6) 信息安全法律制度

信息安全问题是信息化社会中最为重要的问题之一,主要涉及计算机信息系统、信息流的安全问题。现有的《保守国家秘密法》《档案法》等有关国家秘密信息权的法律法规均应纳入信息安全法律制度。

(7) 信息产权法律制度

随着现代信息技术的发展和广泛应用,域名、网络知识产权等新的知识产权现象将原先的知识产权概念大幅度地扩充,网络环境下信息产品的知识产权保护等新问题对知识产权法律制度提出了新的要求。因此,必须修改、完善保护知识产权的有关法律法规,并将其纳入信息法体系。

(8) 电子商务法律制度

电子商务是当前信息法律体系的重点,发达国家都是从战略发展的角度来规范建立电子商务的立法。我国的电子商务发展很快,立法工作必须跟上。

(9) 国际信息交流和合作法律制度

以法律形式对信息的跨国流动做出限制性的规定,在保障信息自由流动的同时确保国家的信息主权。如涉外信息交流法、跨国数据传输管理规定、国际信息交流合作协议等。

3. 信息法规的特点

(1) 强制性

信息法规代表国家的利益和意志,具有强制性。公民应自觉遵守信息法规,维护信息环境的和谐发展。

(2) 稳定性

信息法规是在长期实践和经验累积的基础之上确立下来的比较固定的行为规范,而且其制定、修改和废除都需要经过严格复杂的法律程序,因而稳定性较强。

(3) 制约性

信息法规的基本功能是"制约",即运用法律手段限制和约束社会的信息行为以保护信息活动的健康发展。

(4) 发展性

信息法规在稳定性的基础上也同时具备发展的特点。信息技术的发展日新月异,信息法规的制定也要跟上信息技术发展的步伐，相关职能部门会及时制定或者修订相关的信息法规，使其更加适合当前的信息环境。

9.1.2 信息法规的发展

1. 美国

作为互联网的诞生地和信息拥有量最大的国家，美国对信息重要性的认识更加深刻，从国家政策法律层次上规范相关的信息活动，出台了一系列有助于信息事业发展的信息政策法规，其主要出发点是适应日新月异的技术进步，谋求新的经济和政治利益。为了配合信息政策的实施，美国亦建立了十分健全的信息法律制度，增强了国家信息政策的权威性，为其顺利实施提供了保障。美国信息法规主要包括以下内容：

（1）信息公开和知识产权保护法规

如1966年颁布的《信息自由法》，后经克林顿政府修订增加了《电子信息自由法》。在知识产权保护问题上，1997年通过《网络著作权责任限制法案》《世界知识产权组织版权条约实施法案》和《数字著作权和科技教育法案》，1998年颁布《数字千年版权法》等。

（2）信息安全法规

如1975年起草的《联邦计算机系统保护法》，1984年美国国会通过的《联邦禁止利用电子计算机犯罪法》，1986年美国国会通过的《计算机诈骗与滥用法》，1987年美国国会制定《计算机安全法》。1998年美国克林顿政府发布63号令，《克林顿政府对关键基础设施保护的政策》，成为直至现在美国政府建设信息安全的指导性文档。"9·11"事件之后布什政府意识到信息安全的严峻性，发布了《信息时代的关键基础设施保护》，宣布成立"总统关键基础设施保护委员会"，代表政府全面负责国家信息安全工作。

（3）互联网域名管理

1998年1月30日美国商务部公布了美国域名政策绿皮书，建议将域名及地址系统的管理权力转移给非官方组织。对于ISP的法律地位、法律责任的规范制约方面，也已形成了从立法的系统法律设定到司法的行动实践。

（4）电子商务

1997年7月1日美国政府发表《全球电子商务政策框架白皮书》，提出电子商务发展的五大原则。1998年美国参议院和众议院分别通过《互联网免税法案》，2000年6月美国总统克林顿正式签署《电子签名法案》，使电子签名和传统方式的亲笔签名具有同等法律效力。布什上台后继续推行积极的电子商务政策，支持北大西洋自由贸易协定，以达到以下目的：使互联网成为世界的免税区；消除信息技术的非关税壁垒；保护美国的新思想和知识产权；在全世界建立国际通行的电子商务标准。

2. 日本

日本将科技信息作为研究和开发的基础，以科技立国，在制定信息政策和法规方面也体现出重视人力和科技两大因素。从1957年至今，日本政府颁布了许多信息法律法规。其中主要有1957年4月颁布的《日本科技信息中心法》，促成了日本科技信息中心的成立。1957年6月实施了《电子工业振兴临时法》。1970年颁布了《信息处理振兴事业协会及有关法律》。1971年又颁布了《特定电子工业和特定机械工业临时措施法》。1986年修改了《著作权法》，以著作权的形式保护计算机软件。1999年5月制定了《关于行政机构拥有的信息公开的法律》，指明了被公开的信息的内容、免除公开的范围、信息公开的程度及具体手续。1987年在刑法中又增订了惩治计算机犯罪的若干条款,并规定了较重的刑罚。2000 年 2 月 13 日本政府决定实施反黑客法,禁止未经授权的电脑网络存取。2000 年 5 月日本还通过了第一部电子商务相关法律《关于电子签名和认证业务的法律》。2001 年 4 月开始实施《信息公开法》。

3. 新加坡

作为亚洲四小龙之一的新加坡也是最早提出网络信息政策的国家之一。1981 年,新加坡开始实施"全国电脑化计划",目的在于提高服务效率,鼓励和支持电脑软件和服务业的发展。1991 年实施"信息科技 2000 年总蓝图"等计划。新加坡的信息政策和法规中较有影响的成果如下:(1)实施"智能岛"计划。即 1992 年提出的 IT2000 计划,也称国家基础设施(NTI)计划。这项计划使新加坡在过去 10 年的 IT 领域保持着高达 38%的年平均增长率,1996 年,调整互联网的发展方向,促使全国的政府单位迈向计算机化,启动"新加坡一号计划",鼓励市民和政府上网。(2)实行政府网上办公。从 20 世纪 80 年代开始发展电子政务,现已成为世界上电子政务最发达的国家之一。(3)积极推进电子商务。新加坡政府一开始便成立了专门委员会,让网上交易合法化,进而发展成为亚太地区电子商务中心。(4)制定信息纲要。1992 年 12 月成立新加坡信息开发管理局,制定"21 世纪信息通信技术蓝图",旨在将新加坡建设成为全球信息通信中心之一。(5)实行许可证制度。新加坡广播管理局 1996 年宣布对互联网络实行管制和分类许可证制度,分别制定了《因特网分类许可方案》《分类许可通知》《因特网行为准则》等规范。新加坡于 1998 年修订了 1993 年出台的《滥用计算机法》,与此同时,政府还制订了与此相配套的《信息安全指南》和《电子认证安全指南》,更好地为电子政务和电子商务等发展保驾护航。(6)制定互联网行业自律公约。新加坡政府采取了政策、法律、行业自律规范等多种制度方式来遏制互联网领域的消极影响和危害,并建立了一套较为完善的互联网行业自律机制。(7)实行电子签名法律制度。新加坡对确定电子签名的法律效力、规范电子签名的行为,明确电子认证服务机构的法律地位及电子签名的安全保障措施等多个方面做了具体规定,扫清了电子商务、电子政务运行过程中的法律障碍。

4. 中国

我国信息法规的建设工作虽然起步较晚,但仍在有条不紊地开展中,围绕着信息法规的各项内容,已形成了一个全方位、多层面的体系。

从 20 世纪 80 年代到 90 年代初期,国务院及下属的国家科委、国家计委、国家经委等部门就为国家信息技术发展政策的形成做了大量基础性的调研、论证、起草工作,形成了初期阶段的相关政策,如《关于加速发展微电子和计算机产业的对策》《关于我国电子和信息产业发展战略的报告》等。1987 年,我国成立了国家信息中心,并整理了《信息与信息技术立法文集》《中国信息立法环境分析及立法探讨》《信息化进程中立法框架建议》等内部资料。1988 年,国务院正式批准了《信息技术发展政策要点》。1990 年,国家科委发布《信息技术发展政策》。这些初期的政策对我国信息技术和信息产业的发展起到了总结经验、调整政策、探索出路的作用。90 年代以来,我国针对不同行业还制定了相关的政策和法规,主要有:《中华人民共和国电信条例》《通信工程质量监督管理规定》《关于加快发展科技信息服务业的规划纲要和政策要点》《信息市场管理条例》《中华人民共和国计算机信息网络国际联网管理暂行规定》等。这些规定、条例为我国信息产业的发展提供了规范性的指导。

1999 年修订的《合同法》在合同形式方面大胆吸收了数据电文形式,并将之视同书面合同,从而为电子合同的推广应用以及为今后的电子商务立法奠定了基础。2000 年修订的《海关法》和 2001 年修订的《税收征收管理法》也分别明确了电子数据报关单和数据电文报税的效力。

1988年9月，全国人大常委会通过的《保守国家秘密法》第三章首次对电子信息保密做出了规范。1989年，公安部制定了《计算机病毒控制规定(草案)》，开始推行"计算机病毒研究和销售许可证"制度。1994年2月18日，国务院发布了《计算机信息系统安全保护条例》，为保护计算机信息系统的安全提供了法律保障，这是我国专门针对信息网络安全问题制定的首部行政法规。这部条例明确对计算机信息系统实行等级保护，同时规定对信息安全产品，如杀毒软件、防火墙、入侵检测软件等，实行销售许可制度。为了实施这一制度，公安部于1997年制定了《计算机信息系统安全专用产品检测和销售许可证管理办法》。2000年4月26日，公安部又根据该条例出台了《计算机病毒防治管理办法》，详细规定计算机病毒防治产品的生产、销售许可、病毒的检测与清除等工作。针对计算机国际联网给信息安全带来的新问题，国务院于1997年12月出台了《计算机信息网络国际联网安全保护管理办法》，国家保密局又在此基础上于2000年1月制定了《计算机信息系统国际联网保密管理规定》。国务院于1999年10月出台的《商用密码管理条例》明确规定，对商用密码产品实行专控管理。随着网络的普及，针对计算机系统的犯罪也日益增多。为了遏制这类犯罪，保护计算机系统的信息安全，1997年3月修订的《刑法》在第285条、第286条对侵入计算机系统和破坏计算机系统的行为做出了专门的处罚规定。

我国于1994年4月正式与Internet联网，1995年5月向社会开放网络接入和提供全面服务。1996年2月1日，国务院发布《计算机信息网络国际联网管理暂行规定》，提出了对国际联网实行统筹规划、统一标准、分级管理、促进发展的原则。1997年5月20日，国务院对这一规定进行了修订，设立了国际联网的主管部门，增加了经营许可证制度。这一规定是规范我国互联网国际联网和接入服务最主要的法律性文件。1997年6月3日，国务院信息化工作领导小组主持设立了中国互联网络信息中心(CNNIC)。为了保护合法域名，防止恶意抢注，我国于1997年6月2日发布了《中国互联网络域名注册暂行管理办法》和《中国互联网络域名注册实施细则》。1997年12月8日，国务院信息化工作领导小组又制定了《计算机信息网络国际联网管理暂行规定实施办法》，详细规定了国际互联网管理的具体办法。2000年10月8日，信息产业部发布了《互联网电子公告服务管理规定》，要求从事互联网信息服务，拟开展电子公告服务的，应当在向省、自治区、直辖市电信管理机构或者信息产业部申请经营性互联网信息服务许可或者办理非经营性互联网信息服务备案时，提出专项申请或者专项备案。2000年11月7日，国务院新闻办公室和信息产业部联合发布了《互联网站从事登载新闻业务管理暂行办法》。国务院2000年出台的《互联网信息服务管理办法》第15条分别规定了"互联网信息服务提供者不得制作、复制、发布、传播"的9类禁止性信息。《互联网信息服务管理办法》还明确了对内容的分类管理，强化了多头管理的体制，要求新闻、出版、教育、卫生、药品监督管理、工商行政管理和公安、国家安全等有关行政主管部门在各自的职责范围内对互联网信息内容实施监督管理。针对互联网中某些涉及民生的专业信息，有关主管部门也制定了专门的管理办法，如2001年1月8日，卫生部发布了《互联网医疗卫生信息服务管理办法》。对于药品的注册管理，国家药品监督管理局于2001年1月11日发布了《互联网药品信息服务管理暂行规定》。为了规范信息网络传播视听节目服务，国家广播电影电视总局于1999年10月1日发布了《关于加强通过信息网络向公众传播广播电影电视类节目管理的通告》。2000年4月7日，国家广播电影电视总局发布《信息网络传播广播电影电视类节目监督管理暂行办法》，对信息网络传播视听节目的各种传播形式、传播介质、传播程序和网络类型都进行了具体规定。2000年

12 月 28 日通过的《全国人大常委会关于维护互联网安全的决定》，标志着我国以法律规范网络的开始。该决定的内容以刑事处罚为主，对违反互联网运行安全、利用互联网实施危害国家安全和社会稳定，或者破坏社会主义市场经济秩序和社会管理秩序的行为追究刑事责任。但是，该决定也同时要求各级人民政府及有关部门"要采取积极措施，在促进互联网的应用和网络技术的普及过程中，重视和支持对网络安全技术的研究和开发，增强网络的安全防护能力"，这为以后的互联网治理和信息立法提供了法律依据。

2002 年至今，我国处于信息化集中立法阶段。2004 年 8 月 28 日，全国人大常委会通过了《电子签名法》。为加强和规范互联网安全技术防范工作，保障互联网网络安全和信息安全，2005 年 12 月，公安部出台了《互联网安全保护技术措施规定》，详细规定了互联网服务提供者和互联网使用单位落实相关互联网安全保护技术措施的义务。2007 年 1 月 17 日，国务院第 165 次常务会议通过《政府信息公开条例》，自 2008 年 5 月 1 日起施行。其制定是我国信息化法制建设的一件大事，在我国法治建设的历史上也具有重要的意义。

自 20 世纪 90 年代末开始，尤其是进入新世纪以来，由于信息化的迅猛发展与权利观念的进一步提升，首先从信息化和消费者权利保护这两个领域的地方立法开始，逐步出现了个人信息概念，并于 21 世纪初率先在两部法律中得以采用。这一时期，不但出现了新的概念，更重要的变化在于：相比于边界模糊、主要依靠民事侵权法予以保护的隐私权，个人信息概念更为中性，其覆盖范围远远超出传统的民事侵权法所能覆盖的范围。比如，对于不当采集、使用、披露、交换或者传播个人姓名、住址、电话、职业、学历等客观个人信息的行为，很难用传统的侵权法认定为是侵权行为并加以追究，而采用个人信息保护法则容易得多。这样，采用个人信息概念，其保护的范围就比隐私权的范围要大，边界相对也更为明确，由此实现了权利边界的扩张；由于个人信息保护超出了传统的隐私权侵权民法保护的范畴，因此，对个人信息的保护手段除了传统的两种方式以外，又增加了政府的监管责任和行政法保护方式，这样，就从传统的事后保护向事前、事中、事后并重的多阶段、全过程保护迈出了一大步。

9.1.3 信息利用相关法规

1. 知识产权法

知识产权是人们对于自己的智力创造成果和经营标记、信誉所依法享有的专有权利。在民事权利制度体系中，知识产权这一用语是与传统的财产所有权相区别而存在的。通俗些讲，知识产权是指公民和法人对其在科学与文学等领域内创造的精神财产以及智力成果依法享有的权利的总称。

国际上普遍很重视对知识产权的保护，很早就制定了相应的法律法规，我国对知识产权的保护也逐年加强，与知识产权相关的法律法规日益完善。

我国《民法通则》第五章规定了民事权利，其中的第三节即是关于知识产权的内容，规定了 6 种知识产权类型，即著作权、专利权、商标权、发现权、发明权和其他科技成果权。具体为：

第九十四条：公民、法人享有著作权（版权），依法有署名、发表、出版、获得报酬等权利。

第九十五条：公民、法人依法取得的专利权受法律保护。

第九十六条：法人、个体工商户、个人合伙依法取得商标专用权受法律保护。

第九十七条：公民对自己的发现享有发现权。发现人有权申请领取发现证书、奖金或者其他奖励。公民对自己的发明或者其他科技成果，有权申请领取荣誉证书、奖金或者其他奖励。

对应知识产权民事权利，《民法通则》第六章民事责任部分的第三节规定了侵犯知识产权应当承担的民事责任，其第一百一十八条即为：公民、法人的著作权（版权），专利权、商标专用权、发现权、发明权和其他科技成果权受到剽窃、篡改、假冒等侵害的，有权要求停止侵害，消除影响，赔偿损失。

知识产权法是指因调整知识产权的归属、行使、管理和保护等活动中产生的社会关系的法律规范的总称。在我国现行立法上，知识产权法不是一个单独的部门法，而是民法的组成部分，通常包括以下几种单行法：《著作权法》《专利法》《商标法》《反不正当竞争法》及其《实施条例》或者《实施细则》等。

知识产权保护则指依照现行法律法规，对侵犯知识产权的行为进行制止和打击。

世界知识产权组织（World Intellectual Property Organization，WIPO）是全球性的知识产权保护组织，是联合国设立的专门机构，负责处理在其设立之前及之后产生的相关国际公约的有关问题。在世界知识产权组织成立后，《保护工业产权巴黎公约》及《保护文学和艺术作品伯尔尼公约》所有的管理责任及相应的权利、义务与财产均归该组织。我国于 1980 年 6 月 3 日加入该组织，成为它的第 90 个成员国。

2001 年我国加入世界贸易组织（World Trade Organization，WTO），成为该组织第 143 个成员国。世界贸易组织管理范围涵盖货物贸易、服务贸易以及知识产权贸易。该组织管辖下的《与贸易有关的知识产权协定》（Agreement On Trade-related Aspects of Intellectual Property Rights，TRIPS）是 20 世纪有关知识产权问题中最重要的协定。协定保护的范围包括：版权及相关权、商标、地域标识、工业品外观设计、专利、集成电路布图设计、未公开的信息包括商业秘密和对许可合同中限制竞争行为的控制等八种知识产权。该协定的宗旨是促进对知识产权在国际贸易范围内更充分、更有效的保护，以使权利人能够从其创造发明中获益，受到激励，继续其在创造发明方面的努力；减少知识产权保护对国际贸易的扭曲与阻碍，确保知识产权协定的实施及程序不对合法贸易构成壁垒。

《世界版权公约》（Universal Copyright Convention）由联合国教育、科学及文化组织缔结，该公约保护的作品版权主要包括文学、艺术和学术三个方面。公约所定的保护水平，反映在它对成员国国内法的最低要求上。公约由 7 条实体条文与 14 条行政条文组成。它的实体条文不像《伯尔尼公约》规定得那么具体，而是比较笼统。但是，公约不允许参加它的国家作任何保留。我国于 1992 年 7 月 30 日递交了加入《世界版权公约》的官方文件，同年 10 月 30 日该公约对中国生效，1995 年我国加入该公约的政府间委员会。

2. 著作权法

我国《民法通则》规定了 6 种知识产权，国际组织对知识产权的规定范围则要更广一些。而与我们日常信息利用关系最密切的无疑是著作权，即《民法通则》第九十四条所指的著作权（版权），相关法律为《著作权法》《中华人民共和国著作权法实施条例》以及由此派生出来的相关法规条例，如《计算机软件保护条例》《信息网络传播权保护条例》等；同时包括我国加入的相关版权公约，如《保护文学和艺术作品伯尔尼公约》《世界版权公约》等。

我们通常所说的版权即著作权，英文为“Copyright”。著作权是指作者对其创作的作品享有人格利益以及支配该作品并取得财产利益的权利总称。著作权不是一种单一的权利，而是包含了有关作者人格权和财产权的一系列权利的集合。作者人格权包括发表权、署名权、修改权和保护作品完整权等。作者财产权包括复制权、发行权、信息网络传播权等。

我国现行《著作权法》为 2010 年《著作权法》，自 2010 年 4 月 1 日起施行。《著作权法》的制定是为了保护文学、艺术和科学作品作者的著作权，以及与著作权有关的权益，鼓励有益于社会主义精神文明、物质文明建设的作品的创作和传播，促进社会主义文化和科学事业的发展与繁荣。

中国公民、法人或者其他组织的作品，不论是否发表，依法享有著作权。外国人、无国籍人的作品在特定条件下受《著作权法》的保护。

受《著作权法》保护的作品包括文学、艺术和自然科学、社会科学、工程技术等作品，其创作形式为：文字作品；口述作品；音乐、戏剧、曲艺、舞蹈、杂技艺术作品；美术、建筑作品；摄影作品；电影作品和以类似摄制电影的方法创作的作品；工程设计图、产品设计图、地图、示意图等图形作品和模型作品；计算机软件；法律、行政法规规定的其他作品。

不适用于《著作权法》的作品有：法律、法规，国家机关的决议、决定、命令和其他具有立法、行政、司法性质的文件，及其官方正式译文；时事新闻；历法、通用数表、通用表格和公式。

《著作权法》对著作权的保护期的规定为：作者的署名权、修改权、保护作品完整权的保护期不受限制；公民的作品，其发表权、复制权、发行权、出租权、展览权、表演权、放映权、广播权、信息网络传播权、摄制权、改编权、翻译权、汇编权及应当由著作权人享有的其他权利的保护期为作者终生及其死亡后五十年，截止于作者死亡后第五十年的 12 月 31 日；如果是合作作品，截止于最后死亡的作者死亡后第五十年的 12 月 31 日。

法人或者其他组织的作品、著作权（署名权除外）由法人或者其他组织享有的职务作品、电影作品和以类似摄制电影的方法创作的作品及摄影作品的发表权、复制权、发行权、出租权、展览权、表演权、放映权、广播权、信息网络传播权、摄制权、改编权、翻译权、汇编权及应当由著作权人享有的其他权利的保护期为五十年，截止于作品首次发表后第五十年的 12 月 31 日，但作品自创作完成后五十年内未发表的，《著作权法》不再保护。

《著作权法》第五章第四十七条规定的侵权行为有：未经著作权人许可，发表其作品的；未经合作作者许可，将与他人合作创作的作品当作自己单独创作的作品发表的；没有参加创作，为谋取个人名利，在他人作品上署名的；歪曲、篡改他人作品的；剽窃他人作品的；未经著作权人许可，以展览、摄制电影和以类似摄制电影的方法使用作品，或者以改编、翻译、注释等方式使用作品的。有上述侵权行为的，应当根据情况，承担停止侵害、消除影响、赔礼道歉、赔偿损失等民事责任。

3.《计算机软件保护条例》及《信息网络传播权保护条例》

随着计算机技术的迅猛发展以及互联网的不断普及，与之相关的著作权保护问题受到越来越多的关注，《计算机软件保护条例》及《信息网络传播权保护条例》应运而生。

（1）《计算机软件保护条例》

我国《著作权法》第五十九条：计算机软件、信息网络传播权的保护办法由国务院另行规定。

受《计算机软件保护条例》保护的计算机软件是指计算机程序及其有关文档，如程序设计说明书、流程图、用户手册等，不延及开发软件所用的思想、处理过程、操作方法或者数学概念等。

依照《计算机软件保护条例》，中国公民、法人或者其他组织对其所开发的软件，不论是否发表都享有著作权。外国人、无国籍人的软件在特定条件下受该条例的保护。

软件著作权人享有的权利包括：发表权、署名权、修改权、复制权、发行权、出租权、信息网络传播权、翻译权以及应当由软件著作权人享有的其他权利。

软件著作权人可以许可他人行使其软件著作权，并有权获得报酬。软件著作权人可以全部或者部分转让其软件著作权,并有权获得报酬。

《计算机软件保护条例》对软件著作权的保护期的规定为:自然人的软件著作权,保护期为自然人终生及其死亡后五十年,截止于自然人死亡后第五十年的12月31日;软件是合作开发的,截止于最后死亡的自然人死亡后第五十年的12月31日。法人或者其他组织的软件著作权,保护期为五十年,截止于软件首次发表后第五十年的12月31日,但软件自开发完成之日起五十年内未发表的,该条例不再保护。

该条例第二章第十六条规定了软件的合法复制品所有人享有的权利:根据使用的需要把该软件装入计算机等具有信息处理能力的装置内;为了防止复制品损坏而制作备份复制品。这些备份复制品不得通过任何方式提供给他人使用,并在所有人丧失该合法复制品的所有权时,负责将备份复制品销毁;为了把该软件用于实际的计算机应用环境或者改进其功能、性能而进行必要的修改;但是,除合同另有约定外,未经该软件著作权人许可,不得向任何第三方提供修改后的软件。

该条例第四章第二十三条规定的侵权行为有:未经软件著作权人许可,发表或者登记其软件的;将他人软件作为自己的软件发表或者登记的;未经合作者许可,将与他人合作开发的软件作为自己单独完成的软件发表或者登记的;在他人软件上署名或者更改他人软件上的署名的;未经软件著作权人许可,修改、翻译其软件的;其他侵犯软件著作权的行为。有上述侵权行为的,应当根据情况,承担停止侵害、消除影响、赔礼道歉、赔偿损失等民事责任。

该条例第四章第二十四条规定的侵权行为有:未经软件著作权人许可,复制或者部分复制著作权人的软件的;向公众发行、出租、通过信息网络传播著作权人的软件的;故意避开或者破坏著作权人为保护其软件著作权而采取的技术措施的;故意删除或者改变软件权利管理电子信息的;转让或者许可他人行使著作权人的软件著作权的。有上述侵权行为的,应当根据情况,承担停止侵害、消除影响、赔礼道歉、赔偿损失等民事责任;同时损害社会公共利益的,由著作权行政管理部门责令停止侵权行为,没收违法所得,没收、销毁侵权复制品,可以并处罚款;情节严重的,著作权行政管理部门并可以没收主要用于制作侵权复制品的材料、工具、设备等;触犯刑律的,依照刑法关于侵犯著作权罪、销售侵权复制品罪的规定,依法追究刑事责任。

(2)《信息网络传播权保护条例》

信息网络传播权,是指以有线或者无线方式向公众提供作品、表演或者录音录像制品,使公众可以在其个人选定的时间和地点获得作品、表演或者录音录像制品的权利。2006年5月10日国务院第135次常务会议通过《信息网络传播权保护条例》,2006年5月18日公布,自2006年7月1日起施行。制定该条例的目的是为保护著作权人、表演者、录音录像制作者(以下统称权利人)的信息网络传播权,鼓励有益于社会主义精神文明、物质文明建设的作品的创作和传播,依据是《中华人民共和国著作权法》。

《信息网络传播权保护条例》规定:除法律、行政法规另有规定的外,任何组织或者个人将他人的作品、表演、录音录像制品通过信息网络向公众提供,应当取得权利人许可,并支付报酬。

依法禁止提供的作品、表演、录音录像制品,不受该条例保护。

权利人行使信息网络传播权,不得违反宪法和法律、行政法规,不得损害公共利益。为了保护信息网络传播权,权利人可以采取技术措施。任何组织或者个人不得故意避开或者破坏技术措施,不得故意制造、进口或者向公众提供主要用于避开或者破坏技术措施的装置或者部件,不得故意为他人避开或者破坏技术措施提供技术服务。但是,法律、行政法规规定可以避开的除外。

该条例第五条规定的侵权行为有：未经权利人许可，故意删除或者改变通过信息网络向公众提供的作品、表演、录音录像制品的权利管理电子信息，但由于技术上的原因无法避免删除或者改变的除外；通过信息网络向公众提供明知或者应知未经权利人许可被删除或者改变权利管理电子信息的作品、表演、录音录像制品。

该条例第十八条规定的侵权行为有：通过信息网络擅自向公众提供他人的作品、表演、录音录像制品的；故意避开或者破坏技术措施的；故意删除或者改变通过信息网络向公众提供的作品、表演、录音录像制品的权利管理电子信息，或者通过信息网络向公众提供明知或者应知未经权利人许可而被删除或者改变权利管理电子信息的作品、表演、录音录像制品的；为扶助贫困通过信息网络向农村地区提供作品、表演、录音录像制品超过规定范围，或者未按照公告的标准支付报酬，或者在权利人不同意提供其作品、表演、录音录像制品后未立即删除的；通过信息网络提供他人的作品、表演、录音录像制品，未指明作品、表演、录音录像制品的名称或者作者、表演者、录音录像制作者的姓名(名称)，或者未支付报酬，或者未依照本条例规定采取技术措施防止服务对象以外的其他人获得他人的作品、表演、录音录像制品，或者未防止服务对象的复制行为对权利人利益造成实质性损害的。有上述侵权行为的，应当根据情况，承担停止侵害、消除影响、赔礼道歉、赔偿损失等民事责任；同时损害公共利益的，可以由著作权行政管理部门责令停止侵权行为，没收违法所得，并可处以 10 万元以下的罚款；情节严重的，著作权行政管理部门可以没收主要用于提供网络服务的计算机等设备；构成犯罪的，依法追究刑事责任。

9.2 信息道德

本节在介绍信息道德基础知识的基础上，重点介绍与大学生日常信息利用相关的信息道德。

9.2.1 信息道德概述

1. 信息道德的概念

信息道德是指人们在信息创造、信息服务、信息获取以及信息传播等活动中，所应该遵守的道德规范，它是调节信息创造者、信息服务者、信息使用者之间相互关系的行为规范的总和。信息道德要求信息服务者、信息使用者和信息传播者不得有任何危害社会或侵犯他人合法权益的行为，其目的是促使社会个体成员遵循一定的道德准则，来规范自身的信息活动行为。

信息道德是建立在信息经济基础之上的一种特殊的上层建筑，是以善恶为评价的标准，通过社会舆论、传统习惯和内心信念来维持、调整信息社会中人与人以及人与社会自身关系的行为规范的总和。信息道德的基本内容大致包括人们的信息信念、信息态度、信息行为、信息技能、信息纪律、信息良心和信息意识等。

2. 信息道德的职能

(1) 信息道德的命令职能

信息道德的命令职能是基于人对信息社会中自身存在与发展之命运的关心，是人对信息道德要求和命令的自觉理解、把握和遵守。在信息活动中，自律是人感知和履行道德命令的典型方式。面对信息网络这一以开放、自由、平等为特征的新的社会基础结构，面对网络世界中无政府主义和个人主义的泛滥，人们从内心认识到，"慎独""自爱"是维持和发展信息文明成果的最佳方式，网络空间的"自治"需要精神上的"自律"与之匹配。

信息道德命令职能的实现，表现为由信息道德生活的价值准则，转化为个人内心隐秘的道德水平。用道德评价、道德理想等方式，教人懂得信息活动中应该崇尚善德、摒弃恶行，使人树立正确的信息社会观和信息幸福观，并使之成为信息社会道德纯洁和理想高尚的人。

(2) 信息道德的调节职能

信息道德的调节职能是指信息道德具有通过道德评价等方式来指导、纠正人们的信息行为和信息活动，从而协调人们之间信息关系的能力。人是社会的人，团体生活是其特征。在信息社会，人与人之间、人与社会之间的信息关系和信息联系更加紧密、更加复杂，信息的生产、组织、传播和利用中不可避免要发生各种矛盾和利益冲突，如隐私权受到威胁、侵犯知识产权、不正当竞争等，这就需要信息道德加以调节。信息道德的调节职能以道德评价为主要形式，通过社会舆论、良心、风俗习惯、榜样感化和思想教育等说服和强制手段，规范和纠正人们的信息行为，使其符合信息社会基本的价值规范和道德准则，从而使信息活动中个人与他人、个人与社会的关系变得和谐。信息道德调节深入到信息社会的各个角落，辅助其他调节手段，以弥补其他手段之不足。

(3) 信息道德的认识职能

信息道德的认识职能表现为信息道德反映自身的特殊对象——个人与他人、个人与社会的信息利益和信息权利关系。这种反映的结果表现在信息道德理想、信息道德标准和信息道德判断等信息道德范畴中。信息道德启发人们认识自己所处的信息环境，认识自己在信息活动中享有的权利，以及对他人、对组织、对国家应负的责任和应尽的义务，启示人们科学地洞察和认识信息时代社会道德生活的特征和规律，从而正确地选择自己的信息行为，设计自己的信息生活，使人在道德理想的指引下朝完善自己的方向发展。

信息道德的认识职能主要是通过信息道德意识和信息道德判断来实现的。它向人们提供的不仅是信息活动本身的知识，还向人们指出周围世界文化价值的方向，使人们预先对那些符合社会需要和自身利益的价值予以重视，引导人们在纷繁复杂的信息社会中有效地识别前进的方向。

(4) 信息道德的教育职能

信息道德通过舆论、习惯、传统，特别是良心，培养人们良好的信息道德意识、品质和行为，从而提高人们信息活动的精神境界。信息道德教育不同于道德说教。它反对把信息社会成员区分为教育者和被教育者，认为信息道德教育过程中每个人既是教育者，也是被教育者。信息社会中的信息道德教育具有终身性，是人"终身学习"的一个有机组成部分。信息道德教育强调个人作为教育过程参与者的积极性，鼓励人们在信息活动中不仅做先进信息道德思想的理解者和接受者，也做先进信息道德思想的探索者和传播者。

(5) 信息道德的激励职能

信息道德体现了人们对信息活动中"应有"的追求，具有直接激发信息实践的力量，鼓励人们自我发展，自我完善的职能。

信息道德激励职能的实现机制可分为两类：一类是信息道德激励职能的外在社会机制；另一类是信息道德激励职能的内在心理机制。信息道德激励职能的外在社会机制包括信息道德理想、信息道德榜样、信息道德评价等因素。信息道德理想体现信息社会道德规范体系的要求，向人们展示完美信息道德人格应具有的精神面貌，激励人们向往、追求并力图实现完美人格的信息美德。信息道德榜样是信息道德理想的具体化，集中体现信息活动中理想人格的至善品德。信息道德评价是根据一定的信息道德规范对人们的信息行为进行善恶判断，达到抑制恶行、激发善行的目的。信息道德激励职能的内在心理机制即个人的自我激励，包括信息活动中道德上的成就感、认同感、荣誉感等，这些人们内心隐藏的信息道德行为激发器。道德上的成就感表现为个人对完善信息人格的强烈愿望，内化为人们自己选择的信息道德价值目标和实现这一目标的内驱力。认同感是指对自己所追求的信息价值目标的深刻理解与自我肯定。人们相互间的信息道德认同感是信息活动中相互理解与尊重的前提。荣誉感是人们对自己在信息活动中的社会价值、道德价值和社会评价的主观感受，是信息道德行为的真正动因。信息道德激励的外在社会机制和内在心理机制相互联系、相互作用，共同实现着信息道德的激励作用。

9.2.2 信息道德建设

(1) 加强信息道德意识培养

道德意识是人们内心一种善的观念，也即人们的良知。培养信息道德意识，就是培养人们的道德良知。良知是人们内心的一种道德判断能力，对是非善恶有着很强的辨析力，可以指导行为主体在面临选择时倾向于一种“应当的”或“正当的”做法，并持守着一条有所为有所不为的行为界限，劝导其趋善避恶。一个人只有内心真正拥有了自觉的良知，有了明确的道德判断力，才会做出道德的行为。但人们的道德判断力不是与生俱来的，而是在后天的社会教育中逐渐形成和发展的。这就需要加强对人们道德意识的培育，使人们形成良好的道德意识，并使这种意识在其内心牢牢扎下根基，形成最基本的道德判断力，使其受益终身。

(2) 加强信息道德规范建设

网络社会与现实社会相比存在很大差异，传统的道德规范已不能完全适应网络信息社会的发展。人们不可能把传统的道德规范直接引入网络社会中，因此，除了发扬传统道德外，还必须根据网络的特点制定一些适合网络社会的道德规范和规则。完善的社会奖罚机制必须基于诚实、公正和真实等原则建立起来，并运用这些原则禁止不道德行为，通过对违背规则行为的惩罚和对遵守规则行为的鼓励来加强信息道德建设。社会奖罚就是社会以种种现实利益作为对网民信息行为的奖惩，是调动经济、行政、法律等各种现实手段，以利害为中介来促使网民选择社会所期待或接受的信息行为。它最为现实、最为有力地影响着网民的道德面貌和网络社会的道德状况。社会奖罚可以对不该发生的信息行为起到劝阻、警戒和禁止的作用，还可以鼓励和推动人们进行高尚的信息行为，让人们选择合乎道德的网络生活目标和信息活动方式，感化人们的道德心灵，从而促使社会形成一种弃恶扬善的道德风气，塑造良好的社会道德氛围。

(3) 加强信息道德行为自律

道德对社会的调节根本上是以人们的道德自觉行为为基础的。尤其是在当今的网络信息社会，信息法律这种他律性的制约显得孤立无援、无可奈何的情况下，道德自觉性显得极为重要。因为信息法律调节的是构成明确的法律关系的信息行为，而在网络信息社会中，行为主体的真实身份被虚拟网络所掩盖，隐匿的身份让人肆无忌惮，而法律由于无法确定行为主体，因而对于网络上的失范和越轨行为显得无能为力。况且网络犯罪常常都是高科技犯罪，智力性强、隐蔽性高，数字化的东西修改删除又易如反掌，网络信息浩如烟海，致使举证起来困难重重，法律显得苍白无力。信息化社会发展极为迅速，新的信息行为层出不穷，而立法要经过长期的实践才能最终确定，因而表现出滞后性，造成目前的信息法律不健全。所以，在当今社会人们更加需要道德的自觉行为。信息道德的自觉可以适用于一切行为主体，不管其身份是否清晰明朗，只要其内心具有明确的道德意识和道德自觉，就可以对其行为起到自我引导和制约作用。

总之，把信息道德转变成人们自律、自愿、自主、自觉的行为，才是理想的信息道德教育，这也是人们内心道德意识的最高层次。但这是一个长期的过程，仍需要人们在今后的信息道德建设中不断探索和研究，更需要全民的共同努力。

9.2.3 学术道德危机与学术道德建设

学术道德是人们进行学术研究时应该遵守的准则与规范。遵守学术道德，很重要的部分就是要有诚信。诚信就是要诚实、守信用。诚信属于道德范畴，是做人的基本准则，但是在很多人惊呼我们处于“诚信危机”中的时候，诚信的门槛似乎变低了。考试作弊，抄袭作业，这无疑都属于诚信缺失的范围。具体到论文写作，抄袭即剽窃，完全可以归入更低门槛的道德范畴。

在信息资源匮乏、信息传播手段落后的昨天，做“文抄公”并非太容易的事，而今天，我们不仅拥有数不尽的纸本资源可供参考，而且还有计算机、互联网等数字化通道作为利器，“文抄公”目前已经形成了一个庞大的群体，侵犯着著作权人的权利，危害着学术的健康。论文写作在某些急功近利、欺世盗名的人的眼里，已成为复制、粘贴的代名词；更有甚者，把别人的文章改一下题目，或者连题目也懒得换，署上自己的名字，就据为己有了。

在西方学术界，人们对什么是剽窃，有大致相同的认识：“剽窃(plagiarism) 就是使用他人的作品而‘漏失来源’(without attribution)”——把他人的观点或者表达当成自己的，这是剽窃最主要的属性。在学术和文化领域，剽窃等同抢劫，(两者) 都是拿走别人的财产。如果你复制别人的考试答卷，或者你从某杂志里找出一篇论文，把它冒充为己有，或者你(从他人的作品里) 摘出一两个措辞得当的短语，把它们放进你自己的作品，既不归功于作者，也不使用引号，或者，你居然用别人的出色的观点去证明自己是天才，你犯下了知识偷盗罪。如果你被抓住，你将受惩罚或受羞辱，或两者兼得。在西方，剽窃的定义来自学术或职业共同体的诚信规范，而不是来自成文法或者判例法。如何规制“剽窃”，这是西方社会给学术或者职业共同体保留的自治领域。在涉及剽窃的诉讼中，美国法院的审查的重点是正当程序，从来不会率先去审查剽窃是否存在，因为，学术或职业共同体对它们自己的行规比法官更有发言权。总之，剽窃的定义在西方“无法可依”却又无比清晰，以至无须立法进行一般界定，无须司法进行个案认定。

在我国，剽窃不仅是学术道德的缺失，《著作权法》更是把剽窃他人作品单列为其中的一种侵权行为。但是，不论是学术界还是法律界，对于剽窃并没有一个标准、规范的定义。显然，照搬别人的文章或者大段复制别人的文章，都是很明显的剽窃行为。但这应该属于比较极端的例子，事实上，不当的引用和释义也极易造成剽窃行为的发生。

中国政法大学教授方流芳参照美国普林斯顿大学的学术诚信守则以及哈佛大学 Andreas Teuber 教授的讲义，总结出四种剽窃类型：逐字剽窃或引用原文而无引证；从他人作品中摘取段落和单句或短语而不显示出处；改写原文而保持原文段落或文句的结构；用他人的观点而隐去出处。由此可以看出，即使不是照搬原文，即使没有大段复制，而只是改写他人的作品，或者从他人作品摘录某个句子,或者用自己的话表达他人的作品,假如没有诚实地标注来源,都构成剽窃。

除了剽窃行为外,还存在其他一些违反学术道德的行为。针对相关不良现象,相关部门制定了相应的措施对其进行约束,有力地维护了学术道德尊严,极大地推进了学术道德建设的步伐。

国务院学位委员会于 2010 年 2 月 9 日发布了《关于在学位授予工作中加强学术道德和学术规范建设的意见(学位〔2010〕9 号)》文件。文件指出,近年来,在学位授予工作中出现了一些学术不端行为,损害了我国学位形象,进而强调了在学位授予工作中应加强对学位申请者的学术道德教育和学术规范训练,加强指导教师的师德教育,督促指导教师自觉维护学术尊严和学者声誉,加强学术自律,恪守学术诚信和学术道德,建立和完善对学位授予工作中舞弊作伪行为的惩处机制等。具体内容如下:

为进一步加强学术道德和学术规范建设,特提出如下意见:

一、在学位授予工作中加强学术道德和学术规范建设,对树立良好学风,培养正直诚信、恪守科学道德、献身科学研究的拔尖创新人才具有重要作用,各学位授予单位必须高度重视学位授予工作中的学术道德和学术规范建设,保证学位授予质量,自觉维护我国学位授予的严肃性和权威性。

二、学位授予单位要建立健全学术道德标准和学术规范,通过各种有效途径,对学位申请者和指导教师进行学术道德和诚信教育。在整个培养过程中,都要安排必修环节,对学位申请者进行学术道德教育和学术规范训练,培养学位申请者严谨的治学态度和求实的科学精神。要进一步加强指导教师的师德教育,督促指导教师自觉维护学术尊严和学者声誉,加强学术自律,恪守学术诚信和学术道德。

三、学位授予单位要不断深化学术评价制度改革,改进学术评价方法,完善与学位授予相关的考核评价制度,建立有利于提高学位授予质量的、科学合理的学术评价体系。

四、学位授予单位应依据《中华人民共和国学位条例》及其暂行实施办法的规定,建立和完善对学位授予工作中舞弊作伪行为的惩处机制,制定切实可行的处理办法,惩治舞弊作伪行为,促进学术自律。

五、在学位授予工作中,学位授予单位对以下的舞弊作伪行为,必须严肃处理:

(一) 在学位授予工作各环节中,通过不正当手段获取成绩;

(二) 在学位论文或在学期间发表学术论文中存在学术不端行为;

(三) 购买或由他人代写学位论文;

(四) 其他学术舞弊作伪行为。

六、学位评定委员会是各学位授予单位负责处理学位授予工作中舞弊作伪行为的评决机构。学位授予单位在处理舞弊作伪行为时,要遵循客观、公正、合法的原则,根据舞弊作伪行为的性质和情节轻重,依据法律、法规和有关规章制度对相关人员做如下处理:

(一) 对于学位申请者或学位获得者,可分别做出暂缓学位授予、不授予学位或撤销学位授予的处理;

(二) 对于指导教师,可做出暂停招生、取消导师资格的处理;严重败坏学术道德的,由学位授予单位依据国家有关学术不端行为处理办法进行处理;

(三) 对于参与舞弊作伪行为的相关人员,由学位授予单位按照有关规定进行处理。

要避免学术道德失范,除了进行必要的专业知识的普及,更多的是要加强诚信体系的构建。要进行学术道德的重建，我们每个人都应该自觉遵守学术道德，肩负起自身的责任。

9.2.4 网络道德危机与网络道德建设

所谓网络道德，即指以善恶为标准，通过内心信念和传统观念等来评价上网行为，调节网络时空中人际关系的规范。

互联网的开放性特点导致了网络信息的庞杂多样、良莠不齐。同时，互联网的虚拟性特点导致了更大程度的自由与随便。隐蔽的身份，互动开放的环境，对道德规范更是一个严峻的考验。

由于道德观念的紊乱，现代信息活动中出现了大量的道德失范行为，导致信息活动系统充满冲突、混乱和无序，主要有以下几种：

（1）侵犯隐私权

隐私是属于个人的私人信息，如住址、收入、账户、健康状况、感情生活等，隐私权即个人有保守隐私且使其不受他人侵犯的权利。信息网络技术的应用使隐私权受到前所未有的挑战，一方面对个人信息的收集变得极其容易而隐秘；另一方面，个人信息更容易被当成商品交换和买卖。

（2）侵犯知识产权

知识产权是法律所赋予知识产品所有人对其创造性智力成果的专有权利。知识产权制度产生的原因是基于这样的认识：如果不对创造性智力成果予以保护，那么知识数量与传播速度势必低于效率水平。在现实信息活动中，受经济利益驱动侵犯知识产权的事件不断发生，如书刊、音像资料的大量复制与盗版、软件复制与盗版、假冒商标、窃取专利等。随着信息复制技术尤其是网络信息技术的发展，知识产权产品可以被大批量复制，并以极其分散、隐蔽的方式进行。网络环境中出现了数字化权、软件版权、域名权、超文本链接中的权利等新的知识产权问题。

（3）信息污染

信息污染是指因人有意地制造和发布有害、虚假、过时和无用的不良信息而导致的危及人类健康生存和信息活动低效率的状况。随着信息资源的数字化和网络化，信息污染开始向技术方向发展。网络的开放性、交互性和匿名性特点使不良信息的制造和发布获得了巨大的释放空间，信息污染日益加深并成为严重的社会问题。

（4）信息安全的威胁

信息安全即保证信息的完整性、秘密性、可用性和可控性。网络信息技术的应用使信息安全面临严峻的挑战。非法入侵、计算机病毒和网络犯罪是威胁信息安全的三个最主要问题。非法入侵即未经许可进入计算机系统，查看、篡改数据甚至窃取他人的保密信息，这是最常见的信息安全问题。计算机病毒是指编制或在计算机程序中插入的破坏计算机功能或数据，影响计算机使用并且能够自我复制的一组计算机指令或程序代码。网络犯罪是最严重的网络破坏行为，主要包括网络盗窃、网络诈骗、数字破坏、网络教唆等形式，极大地危及人们的生命财产安全和国家安全。

（5）信息欺诈与信用危机

信息欺诈指利用虚假信息蒙骗对手或消费者以谋取商业利益的一种行为。目前经济技术领域的情报战被西方发达国家称为“最有油水的生意”，其中虚假信息扮演着重要的角色。虚假新闻、虚假广告、虚假行情、假冒商标、假钞、假信用卡等的泛滥，表明虚假信息已成为商业活动中人们“竞争”和谋利的手段。信息欺诈导致的一个严重后果是信用危机，它严重制约了商业信息活动的开展，电子商务就是典型的例子。电子商务交易模式的一个重要特点是实现从看货付款的“直接交易”，过渡到以信用工具和信用体系为中介的“间接交易”，这种间接交易的普遍性依赖于信用体系的有效性。单个交易者既是信用价值的享用者，又是信用价值的体现者和创造者。

面对上述网络道德危机，除了国家的监管、互联网平台的约束，我们每一个参与网络的个体都应该在加强自律的同时，注意对自身信息、权益和安全的保护，网络道德的建设需要全社会的努力。

9.3　信息利用规范

信息利用规范指信息利用过程中的行为标准。本节主要是讲大学生在具体的信息利用中应该如何遵守信息法规，以及针对上节所提到的信息道德问题提出如何维护信息道德。

9.3.1　论文写作信息利用规范

学术论文是用来表述科学研究成果和阐述学术观点的论说性文章，是对自然科学、社会科学和工程技术领域中某一课题研究成果的书面反映和描述。没有论文的撰写和发表，科研成果就无法为社会所知，科研的社会价值便无从实现。尽管科研成果的反映形式是多样的，但论文是记录研究成果、传播学术信息最为简便实用的工具。无论是教师、科研工作者的研究论文，还是研究生、本科生等的学位论文，都离不开信息的检索与利用，特别是对文献的检索、筛选、研究与利用。在这个过程中，如果没有相关的知识产权意识，或者不具备良好的学术道德，就会很容易产生信息利用与知识产权保护的冲突，使自己陷入侵权者的角色。

(1) 充分利用“合理使用”制度

知识产权保护和公众享受信息资源存在着矛盾。如著作权法，如果仅仅以维护作者的权益为核心，对作品的利用大加限制，就会影响信息的广泛传播，影响公众享用信息的权利，不利于最大限度地实现社会文化、科学事业的进步和繁荣。要平衡这个矛盾，普遍的做法是在进行知识产权保护的同时，还要维护公共利益优先的原则，“合理使用”制度就是两者相平衡的结果。合理使用是指公众为了学习、引用、评论、注释、新闻报道、教学、科学研究、执行公务、陈列、保存版本、免费表演等，可以不经版权人许可，不向其支付报酬而使用其作品的权利。

著作权法中的合理使用制度正是实现保护著作权人利益与促进信息的广泛传播双重目标的机制，其基本思想是，在著作权作品中画出有限的范围供非著作权人无偿使用，满足公众使用作品的需要。即通过适当限制著作权人对作品的垄断性，既维护了著作权人的利益，又确保了公众对智力作品的利用。它为著作权人利益与公共利益提供了一个平衡的手段。合理使用制度的价值在于，在此构架下每个成员乃至整个社会的需求都得到最大的满足。可以说，合理使用是个人利益与公共利益的调节器。

我国《著作权法》第二章第四节的内容是“权利的限制”，即对著作权人权利的限制，也即通常所说的“合理使用”条款。在这些条款下，使用者可以不经著作权人许可，不向其支付报酬，其中第二十二条第(一)项：为个人学习、研究或者欣赏，使用他人已经发表的作品；第(二)项：为介绍、评论某一作品或者说明某一问题，在作品中适当引用他人已经发表的作品；第(六)项：

为学校课堂教学或者科学研究，翻译或者少量复制已经发表的作品，供教学或者科研人员使用，但不得出版发行；第(八)项：为图书馆、档案馆、纪念馆、博物馆、美术馆等为陈列或者保存版本的需要，复制本馆收藏的作品。

虽然进行了“权利的限制”，但并非说明我们就可以随意使用，《著作权法》同时指出，我们在使用的时候“应当指明作者姓名、作品名称，并且不得侵犯著作权人依照本法享有的其他权利”。

《计算机软件保护条例》第二章第十七条也规定了“合理使用”条款：为了学习和研究软件内含的设计思想和原理，通过安装、显示、传输或者存储软件等方式使用软件的，可以不经软件著作权人许可，不向其支付报酬。

《信息网络传播权保护条例》第六条规定了“合理使用”条款，在这些条款下，通过信息网络提供他人作品，可以不经著作权人许可，不向其支付报酬，其中有第(一)项：为介绍、评论某一作品或者说明某一问题，在向公众提供的作品中适当引用已经发表的作品；第(三)项：为学校课堂教学或者科学研究，向少数教学、科研人员提供少量已经发表的作品；第(六)项：不以营利为目的，以盲人能够感知的独特方式向盲人提供已经发表的文字作品；第(七)项：向公众提供在信息网络上已经发表的关于政治、经济问题的时事性文章；第(八)项：向公众提供在公众集会上发表的讲话。

该条例第七条规定了图书馆等机构的“豁免条款”：图书馆、档案馆、纪念馆、博物馆、美术馆等可以不经著作权人许可，通过信息网络向本馆馆舍内服务对象提供本馆收藏的合法出版的数字作品和依法为陈列或者保存版本的需要以数字化形式复制的作品，不向其支付报酬，但不得直接或者间接获得经济利益。当事人另有约定的除外。并且规定，所谓“陈列或者保存版本需要以数字化形式复制的作品”，应当是已经损毁或者濒临损毁、丢失或者失窃，或者其存储格式已经过时，并且在市场上无法购买或者只能以明显高于标定的价格购买的作品。

该条例第九条规定：为扶助贫困，通过信息网络向农村地区的公众免费提供中国公民、法人或者其他组织已经发表的种植养殖、防病治病、防灾减灾等与扶助贫困有关的作品和适应基本文化需求的作品，网络服务提供者应当在提供前公告拟提供的作品及其作者、拟支付报酬的标准。自公告之日起 30 日内，著作权人不同意提供的，网络服务提供者不得提供其作品；自公告之日起满 30 日，著作权人没有异议的，网络服务提供者可以提供其作品，并按照公告的标准向著作权人支付报酬。网络服务提供者提供著作权人的作品后，著作权人不同意提供的，网络服务提供者应当立即删除著作权人的作品，并按照公告的标准向著作权人支付提供作品期间的报酬。同样，提供上述作品的，不得直接或者间接获得经济利益。

当然同样的，“合理使用”并非说明我们就可以随意使用，《信息网络传播权保护条例》第十条指出，我们在使用的时候应当遵守规定：除该条例第六条第(一)项至第(六)项、第七条规定的情形外，不得提供作者事先声明不许提供的作品；指明作品的名称和作者的姓名(名称)；依照该条例规定支付报酬；采取技术措施，防止该条例第七条、第八条、第九条规定的服务对象以外的其他人获得著作权人的作品，并防止该条例第七条规定的服务对象的复制行为对著作权人利益造成实质性损害；不得侵犯著作权人依法享有的其他权利。

该条例第十二条规定了可以避开技术措施进行信息网络传播的情形，第(一)项：为学校课堂教学或者科学研究，通过信息网络向少数教学、科研人员提供已经发表的作品、表演、录音录像制品，而该作品、表演、录音录像制品只能通过信息网络获取；第(二)项：不以营利为目的，通过信息网络以盲人能够感知的独特方式向盲人提供已经发表的文字作品，而该作品只能通过信息网络获取;第(四)项:在信息网络上对计算机及其系统或者网络的安全性能进行测试。该条例同时指出,不得向他人提供避开技术措施的技术、装置或者部件,不得侵犯权利人依法享有的其他权利。

在国际范围内,第一次就合理使用制度做出规定的是《保护文学艺术作品伯尔尼公约》。该公约第九条第二款指出:"本联盟成员国法律有权允许在某些特殊情况下复制上述作品,只要这种复制不致损害作品的正常使用也不致无故危害作者的合法利益。"该款规定了合理使用的 3 步检验法:1)必须限于某些特殊情况;2)不得与受保护作品的正常利用相抵触;3)无论如何不得损害著作权人的合法利益。这 3 个条件缺一不可,否则就不能称之为合理使用。《保护文学艺术作品伯尔尼公约》在此原则性规定的基础上规定了 3 种具体的合理使用行为:适当引用、为教学目的的合理使用以及时事新闻的合理使用。

(2) 认真规范标注参考文献

中国工程院院士周立伟指出,科学是有继承性的,但科学又受到时代以及当时生产力发展的局限。今天是从昨天过来的,无论科学进步如何快,历史是割不断的。我们做学问时,必须对前人的工作进行研究,弄清楚他们的思想、理论、过程,了解他们遇到的困难、受到的局限。只要把这些情况研究得一清二楚了,你才有可能创造自己的东西。"传承拓新",这是科学发展的一个普遍规律。

遵从这一规律,我们写作论文或者进行课题研究之前,通常要查阅大量的文献,参考众多前人的研究成果。根据《著作权法》第二十二条第(一)项所规定的"权利的限制",为个人学习、研究或者欣赏,使用他人已经发表的作品时,使用者可以不经著作权人许可,不向其支付报酬。但是,《著作权法》同时规定,我们在使用的时候,"应当指明作者姓名、作品名称",也即我们通常所说的要标注参考文献。参考文献是论文的重要组成部分,它反映了文中资料的真实性、权威性和可核实性,同时也表明本文作者对原作者的尊重和严肃负责的态度。参考文献必须按照 2005 年 10 月 1 日开始实施的国家规定的标准格式著录,即《文后参考文献著录规则》GB/T 7714—2005,该规则对各类参考文献的著录格式进行了标准化规定,学术期刊、学位论文授予单位一般都会按此标准对参考文献的著录格式进行规定。

要避免因参考文献缺失造成的侵权,首先需要认识到参考文献的重要性,具备相关的意识;其次要遵循严谨的治学态度,不能因偷懒而漏掉参考文献的标注,也不能马马虎虎随意标注。

9.3.2 数据库信息利用规范

数据库资源的利用是信息利用的重要组成部分。随着联机信息检索服务的开展,越来越多的用户通过检索数据库获取所需的信息资源。目前,各高校也都投入大量经费用于购买中外各类数据库。以郑州轻工业学院为例,学校购买的中文数据库有:CNKI 系列的中国期刊全文数据库、中国优秀硕士学位论文全文数据库、中国博士学位论文全文数据库以及中国重要会议论文全文数据库,万方数字资源系统,维普中文科技期刊,超星数字图书,读秀学术搜索,书生数字图书,新东方多媒体学习库,名人名家《网上报告厅》视频库等。外文数据库有:WOS 核心合集,EI(工程索引)—CompendexWeb,SpringerLink 电子期刊数据库,Ebsco 外文期刊全文数据库,Elsevier SDOL 电子期刊数据库,Wiley Online Library 在线期刊数据库,Emerald 全文期刊回溯库,Science 科学周刊,Nature 自然周刊,I Mech E(英国机械工程师学会)电子期刊等。同时学校还自建有《艺术类专题数字图书数据库》《民俗文化研究专题数字图书数据库》

《烟草专题数字图书数据库》《非纸质资源数据库》《轻院教师论文全文数据库》《轻院硕士论文数据库》等专题数据库。

由于数据库在开发制作的过程中付出了大量的劳动，耗费了大量的人力和物力，因此数据库作为一种信息产品是受法律保护的。目前，全世界大约有130个国家为数据库提供著作权保护。《伯尔尼公约》第二条第五款规定："文学或文艺作品的汇编，诸如百科全书和选集，由于对材料的选择与编排而构成智力创作的，应得到相应的、但不损害汇编内每一作品的版权保护"。欧洲议会和欧盟理事会1996年3月颁布的《关于数据库法律保护的指令(99/6/EC)》、世界知识产权组织1996年12月提出的《数据库知识产权条约草案》和美国1999年1月提出的《信息集合体反盗版法案》(该法案使用"信息集合体"替代"数据库"概念)都对数据库的知识产权做出了相应的规定。我国《著作权法》第十四条规定："汇编若干作品、作品的片段或者不构成作品的数据或者其他材料，对其内容的选择或者编排体现独创性的作品，为汇编作品，其著作权由汇编人享有，但行使著作权时，不得侵犯原作品的著作权。"

通俗些讲，我们对学校所购买的数据库并不能随意使用，要遵守和数据库出版商之间签订的版权协议。关于图书馆电子资源版权政策，各高校的细节规定会有不同，但版权管理原则大体一致。

读者违规使用数据库电子资源的主要表现有：

集中超量下载：某高校学生在检索SPIE(国际光学工程学会)数据库时连续短时间内超量下载全文，致使该校IP被国外数据库供应商关闭。另一所高校某学院的3个IP发生了违规使用AIP(美国物理研究所)数据库的事件，在很短时间内连续超量下载AIP数据库全文，致使图书馆受到出版商的警告，数据库商冻结了该IP对AIP数据库的访问权。

系统整体下载：某高校相继收到国外三大数据(CA化学文摘数据库网络版、ACS美国化学学会数据库和SDOS数据库)供应商的邮件，告知该校IP中有连续下载同一刊物的整期(册)文献的现象，属于恶意下载，因此被停止使用三大数据库。

软件工具下载：某高校国家重点实验室学生使用Mobipocket Reader软件定制了AIP数据库的RSS服务，因Mobipocket Reader软件的功能，启用了Tools-setting-enews中的Smart Extraction选项，使过量下载AIP数据库中Applied Physics Letters杂志的205条记录文摘，导致该校IP被数据库供应商停止访问。

代理服务下载：某高校学生通过图书馆的代理服务器批量下载了著名的西文电子过刊全文库JSTOR中的数千篇文献，导致了JSTOR立刻封锁了该代理服务器的访问权限，给其他读者带来不便。而且，JSTOR委托律师向该校图书馆提出法律质询，损害了该校的声誉，并带来2万多元国际通信费的损失。图书馆在多方权衡之下，不得不停止了该代理服务器的开放。

冒用他人账号下载：某高校理学院的一位学生冒用他人校园网账号，导致两起过量下载美国化学文摘的侵权事件，图书馆受到出版商的警告，并冻结了该校部分IP对ACS的访问权限。随后，该高校某法学院的一名学生将校园网卡借给外单位人员使用，使其通过校园网卡进入图书馆电子阅览室，违规整卷整期下载数据库中的两种杂志，致使图书馆受到出版商的严重警告，并禁止该校下载权14天，出版商要求图书馆做出详细调查和解释，并警告如果再有违规事件将被禁止下载权30天。

上述行为发生后，轻则会被封IP，重则会诉诸法庭，承担经济赔偿责任甚至承担刑事责任。

要避免数据库信息利用侵权，需要认真遵守图书馆电子资源版权政策，自觉规范自己的行为，不存侥幸心理。

我国大型网络产品如电子期刊、数据库合理使用通常规则有：

授权用户出于个人的研究和学习目的，可以对网络数据库进行以下合理使用：

(1) 对网络数据库进行检索；

(2) 阅读检索结果(文摘索引记录或全文文章，下同)；

(3) 打印检索结果；

(4) 下载检索结果存储在个人电脑上；

(5) 将检索结果传送到自己的电子邮箱里；

(6) 承担使用单位正常研究生教学任务的授权用户，可以将作为教学参考资料的少量检索结果，下载并组织到供本单位教学使用的课程参考资料包中，置于内部网络中的安全计算机上，供选修特定课程的研究生在该课程进行期间通过内部网络进行阅读。

以下行为超出了合理使用范围，是侵犯网络数据库商知识产权的行为，应严格禁止：

(1) 对文摘索引数据库中某一时间段、某一学科领域或某一类型的数据记录进行批量下载；

(2) 对全文数据库中某种期刊(或会议录)中一期或多期的全部文章进行下载；

(3) 利用批量下载工具对网络数据库进行自动检索和下载；

(4) 存储于个人计算机的用于个人研究或学习的资料以公共方式提供给非授权用户使用；

(5) 把课程参考资料包中的用于特定课程教学的资料以公共方式提供给非授权用户使用；

(6) 设置代理服务器为非授权用户提供服务；

(7) 在使用用户名和口令的情况下，有意将自己的用户名和口令在相关人员中散发，或通过公共途径公布；

(8) 直接利用网络数据库对非授权单位提供系统的服务；

(9) 直接利用网络数据库进行商业服务或支持商业服务；

(10) 直接利用网络数据库内容汇编生成二次产品，提供公共或商业服务。

9.3.3 网络信息利用规范

(1) 计算机应用

美国华盛顿布鲁克林计算机伦理协会从1992年开始每年都召开关于计算机伦理的年会。美国佐治亚州律师协会计算机法律部就设有网络伦理委员会。这些机构不仅为其成员制定了应该遵守的计算机和电子网络道德标准和伦理规范，还针对出现的一些新的伦理问题组织广泛的讨论和研究。国际互联网伦理学讨论会组织者认为：一个用户在网上“能够”采取一种特殊的行为并不意味着他“应该”采取那样的行为。在对网络道德研究的基础上，国外一些计算机和网络组织为其用户制定了一系列相应的规则。这些规则涉及网络行为的方方面面。在这些规则和协议中，比较著名的是美国计算机伦理协会为计算机伦理学所制定的十条戒律，具体内容是：

① 你不应该用计算机去伤害他人；

② 你不应该去影响他人的计算机工作；

③ 你不应该到他人的计算机上窥探；

④ 你不应该用计算机去偷窃；

⑤ 你不应该用计算机去做假证；

⑥ 你不应该拷贝或利用你没有购买的软件；

⑦ 你不应该使用他人的计算机资源，除非你得到了准许或者做出了补偿；

⑧ 你不应该剽窃他人的精神产品；

⑨ 你应该注意你正在写入的程序和你正在设计的系统的社会效应；

⑩ 你应该始终注意，你使用计算机时是在进一步加强你对你同胞的理解和尊敬。

又如，美国计算机协会是一个全国性的组织，它希望其成员支持下列一般的伦理道德和职业行为规范：

① 为社会和人类做出贡献；

② 避免伤害他人；

③ 要诚实可靠；

④ 要公正并且不采取歧视性行为；

⑤ 尊重包括版权和专利在内的财产权；

⑥ 尊重知识产权；

⑦ 尊重他人的隐私；

⑧ 保守秘密。

(2) 网络博客

网络博客虽然相当于个人网络日记的性质，但并非可以随意发表任何内容的，而是同样要受到相关知识产权法律法规的约束。特别是在转载他人博客内容时，一定要注明是"转载"，并且要给出链接。对于他人标明"不得转载"的作品，一定不能转载。同时，未经同意，不能将他人的作品、表演、录音录像制品等通过个人博客擅自向公众发布。

(3) 各类贴吧、论坛

各类贴吧、论坛也是当代大学生经常光临的网络场所，其自由的氛围、使用者隐蔽的身份，无疑具有巨大的吸引力。然而，在贴吧、论坛的发言也不是可以随心所欲的。大学生在各类贴吧、论坛发表言论时，应充分了解并遵守网站的服务协议，既要遵守该贴吧、论坛的协议和规定，还要遵守相关的知识产权法律法规。

以百度贴吧为例，其制定有专门的"贴吧协议"，该协议第七条规定：用户的言行不得违反《计算机信息网络国际联网安全保护管理办法》《互联网信息服务管理办法》《互联网电子公告服务管理规定》《维护互联网安全的决定》《互联网新闻信息服务管理规定》等相关法律规定，不得在本贴吧发布、传播或以其他方式传送含有下列内容之一的信息：a. 反对宪法所确定的基本原则的；b. 危害国家安全，泄露国家秘密，颠覆国家政权，破坏国家统一的；c. 损害国家荣誉和利益的；d. 煽动民族仇恨、民族歧视、破坏民族团结的；e. 破坏国家宗教政策，宣扬邪教和封建迷信的；f. 散布谣言，扰乱社会秩序，破坏社会稳定的；g. 散布淫秽、色情、赌博、暴力、凶杀、恐怖或者教唆犯罪的；h. 侮辱或者诽谤他人，侵害他人合法权利的；i. 煽动非法集会、结社、游行、示威、聚众扰乱社会秩序的；j. 以非法民间组织名义活动的；k. 含有虚假、有害、胁迫、侵害他人隐私、骚扰、侵害、中伤、粗俗、猥亵，或其他道德上令人反感的内容的；l. 含有中国法律、法规、规章、条例以及任何具有法律效力之规范所限制或禁止的其他内容的。

该协议第十七条规定：本贴吧文章(包括转帖文章)版权仅归原作者所有，若作者有版权声明的或文章从其他站转载而附带有原所有站的版权声明者，其版权归属以附带声明为准。作者无专门声明或者转载时无附带声明的文章以以下原则为准:①在用于非商业、非营利、非广告性目的时需注明作者及文章出处"百度贴吧";②在用于商业、盈利、广告性目的时需征得文章原作者同意,并注明作者姓名、授权范围及文章出处"百度贴吧"。

同样,根据《信息网络传播权保护条例》第十八条规定,通过信息网络擅自向公众提供他人的作品、表演、录音录像制品的属于侵权行为,所以未经权利人同意,不得在贴吧、论坛发布其作品、表演、录音录像制品。

(4) 微博

从 2009 年 8 月新浪微博内测版的推出,到后来各大门户网站微博战的硝烟弥漫,微博的应用已经逐渐渗透我们生活的方方面面,冲击着我们的视觉和听觉。微博的应用也带来相应的问题,其中对用户隐私权及知识产权的保护受到越来越多的关注。目前,微博带来的隐私权及知识产权保护问题更多地出现在网络争论上,少量的案例闹上了法庭。我们应该防微杜渐,在利用微博的同时,避免违反相关的信息法规和信息道德。

张朝阳直播大 S 婚礼引发微博侵权争论战;金山控告 360 董事长周鸿祎侵权的国内"微博第一案"已由北京海淀法院审结,法院认定周鸿祎构成名誉侵权,判令其向金山公司赔偿 8 万元,并连续 7 天在新浪、搜狐、网易三大网站的微博首页刊发致歉声明;郑渊洁"微博寻人"被指有侵犯隐私权嫌疑。

有学者指出,隐私权是指自然人的私人活动、私人空间、私人信息秘密不被他人非法侵扰、知悉、收集、利用和公开的一种人格权。如果博主在微博中将其所知悉和掌握的与他人私权利密切相关的信息公开并予以传播,造成了他人的恐慌、不安和痛苦,就应当是认为侵犯了他人的隐私权。

用户隐私通常有以下两方面:1)用户个人信息。这主要包括用户的姓名、身份证号、通信地址、联系电话、电子邮件地址、密码、IP 地址等;2)用户在网站的活动记录。比如浏览的网站、停留时间、订阅的信息或服务的内容、聊天记录、来往的电子邮件内容等。如果用户在评论中涉及对其他用户的诽谤、侮辱等现象,或者有泄露他人隐私的嫌疑,微博管理人员也应及时予以制止和删除。

微博另外一个重要功能是转发功能。为了丰富微博内容,增加微博吸引力,微博可能会对精妙的微小说、优美的文字、漂亮的图片、应景的视频等进行转发,但转发的同时要小心构成侵权。《信息网络传播权保护条例》规定:除法律、行政法规另有规定的外,任何组织或者个人将他人的作品、表演、录音录像制品通过信息网络向公众提供,应当取得权利人许可,并支付报酬。在转发别人微博的时候,特别是对于如微小说、时评、文学评论等原创文字,一定要注明转发,而不要从他人微博直接复制然后粘贴至自己微博;也不要擅自篡改他人的作品,歪曲他人意图地进行片段转发。

如果微博在实际操作过程中不慎发生了侵权行为,可以依照《信息网络传播权保护条例》第二十三条规定:网络服务提供者为服务对象提供搜索或者链接服务,在接到权利人的通知书后,根据本条例规定断开与侵权的作品、表演、录音录像制品的链接的,不承担赔偿责任;但是,明知或者应知所链接的作品、表演、录音录像制品侵权的,应当承担共同侵权责任。

另外,微博应注意保护本校所购买的数据库的知识产权,避免用户通过微博造成对数据库资源的超权限应用。同时,也应尽量避免使用深度链接,避免未经授权行使不应该享有的传播被链作品的信息网络传播权,因为深度链接不仅越过了被链网站的首页,淡化了被链接内容同其所属网站之间的联系,而且降低了被链接网站首页广告的可见度和点击率,影响了其经济收入,极易涉及著作权纠纷。

(5) 微信

微信如今已成为社交平台最受欢迎的工具。西南政法大学的覃潇、张兰蝶在对微信存在的危及个人隐私的功能进行充分了解后,大量查阅了相关的法律文书,认为微信中对用户的个人隐私权的侵犯不仅是微信本身具备的某些功能缺陷,还包括一些微店、微商、订阅账号推送的一些垃圾信息、广告宣传、错误传播恶性软件病毒对用户个人信息进行盗取致使用户财产的流失和隐私的泄露等,提出微信用户应具备自我保护意识;微信官方应进行监督、审查、规制;行政单位应出台相关行政法规;立法机关应加强对网络隐私权的立法。

微信官方其实制定的有很详细的相关规定,如《微信个人账号使用规范》和《微信朋友圈使用规范》,大家可以到微信官方网站进行查看,从而详细了解自身权利和义务。

(6) FTP 应用

FTP 是文件传输协议的英文简称。把文件放到 FTP 服务器上供他人下载是实现数据共享的一种常见方式。但是,不当的 FTP 应用很容易违反《信息网络传播权保护条例》。比如图书馆提供有文献传递服务,如果用户自己为学习研究而利用所传递的文献,属于“合理使用”范围,但是如果用户不经所传递文献的权利人的同意而擅自将其文献上传至 FTP 服务器,供更大范围的人随意使用,就已经违反了《信息网络传播权保护条例》的相关规定,造成了侵权。

9.3.4 共建信息利用规范

(1) 大学生要增强知识产权保护意识

知识产权保护有利于促进知识创新和社会进步,也是对著作权人利益的保证,大学生应尊重知识产权,增强知识产权保护意识。

首先,大学生应意识到知识产权保护的重要性,了解知识产权保护的重要意义以及其对科学创新的重要推动作用,从内心深处重视对知识产权的保护。

其次,大学生应加强自律,不论在纸质资源、数字资源、软资源利用上还是在馆际互借、文献传递服务利用上,都要遵守相关的版权协议、服务协议,遵守图书馆的相关规定,重视图书馆在知识产权方面的提醒,避免造成侵权。

另外,大学生应熟悉我国现行的和知识产权保护有关的法律法规以及我国所加入的世界性公约的相关规定,做到知法懂法。在此基础上,才能游刃有余地避免自身陷入侵权者角色的困扰。

(2) 学校要加强知识产权保护宣传与教育

大学生在信息利用过程中产生的侵权行为,有很大一部分属于“无知侵权”。学术研究的合法性要求知识的使用者要了解相关版权知识和保护技能。但是绝大部分读者不具备版权知识,缺乏对版权法律与法规的了解,头脑中没有版权的概念,版权保护意识淡薄,更不用说具备了较高的尊重与保护版权的主动性、积极性。

所以,高校应该加强对大学生知识产权保护的宣传和教育,使知识产权保护成为大学生的基本法律素质。知识产权宣传教育主要包括以下内容:

① 综合介绍知识产权相关理论知识及法律法规。包括知识产权的内涵、知识产权制度的起源与发展、知识产权保护在我国的发展历史与现状、哪些是侵权行为以及如何避免侵权行为等。

② 结合大学生信息利用的实际情况及特点,讲解知识产权保护和大学生利用信息资源的

关系，讲解信息利用中需要了解的版权政策、版权协议及相关注意事项等。

③ 及时解答大学生利用信息资源时所遇到的知识产权保护困惑。可以在高校图书馆安排专门的信息咨询人员负责此项工作。

高校图书馆应尽到提醒的责任。比如可以借鉴耶鲁大学图书馆的经验，在网站发表版权声明，提供相关法律法规的链接等。比如在提供信息教育、信息咨询时通过适当的方式告知用户避免对权利人的信息网络传播权的损害，不能随意把资料放到互联网上传播。比如在利用数据库信息时，要遵守与出版商的合约，保证用户的性质不超出允许范围，同时提醒用户允许的复制方式、复制内容。比如可以在复印设备旁张贴著作权警示公告等。

高校电子阅览室、计算中心等部门应加强对学生使用计算机以及网络信息的教育和引导，避免学生对计算机软件的不当应用以及对网络信息的不当应用。除了张贴相关提示、公告，还应加强相应的监管，及时提醒和警告。

论文指导教师应加强对学生论文写作方面的专业指导。论文写作是科学严谨的创造过程，要遵循一定的格式和规则，特别是对于参考文献的标注，有标准的制约。论文指导教师不仅是简单地布置给学生论文选题，还应该详细告诉他们应该注意的事项，让他们明白如何“引用”，如何“释义”，如何正确标注“参考文献”。

在论文的把关上，不妨引进相关的检测系统。目前，CNKI 科研诚信管理系统研究中心开发的《科技期刊学术不端文献检测系统(AMLC)》已经逐渐得到推广应用。该系统以《中国学术文献网络出版总库》为全文比对数据库，可检测抄袭与剽窃、伪造、篡改、不当署名、一稿多投等学术不端文献。另外，CNKI 开发的《学位论文学术不端行为检测系统》(简称“TMLC”)也是以《中国学术文献网络出版总库》为全文比对数据库，实现了对抄袭与剽窃、伪造、篡改等学术不端行为的快速检测，可供用户检测学位论文，并支持用户自建比对库。该检测系统支持篇章、段落、句子各层级检测；支持文献改写，多篇文献组合等各种文献变形检测；支持研究生学位论文、图书专著等超长文献的学术不端检测。

(3) 增强学术道德，构建诚信校园

虽然知识产权保护有法律法规保驾护航，但是在具体实践中法律法规所能发挥的作用却极其微小。纵观一些侵犯知识产权的案例可以发现，很多案例都是发生在法人之间或者个人与法人之间，一般都是造成较大经济损失后的维权行动，而个人侵犯他人知识产权的维权案例鲜有看到。究其根由，一是权利人对自己所享有的权利不在意；二是如果要维权会费时费力；三是维权的结果难以预料。

学术不端文献检测系统的应用也有其局限性。首先恰当引证是知识传承过程中的一个重要环节，应当鼓励正常的引用前人成果和正确使用参考文献，特别是综述和评论性文章，必要的复制是需要的，关键是摘抄是否合理和有无故意伪引，特别值得指出的是，复制率高低与创新性强弱没有必然的联系。此外，对于新入门的学者和缺乏写作经验的学者来说，他们需要有一个学习和临摹的过程，也有对学术规范的认识过程，因而必须注意区分故意抄袭和临摹效仿在性质上的不同。其次，因为数据库本身的不完善，文献若经多次转抄，检测结果可能给出错误信息，甚至把原作者误认为抄袭者。

事实上，面对层出不穷的学术不端问题，仅凭法律条文和机器软件是难以解决根本问题的。增强学术道德、信息道德，构建诚信的学术体系和诚信的校园环境、社会环境，才是解决问题的根本途径所在。

维护学术道德，教师应率先垂范。2009 年 3 月 19 日教育部发布教社科〔2009〕3 号文件，即《教育部关于严肃处理高等学校学术不端行为的通知》。通知指出高等学校必须进行严肃处理下列学术不端行为：抄袭、剽窃、侵吞他人学术成果；篡改他人学术成果；伪造或者篡改数据、文献，捏造事实；伪造注释；未参加创作，在他人学术成果上署名；未经他人许可，不当使用他人署名及其他学术不端行为。

该通知同时指出，高等学校要将学术道德和学风建设作为深入贯彻落实科学发展观活动的重要内容，广泛开展学风建设的专题讨论，切实提高广大师生的学术自律意识。要把学术道德和学术规范作为教师培训尤其是新教师岗前培训的必修内容，并纳入本专科学生和研究生教育教学之中，把学风表现作为教师考评的重要内容，把学风建设绩效作为高校各级领导干部考核的重要方面，形成学术道德和学术规范教育的长效机制。高等学校要通过校内报刊、电台、电视台、网络、宣传橱窗等各种有效途径和形式，广泛深入地开展学术道德宣传教育活动，发挥学术楷模的示范表率作用和学术不端行为典型案例的教育警示作用，努力营造以遵守学术道德为荣、以违反学术道德为耻的良好氛围。

维护学术道德，大学生应该肩负起青年人的责任。大学生有信仰、有追求，日后也必然要成为社会的中坚力量。可以设想，如果今天的大学生都追求诚信，自觉杜绝作弊和抄袭，杜绝伪造和剽窃，自觉维护社会道德准则，那么明天的中国一定不会陷入诚信危机，一定是有完善诚信体系和价值体系的国家。

周立伟院士在对其研究生的忠告与建议中指出，要以绝对诚实的态度对待科学研究，撰写学术论文时，必须毫无保留地说明前人有什么研究成果，介绍他们的发现、观点和成就，在此基础上再谈自己独到的发现、想法、研究成果和结论，绝不能把他人的成果和首创权改头换面地进行移植，或占为己有，或隐瞒不说自己所参考的重要文献。这些都是作为一个科学人的最基本常识。学术欺诈和不端行为是科学的大敌，包括：抄袭、剽窃、伪造、篡改证据、资料或结果；隐瞒相关证据或资料；故意歪曲资料来源；把别人的成果（或资料）强行拿来说成自己的。这些行为不仅败坏了学术道德，而且会使自己名誉扫地，甚至身败名裂。

教师、科研工作者、研究生、本科生、专科生等，都要自己提高自身学术道德修养，营造健康、公平的学术环境。

(4) 构筑网络道德及其监督机制，营造和谐网络环境

随着互联网的发展，网络信息利用越来越普及。大学生网民是网络使用最活跃的群体之一，该群体在大部分网络应用上的使用率都最高。在网络娱乐、交流沟通、信息获取方面，大学生网民表现的较为活跃；在商务类应用上，大学生网民网购比例、使用网上支付和网上银行的比例都很高。

显然，当代大学生的网络利用状况是和我国社会经济的发展密切相关的。20 世纪 90 年代初，只有少数重点高校配备有数量有限的计算机，如今，不仅高校配备有相当数量的计算机供学生使用，大学生自身拥有计算机、手机及其他移动终端的比率也不断增加。大学生群体年轻，有活力，思想先进，喜欢追逐时尚和潮流；同时，大学生群体具有较高的文化素质，更能加强自我约束，自觉遵守各类网络文明公约等网络道德规范。

美国南加州大学提出的 6 条“网络守则”为：

① 不应该有意造成网络交通混乱或擅自闯入与网络相连的其他系统；

② 不应该将大学信息资源用于商业目的或带有欺骗性；

③ 不应该在网上偷窃资料、设备或其他智力成果；

④ 不应该未经许可查询他人文件；

⑤ 不应该在公共用户场所做出引起混乱或是破坏的行动；

⑥ 不应该伪造电子邮件。

我国也非常重视网络道德规范的建设，这其中既有民间组织、行业组织共同制定的规范，也有国家教育部门等制定的公约。

①博客服务自律公约

网络博客即 Weblog，英文简称 blog，指某种定型化的网络平台，是一种作者和读者以日志风格进行交互的中介，让使用者能够非常轻松地张贴文章、设计版型、与网友互动，并且能累积成一串可以追索、可以回顾的历史。中国互联网协会 2007 年 8 月 21 日发布了博客服务自律公约，对于博客用户的要求如下：

- 博客用户保证自觉遵守国家有关互联网信息服务的法律、法规，文明使用网络，不传播色情淫秽信息以及其他违法和不良信息；
- 博客用户保证不传播侮辱或贬损其他民族、种族、不同宗教信仰和文化传统的信息；
- 博客用户保证不传播造谣、诽谤信息以及其他虚假信息，不传播侵害他人合法权益的信息；
- 博客用户保证不传播侵害他人知识产权的信息；
- 博客用户保证对跟帖内容进行有效监督和管理，及时删除违法和不良跟帖信息；
- 博客用户保证不利用博客传播计算机病毒等恶意程序，不危害他人计算机信息安全。

② 全国青少年网络文明公约

团中央、教育部、文化部等部门于 2001 年 11 月联合向社会发布《全国青少年网络文明公约》，内容如下：

要善于网上学习 不浏览不良信息

要诚实友好交流 不侮辱欺诈他人

要增强自护意识 不随意约会网友

要维护网络安全 不破坏网络秩序

要有益身心健康 不沉溺虚拟时空

思考题

1. 我国《著作权法》规定的侵权行为有哪些？
2. 大学生在信息利用过程中应该注意哪些知识产权问题？
3. 大学生在信息道德建设中肩负什么样的责任？

参考文献

[1] 费安玲.知识产权法学案例教程[M].北京:知识产权出版社,2006.
[2] 周立伟.科学研究的途径——一个指导教师的札记[M].北京:北京理工大学出版社,2007.
[3] 袁润,刘红光.理工科信息检索与利用教程[M].江苏:江苏大学出版社,2008.
[4] 樊爱国,薛德钧.现代信息检索[M].北京,北京大学出版社,2005.
[5] 郄少青.信息检索[M].成都:西南交通大学出版社,2004.
[6] 李跃珍.信息检索与利用[M].杭州:浙江大学出版社,2006.
[7] 李谋信.信息资源检索[M].北京:机械工业出版社,2004.
[8] 张刚,张智松.机电工程网络信息资源检索与利用[M].南京:东南大学出版社,2004.
[9] 徐军玲.科技文献检索[M].上海:复旦大学出版社,2004.
[10] 赵岩碧.信息检索原理与方法教程[M].北京:化学工业出版社,2005.
[11] 徐庆宁.新编信息检索与利用[M].上海:华东理工大学出版社,2008.
[12] 章云兰.现代信息检索与利用[M].浙江:浙江科学技术出版社,2007.
[13] 吴汉东.知识产权法(第三版)[M].北京:法律出版社,2009.
[14] 赵乃瑄.化学化工电子文献检索与分析策略[M].北京:化学工业出版社,2008.
[15] 洪全.信息检索与利用教程[M].北京:清华大学出版社,2009.
[16] 王培义,蔡丽萍.信息检索教程[M].北京:北京邮电大学出版社,2010.
[17] 马林山.信息检索与利用[M].合肥:安徽科学技术出版社,2013.
[18] 何晓萍.文献信息检索理论、方法和案例分析[M].北京:机械工业出版社,2014.
[19] 杨守问.科技查新典型案例分析[M].北京:化学工业出版社,2014.
[20] 叶鹰,陆伟.信息检索:理论与方法[M].北京:高等教育出版社,2015.
[21] 陈荣.信息检索与案例研究.[M].上海:华东理工大学出版社,2015.
[22] 杜伟.信息检索[M].北京:科学出版社,2016.
[23] 邹广严,王红兵.信息检索与利用[M].北京:科学出版社,2015.
[24] 吴慰慈.对合理使用原则的系统思考[J].大学图书馆学报,2005(2):2-3,
[25] 李静静.网络环境下信息资源共享中的知识产权问题研究[J].图书馆理论与实践,2009(10):9-12,
[26] 张岚.EBSCOhost 2.0 新功能及检索技巧[J],情报探索,2009(10):79-81.
[27] 周汉华,苏苗罕.我国信息化法律法规建设六十年[J].电子政务,2009(10):48-58.

［28］ 秦珂，王凌．从高校若干侵权事件谈图书馆对读者使用电子资源的版权管理［J］．情报理论与实践，2009（12）：37-40．
［29］ 宋友，刘鹏超，吕经纬．大学生网络道德教育的思考［J］．思想教育研究，2009（S1）：151-153．
［30］ 方流芳．学术剽窃和法律内外的对策［J］．中国法学，2006（5）：155-169．
［31］ 傅敏，许欢．不再沉默的大多数——从 blog 阅读看网络阅读的发展［J］．图书情报知识，2005（8）：9-12．
［32］ 章春林．论数据库特殊权利与传统邻接权的区别［J］．法制与社会，2009（10）中：338-339．
［33］ GB/T 7714—2005 文后参考文献著录规则［S］．北京：中国标准出版社，2005．